中國古代史學叢書

[漢]班固 撰 [清]王先謙 補注

上海師範大學古籍整理研究所 整理

漢書補注

叁

律曆志第一上〔一〕

〔一〕師古曰：志，記也，積記其事也。春秋左氏傳曰「前志有之」。

虞書曰「乃同律度量衡」，〔一〕所以齊遠近立民信也。自伏戲畫八卦，由數起，〔二〕至黃帝、堯、舜而大備。三代稽古，法度章焉。〔三〕周衰官失，孔子陳後王之法，曰：「謹權量，審法度，修廢官，舉逸民，四方之政行矣。」〔四〕漢興，北平侯張蒼首律曆事，〔五〕孝武帝時，樂官考正。〔六〕至元始中，王莽秉政，欲燿名譽，徵天下通知鐘律者百餘人，〔七〕使羲和劉歆等〔八〕典領條奏，言之最詳。〔九〕故刪其僞辭，取正義，著于篇。〔一〇〕

〔一〕師古曰：虞書舜典也。同，謂齊等。

〔二〕師古曰：言萬物之數，因八卦而起也。【補注】劉攽曰：志言卦起於數。顏云數起於卦，非也。

〔三〕師古曰：三代，夏、殷、周也。稽，考也。考於古事，而法度益明。

〔四〕師古曰：此論語載孔子述古帝王之政，以示後世。權，謂斤兩也。量，斗斛也。法度，丈尺也。逸民，謂有德而隱處者。

〔五〕師古曰：首，謂始定也。【補注】錢大昭曰：蒼傳云，蒼尤好書，無所不觀，無所不通，而尤邃律曆。先謙曰：晉志「漢室初興，丞相張蒼首言音律，未能審備」。隋志「漢初興也，而張蒼定律，乃推五勝之法，以爲水德，實因戰國官失其守，後秦滅學，其道浸微，蒼補綴之，未獲詳究」。

〔六〕師古曰：更質正其事。【補注】齊召南曰：此即禮樂志所云立樂府，置協律都尉，本志所云造太初曆是也。顔注未明。

〔七〕【補注】錢大昭曰：上「餘」字當作「有」。平紀「元始五年，徵天下通知鐘律教授者，在所爲駕一封軺傳，遣詣京師」。先謙曰：官本不重「餘」字。

〔八〕【補注】先謙曰：歆傳以哀帝崩後遷羲和。平紀「元始元年置羲和官，秩二千石」，非王莽改爲大司農之羲和也。

〔九〕【補注】先謙曰：魏書律曆志「王莽世，徵天下通鐘律之士，劉歆總而條奏之，最爲該博，故班固取以爲志」。隋志「劉歆典領條奏，著其始末，理漸研精」。錢塘律呂古誼云「志載律法，雖本於歆，實爲前古定法，歆篤古制，作必依古法，觀其不用京房六十律可知矣」。愚案，歷代律呂之書至爲紛雜，錢氏篤守漢志，達其義恉，所論測黍制器，較前人所得爲精，故多采用焉。

〔一〇〕師古曰：班氏自云作志取劉歆之義也。自此以下，訖於「用竹爲引者，事之宜也」，則其辭焉。【補注】齊召南曰：「一曰備數」以下，皆劉歆之詞，而班氏稍加刪節，所謂刪僞辭，取正義也。是以晉志引此志，直云劉歆序論，而風俗通義引劉歆鐘律書，當亦指此。若隋書牛弘傳引劉歆鐘律書「春宮秋律，百卉必凋，秋宮春律，萬物必榮」云云，今志所無，是則班氏所刪去者也。

一曰備數，〔一一〕二曰和聲，三曰審度，四曰嘉量，五曰權衡。參五以變，錯綜其數，稽之於古今，效之於氣物，和之於心耳，考之於經傳，咸得其實，靡不協同。

〔一〕【補注】先謙曰：官本提行。攷證云：監本接連前文寫，非也。今另提行。

數者，〔一〕一、十、百、千、萬也，所以算數事物，順性命之理也。書曰：「先其算命。」〔二〕本起於黃鐘之數，始於一而三之，三三積之，〔三〕歷十二辰之數，十有七萬七千一百四十七，而五數備矣。〔四〕其算法用竹，徑一分，長六寸，二百七十一枚而成六觚，爲一握。〔五〕徑象乾律黃鐘之一，而長象坤呂林鐘之長。〔六〕其數以易大衍之數五十，其用四十九，成陽六爻，得周流六虛之象也。〔七〕夫推曆生律〔八〕制器，規圜矩方，權重衡平，準繩嘉量，〔九〕探賾索隱，鉤深致遠，莫不用焉。〔一〇〕度長短者不失豪氂，〔一一〕量多少者不失圭撮，〔一二〕權輕重者不失黍絫。〔一三〕紀於一，協於十，長於百，大於千，衍於萬，其法在算術。宣於天下，小學是則。職在太史，〔一四〕羲和掌之。〔一五〕

〔一〕【補注】先謙曰：官本「數」下提行。

〔二〕師古曰：逸書也。言王者統業，先立算數以命百事也。

〔三〕孟康曰：黃鐘，子之律也。子數一。泰極元氣含三爲一，是以一數變而爲三也。

〔四〕孟康曰：初以子一乘丑三，餘則轉因其成數以三乘之，歷十二辰，得是積數也。五行陰陽變化之數備於此矣。【補注】先謙曰：此算術生鐘律之法，詳見「行於十二辰」下。

〔五〕蘇林曰：六觚，六角也。度角至角，其度一寸，面容一分，算九枚，相因之數有十，正面之數實九，其表六九五十四，算中積凡得二百七十一枚。【補注】齊召南曰：隋志「其算用竹，廣二分，長三寸，正策三廉、積二百一十六枚成六觚，乾之策也；負策四廉，積一百四十四枚成方，坤之策也。觚、方皆經十二，天地之大數也」。較此志亦少異。沈欽韓曰：隋志「長三寸」，「三」當爲「六」。説文亦云「六寸也」。乾鑿度「卧算爲年，立算爲日。立算皆爲甲，旁算亦爲甲」。左襄三十年傳「亥有二首六身。下二如身，是其日數」。注云：亥字二畫在上，併三六爲身，如算之六。如算六位。下亥上二畫，豎置身旁。即乾鑿度立旁。此則用法須縱横置之。吴志「趙達取盤中隻筯，再三從横之」是也。梅文鼎古算器考云，不知其起於何時。案鄉射禮「二算爲純，十純則縮而委之，有餘純，則横于下；一算爲奇，奇則又縮諸純下」。又記云「箭籌八十，長尺有握」。此則器與法並見於經，但後來乘除布列几案，故短用六寸，取其便於事。唐志九執曆出於西域，其算皆以字書，不用籌策，則中術皆用籌明矣。沈彤曰：角至角度一寸者，謂總二百七十枚。内外凡九層，每枚一分，則九枚有九分，並中心一枚一分，共一寸也。面容一分者，謂每枚四面皆一分也。相因之數有十者，以一分乘一寸而得也。正面謂每觚外周之面也。表五十四中積凡得二百七十一者，謂以六觚外周，共數五十四，置爲實；另以五十四加内周六，共六十爲法，相乘得三千二百四十，倍六爲一十二，除之得二百七十，加中心一，凡得二百七十一枚也。

〔六〕張晏曰：林鐘長六寸。韋昭曰：黄鐘管九寸，十分之一，得其一分也。【補注】先謙曰：下云「太極中央元氣，故爲黄鐘，其實一龠」，故曰「乾律黄鐘之一」。韋説非也。

〔七〕孟康曰：以四十九成陽六爻爲乾，乾之策數二百一十六，以成六爻，是爲周流六虚之象也。【補注】劉台拱曰：注是。上爻當作觚，以四十九加六，得五十五，又加二百一十六，得二百七十一，是六觚之數。

〔八〕張晏曰：推曆十二辰以生律吕也。

〔九〕張晏曰：準，水平。量知多少，故曰嘉。【補注】先謙曰：「制器」二字，上屬爲句。

〔一〇〕師古曰：賾亦深也。索，求也。

〔一一〕孟康曰：豪，兔豪也。十豪爲氂。師古曰：度音大各反。【補注】沈欽韓曰：通卦驗注「氂，馬尾也，十馬尾爲一分」。

〔一二〕應劭曰：圭，自然之形，陰陽之始也。四圭曰撮，三指撮之也。孟康曰：六十四黍爲圭。師古曰：撮音倉括反。【補注】沈欽韓曰：孫子算經「六粟爲圭，十圭爲秒，十秒爲撮，十撮爲勺，十勺爲合」。

〔一三〕孟康曰：絫音墨蠡。應劭曰：十黍爲絫，十絫爲一銖。師古曰：絫，孟音來戈反，此字讀亦音纍紲之纍。【補注】先謙曰：官本「墨」作「累」。隋志云「不失黍絫」。「絫」蓋「累」字之誤。

〔一四〕【補注】葉德輝曰：釋詁「則，法也」。保氏「養國子以道，乃教之六藝。六曰九數」。鄭司農注「九數：方田、粟米、差分、少廣、商功、均輸、方程、贏不足、旁要，今有重差、夕桀、句股也」。案，漢之太史，正當周之保氏。宣於天下，小學是則，人幼而習之，通算法也。

〔一五〕【補注】錢大昭曰：此用劉歆原文，故言掌於羲和。

聲者，宮、商、角、徵、羽也。所以作樂者，諧八音，蕩降人之邪意，〔一〕全其正性，移風易俗也。八音：土曰塤，〔二〕匏曰笙，〔三〕皮曰鼓，〔四〕竹曰管，〔五〕絲曰絃，石曰磬，金曰鐘，木曰柷。〔六〕五聲和，八音諧，而樂成。商之爲言章也，物成孰可章度也。〔七〕角，觸也，物觸地而出，戴芒角也。〔八〕宮，中也，居中央，暢四方，唱始施生，爲四聲綱也。〔九〕徵，祉也，〔一〇〕物盛大而緐祉也。〔一一〕羽，〔一二〕宇也，物聚臧宇覆之也。〔一三〕夫聲者，中於宮，觸於角，祉於徵，章於商，宇於羽，故四聲爲宮紀也。協之五行，則角爲木，五常爲仁，五事爲貌。商爲金、爲義、爲言。徵爲火、爲禮、爲視。羽爲水、爲智、爲聽。宮爲土、爲信、爲思。以君臣民事物言之，則宮爲君，商爲臣，角爲民，徵爲事，羽爲物。唱和有象，故言君臣位事之體也。

〔一〕【補注】周壽昌曰：「降」，凌本作「滌」。先謙曰：官本作「滌」。

〔二〕應劭曰：世本「暴辛公作塤」。師古曰：燒土爲之，其形鋭上而平底，六孔，吹之。塤音許元反，字或作壎，其音同耳。

〔三〕應劭曰：世本「隨作笙」。師古曰：匏，瓠也。列管瓠中，施簧管端。

〔四〕師古曰：鼓者，郭也，言郭張皮而爲之。【補注】宋祁曰：「郭」，景本作「廓」。

〔五〕孟康曰：禮樂器記「管，漆竹，長一尺，六孔」。尚書大傳「西王母來獻白玉琯」。漢章帝時，零陵文學奚景於泠道舜祠下得白玉琯。古以玉作，不但竹也。

〔六〕師古曰：柷與俶同。俶，始也。樂將作，先鼓之，故謂之柷。狀如漆桶，中有椎，連底動之，令左右擊。音昌六反。

【補注】先謙曰：官本「動」作「撞」。考證云「撞之」，别本作「動之」。

〔七〕師古曰：度音大各反。【補注】錢大昭曰：漢紀云「商者，量也，物盛而可量度也」。商、量音近，而義亦相成。然説文「商从章，省聲」。此志又云「聲章於商」，則章義更精。先謙曰：風俗通引劉歆鐘律書同。白虎通「商者，張也，陰氣開張，陽氣始降也」。案白虎通義亦班所綴輯，並取疊韻爲訓。

〔八〕【補注】先謙曰：鐘律書同。白虎通「角者，躍也，陽氣動躍」。

〔九〕【補注】先謙曰：鐘律書同。白虎通「宫者，容也，含容四時者也」。

〔一〇〕【補注】錢大昕曰：徵、祉聲相近，故徵有祉音。

〔一一〕【補注】先謙曰：鐘律書同。白虎通「徵者，止也，陽氣止」。

〔一二〕【補注】先謙曰：説文「𩁹，水音也，从雨，羽聲」。是爲五音之羽。五音𩁹屬水，魏晉以來，相承作羽。

〔一三〕【補注】錢大昭曰：月令正義引作「宇，聚也，臧聚宇覆之也」。案下云「聲宇於羽」，則「聚」字非是。先謙曰：鐘律書同。白虎通「羽者，紓也，陰氣在上，陽氣在下」。

五聲之本，生於黄鐘之律。九寸爲宫，〔一〕或損或益，以定商、角、徵、羽。九六相生，陰陽之應也。律十有二，〔二〕陽六爲律，陰六爲吕。律以統氣類物，一曰黄鐘，二曰太族，〔三〕三曰姑洗，四曰蕤賓，五曰夷則，六曰亡射。〔四〕吕以旅陽宣氣，〔五〕一曰林鐘，二曰南吕，三曰應鐘，四曰大吕，五曰夾鐘，六曰中吕。〔六〕有三統之義焉。其傳曰，〔七〕黄帝之所作也。黄帝使泠綸，〔八〕自大夏之西，〔九〕昆侖之陰，〔一〇〕取竹之解谷，〔一一〕生其竅厚均者，〔一二〕斷兩節間而吹之，以爲黄鐘之宫。〔一三〕制十二筩以聽鳳之鳴，〔一四〕其雄鳴爲六，雌鳴亦六，比黄鐘之宫，而皆可以生之，是爲律本。〔一五〕至治之世，天地之氣合以生風，天地之風氣正，十二律定。〔一六〕

黄鐘：黄者，中之色，君之服也；鐘者，種也。〔一七〕天之中數五，〔一八〕五爲聲，聲上宫，五聲莫大焉。地之中數六，〔一九〕六爲律，律有形有色，色上黄，五色莫盛焉。故陽氣施種於黄泉，孳萌萬物，〔二〇〕爲六氣元也。以黄色名元氣律者，著宫聲也。〔二一〕宫以九唱六，〔二二〕變動不居，周流六虚。始於子，在十一月。〔二三〕大吕：吕，旅也。〔二四〕言陰大，旅助黄鐘〔宫〕〔宣〕氣而牙物也。〔二五〕位於丑，在十二月。〔二六〕太族：族，奏也。言陽氣大，奏地而達物也。〔二七〕位於寅，在正月。〔二八〕夾鐘：〔二九〕言陰夾助太族，宣四方之氣，而出種物也。〔三〇〕位於卯，在二月。〔三一〕姑洗：洗，絜也。〔三二〕言陽氣洗物，辜絜之也。〔三三〕位於辰，在三月。〔三四〕中吕：言微陰始起未成，著於其中，〔三五〕旅助姑洗，〔三六〕宣氣齊物也。位於巳，在四月。〔三七〕蕤賓：蕤，繼也。賓，導也。〔三八〕言陽始導陰氣，使繼養物也。〔三九〕位於午，在五月。〔四〇〕林鐘：林，君也。〔四一〕言陰氣受任，助蕤賓君主種物，使長大楙盛也。〔四二〕位於未，在六月。〔四三〕夷則：則，法也。言陽氣正法度，而使陰氣夷當傷之物也。〔四四〕位於申，在七月。〔四五〕南呂：南，任也。言陰氣旅助夷則，任成萬物也。〔四六〕位於酉，在八月。〔四七〕亡射：射，厭也。言陽氣究物，而使陰氣畢剝落之，終而復始，亡厭已也。〔四八〕位於戌，在九月。〔四九〕應鐘：言陰氣應亡射，該臧萬物而雜陽閡種也。〔五〇〕位於亥，在十月。〔五一〕

〔一〕【補注】先謙曰：淮南天文訓「以三參物，三三如九，故黄鐘之律九寸而宫音，調因而九之，九九八十一，故黄鐘之數立焉」。律書「黄鐘長八寸十分一。宫」。索隱「案上文云『律九九八十一』，故云長八寸十分一。而漢書云，黄鐘長九寸者，九分之寸也。劉歆、鄭玄等皆以長九寸即十分之寸，不依此法也」。朱載堉律吕精義云：淮南、太史公所謂黄鐘長九寸者，以九分爲寸，九寸乃八十一分也。漢志以十分爲寸，九寸乃九十分也。京房、劉歆、荀勗：律尺每寸十分。據下文云，十分爲寸。則索隱説是也。蔡沈律吕新書云：大要律書用相生分數，相生之法，以黄鐘爲八十一分。今以十爲寸法，故有八寸一分。漢前、後志及諸家用審度分數，審度之法，以黄鐘之長爲九十分，亦以十爲寸法，故有九十分。法雖不同，其長短則一。故隋志云「寸數並同」也。王元啟史記正譌云：黄鐘之管長九寸，以漢志攷之，本屬十分之寸，而律書有九九八十一之説者，蓋律吕相生，以三分爲損益，以三約九，則無餘分；以三約十，則餘分之多，後將不可勝計。故必以十分之寸均爲九分，更以十釐之分均爲九釐，豪、絲以下皆然，然後以三歸之，各得其數之整，以之制律審度，皆有所據，驗而不爽也。

〔二〕【補注】先謙曰：陽足以統陰，故吕亦稱律。

〔三〕師古曰：族音千豆反。其下並同。【補注】先謙曰：官本無注末四字。

〔四〕師古曰：亡讀曰無。射音亦石反。

〔五〕【補注】先謙曰：旅訓助，見下文。

〔六〕師古曰：中讀曰仲。

〔七〕【補注】先謙曰：言古説相傳如此。

〔八〕師古曰：泠音零。綸音倫也。【補注】先謙曰：人表作「泠淪」，呂覽作「伶倫」，説苑修文篇作「泠倫」。官本注末無「也」字。

〔九〕應劭曰：大夏，西戎之國也。

〔一〇〕【補注】先謙曰：呂覽古樂篇「昆侖」作「阮隃」。高注「阮隃，山名。山北曰陰」。宋書律志同。風俗通音聲篇及説苑與志同。

〔一一〕孟康曰：解，脱也。谷，竹溝也。取竹之脱無溝節者也。一説昆侖之北谷名也。晉灼曰：谷名是也。【補注】陳浩曰：依孟説，應以「取竹之解谷」斷句，「生」字連下文讀，然於文義不順。如晉説，則「之」字當作往解，亦與上文不順。當以取竹之解谷生讀，其竅厚均者句，於文始順。先謙曰：呂覽「取竹於嶰谿之谷」，則晉説是也。句讀當如陳説，猶言解谷所生耳。應訓「生」爲「治」，非。晉志「律之始造，以竹爲管，取其自然圓虚也」。

〔一二〕應劭曰：生者，治也。竅，孔也。孟康曰：竹孔與肉薄厚等也。晉灼曰：取谷中之竹，生而孔外肉厚薄自然均者，截以爲筩，不復加削刮也。師古曰：晉説是也。【補注】先謙曰：呂覽作「以生空竅厚鈞者」，説苑、風俗通同。鈞、均通用，但言厚不言薄。晉志亦然。注增入「薄」字，贅。官本「孔外肉」作「肉孔外内」。考證云，監本注「孔」字上脱「肉」字，「外内」訛「外肉」，今改正。又「截以爲筩」，監本訛「箭」，從宋本改。

〔一三〕師古曰：黄鐘之宫，律之最長者。【補注】先謙曰：呂覽作「斷兩節間，其長三寸九分而吹之，以爲黄鐘之宫」。晉志同。御覽五百六十五引作「其長九寸」，説苑同。李氏光地云：黄鐘長八寸一分，應鐘長四寸二分。此三寸九分，即二律相較之數。畢氏沅云：此三寸九分，備有十二律，非謂黄鐘止長三寸九分。下云以爲黄鐘之長者，即長於應鐘之數。蓋應鐘，十月律，秦歲首所中也，增長三寸九分，而得黄鐘，方是十一月律。呂紀本因秦法也。

律呂古誼云：黄鐘長八寸一分，應鐘長四寸二分，其閒長三寸九分，爲十二筩，相生之限也。明人有以黄鐘三寸九分立算者，大謬。若黄鐘止長三寸九分，則不成爲黄鐘矣。

〔一四〕師古曰：筩音大東反。【補注】錢大昭曰：月令疏引此文「鳳」下有「皇」字。先謙曰：呂覽作「筒」。筒、筩一字。説苑、風俗通、御覽並作「管」。呂覽云「以之阮隃之下，聽鳳皇之鳴，以别十二律」。隋志云「取竹於嶰谷，聽鳳阿閣之下，始造十二律焉」。

〔一五〕師古曰：比，合也。可以生之，謂上下相生也，故謂之律本。比音頻寐反。【補注】王念孫曰：「比黄鐘之宫」，本作「以比黄鐘之宫」，與上文「以爲黄鐘之宫」句同一例。今本脱「以」字。舜典及左傳昭二十七年正義、文選琴賦注、七命注、白帖三十一引此，並作「以比黄鐘之宫」。呂覽、説苑、晉志並同。先謙曰：呂覽云「以比黄鐘之宫，適合黄鐘之宫皆可以生，故曰黄鐘之宫，律呂之本」。

〔一六〕孟康曰：律得風氣而成聲，風和乃律調也。臣瓚曰：風氣正，則十二月之氣各應其律，不失其序。【補注】錢大昭曰：閩本注「得」上「律」字作「物」。

〔一七〕【補注】先謙曰：律書「黄鐘者，陽氣踵黄泉而出也」。白虎通「黄者，中和之色。鐘者，動也。言陽氣於黄泉之下，動養萬物也」。種、踵、動，皆取同聲字爲訓。黄佐樂典云「凡聲生於鐘，因鐘以名律，律自鐘出曰均」。又一義。

〔一八〕韋昭曰：一、三在上，七、九在下。

〔一九〕韋昭曰：二、四在上，八、十在下。

〔二〇〕師古曰：孳讀與滋同。滋，益也。萌，始生。【補注】先謙曰：官本注末有「也」字。

〔二一〕【補注】先謙曰：樂典云「陽氣潛藏於水土中央，故以中色著宫聲也」。

〔二二〕孟康曰：黄鐘陽九，林鐘陰六，言陽唱陰和。

〔二三〕【補注】錢大昭曰：乾初九也，辰在星紀。

〔二四〕【補注】錢大昭曰：吕、旅義同，故説文「吕」，篆文作「膂」。

〔二五〕【補注】先謙曰：白虎通「大者，大也。吕者，拒也。言陽氣欲出陰不許，旅抑拒難之也」。周語韋注、吕覽、淮南天文訓高注，皆以旅助爲義，與志合。牙，萌牙也。

〔二六〕【補注】錢大昭曰：坤六四也，辰在元枵。

〔二七〕師古曰：奏，進也。【補注】錢大昭曰：國語云「太簇所以金奏，贊陽出滯」，亦此意。先謙曰：律書「泰簇者，言萬物簇生也，故曰泰簇」。白虎通「太，亦大也。蔟者，湊也。言萬物始大湊地而出也」。天文訓「太簇者，簇而未出也」。蔟、簇、族字同。

〔二八〕【補注】錢大昭曰：乾九二也，辰在娵訾。

〔二九〕【補注】錢大昭曰：月令疏引此文，夾鐘下有「鐘，種也。夾，助也」六字。

〔三〇〕【補注】先謙曰：律書「夾鐘者，言陰陽相夾廁也」。白虎通「夾者，孚甲也，言萬物孚甲種類分也」。天文訓「夾鐘者，鐘始夾甲也」。與志義異。

〔三一〕【補注】錢大昭曰：坤六五也，辰在降婁。

〔三二〕【補注】錢大昭曰：月令疏引作「洗之言絜也」。荀紀云：姑，固也。

〔三三〕孟康曰：辜，必也，必使之絜也。【補注】先謙曰：律書「姑洗者，言萬物洗生」。白虎通「姑者，故也。洗者，鮮也。言萬物皆去故就新，莫不鮮明也」。天文訓「姑洗者，陳去而新來也」。

〔三四〕【補注】錢大昭曰：乾九三也，辰在大梁。

〔三五〕【補注】王念孫曰：著者，居也，居中以助陽也。史記貨殖傳「子贛廢著，鬻財於曹魯之閒」。徐廣云「子贛傳云，廢居，著猶居也。著讀音如貯」。漢書「廢著」作「發貯」，貯與著皆居也。著又音直畧反。樂記「樂著大始，而禮居成物」。著，亦居也。故鄭注云「著之言處也」。漢紀作「中吕，陰始起未發，居中而助陽也」，是其證。

〔三六〕【補注】錢大昭曰：方言「膂，力也」。旅有助義，故言旅助。先謙曰：律書「中吕者，言萬物盡旅而西行也」。天文訓「仲吕者，中充大也」，義並異。

〔三七〕【補注】錢大昭曰：坤上六也，辰在實沈。

〔三八〕【補注】錢大昭曰：賓，古文儐，見鄉飲酒禮注，故訓爲導。

〔三九〕【補注】先謙曰：律書「蕤賓者，言陰氣幼少，故曰蕤；痿陽不用事，故曰賓」。白虎通「蕤者，下也。賓者，敬也。言陽氣上極，陰氣始起，故賓敬之也」。天文訓「蕤賓者，安而賓也」。

〔四〇〕【補注】錢大昭曰：乾九四也，辰在鶉首。

〔四一〕【補注】錢大昕曰：釋詁文。

〔四二〕師古曰：種物，種生之物。秝，古茂字也。種音之勇反。【補注】先謙曰：律書「林鐘者，言萬物就死，氣林林然」。白虎通「林者，衆也，言萬物成熟，種類衆多也」。天文訓「林鐘者，引而止也」。官本注「字」下無「也」字。

〔四三〕【補注】錢大昭曰：坤初六也，辰在鶉火。

〔四四〕師古曰：夷亦傷。【補注】先謙曰：律書「夷則，言陰氣賊萬物也」。「賊」一作「則」。白虎通「夷，傷也。則，法也。言萬物始傷，被刑法也」。天文訓「夷則者，易其則也」。

〔四五〕【補注】錢大昭曰：乾九五也，辰在鶉尾。

〔四六〕【補注】先謙曰：律書「南吕者，言陽氣之旅入藏也」。白虎通「南者，任也。言陰氣尚有任，生薺麥也，故陰拒之也」。天文訓「南吕者，任保大也」。

〔四七〕【補注】錢大昭曰：坤六二也，辰在壽星。

〔四八〕【補注】先謙曰：律書「無射者，陰氣盛用事，陽氣無餘也，故曰無射」。白虎通「射者，終也。言萬物隨陽而終，當復隨陰而起，無有終已也」。

〔四九〕【補注】錢大昭曰：乾上九也，辰在大火。

〔五〇〕孟康曰：該，臧塞也。陰雜陽氣，臧塞爲萬物作種也。晉灼曰：外閉曰閡。師古曰：閡音胡待反。下言「該閡於亥」，音訓並同也。【補注】錢大昕曰：應鐘，十月之律，於消息爲純陰卦，而八卦之位，乾在十月，是爲陰雜陽氣也。坤之上六云「龍戰于野，其血玄黃」，而文言傳以爲天地之雜。莊氏謂上六之爻，兼有天地雜氣，故血有天地之色。先謙曰：官本孟注「該」作「閡」，是。索隱引亦作「閡」。律書「應鐘者，陽氣之應不用事也」。白虎通「應者，應也。鐘者，動也。言萬物應陽而動，下藏也」。天文訓「應鐘者，應其種也」。

〔五一〕【補注】錢大昭曰：坤六三也，辰在析木。

三統者，天施、地化、人事之紀也。〔一〕十一月，乾之初九，陽氣伏於地下，始著爲一，萬物萌動，〔二〕鐘於太陰，〔三〕故黃鐘爲天統，〔四〕律長九寸。〔五〕九者，所以究極中和，爲萬物元也。易曰：「立天之道，曰陰與陽。」〔六〕六月，坤之初六，陰氣受任於太陽，繼養化柔，萬物生長，楙之於未，令種剛彊大，故林鐘爲地統，律長六寸。〔七〕六者，所以含陽之施，楙之於六合之內，令剛柔有體也。「立地之道，曰柔與剛。」〔八〕「乾知太始，〔九〕坤作成物。」〔一〇〕正月，乾之九三，〔一一〕萬物棣通，〔一二〕族出於寅，人奉而成之，仁以養之，義以行之，令事物各得其理。寅，木也，爲仁；其聲，商也，爲義。故太族爲人統，律長八寸，象八卦，〔一三〕宓戲氏之所以順天地、通神明、類萬物之情也。〔一四〕「立人之道，曰仁與義。」〔一五〕「在天成象，在地成形。」〔一六〕「后以裁成天地之道，輔相天地之宜，以左右民。」〔一七〕此三律之謂矣，是爲三統。

〔一〕李奇曰：統，緒也。【補注】先謙曰：官本「紀」下無「也」字。此謂黃鐘、林鐘、太族三律爲三統。

〔二〕【補注】先謙曰：樂典云「黃鐘之均，應仲冬中氣，冬至是也。節氣有入他月者，中氣必在正數之月。何以首冬至？陽始生也。候氣者求聲氣之元，推步者求律元，皆以冬至子半爲定天地之心，靜極復動期之日，自是周而復始，故首之也」。

〔三〕【補注】先謙曰：鐘、鍾義同，古書鐘、鍾字相亂，故「黃鐘」它書亦作「黃鍾」。

〔四〕【補注】齊召南曰：沈約宋志云「班氏所志，未能通律呂本原，空煩其文，而爲辭費；又推九六，欲符劉歆三統之數，假託非類，以飾其說，皆孟堅之妄矣」。召南案，此志附會三統，誠多穿鑿，然皆劉歆條奏本文，而班氏述之，非班氏欲符劉歆三統之數也。

〔五〕【補注】先謙曰：律呂新書云「律書置一而九三之以爲法，實如法得長一寸。凡得九寸，命曰黃鐘之律。夫置一而九三之既爲寸法，則七三之爲分法，五三之爲釐法，三三之爲毫法，一三之爲絲法，從可知矣。或曰：徑圍之分以十爲法，而相生之分、釐、毫、絲以九爲法，何也？曰：以十爲法者，天地之全數也；以九爲法，因三分損益而立也。全數者，即十而取九；相生者，約十而爲九。即十而取九者，體之所以立；約十而爲九者，用之所以行。體者所以定中聲，用者所以生十一律也」。

〔六〕師古曰：易説卦之辭。

〔七〕【補注】先謙曰：月令注「林鐘，黃鐘之所生，三分去一，律長六寸」。

〔八〕師古曰：此亦説卦之辭也。

〔九〕【補注】先謙曰：官本「太」作「大」。

〔一〇〕師古曰：此上繫之辭。

〔一一〕【補注】宋祁曰：「九三」當作「九二」。齊召南曰：宋説非也。自子至午，爲乾卦六爻，自未至亥，爲坤卦六爻。

此言人生於寅，正是乾之九三泰卦三陽之象，非九二也。

〔一二〕孟康曰：棣，謂通意也。師古曰：棣音替。【補注】宋祁曰：南本有「臣瓚曰：案陽氣上下相及逮而通之也」。周壽昌曰：冬氣閉藏，萬物收斂，閟而不通，至春初啓蟄，物與物相及，漸至開通，故孟訓通意也。「棣」即「隶」，說文「及也，亦作逮。逮，及也」。郊祀歌「跂行畢逮」。

〔一三〕【補注】先謙曰：月令注「太蔟者，林鐘之所生，上三分益一，律長八寸」。律呂古誼云「淮南子『黄鐘之實八十一，林鐘之實五十四，太族之實七十二』。是即黄鐘長九寸，林鐘長六寸，太族長八寸也」。

〔一四〕師古曰：宓讀與伏同。

〔一五〕師古曰：此說卦之辭。

〔一六〕師古曰：此上繫之辭。

〔一七〕師古曰：此泰卦象辭也。后，君也，謂王者也。左右，助也。左讀曰佐，右讀曰佑。

其於三正也，黄鐘子爲天正，〔一〕林鐘未之衝丑爲地正，太族寅爲人正。三正正始，是以地正適其始，紐於陽東北丑位。〔二〕易曰「東北喪朋，乃終有慶」，〔三〕答應之道也。〔四〕及黄鐘爲宮，則太族、姑洗、林鐘、南呂皆以正聲應，無有忽微，〔五〕不復與它律爲役者，同心一統之義也。非黄鐘而它律，雖當其月自宮者，則其和應之律有空積忽微，〔六〕不得其正。此黄鐘至尊，亡與並也。〔七〕

〔一〕師古曰：正音之成反。下皆類此。

〔二〕【補注】先謙曰：丑之爲言紐也。十二月斗建之辰，位於東北。

〔三〕孟康曰：未在西南，陽也，陰而入陽，爲失其類也。師古曰：此坤卦彖辭。

〔四〕【補注】先謙曰：官本「答」作「荅」，字同。

〔五〕孟康曰：忽微，若有若無，細於髮者也。謂正聲無有殘分也。【補注】周壽昌曰：孟説非也，既云細於髮，則亦有而非無也。忽、微，皆數之名。孫子算經云「度之所起，起於忽。蠶吐絲爲忽，十忽爲絲」。周髀算經云「審定分之無，令有纖微」。趙君卿注「纖微，細分也」。元朱世傑算學啓蒙有分、釐、毫、絲、忽、微、纖、沙、塵、埃、渺、漠等名，其小數類析數極詳，稱名尚夥。明利瑪竇同文算指畧同，但云「自分以下，什而析之」。又云「至細之倪，惟所立名」。屈曾發九數通考内曆法云「三十度爲宫，六十分爲度，六十秒爲分，六十微爲秒，六十纖爲微，六十忽爲纖，六十芒爲忽，六十塵爲芒」。皆忽微名數之證。本志又云「有空積忽微」，又云「銖者，物繇忽微始」，曰「空積取數之法」，曰「銖此數之可名者」。班明言算，何得謂之若有若無也。

〔六〕孟康曰：十二月之氣，各以其月之律爲宫，非五音之正，則聲有高下差降也。空積，若鄭氏分一寸爲數千。【補注】李光地曰：以正聲應者，謂太簇、林鐘、南吕皆用全聲，爲黄鐘之應，不用半聲也。無有忽微者，謂林鐘、太簇有全寸，南吕、姑洗有全分，無有毫釐絲忽之算。若它律爲宫，則其和應之律，必有空積忽微，而非全寸全分；且或用半聲、變聲，而非其全聲，不得爲正矣。忽微爲空積者，自毫絲以下，非目力所分，虚積其算。

〔七〕【補注】先謙曰：律吕新書云「他律無大於黄鐘，故其正聲不爲他律役，其半聲當爲四寸五分。而前乃云無者，以十七萬七千一百四十七之數不可分；又三分損益，上下相生之所不及，故亦無所用也。至於大吕之變宫，夾鐘之羽，仲吕之徵，蕤賓之變，徵夷則之角，無射之商，自用變律半聲，非復黄鐘矣。此其所以至尊而爲君之象，然亦非人之所能爲，乃數之自然，他律雖欲役之而不可得也」。

易曰：「參天兩地而倚數。」〔一〕天之數始於一，終於二十有五。其義紀之以三，故置一得三，又二十五分之六，凡二十五置，終天之數，得八十一，以天地五位之合終於十者乘之，爲八百一十分，應曆一統〔二〕千五百三十九歲之章數，黃鐘之實也。〔三〕繇此之義，〔四〕起十二律之周徑。〔五〕地之數始於二，終於三十。其義紀之以兩，故置一得二，凡三十置，終地之數，得六十，以地中數六乘之，爲三百六十分，當期之日，林鐘之實。〔六〕人者，繼天順地，序氣成物，統八卦，調八風，理八政，正八節，諧八音，舞八佾，監八方，被八荒，以終天地之功，故八八六十四。其義極天地之變，以天地五位之合終於十者乘之，爲六百四十分，以應六十四卦，大族之實也。〔七〕書曰：「天功人其代之。」〔八〕天兼地，人則天，故以五位之合乘焉，「唯天爲大，唯堯則之」之象也。〔九〕地以中數乘者，陰道理內，在中餽之象也。〔一〇〕三統相通，故黃鐘、林鐘、太族律長皆全寸而亡餘分也。

〔一〕師古曰：易說卦之辭也。倚，立也。參，謂奇也。兩，謂耦也。七九陽數，六八陰數。

〔二〕孟康曰：十九歲爲一章，一統凡八十一章。

〔三〕【補注】先謙曰：八百一十分爲黃鐘之實，言中積也。

〔四〕師古曰：繇讀爲由同。由，用也。【補注】先謙曰：官本注「爲」作「與」，是。

〔五〕孟康曰：律孔徑三分，參天之數也。圍九分，終天之數也。【補注】先謙曰：律呂新書云「黃鐘，十其廣之，分以爲長，十一其長之，分以爲廣，故空圍九分，積八百一十分，其數與此相合。長九寸，積八百一十分，則其周徑可以數起矣。即胡安定所謂徑三分四釐六毫，圍十分二釐八毫者是也。孟氏不察，乃謂凡律圍徑不同，各以圍乘長，而得此數者，蓋未之考也」。律呂古誼云「制管之法，定積爲先，定體爲次，定冪爲後。黃鐘之積八百十分，此定積也；

長九寸，此定體也。積與體俱定，則冪自無不定矣。故定冪必爲九分也。然而轉生十二律，則冪定而體與積均無定。冪之一定者，管體之大小有定也。體積之無定者，其長短無定也。有冪則有周徑，周徑依乎冪。據志文云云，是十二律之周徑，即黄鍾之周徑矣。黄鍾之實八百一十分，以長九十分除之，則分有九分，是所謂冪也，即周徑所由起也。林鍾之實三百六十分，以長六十分除之，則分有六分。太族之實六百四十分，以長八十分除之，則分有八分，非太族、林鍾之冪也。非其冪，則非其周徑矣。以積計之，則三百六十分半，太族之積；六百四十分，姑洗之積。志以周徑之文屬黄鍾，知不以半族、姑洗爲太族、林鍾矣」。又云「律九寸爲體，長八百一十分爲中積，此無可損益者也。面冪周徑，經史未言，後儒多言徑三圍、九圜，冪不能得徑，必轉求方冪，以周鬴、漢斛推之，圖見本書。外圜百，則内方六十四倍。内方爲外方，則外方百二十八，即内圜百矣。以此爲率，則九分爲圜，即十一分五十二釐爲方，而有三分三釐九毫四絲一忽之徑。術雖不同於律，體固無別矣。是爲長九寸、積八百十分之黄鍾。若別爲八百十分之量，以其所容實之管中，斯亦無不合矣。自隋時攷律不計中積，僅據此志累尺實龠，同用中黍之文，謂是同等之黍，驗而不合，則律竟不成。不知同等不能相容，而中積非以容黍定也」。又云「蔡邕時，律法失傳，面冪周徑之說不明，以徑一周三之法，見於周禮，則姑用之，而徑三周九，不足八百十分之積也。漢尺之八百十分，非即古之八百十分也。因而以聲爲主，抑其高者而下之，使復於古焉。於是直取中黍千二百粒實管中，度其長與徑，而非九寸與三分也則易之，至必如其數而止。既得其徑，因命其周，制銅龠以傳於後。銘云『龠，黄鍾之宮，長九寸，空圍九分，容黍千二百粒，稱重十二銖，兩之爲一合三分，損益轉生十一律』。又著其徑於月令章句曰『徑三分』。計其所積，使制爲方龠以容之，則方一寸而積千分。律數、度量、權衡俱非漢尺之法矣。欲復古音，盡捨漢法。其曰空圍九分者，謂徑三分也，三自乘爲方，則冪有九分，龠豈方邪？刓其四隅，而謂之九分，如實數何？是故如漢法之積八百十分，始可言空圍九分。空圍非方冪，實圜冪也。用漢法奈何？曰：用漢尺一尺七分三釐之度以制律，則得矣。邕所用者漢尺十分之積也，置此積如八十一，而一得數十萬乘之，爲百二十三萬四千五百六十七分九毫十釐，立方開之以爲尺，如尺制九寸之管，以實籥黍，則八百十分而已。得千分，吾知空圍必九分也，徑必三分三釐七毫四絲也，周必十分六釐六毫九絲也。漢志所不言者，無不可一一補之，有功於律豈小哉！後人惟知律徑之三分，不知籥尺之脩短，不問何尺，必以三分爲徑，大者受黍過多，小者受黍過少，遂至廢律不敢作。胡瑗始悟九分之爲圜冪，而名之曰九方分。范鎮譏之，不有胡銓，孰明其旨哉？律與籥之相混久矣，無不以爲律可名籥，籥即是律者。今分別論之曰：以三分三釐有奇爲徑者，積八百十分之律也；以三分爲徑者，積六百四十分有奇之籥也。庶正法不亂於變法云」。

〔六〕孟康曰：林鐘長六寸，圍六分。以圍乘長，得積三百六十分也。師古曰：期音基。謂十二月爲一期也。【補注】先謙曰：以上下文例之，「林鐘之實」下當有「也」字。天文訓「其以爲音也，一律而生五音，十二律而爲六十音，因而六之，六六三十六，故三百六十音以當一歲之日，故律曆之數，天地之道也」。此附會三統爲說，又與淮南訓義不同。

〔七〕孟康曰：大族長八寸，圍八分，爲積六百四十分也。【補注】先謙曰：孟説非也。律呂古誼云「志言三百六十分林鐘之實，六百四十分太族之實者，特依黃鐘之例，備天地人參伍相乘之數，於冪無預，即於周徑無預也。孟氏上林鐘及此兩注，以圍乘長。所言圍者，冪耶？周耶？冪一分者，周必不止一分，而求積者以冪乘，不以周乘。使孟果以冪乘，亦與半太族及姑洗無異，況古謂周爲圍耶？黃鐘長九寸，容千二百黍，乃九分爲冪之故。則林鐘長六寸，而容八百黍，太族長八寸，而容千六十七黍，亦九分爲冪之故。使林鐘之冪止六分，太族之冪止八分，尚能容是黍乎？夫律非徒積也，冪亦係焉，止以積而已，則黃鐘長八百十分，即冪止一分，所容不過數十黍，毋乃空有其積與？此所以寧損益其體長，不可損益其面冪也」。律呂新書云「此以三律之長自相乘，又各因之以十，爲此分數，黃鐘應歷一統，林鐘當期之日，太蔟應六十四卦，皆倚數配合，爲說而已」。

〔八〕師古曰：虞書咎繇謨也。言聖人稟天造化之功，代而行之。

〔九〕師古曰：則，法也。論語稱孔子曰「大哉堯之爲君也，唯天爲大，唯堯則之」，美帝堯能法天而行化。

〔一〇〕師古曰：「餽」字與「饋」同。易家人卦六二爻辭曰「无攸遂，在中饋」，言婦人之道，取象於陰，無所必遂，但居中主饋食而已，故云然。

天之中數五，地之中數六，而二者爲合。〔一〕六爲虛，五爲聲，周流於六虛。虛者，爻律夫陰陽，〔二〕登降運行，列爲十二，而律呂和矣。太極元氣，函三爲一。〔三〕極，中也。元，始也。行於十二辰，〔四〕始動於子。〔五〕參之於丑，得三。〔六〕又參之於寅，得九。〔七〕又參之於卯，得二十七。〔八〕又參之於辰，得八十一。〔九〕又參之於巳，得二百四十三。〔一〇〕又參之於午，得七百二十九。〔一一〕又參之於未，得二千一百八十七。〔一二〕又參之於申，得六千五百六十一。〔一三〕又參之於酉，得萬九千六百八十三。〔一四〕又參之於戌，得五萬九千四十九。〔一五〕又參之於亥，得十七萬七千一百四十七。〔一六〕此陰陽合德，氣鐘於子，化生萬物者也。故孳萌於子，〔一七〕紐牙於丑，〔一八〕引達於寅，〔一九〕冒茆於卯，〔二〇〕振美於辰，〔二一〕已盛於巳，〔二二〕咢布於午，〔二三〕昧薆於未，〔二四〕申堅於申，〔二五〕留孰於酉，〔二六〕畢入於戌，〔二七〕該閡於亥，〔二八〕出甲於甲，〔二九〕奮軋於乙，〔三〇〕明炳於丙，〔三一〕大盛於丁，〔三二〕豐楙於戊，〔三三〕理紀於己，〔三四〕斂更於庚，〔三五〕悉新於辛，〔三六〕懷任於壬，〔三七〕陳揆於癸。〔三八〕故陰陽之施化，萬物之終始，既類旅於律呂，又經歷於日辰，而變化之情可見矣。

〔一〕【補注】先謙曰：即下文所謂五六者，天地之中合也。

〔二〕【補注】王先慎曰：易繫辭「爻也者，言乎變者也。爻也者，效天下之動者也。道有變動，故曰爻」。故引伸爲凡有變動之稱。律爲陰陽十二律之總名。處者，所以載陰陽之氣而出，故能變動乎陰陽之律也。

〔三〕孟康曰：元氣始起於子，未分之時，天地人混合爲一，故子數獨一也。師古曰：函讀與含同。後皆類此。【補注】先謙曰：官本注末有「也」字。

〔四〕【補注】先謙曰：陳暘樂書云「此借十二辰以列三因之算位耳」。蔡元定以爲張皇鋪衍，謬矣。

〔五〕【補注】先謙曰：律書「子一分」。

〔六〕【補注】先謙曰：律書「丑三分二」。

〔七〕【補注】先謙曰：律書「寅九分八」。索隱：孟康云「丑三分二，寅九分八者，並是分之餘數，漢書不説也」。

〔八〕【補注】先謙曰：律書「卯二十七分十六」。

〔九〕【補注】先謙曰：律書「辰八十一分六十四」。

〔一〇〕【補注】先謙曰：律書「巳二百四十三分一百二十八」。

〔一一〕【補注】先謙曰：律書「午七百二十九分五百一十二」。

〔一二〕【補注】先謙曰：律書「未二千一百八十七分一千二十四」。

〔一三〕【補注】先謙曰：律書「申六千五百六十一分四千九十六」。

〔一四〕【補注】先謙曰：律書「酉一萬九千六百八十三分八千一百九十二」。

〔一五〕【補注】先謙曰：律書「戌五萬九千四十九分三萬二千七百六十八」。

〔一六〕【補注】先謙曰：律書「亥十七萬七千一百四十七分六萬五千五百三十六」。天文訓「十二鐘以副十二月，十二各以三成，故置一而十，一三之爲積，分十七萬七千一百四十七，黄鐘大數立焉」。

〔一七〕【補注】先謙曰：律書「子者，滋也。滋者，言萬物滋於下也」。説文「子，十一月，陽氣動萬物，滋入以爲偁，象形」。滋、孳義同。釋名「子，孳也，陽氣始萌，孳生於下也」。

〔一八〕【補注】先謙曰：律書「丑者，紐也。言陽氣在上未降，萬物厄紐未敢出」。説文「丑，紐也。十二月，萬物動用事，象手之形。(時)〔日〕加丑，亦舉手時也」。釋名「丑，紐也，寒氣自屈紐也」。

〔一九〕【補注】先謙曰：律書「寅，言萬物始生，螾然也」。索隱「螾音引」。説文「寅，髕也，正月，陽氣動，去黄泉欲上出，陰尚强，象宀不達髕寅於下也」。釋名：「寅，演也，演生物也。」

〔二〇〕師古曰：茆謂叢生也，音莫保反。【補注】先謙曰：律書「卯之爲言茂也，言萬物茂也」。説文「卯，冒也，二月，萬物冒地而出也，象開門之形，故二月爲天門」。釋名「卯，冒也，載冒地而出也」。

〔二一〕【補注】王念孫曰：「美」當爲「羨」字之誤也。淮南主術篇「羨者，止於度，而不足者，逮於用」。文選陸雲爲顧彦先贈婦詩「佳麗良可羨」。今本「羨」字並訛作「美」。羨之言延也，三月，陽氣方盛，句萌奮發，萬物莫不振起而延長，故曰振羨於辰。周官「典瑞璧羨」。鄭仲師曰：羨，長也，考工記「玉人璧羨」。康成曰「羨猶延」。張衡東京賦「乃羨公侯卿士」。薛綜曰「羨，延也」。周官冢人注曰「隧，羨道也」。隱元年左傳注作「延道」。是羨爲延長之義也。太玄玄數「辰戌丑未」。范望曰「辰取其延長」。是辰亦延長之義也。釋名曰「辰，伸也，物皆伸舒而出也」。伸亦延長之義。振、羨二字，俱是辰字之訓。孳萌於子，引達於寅，冒茆於卯，咢布於午，昧薆於未，申堅於申，留孰於酉，該閡於亥。此兩字共釋一字。若作振美，則非其指矣。月令正義引作「美」，亦後人以誤本漢志改之。續志、律書索隱引此，並作「振羨於辰」。先謙曰：律書「辰者，言萬物之蜄也」。索隱「蜄」或作「娠」，同音。白虎通「辰者，震也」。説文「辰，震也，三月陽氣動，雷電振，民農時也」。並取辰聲之字爲訓。

〔二二〕【補注】先謙曰：律書「巳者，言萬物之已盡也」。説文「巳，已也，四月，陽氣已出，陰氣已藏，萬物見成文章，故巳爲蛇，象形」。釋名「巳，已也，陽氣畢布已也」。

〔二三〕蘇林曰：咢音愕。【補注】周壽昌曰：咢即遻。玉篇「遻，同迕，遇也」。迕、遻一字，與午音義俱協。天文訓「午者，忤也」。忤即迕。先謙曰：律書「午者，陰陽交，故曰午」。説文「午，牾也，五月，陰氣午逆，陽冒地而出」。釋名「午，仵也，陰氣從下上，與陽相仵逆也」。

〔二四〕師古曰：薆，蔽也，音愛。【補注】先謙曰：律書「未者，言萬物皆成，有滋味也」。説文「未，味也，六月，滋味也。五行，木老於未，象木重枝葉也」。釋名「未，昧也，日中則昃向幽昧也」。

〔二五〕【補注】先謙曰：律書「申者，言陰用事，申賊萬物。賊，一作則」。説文「申，神也，七月，陰氣成體自申束，从臼，自持也」。釋名「申，身也，物皆成其身體，各申束之，使備成也」。

〔二六〕【補注】先謙曰：律書「酉者，萬物之老也，故曰酉」。説文「酉，就也，八月，黍成可爲酎酒。古文酉从丣。卯爲春門，萬物已出；酉爲秋門，萬物已入，一閉門之象也」。釋名「酉者，秀也。秀者，物皆成也」。

〔二七〕【補注】先謙曰：律書「戌者，言萬物盡滅，故曰戌」。説文「戌，滅也，九月，陽氣微，萬物畢成，陽下入地也」。釋名「戌，恤也，物當收斂矜恤之也」。

〔二八〕【補注】先謙曰：律書「亥者，該也，言陽氣藏於下，故該也」。説文「亥，荄也，十月，微陽起接盛陰」。釋名「亥，核也，收藏百物，核取其好惡真僞也。亦言物成皆堅核也」。閡義見上。

〔二九〕【補注】先謙曰：律書「甲者，言萬物剖符甲而出也」。説文「甲，位東方之孟，陽氣萌動，从木戴孚甲之象」。釋名「甲，孚甲也，萬物解孚甲而生也」。

〔三〇〕師古曰：軋音於黠反。【補注】先謙曰：律書「乙者，言萬物生軋軋也」。説文「乙象春草木冤曲而出，陰氣尚强，其出乙乙也」。釋名「乙，軋也，自抽軋而出也」。

〔三一〕【補注】先謙曰：律書「丙者，言陽道著明，故曰丙」。説文「丙位南方，萬物成炳然，陰氣初起，陽氣將虧。从一、入、冂。一者，陽也」。釋名「丙，炳也，萬物炳然皆著見也」。

〔三二〕【補注】先謙曰：律書「丁者，言萬物之丁壯也，故曰丁」。説文「丁，夏時萬物皆丁實，象形」。釋名「丁，壯也，物體皆丁壯也」。

〔三三〕【補注】先謙曰：説文「戊，中宮也，象六甲五龍相拘絞也」。釋名「戊，茂也，物皆茂盛也」。

〔三四〕【補注】先謙曰：説文「己，中宮也，象萬物辟藏詘形也」。釋名「己，紀也，皆有定形可紀識也」。

〔三五〕【補注】王念孫曰：斂、更二字義不相屬，諸書亦無訓更爲斂者。「斂」當爲「改」字之誤也。鄭注月令云「庚之言更也，萬物皆肅然改更」。范望注太玄玄數云「庚取其改更」，皆其證也，續書注引作「斂」，亦後人依誤本漢志改之。月令正義引此，正作「改更於庚」。先謙曰：律書「庚者，言陰氣庚萬物，故曰庚」。説文「庚位西方，象秋時萬物庚庚有實也」。釋名「庚，猶更也，庚堅强貌也」。

〔三六〕【補注】先謙曰：律書「辛者，言萬物之辛生，故曰辛」。説文「辛，秋時萬物成而孰，金剛味辛，辛痛即泣出。从一、从辛。辛，辠也」。釋名「辛，新也，物初新者皆收成也」。

〔三七〕【補注】先謙曰：律書「壬之爲言任也，言陽氣任養萬物於下也」。説文「壬位北方也，陰極陽生，故易曰『龍戰于野』。戰者，接也，象人裹妊之形」。釋名「壬，任也，陰陽交物懷妊也，至子而萌也」。

〔三八〕【補注】先謙曰：律書「癸之爲言揆也，言萬物可揆度」。説文「癸，冬時水土平，可揆度也。象水从四方流入地中之形」。釋名「癸，揆也，揆度而生乃出土也」。

玉衡杓建，天之綱也；〔一〕日月初〔纏〕〔躔〕，星之紀也。〔二〕綱紀之交，以原始造設，合樂用焉。律呂唱和，以育生成化，歌奏用焉。〔三〕指顧取象，然後陰陽萬物靡不條鬯該成。〔四〕故以成之數忖該之積，〔五〕如法爲一寸，則黄鐘之長也。〔六〕參分損一，下生林鐘。〔七〕參分林鐘益一，上生太族。參分太族損一，下生南呂。參分南呂益一，上生姑洗。參分姑洗損一，下生應鐘。參分應鐘益一，上生蕤賓。參分蕤賓損一，下生大呂。〔八〕參分大呂益一，上生夷則。參分夷則損一，下生夾鐘。參分夾鐘益一，上生亡射。參分亡射損一，下生中呂。陰陽相

生，自黄鍾始而左旋，八八爲伍。〔九〕其法皆用銅。職在大樂，太常掌之。〔一〇〕

〔一〕如淳曰：杓音猋，斗端星也。孟康曰：斗在天中，周制四方，猶宮聲處中，爲四聲綱也。師古曰：杓音必遥反。

〔二〕孟康曰：（纏）〔躔〕，舍也。二十八舍列在四方，日月行焉，起於星紀，而又周之，猶四聲爲宮紀也。晉灼曰：下言斗綱之端連貫營室，織女之紀指牽牛之初，以紀日月，故曰星紀。五星起其初，日月起其中，是謂天之綱紀也。師古曰：躔，踐也。音直連反。

〔三〕【補注】先謙曰：大司樂「乃奏黄鍾，歌大吕」節，鄭注「黄鍾陽聲之首，大吕爲之合」。太蔟陽聲第二，應鍾爲之合。姑洗陽聲第三，南吕爲之合。蕤賓陽聲第四，函鍾爲之合」。疏云「言合者，此據十二辰之斗建與日辰相配合，皆以陽律爲之主，陰吕來合之。黄鍾，子之氣也，十一月建焉，而辰在星紀；大吕，丑之氣也，十二月建焉，而辰在玄枵；太蔟，寅之氣也，正月建焉，而辰在娵訾；應鍾，亥之氣也，十月建焉，而辰在析木；已後皆然」。又「凡樂，圜鍾爲宮，黄鍾爲角」節，鄭注「圜鍾，夾鍾也，夾鍾生於房心之氣，房心爲大辰，天地之明堂。函鍾，林鍾也，林鍾生於未之氣，未坤之位。或曰，天社在東井輿鬼之外。天社，地神也。黄鍾生於虚危之氣，虚危爲宗廟。以此三者爲宮，用聲類求之」。

〔四〕師古曰：條，達也。鬯與暢同。

〔五〕孟康曰：成之數者，謂黄鍾之法數。該之積，爲黄鍾變生十二辰積實之數也。忖，除也，言以法數除積得九寸，即黄鍾之長也。言該者，該衆律之數也。師古曰：忖音千本反。【補注】劉敞曰：故以成之數忖該之積。案，上言南吕任成萬物，然後成之。數謂酉也，從酉數除亥數，則得九矣。先謙曰：數起建子，歷九辰至酉，五數備成爲律法，歷十二辰終亥，而辰數該爲律積，以成法除該積得九也。

〔六〕孟康曰：得一寸，則所謂得九寸也。言一者，張法辭。【補注】先謙曰：律書「實如法得長一寸」。索隱「實謂以子一乘丑三，至亥得十七萬七千一百四十七爲實數。如法謂以上萬九千六百八十三之法除實，得九，爲黄鍾之長。

言得一者，算術設法辭也」。孟云「張法」，小司馬云「設法」。張、設，義一也。晉志「合十辰，得一萬九千六百八十三，謂之成數，以爲黄鐘之法。又參之律於十二辰，得十七萬七千一百四十七，謂之該數，以爲黄鐘之實，實如法而一，得黄鐘之律長九寸，十（二）〔一〕月冬至之氣應焉」。

〔七〕張晏曰：黄鐘長九寸，以二乘九得十八，以三除之，得林鐘六寸。其法率如此，推當算乃解。晉灼曰：蔡邕律曆記「凡陽生陰曰下，陰生陽曰上」也。【補注】齊召南曰：晉志校其相生，所得與司馬遷同。召南案，是志本劉歆，歆言鐘律專主司馬遷，故與呂覽、淮南、京房三家小異。先謙曰：晉志「物之生莫不函三，故十二律空徑三分，而上下相生皆損益以三」。律呂古誼云「三分損益，乃損益其體長，非損益其面冪也。實如法得長一寸，故黄鐘之實十七萬七千一百四十七寸，法萬九千六百八十三。以黄鐘之實三分損益，則林鐘之實十一萬八千九十八，太族之實十五萬七千四百六十四，實如法非長九寸六寸八寸乎？夫黄鐘之積八百一十分者，九分乘九寸之數本長方形，卷成圓柱而置管中，則爲黄鐘之律矣。三分損益，即損益此圓柱也。六分乘六寸，八分乘八寸，亦可卷成圓柱，而體長面冪不當，並有損益，故聲皆合三分損益之率，而不至於過高。隋志言魏安豐王依空圍六分、八分之說，作律吹之，不合黄鐘商徵之聲。皆空徑九分，乃與均鐘器合。即其證也。胡瑗、朱載堉所製十二律，皆空圍各異，謬矣」。又論中呂當反生黄鐘，與京房變律之決不當有，及漢志與它書上下相生各異，由所取全律、半律不同，以五音、七音旋宫之法爲相生上下，則宫皆下生，徵皆上生，一下一上，至羽與變宫而終，則全半俱備，不必拘陽下生、陰上生之說。文繁，具詳本書。

〔八〕【補注】沈欽韓曰：大司樂注、續志並從淮南作「上生」。隋志梁武帝論云「京、馬、鄭、蔡至蕤賓，並上生大呂，而班志至蕤賓，仍以次下生。若從班義，夾鐘惟長三寸七分有奇，律若過促，則夾鐘之聲成一調，中呂復去調半，是過於無調。仲春、孟夏正相長養，不容短促，求聲索實，班義爲乖」。錢大昕曰：淮南、京、鄭諸儒以爲蕤賓重，上生大呂，故自蕤賓而下，相生之序與此相反，其大呂、夾鐘、仲呂三律所得分寸皆倍焉。晉志云「凡聲音之體，務在和韻，益則加倍，損則減半，其於本音恒爲無爽」。然則一上一下者，相生之道。言重上生者，吹候之用也。於蕤賓重上生者，適會爲用之數，故言律者因焉，非相生之正也。今案律書，黄鐘子，林鐘丑，太簇寅，南吕卯，姑洗辰，應鐘巳，蕤賓午，大吕未，夷則申，爽鐘酉，無射戌，中吕亥。陽律自子而戌，陰律自丑而亥，長短以遞降，此相生之序也。至以十二律配十二月，則大吕丑，夾鐘卯，中吕巳，林鐘未，南吕酉，應鐘亥，六律爲陽聲，故不變；六吕爲陰聲，陰不敵陽，故取其衛以配之。國語所謂六間也。未、酉、亥之律，轉長於丑、卯、巳之律，故大吕、夾鐘、中吕皆取其倍，然後十二律長短先後適合其節，而爲蕤賓重上生，乃得此加倍之數，此兩法所以不可偏廢也。律書「黄鐘長八寸十分一」云云，謂之律數，此用倍數也。「子一分、丑三分二」云云，謂之生鐘分，此正數也。又案周禮賈疏云「子午巳東爲上生，子午已西爲下生。東爲陽，陽主其益，西爲陰，陰主其減。故上生益，下生減」。春秋孔疏云「林鐘、夷則、南吕、無射、應鐘皆是子午以東之管下而生之，故云下生；大吕、太蔟、夾鐘、姑洗、中吕、蕤賓皆是子午以西之管上而生之，故云上生」。

〔九〕孟康曰：從子數辰至未得八，下生林鐘。數未至寅得八，上生太族。律上下相生，皆以此爲率。伍，耦也，八八爲耦。【補注】先謙曰：官本考證云「晉志引此文作『八八爲位』，傳寫之訛也」。樂書云「諸儒之論律吕，謂陰陽相生，自黄鐘始而左旋，八八爲伍，管以九寸爲法者，班氏之説也。下生倍實，上生四實，皆三其法，而管又不專以九寸爲法者，司馬遷之説也。持隔九相生之説，以中吕上生黄鐘，不滿九寸，謂之執始，下生去滅，上下相生，終於南事，十二律之外，更增六八爲六十律者，京房之説也。建蕤賓重上生之議，至於大吕、夾鐘、仲吕之律所生分等，又皆倍焉者，鄭康成之説也。隔七爲上生，隔八爲下生，至於仲吕則孤而不偶，蕤賓則踰次無準者，劉向之説也。演京房南事之餘而伸之，爲三百六十律，日當一管，各以次生者，宋錢樂之之説也。斥京房之説，而以新舊法分度參之者，何承天、沈約之説也。校定黄鐘每律減三分，而以七寸爲法者，隋劉焯之論也。析毫釐之强弱爲算者，梁武帝之法也。諸儒之論角立蠭起，要之最爲精密者，班志而已」。

〔一〇〕【補注】錢大昭曰：太常屬官有大樂令丞。

度者，分、寸、尺、丈、引也，所以度長短也。〔一〕本起黄鐘之長。〔二〕以子穀秬黍中者，〔三〕一黍之廣，度之九十分，黄鐘之長。〔四〕一爲一分，〔五〕十分爲寸，十寸爲尺，十尺爲丈，十丈爲引，而五度審矣。其法用銅，高一寸，廣二寸，長一丈，而分寸尺丈存焉。用竹爲引，高一分，廣六分，長十丈。其方法矩，高廣之數，陰陽之象也。〔六〕分者，自三微而成著，可分別也。寸者，忖也。尺者，蒦也。〔七〕丈者，張也。引者，信也。〔八〕夫度者，別於分，忖於寸，蒦於尺，張於丈，信於引。引者，信天下也。職在内官，〔九〕廷尉掌之。〔一〇〕

〔一〕師古曰：度音大各反。下皆類此。

〔二〕【補注】先謙曰：律吕古誼云「律長九寸，尺長十寸，是爲益律九分之一以爲度，而去尺十分之一以爲律，尺非律不成尺，律非度亦不成律。志云，度本起黄鐘之長，明其相爲用也。宋范鎮、司馬光爭論由尺生律，由律生尺之是非，歷三十年不決，何也」？

〔三〕孟康曰：子北方，北方黑，謂黑黍也。師古曰：此説非也。子穀猶言穀子耳，秬即黑黍，無取北方爲號。中者，不大不小也，言取黑黍穀子大小中者，率爲分寸也。秬音鉅。【補注】先謙曰：官本無孟注十三字及「此説非也」四字，又無「耳」字及無「取北方爲號」六字。案，爾雅釋草「秬，黑黍，秠一稃二米」。説文𩰫下云「黑黍也，一稃二米」。秬下云「𩰫或從禾」。詩閟宫鄭箋「秬，黑黍也」。鬯人鄭注：「秬如黑黍，一稃二米」。「如」字蓋衍。是秬即秠矣。後漢制律用秠，明朱載堉譏之，然秬、秠不異。律吕古誼云「黍之爲物，大小難齊，古用中黍，後用大黍，理亦可通。牛弘請用鐵尺奏云『上黨之黍有異他鄉，其色至烏，其形圓重。許慎解秬黍體大，本異於常。今之大者正是，其中累百滿尺，即是會古實龠之外，纔贏十餘』。是弘攷鐵尺已用大黍矣。胡瑗制尺，一依漢志，用秬黍中者累之。程子謂胡先生用三等篩子篩之，取其中者，是也。是足明三代用中黍尺也」。又云「度言秬黍，而不言一米、二米，蓋時以秠爲秬，言秬述古法，用秠從所尚也」。

〔四〕【補注】齊召南曰：舊本附注「皇祐冬，益州進士房庶言，嘗得古本漢志云『一黍之起積一千二百黍之廣，度之九十分』。今文脱『起積一千二百黍之』八字」。召南案，房庶此説，范鎮深是之，而司馬光力攻其謬，光與鎮書有曰「房生家有漢書，異於今本，不知傳於何世？而相承積誤，由古及今，更大儒甚衆曾不悟也。其書既云『積一千二百黍之廣』，何必更云『一黍之起』，此四字將安設施？子駿、孟堅之書，不宜如此冗長也」。張文虎曰：一黍之廣，度之九十分，左文六年傳疏、史記五帝紀正義引，大畧相同，書舜典疏引，度之下有「千二百黍」四字，蓋涉下文而誤衍。房庶竊之，詭云家有古本漢書，作「一黍之起積一千二百黍之廣」，以行其説。范蜀公深信之，不攷甚矣。先謙曰：官本考證云，隋志引此文，作「度之九十黍爲黄鐘之長」。案，用黍之法見於淮南天文訓、説苑辨物篇、後魏、隋、宋諸志，説各不同。律吕古誼云「以尺得百粒之黍，實龠則不能容；以九寸五分二釐得百粒之黍，實龠則能容。何也？律體與黍體使然也。律，圜柱。黍，隋圜。以隋圜入圜柱，必有隙，隙之所侵，皆律之分，則皆黍之分，故不能容也。律有積，黍亦有積，律以八百十分爲積，以千二百黍除之，得六百七十五釐爲一黍之積，此六七五者兼有隙，積不可得而知也。然不能容，則止爲黍積，若以千分爲律積，千二百黍除之，得八百三十三釐三分一爲一黍之積，其增多者，即其隙積也。增隙積而後能容，皆不能合千二百隋圜入圜柱之故也。是以八百十分之積，當容九百七十二黍，以千分爲積，則律長不止九十分，冪不止九分，徑不止三分三釐七毫一絲强。法當先求全律之長，因以定積八百十分爲一率，通積千分爲次率，實長九寸自乘，再乘得七二九爲三率，求得四率，通長立積九十萬分，立方開之，得九寸六分五釐爲通長，不盡九十萬分之一千四百六十七分八百七十五釐則棄之。以長除積，得十分零三十六釐二十六毫九十四絲三十忽爲圜冪，餘千分之五十忽亦棄之。即千萬萬之五。其方冪有十二分一十釐七十八毫八十七忽强，開方得徑，則三分六釐二毫强也。六七五爲黍實，積則所推從橫厚薄術詳本書。爲實數，側置增加之冪，徑中長可容三黍微弱，厚可容五黍微弱，從側相參，約可容十二黍。自上至下九十餘節，隙中可容一二黍，故千分而容千二百黍也。此積千分者，非從制律之度命之，乃從容黍之度命之。若從制律度命之，仍爲八百十分，黃鐘之定積也」。又云「或謂容千二百黍之必千分，曷不以一尺爲黃鐘，則累尺與實管無異黍矣？曰，術有所不能也。黃鐘用陽數以成律，故長必九寸，冪必九分，積必八百十分。若以一尺爲長而積十分，則冪必十分，皆陰數矣。即通其長爲九寸，而十分之冪不能通爲九分，則積亦不能通爲八百十分。蓋算律之度，長用本數，冪用自乘，積用再乘，惟尺非通分，則自乘、再乘，皆與本數無異。若通爲九寸，則九寸即爲本數，自乘之得八十一，以爲冪法，再乘之得七百二十九，以爲積法，各以積與冪乘之，尚安得九分與八百十分乎？故古人制律，必加一寸以爲度，制龠，必加一分以爲深，而實龠與管，期乎千二百，而不期乎累尺之黍，皆由律之用陽數而非陰數也。不然，朱載堉附會史記律書，以八十一分爲黃鐘，孰云不可？彼何以止用九百八十二分爲積乎」？

〔五〕【補注】王念孫曰：「一爲一分」，本作「一黍爲一分」，脱去「黍」字，則文義不明。司市疏、典同疏、合方氏疏、大行人疏、月令正義、左傳文六年正義及隋志、史記五帝紀正義引此，皆作「一黍爲一分」。漢紀同。

〔六〕孟康曰：高一分，廣六分。一爲陽，六爲陰也。

〔七〕師古曰：蒦音約。【補注】先謙曰：説文「蒦，一曰度也，重文作彠云。蒦，或从尋，尋亦度也」。

〔八〕師古曰：信讀曰伸，言其長。【補注】先謙曰：信當讀本字。下云「信天下也」，明信不得讀爲伸。

〔九〕師古曰：内官，署名也。百官表云：内官長丞，初屬少府，中屬主爵，後屬宗正。

〔一〇〕師古曰：法度所起，故屬廷尉也。

量者，龠、合、升、斗、斛也，〔一〕所以量多少也。〔二〕本起於黃鐘之龠，用度數審其容，〔三〕以子穀秬黍中者千有二百實其龠，〔四〕以井水準其概。〔五〕合龠爲合，〔六〕十合爲升，十升爲斗，十斗爲斛，而五量嘉矣。〔七〕其法用銅，方尺而圜其外，旁有庣焉。〔八〕其上爲斛，其下爲斗。〔九〕左耳爲升，右耳爲合龠。〔一〇〕其狀似爵，以縻爵禄。〔一一〕上三下二，參天兩地，圜而函方，左一右二，陰陽之象也。其圜象規，其重二鈞，備氣物之數，合萬有一千五百二十。〔一二〕聲中黄鐘，始於黄鐘而反覆焉，〔一三〕君制器之象也。龠者，黄鐘律之實也，躍微動氣而生物也。合者，合龠之量也。升者，登合之量也。斗者，聚升之量也。斛者，角斗平多少之量也。夫量者，躍於龠，合於合，登於升，聚於斗，角於斛也。職在太倉，大司農掌之。〔一四〕

〔一〕師古曰：龠音籥。合音閤。【補注】先謙曰：隋志「龠」作「籥」誤。

〔二〕師古曰：量音力張反。【補注】先謙曰：官本無注。

〔三〕師古曰：因度以生量也。其容，謂其中所容受之多少也。

〔四〕【補注】先謙曰：律吕古誼云「志言龠積千有二百，雖不言面冪周徑，然於斛之方圜可想見焉」。又曰「實黍驗律，非漢志意也。志固云，以子穀秬黍中者千有二百實其龠。則是制龠先有定積，而後以黍實之也。實之者曷故？量者，權之本，權合兩龠爲兩，重二十四銖，故百黍爲銖，實龠非千二百黍，則權必舛矣。黍名中者，適滿千二百而已，豈必累尺之黍哉」。又云「隋之驗以千二百黍，信漢志而失其意者也。志之意先爲八百十分之龠，而後實以千二百黍，非以能實千二百黍者便爲八百十分也。八百十分之龠，黍尺所制，確有定數。黍則肥瘠不齊，肥則盈，瘠則歉矣，雖中黍能必有定乎」？

〔五〕孟康曰：概欲其直，故以水平之。井水清，清則平也。師古曰：概所以概平斗斛之上者也，音工代反，又音工內反。

〔六〕【補注】宋祁曰：舊本作「十龠」，杭本作「合龠」。予以後參考之，「十」當作「合」。王鳴盛曰：合龠爲合，南監、汲古同。他本或作「十龠爲合」。尚書堯典疏所引同誤。齊召南曰：玉海引胡瑗新樂圖曰「今文訛作『十龠』」。唐六典曰「二龠爲合」。然則合龠者，二龠也。錢大昭曰：說文「升，十龠也」。此云合龠，即一龠也。下云合者，合龠之量也，故曰合龠爲合。廣雅云「龠二爲合」。「二」當爲「一」字之誤耳。先謙曰：隋志亦誤作「十龠」。蔡邕銅籥銘云「容黍千二百粒，稱重十二銖，兩之爲一合」。志明言千二百黍實一龠矣，兩之爲一合，與二龠爲合，說同廣雅、六典，是也。宋史律曆志「一龠容千二百黍，爲十二銖」。則以二千四百黍定爲一兩，之則兩者，二龠爲兩。律呂古誼云「合則方九分，而深二寸，半之則爲龠」，是錢氏亦以二龠爲合矣。

〔七〕師古曰：嘉，善也。【補注】王鳴盛曰：古尺小於今尺，是以步數、畝數、里數皆古小今大。古量亦小於今量，後書南蠻傳「軍行日三十里爲程，人日稟五升」。李注「古升小，故曰五升也」。是後漢時，量小於今甚遠。魏志管寧傳注「扈累，嘉平中，年八九十，縣官給稟，日五升不足」。晉書司馬懿紀「與諸葛亮相拒於五丈原。亮使至，帝問：『諸葛公食可幾米？』對曰：『三四升。』帝曰：『孔明其能久乎！』」蜀志亮傳注作「食不至數升」。宋王楙野客叢書十一，歷引周禮廩人注，魏李悝、漢趙充國、匈奴傳及後漢南蠻傳與晉顧臻之言，證古量之小。又引北史「庫伏連性吝，家口人食米二升，常有饑色」。南北朝量比漢魏前已畧大，然比今則尚小。

〔八〕鄭氏曰：庣音條桑之條。庣，過也。算方一尺，所受一斛，過九氂五豪，然後成斛。今尚方有王莽時銅斛，制盡與此同。師古曰：庣，不滿之處也，音吐彫反。【補注】先謙曰：律呂古誼云「以二千倍黃鐘之積爲一斛，此古法也。黃鐘積八百十分，則斛積百六十二萬分。制法以其尺再自乘，爲內方規，其外爲圜，故深必一尺，容受不足，則微增其方，圜又不足，則旁庣以足之。漢斛本於周鬴，周鬴方尺而圜其外，其實一鬴。管子謂『升百而成鬴』。此圜鬴也。晏子謂『齊舊四量：豆、區、鬴、鍾，四升爲豆，各自其四，以登於鬴』。此方鬴也。圜內容方，則十斗容六十四升，其法皆一六二也。方尺深尺積千寸，如六十四而一，得一五六二五，故鄭康成謂于今粟米法少二升八十一分升之二十二。攷工記注。祖沖之云，周以千五百六十二寸半爲斛法也。其實周斛本出於律，周必不以七百八十一分二百五十釐爲黄鐘，則内方固不止一尺。蓋百萬分之外，尚有三萬六千八百分，以此開方，正尺一分一釐有奇。古人止舉大數，故畧之也。漢斛亦方尺而圜其外，以百升實之，數猶不足，故有旁庣。知周百升成斛，亦必然也」。又曰「夏侯陽算經引古倉曹云：古者掘地方一尺，深一尺六寸二分，容粟一斛。案，此用方體，故分數適足。圜體以萬六千二百分爲冪，方圜率數既無定凖，開方爲徑，又難適盡，故不能無旁庣也」。

〔九〕孟康曰：其上謂仰斛也，其下謂覆斛之底，受一斗。

〔一〇〕【補注】先謙曰：律吕古誼云「劉徽注九章算經曰：晉武庫中有漢時王莽銅斛，篆書題其旁曰『律嘉量』。斛方一尺，而圜其外，旁庣九釐五毫，冪一百六十二寸，深一尺，積一千六百二十寸，容十斗。斛底云『律嘉量斗』，方一尺，而圜其外，旁庣九釐五毫，冪一尺六寸二分，深一寸，積一百六十二寸，容一斗。合龠皆有文字，升居斛旁，合龠在斛耳上，後有讚文，與今律曆志同。此斛於今尺爲深九寸五分五釐，徑一尺三寸六分八釐二毫。案今尺者，杜夔樂尺也。徽注九章尚在荀勖制律尺前，故目夔尺爲今尺。勖尺本之銅斛尺，則以勖尺通夔尺。此斛恰深一尺，而徑有一尺四寸三分三釐五毫有奇。此爲内方斜徑，以此徑自乘，得二〇五四九二二二五有奇，開得内方徑一尺一分三釐七絲八忽强，此内方亦容六斗四升弱，則總歸旁庣以足之也。以其十之一爲斗，故底深一寸，升與合龠，徽皆畧之。周斛升居左耳方三寸，則冪九寸，而深寸八分，適積千六百二十分。漢升殆亦如此，合則方九分而深二寸可也，半之則爲龠耳」。

〔一一〕晉灼曰：縻，散也。

〔一二〕孟康曰：三十斤爲鈞，鈞萬一千五百二十銖。

〔一三〕孟康曰：反斛聲中黄鐘，覆斛亦中黄鐘之宫，宫爲君也。臣瓚曰：仰斛受一斛，覆斛受一斗，故曰反覆焉。師古曰：覆音芳目反。【補注】先謙曰：官本瓚注「覆斛」作「覆底」。律呂古誼云「斛重二鈞，其厚近鑮鐘。何以知之？以其聲中黄鐘之宫耳。一斛之積，爲鏞鐘之容受。鐘有欒焉，則應律以二千四十八倍。鏞之重百七十七斤四分斤之三，半之則鑮鐘也。斛少鐘之四十八倍，則重當殺。鐘高尺八寸五分弱，而斛僅深尺，則當大殺，故六十斤即中黄鐘，其厚猶微殺者，以歉四十八倍而劑之適平也」。又云「凡尺不論秬秠，皆可制量，用律權一鈞二鈞之重以爲鬴斛，其聲無不中本律之黄鐘。惟其容受不同，則音韻有高下耳。然不能不謂之黄鐘者，各得其律之二千倍，即各積其尺之百六十二萬分，而與法密合也。范景仁誤以周鬴方尺爲八寸之尺，深尺爲十寸之尺，制以爲量，聲不能中黄鐘，乃未明量法之咎」。

〔一四〕師古曰：米粟之量，故在太倉也。【補注】錢大昭曰：大司農有太倉令丞。

衡權者，衡，平也，權，重也，衡所以任權而均物平輕重也。其道如底，〔一〕以見準之正，繩之直，左旋見規，右折見矩。其在天也，佐助旋機，〔二〕斟酌建指，以齊七政，〔三〕故曰玉衡。〔四〕論語云：「立則見其參於前也，〔五〕在車則見其倚於衡也。」又曰：「齊之以禮。」此衡在前居南方之義也。

〔一〕師古曰：底，平也，謂以底石厲物令平齊也。底音指。

〔二〕【補注】先謙曰：官本「機」作「璣」。

〔三〕師古曰：七政，日、月、五星也。

〔四〕【補注】先謙曰：斗魁爲旋機，杓爲玉衡。説詳天文志。

〔五〕孟康曰：權、衡、量，三等爲參。

權者，銖、兩、斤、鈞、石也，所以稱物平施，知輕重也。本起於黃鐘之重。一龠容千二百黍，重十二銖，〔一〕兩之爲兩。二十四銖爲兩。十六兩爲斤。三十斤爲鈞。四鈞爲石。忖爲十八，易十有八變之象也。〔二〕五權之制，以義立之，以物鈞之，其餘小大之差，以輕重爲宜。圜而環之，令之肉倍好者，〔三〕周旋無端，終而復始，無窮已也。銖者，物繇忽微始，至於成著，可殊異也。〔四〕兩者，兩黃鐘律之重也。〔五〕二十四銖而成兩者，二十四氣之象也。斤者，明也，〔六〕三百八十四銖，易二篇之爻，陰陽變動之象也。十六兩成斤者，四時乘四方之象也。鈞者，均也，陽施其氣，陰化其物，皆得其成就平均也。權與物均，重萬一千五百二十銖，當萬物之象也。四百八十兩者，六旬行八節之象也。〔七〕三十斤成鈞者，一月之象也。石者，大也，權之大者也。始於銖，兩於兩，明於斤，均於鈞，終於石，物終石大也。四鈞爲石者，四時之象也。重百二十斤者，十二月之象也。終於十二辰而復於子，黃鐘之象也。〔八〕千九百二十兩者，陰陽之數也。三百八十四爻，五行之象也。四萬六千八十銖者，萬一千五百二十物歷四時之象也。而歲功成就，五權謹矣。

〔一〕【補注】沈欽韓曰：說苑辨物篇「十八黍爲一豆，六豆爲一銖」。說文「錙，六銖也。錘，八銖也」。禮記儒行注「八兩曰錙」。正義云「算法十黍爲參，十參爲銖，二十四銖爲兩，八兩爲錙」。淮南說山訓注與說文同。法言注「六兩曰錙，倍錙曰錘」。一切經音義引風俗通「銖六則錘，二錘則錙」。諸說不同，當以鄭注見算法者爲定。隋志「古有黍、累、錘、錙、鐶、鈞、鋝、鎰之目，歷代差變，其詳未聞」。先謙曰：律呂古誼云「制黃鐘之龠，期乎八百十分，不期乎千二百黍。期乎千二百黍者，爲制權也。權以一龠所容爲十二銖，銖以百計則數齊。十分之一爲絫，百分之一爲黍，非千二百則權法不立矣。律龠容黍之重，朱載堉謂羊頭山黍中者，百粒重二錢五分，二千四百粒重六錢。此所制九百七十六分之龠則然，若八百十分之律，止當重四錢九分八釐。載堉尺與古尺尚短匠尺之一分，若用匠尺八十一分爲律尺，當重五錢一分七釐。權有輕重，非可預算，必依尺制，方九分深一寸之龠，以千二百黍實其中，然後權之，方爲定準，非單恃權也。載堉曾作此龠，顧用累尺大黍實之，不足千二百，遂棄不用，竟作一尺之律，别以小於累尺者實之令滿，權得其重，則非矣。實律不用累尺黍，何以實龠獨必用之邪」?

〔二〕孟康曰：忖，度也，度其義有十八也。黄鐘、龠、銖、兩、鈞、斤、石凡七，與下十一象爲十八也。張晏曰：象易三揲蓍而成一爻，十八變具六爻而成卦。【補注】錢大昕曰：孟説非也。一鈞重萬一千五百二十銖，以易六十四卦之數除之，得一十有八，合於易之十八變而成卦也。

〔三〕孟康曰：謂爲鐘之形如環也。如淳曰：體爲肉，孔爲好。師古曰：錘者，稱之權也，音直垂反，又音直睡反。【補注】宋祁曰：南本「爲好」字下有「肉者環之實，好者環之虚」十字。先謙曰：官本注「鐘」作「錘」，是。無「又」下「音」字。隋志引脱「倍」字。又云「趙石勒十八年造建德殿，得員石狀如水碓，其銘曰『律權石，重四鈞，同律度量衡。有辛氏造』」。續咸議是王莽時物」。錘圜而有孔，故如環。

〔四〕師古曰：繇讀與由同。由，從也。【補注】先謙曰：官本無注十一字。

〔五〕李奇曰：黄鐘之管重十二銖，兩十二得二十四也。

〔六〕【補注】錢大昭曰：周頌執競云「斤斤其明」。沈欽韓曰：釋訓「明明、斤斤，察也」。是明與斤同義。

〔七〕孟康曰：六甲爲六旬，一歲有八節，六甲周行成歲，以六乘八節得之。

〔八〕孟康曰：稱之數始於銖，終於石。石重百二十斤，象十二月。銖之重本取於子。律，黄鐘一龠容千二百黍，爲十二銖，故曰復於子，黄鐘之象也。

權與物鈞而生衡，〔一〕衡運生規，規圜生矩，矩方生繩，繩直生準，〔二〕準正則平衡而鈞權矣。是爲五則。規者，所以規圜器械，令得其類也。矩者，所以矩方器械，〔三〕令不失其形也。規矩相須，陰陽位序，圜方乃成。準者，所以揆平取正也。繩者，上下端直，經緯四通也。準繩連體，衡權合德，百工繇焉，以定法式，〔四〕輔弼執玉，以翼天子。〔五〕詩云：「尹氏大師，秉國之鈞，四方是維，天子是毗，俾民不迷。」〔六〕咸有五象，其義一也。以陰陽言之，大陰者，北方。北，伏也，〔七〕陽氣伏於下，於時爲冬。冬，終也，物終臧，乃可稱。水潤下。知者謀，謀者重，故爲權也。大陽者，南方。〔八〕南，任也，〔九〕陽氣任養物，於時爲夏。夏，假也，物假大，乃宣平。火炎上。禮者齊，齊者平，故爲衡也。少陰者，西方。西，遷也，陰氣遷落物，〔一〇〕於時爲秋。秋，䊢也，〔一一〕物䊢斂，乃成孰。〔一二〕金從革，改更也。義者成，成者方，故爲矩也。少陽者，東方。東，動也，〔一三〕陽氣動物，於時爲春。春，蠢也，物蠢生，乃動運。木曲直。仁者生，生者圜，故爲規也。中央者，陰陽之內，四方之中，經緯通達，乃能端直，於時爲四季。土稼嗇蕃息。〔一四〕信者誠，誠者直，故爲繩也。五則揆物，有輕重、圜方、平直、陰陽之義，四方、四時之體，五常、五行之象。厥法有品，各順其方而應其行。職在大行，鴻臚掌之。〔一五〕

〔一〕孟康曰：謂錘與物鈞，所稱適停，則衡平也。

〔二〕韋昭曰：立準以望繩，以水爲平。

〔三〕【補注】錢大昭曰：閩本無「所以」二字。

〔四〕師古曰：「繇」讀與「由」同。由，用也。【補注】先謙曰：官本無注。

〔五〕師古曰：翼，助也。【補注】沈欽韓曰：江鄰幾雜志「錢公輔云：『玉』疑是『之』字，監本之誤」。先謙曰：官本無注。

〔六〕師古曰：小雅節南山之詩也。言尹氏居太師之官，執持國之權量，維制四方，輔翼天子，使下無迷惑也。

〔七〕【補注】錢大昭曰：五帝紀集解引尸子曰「北方者，伏方也」。先謙曰：白虎通五行篇「北方者，伏方也，萬物伏藏也」。

〔八〕【補注】先謙曰：官本「大陰」、「大陽」，「大」作「太」。

〔九〕【補注】先謙曰：白虎通「南方者，任養之方，萬物懷任也」。

〔一〇〕【補注】錢大昭曰：白虎通「西方者，遷方也，萬物遷落也」。

〔一一〕師古曰：犨音子由反。【補注】先謙曰：官本無「音」字。

〔一二〕【補注】錢大昭曰：鄉飲酒義云「西者秋，秋之爲言愁也」。鄭注「愁讀爲揫。揫，斂也」。

〔一三〕【補注】錢大昭曰：說文「東，動也」。先謙曰：白虎通「東方者，動方也，萬物始動生也」。

〔一四〕師古曰：蕃，多也。息，生也。蕃音扶元反。【補注】先謙曰：官本無注。

〔一五〕師古曰：平均曲直，齊一遠近，故在鴻臚。

書曰：「予欲聞六律、五聲、八音、七始詠，以出内五言，女聽。」〔一〕予者，帝舜也。言以律吕和五聲，施之八音，合之成樂。七者，天地四時人之始也。順以歌詠五常之言，聽之則順乎天地，序乎四時，應人倫，本陰陽，原情性，風之以德，感之以樂，〔二〕莫不同乎一。唯聖人爲能同天下之意，故帝舜欲聞之也。今廣延羣儒，博謀講道，修明舊典，〔三〕同律，審度，嘉量，平衡，鈞權，正準，直繩，立于五則，備數和聲，以利兆民，貞天下於一，同海内之歸。〔四〕凡律度量衡用銅者，名自名也，〔五〕所以同天下，齊風俗也。銅爲物之至精，〔六〕不爲燥溼寒暑變其節，不爲風雨暴露改其形，介然有常，有似於士君子之行，〔七〕是以用銅也。用竹爲引者，事之宜也。〔八〕

〔一〕師古曰：虞書益稷篇所載舜與禹言。【補注】劉攽曰：七始詠，以出内五言。古文爲「在治忽」，蓋字之變。師説不同，非孔氏虞書也。齊召南曰：案七始之文見於此。泠州鳩言七律，晏子言七音，與此稍異。漢初，安世房中歌曰「七始華始，肅倡和聲」，注，孟康曰「天地四時人之始」。即用此志語。然則漢初所傳尚書，其文如此。又案，天地人三始，即黄鐘、林鐘、太簇，前文已明。其四時之始，則隋時鄭譯荅蘇夔云「七調所從出，謂姑洗爲春，蕤賓爲夏，南吕爲秋，應鐘爲冬，是爲四時始也」。王先慎曰：段玉裁尚書撰異云「今本漢書作『詠』，誤也。隋志引書『予欲聞六律、五聲、八音、七始訓，以出納五言』，實引漢志。訓與順通」。案下文云「順以歌詠五常之言」，正以歌詠釋此詠字。段改「詠」爲「訓」，又釋訓爲順，展轉坿會，以遷就隋志，不知漢志無作訓之本。王氏應麟藝文志考、困學紀聞引皆作「七始詠」，尤其確證。不得據隋志單文以改漢書也。七始者，鄭注尚書大傳云「黄鐘、太簇、大吕、南吕、姑洗、應鐘、蕤賓也」。案，黄鐘，子之氣，天統也。太簇，寅之氣，人統也。大吕，丑之氣，地統也。南吕，西之氣，秋也。姑洗，辰之氣，春也。應鐘，亥之氣，冬也。蕤賓，午之氣，夏也。禮樂志孟康注、敘傳劉德注云：七者，天地四時人之始。即用志文，並與鄭合。七始詠，書某傳作「在治忽」，史記作「來始滑」。集解引鄭注「滑」作「曶」。此古今文字相傳互異。索隱云，今文作「采政忽」，大傳、班書、鄭注皆作「七始」，不作「采政」，則索隱所稱今文，未足徵信。後人改「采」作「桼」，遂謂「桼政」即「七政」，因以牽合七始，尤非。

〔二〕師古曰：以德化之，以樂動之。詩序曰「上以風化下」。

〔三〕【補注】先謙曰：廣延羣儒，即上文所云「徵通知鐘律者百餘人」是也。歆條奏之文如此。

〔四〕師古曰：貞，正也。易下繫之辭曰「天下之動，貞夫一者也」，言皆以一爲正也。又曰「天下同歸而殊塗，一致而百慮」，言途雖殊其歸則同，慮雖百其致則一也，故志引之云爾。

〔五〕師古曰：取銅之名，以合於同也。

〔六〕【補注】劉攽曰：當爲「銅之爲物至精」。宋祁曰：當去「之」字。先謙曰：晉志作「爲物至精」。

〔七〕師古曰：介然，特異之意。

〔八〕李奇曰：引長十丈，高一分，廣六分，唯竹篾柔而堅爲宜耳。

曆數之起上矣。〔一〕傳述顓頊命南正重司天，火正黎司地，〔二〕其後三苗亂德，二官咸廢，〔三〕而閏餘乖次，〔四〕孟陬殄滅，〔五〕攝提失方。〔六〕堯復育重、黎之後，使纂其業，故書曰：「乃命羲、和，欽若昊天，曆象日月星辰，敬授民時。」「歲三百有六旬有六日，以閏月定四時成歲，允釐百官，衆功皆美。」〔七〕其後以授舜曰：「咨爾舜，天之曆數在爾躬。」「舜亦以命禹。」〔八〕至周武王訪箕子，〔九〕箕子言大法九章，而五紀明曆法。〔一〇〕故自殷周，皆創業改制，咸正曆紀，服色從之，順其時氣，以應天道。三代既没，五伯之末，史官喪紀，〔一一〕疇人子弟分散，〔一二〕或在夷狄，〔一三〕故其所記，有黃帝、顓頊、夏、殷、周及魯曆。〔一四〕戰國擾攘，秦兼天下，未皇暇也，亦頗推五勝，〔一五〕而自以爲獲水德，乃以十月爲正，色上黑。〔一六〕

〔一〕【補注】沈欽韓曰：晉志「炎帝分八節以始農功，軒轅紀三綱而闡書契，乃使羲和占日，常儀占月，車區占星氣，伶倫造律呂，大撓造甲子，隸首作算數。容成綜斯六術，考定氣象，建五行，察發斂，起消息，正閏餘，述而著焉，謂之調曆」。史記曆書「昔自在古曆，建正作於孟春」。先謙曰：「上」與「尚」同。官本「曆」下提行。

〔二〕臣瓚曰：南正司天，則北正當司地，不得言火正也。古文「火」字與「北」相似，故遂誤耳。師古曰：此說非也。班固幽通賦云「玄黎醇耀於高辛」，是則黎爲火正也。【補注】先謙曰：曆書同。索隱「左傳：重爲句芒，木正；黎爲祝融，火正。此言南者，蓋重黎二人元是木火之官，兼司天地職，而天是陽，南是陽位，故木亦是陽，所以木正爲南正也。火是地正，亦稱北正者，火數二，二，地數，地陰，主北方，故火正亦稱北正。臣瓚以爲古文『火』字似『北』，未爲得也」。

〔三〕師古曰：三苗，國名，縉雲氏之後爲諸侯者，即饕餮也。二官，重、黎也。

〔四〕孟康曰：以歲之餘日爲閏，故曰閏餘。次，十二次也。史推曆失閏，則斗建與月名錯也。【補注】沈欽韓曰：閏餘乖次，謂不應閏而閏，宜閏而失閏也。

〔五〕孟康曰：正月爲孟陬。曆紀廢絕，閏餘乖錯，不與正歲相值，謂之殄滅也。

〔六〕孟康曰：攝提，星名，隨斗杓所指建十二月，若曆誤，春三月當指辰而乃指巳，是爲失方也。【補注】沈欽韓曰：大戴記用兵篇「夏桀商紂，攝提失方，鄒大無紀」。鄒與陬同，即孟陬也。先謙曰：官本注無「是」字。

〔七〕師古曰：此皆虞書堯典之辭也。欽，敬。若，順也。昊天，言天氣廣大也。星，四方之中星也。辰，日月所會也。羲氏、和氏，重、黎之後，以其繼掌天地，故堯命之，使敬順昊天，曆象星辰之分節，敬記天時，以授下人也。帀四時凡三百六十六日，而定一歲。十二月，月三十日，正三百六十日，則餘六日矣。又除小月六日，是爲歲有餘十二日，未盈三歲，便得一月，則置閏焉，以定四時之氣節，成一歲之曆象，則能信理百官，衆功皆美也。

〔八〕師古曰：事見論語堯曰篇。【補注】先謙曰：官本無注。

〔九〕師古曰：訪箕子，謂滅殷之後。【補注】先謙曰：官本無注。

〔一〇〕孟康曰：歲月日星辰，是爲五紀也。師古曰：大法九章，即洪範九疇也。其四曰協用五紀也。

〔一一〕【補注】先謙曰：曆書「史不記時，君不告朔」。

〔一二〕李奇曰：同類之人俱明曆者也。如淳曰：家業世世相傳爲疇。師古曰：如說是也。【補注】宋祁曰：南本「世世相傳爲疇」下，有「歷年二十二傳之疇官，各從其父學也」。陳浩曰：案史記集解亦引如淳此條，但作「律年二十二」云云，蓋引漢律文也。宋祁所見之南本作「歷」亦誤。王鳴盛曰：尚書洪範九疇、鄭康成及僞孔傳皆訓「疇」爲「類」，易否九四「疇離祉」，九家注「疇者，類也」。然則李是，如非。程大昌演繁露又云「古字假借，疇人即籌人，以算數而名」，尤謬也。樂官亦曰疇人，則不必定屬治算數者矣。周壽昌曰：高紀二年如注「傳之疇官，各從其父疇學之」。齊語「人與人相疇，家與家相疇」。注「疇，匹也」。先謙曰：索隱韋昭云「疇，類也」。又引李注作孟說。又引樂彦云「疇，昔知星人也」。案，訓「類」、「匹」近之。官本無李注十二字、顏注七字。

〔一三〕【補注】沈欽韓曰：唐志「九執曆者，出於西域」。夢溪筆談「西天法，羅睺、計都皆逆步之，乃今之交道也。交初謂之羅睺，交中謂之計都」。元志「至元四年，西域札馬魯丁撰進萬年曆」。明志論西洋曆云「西洋人之來中土者，皆自稱甌羅巴人，其曆法與回回同，而加精密」。周末，疇人子弟分散西域、天方諸國，接壤西陲，非若東南有大海之阻，又無極北嚴寒之畏，則抱書器而西征，勢固便也。羲、和既失其守，古籍之可見者僅有周髀。而西人渾蓋通憲之器，寒熱五帶之說，地圓之理，正方之法，皆不能出周髀範圍，亦可知其源流之所自矣。

〔一四〕【補注】齊召南曰：案皆後人依託爲之。藝文志有黄帝五家曆三十三卷，顓頊曆二十一卷，又夏殷周〔魯〕曆十四卷。至魯曆，則杜預釋例云「今世所謂魯曆，不與春秋相符，殆好事者爲之，非真也」。沈欽韓曰：續志賈逵云「古黄帝、夏、殷、周、魯冬至日在建星，建星即今斗星也」。五紀論云「民間亦有黄帝(論)〔諸〕曆，不如史官記之明也」。晉志董巴議云「顓頊以今之孟春爲元。顓頊聖人，爲曆宗也」。杜預長曆說「自古以來，論春秋者多述謬誤，或用黄帝以來諸曆以推經傳朔日，皆不諧合，春秋四十七日蝕，黄帝曆得一蝕，顓頊曆得八蝕，夏曆得十四蝕，真夏曆得一蝕，漢末，宋仲子集七曆以考春秋，其夏周二曆，術數皆與藝文志所記不同，故更名爲真夏、真周曆。殷曆、周曆得十三蝕，真周曆得一蝕，魯曆得十三蝕」。唐志大衍中氣議云「春秋傳，僖公五年正月辛亥朔，日南至。以周曆推之，入壬子蔀第四章，以辛亥一分合朔冬至，殷曆則壬子蔀首也。昭公二十年二月己丑朔，日南至。周曆得己丑二分，殷曆得庚寅一分。殷曆南至常在十月晦，則中氣後天也。周曆蝕朔，差經或二日，則合朔先天也」。又合朔議云「春秋日蝕有甲乙者三十四，殷曆、魯曆先一日者十三，後一日者三，周曆先一日者二十二，先二日者九，其僞可知矣。僖公二十二年十一月己丑朔，宋楚戰於泓。周、殷、魯曆皆先一日，楚人所赴也。昭公二十年六月丁巳晦，衞侯與北宮喜盟；七月戊午朔，盟國人。三曆皆先二日，衞人所赴也。此則列國之曆不可以一術齊矣」。詩大明正義鄭注「尚書爲文王受命，武王伐紂，時日皆用殷曆」。劉向五紀論載殷曆之法，惟有氣朔而已」。

〔一五〕孟康曰：五行相勝，秦以周爲火，用水勝之。

〔一六〕師古曰：獲水德，謂有黑龍之瑞。【補注】沈欽韓曰：始皇紀，在二十六年。宋志，祖沖之曰「顓頊曆，元歲在乙卯，秦代所用」。大衍日度議曰「顓頊曆，上元甲寅歲正月甲寅辰初合朔立春，七曜皆直艮維之首。蓋重、黎受職於顓頊，以及虞、夏，故本其所由生，命曰顓頊，其實夏曆也。湯作殷曆，更以十一月甲子合朔冬至爲上元。周人因之，距羲、和(千紀)〔千祀〕昏明中星率差半次。夏時直月節者，皆當十有二中，故因循夏令。其後呂不韋得之，以爲秦法，更考中星，斷取近距，如仲春昏弧中旦建星中。以乙卯歲正月己巳合朔立春爲上元」。案呂覽序意「惟秦八年，歲在涒灘」。則乙卯歲，始皇即位之明年，爲呂氏據夏曆立法之始。及不韋得罪，一切去其法不用，乃改從十月耳。【補注】先謙曰：官本「上」作「尚」。

漢興，方綱紀大基，庶事草創，襲秦正朔。〔一〕以北平侯張蒼言，用顓頊曆，比於六曆，疏闊中最爲微近。然正朔服色，未覩其真，而朔晦月見，弦望滿虧，多非是。

〔一〕【補注】李鋭曰：秦以十月爲正，閏爲後九月。

至武帝元封七年，漢興百二歲矣，大中大夫公孫卿、壺遂、太史令司馬遷等言：「曆紀壞廢，宜改正朔。」是時御史大夫兒寬明經術，〔一〕上乃詔寬曰：「與博士共議，今宜何以爲正朔？服色何上？」寬與博士賜等議，皆曰：「帝王必改正朔，易服色，所以明受命於天也。創業變改，制不相復，〔二〕推傳序文，則今夏時也。臣等聞學褊陋，不能明。〔三〕陛下躬聖發憤，昭配天地，〔四〕臣愚以爲三統之制，後聖復前聖者，二代在前也。今二代之統絶而不序矣，唯陛下發聖德，宣考天地四時之極，則順陰陽以定大明之制，爲萬世則。」於是乃詔御史曰：「乃者有司言曆未定，廣延宣問，以考星度，未能讎也。〔五〕蓋聞古者黄帝合而不死，名察發斂，定清濁，起五部，建氣物分數。〔六〕然則上矣。〔七〕書缺樂弛，朕甚難之。〔八〕依違以惟，未能修明。〔九〕其以七年爲元年。」〔一〇〕遂詔卿、遂、遷與侍郎尊、大典星射姓等〔一一〕議造漢曆。乃定東西，〔一二〕立晷儀，〔一三〕下漏刻，〔一四〕以追二十八宿相距於四方，〔一五〕舉終以定朔晦分至，躔離弦望。〔一六〕乃以前曆上元泰初四千六百一十七歲，至於元封七年，復得閼逢攝提格之歲，中冬〔一七〕十一月甲子朔旦冬至，日月在建星，〔一八〕太歲在子，〔一九〕已得太初本星度新正。姓等奏不能爲算，〔二〇〕願募治曆者，更造密度，各自增減，以造漢太初曆。乃選治曆鄧平及長樂司馬可、酒泉候宜君、〔二一〕侍郎尊及與民間治曆者，凡二十餘人，方士唐都、巴郡落下閎與焉。〔二二〕都分天部，〔二三〕而閎運算轉曆，其法以律起曆，曰：「律容一龠，積八十一寸，則一日之分也。〔二四〕與長相終。律長九寸，百七十一分而終復。〔二五〕三復而得甲子。〔二六〕夫律陰陽九六，爻象所從出也。故黃鐘紀元氣之謂律。律，法也，莫不取法焉。」與鄧平所治同。於是皆觀新星度、日月行，更以算推，如閎、平法。法，一月之日二十九日八十一分日之四十三。先藉半日，名曰陽曆；不藉，名曰陰曆。所謂陽曆者，先朔月生；陰曆者，朔而後月乃生。平曰：「陽曆朔皆先旦月生，以朝諸侯王羣臣便。」乃詔遷用鄧平所造八十一分律曆，罷廢尤疏遠者十七家，〔二七〕復使校曆律昏明。宦者淳于陵渠〔二八〕復覆太初曆晦朔弦望，皆最密，日月如合璧，五星如連珠。〔二九〕陵渠奏狀，遂用鄧平曆，以平爲太史丞。

〔一〕師古曰：兒音五奚反。

〔二〕師古曰：復，重也，因也，音扶目反。次下亦同。

〔三〕【補注】先謙曰：官本「聞」作「問」，是。

〔四〕師古曰：躬聖者，言身有聖德也。發憤，謂念正朔未定也。昭，明也。

〔五〕師古曰：讎，相當。【補注】先謙曰：官本考證云，曆書作「未能詹也」。先謙案，集解引徐廣云「詹」一作「售」。索隱云，漢書作「讎」，讎即售也，故徐作「售」。韋昭云，讎，比校也。鄭德云，相應爲讎。

〔六〕應劭曰：言黃帝造曆得仙，名節會，察寒暑，致啟分，發斂至，定清濁，起五部。五部：金、木、水、火、土也。建氣物分數，皆敘曆之意也。孟康曰：合，作也。黃帝作曆，曆終而復始，無窮已也，故曰不死。名春夏爲發，秋冬爲斂。清濁，謂律聲之清濁也。五部，謂五行也。天有四時，分爲五行也。氣，二十四氣也。物，萬物也。分，曆數之分也。晉灼曰：蔡邕天文志「渾天名察發斂，以行日月，以步五緯」。臣瓚曰：黃帝聖德，與神靈合契，升龍登仙，故曰合而不死。題名宿度，候察進退。史記曰「名察宿度」，謂三辰之度，吉凶之驗也。【補注】杭世駿曰：「致啟分，發斂至」六字費解。以史記注正之，作「致啟閉分至」五字，較爲明白。或疑當作「察寒暑，啟閉分至」，理或然也。齊召南曰：案曆家因此有發斂率，謂盈縮也。見唐志。又史記原文作「名察度驗」。瓚注作「名察宿度」，蓋傳寫之誤也。下文又云，謂三辰之度，吉凶之驗可知，瓚説本不訛。沈欽韓曰：明志，古曆以發斂爲一章，日道，發南斂北之細數也。案，冬至後，日行南陸爲發，夏至後，日行北陸爲斂。周壽昌曰：名，命也，謂黄帝作曆，命察發斂，及下云云也。續志云「道之發斂，日道發南，去極彌遠，其景彌長，遠長乃極，冬乃至焉。日道斂北，去極彌近，其景彌短，近短乃極，夏乃至焉」。周髀算經云「冬至、夏至者，日道發斂之所生也」。趙君卿注「發，猶往也。斂，猶還也」。先謙曰：合而不死，瓚説是也。名、命字通，周説是也。或據封禪書云「封禪者，合不死之名也」，以爲「名」字當上屬爲句，非也。義各有當，無庸强爲附會。

〔七〕【補注】先謙曰：曆書作「然蓋尚矣」，言其所由來遠也。

〔八〕師古曰：弛，廢也。音式爾反。

〔九〕師古曰：依違，不決之意也。惟，思也。【補注】周壽昌曰：依違，猶反覆也。先謙曰：古書「修」、「循」字多相亂，志文作「修」，足正曆書「循明」之誤。

〔一〇〕李奇曰：改元封七年爲太初元年。

〔一一〕師古曰：姓射，名姓也。【補注】葉德輝曰：唐林寶元和姓纂引三輔決録云「漢末，鴻臚射服，天子以服爲將軍出征，姓射名服，不祥也，改姓謝，名威」。三國志注引云「射援，其先本姓謝，始祖謝服爲將軍出征，天子以謝服非令名，改爲射，子孫氏焉」。案二説不同，以決録爲是。謝姓，元和姓纂以爲周宣王舅，受封于謝，是。謝在射前，不當改謝爲射，且謝服不得謂非令名。明裴注誤引此。射姓又在射服之前。

〔一二〕【補注】沈欽韓曰：攷工記「匠人建國，水地以縣。鄭注「於四角立植，而縣以水，望其高下」。置槷以縣，眂以景，爲規識日出之景，與日入之景」。鄭注「日出日入之景，其端則東西正也。又爲規以識兩端之内，規之，交乃審也，度兩交之間，中屈之以指臬，則南北正」。周髀算經「東西極二萬三千里，其兩端相去，正東西；中折之，以指表正南北」。鄭注本此。隋天文志「土圭正影，經文闕畧，先儒解説，又非明審，祖暅錯綜經注，以推地中。其法曰：先驗昏旦，定刻漏，分辰次。乃立儀表於準平之地，名曰南表。漏刻上水，居日之中，更立一表於南表影末，名曰中表。夜依中表，以望北極樞，而立北表，令參相直。三表皆以懸準定，乃觀。三表直者，其立表之地，即當子午之正。三表曲者，地偏辟。每觀中表，以知所偏。中表在西，則立表處在地中之西，當更向東求地中。若中表在東，則立表處在地中之東，當更向西求地中。取三表直者，爲地中之正。又以春秋二分之日，旦始出東方半體，乃立表於中表之東，名曰東表。令東表與日及中表參相直。（是）〔視〕日之夕，日入西方半體，又立表於中表之西，名曰西表。亦從中表西望西表及日，參相直。乃觀三表直者，即地南北之中也」。

〔一三〕【補注】沈欽韓曰：易通卦驗「冬至日，立八神，樹八尺之表」。周髀算經「日晷徑千二百五十里」。

〔一四〕【補注】沈欽韓曰：隋天文志「黄帝創觀漏水，制器取則，一刻爲一箭，冬至互起其首，凡有四十一箭。晝有朝，有禺，有中，有晡，有夕。夜有甲、乙、丙、丁、戊。昏旦有星中。每箭各有其數。漢興，張蒼因循古制，猶多疏闊。及孝武考定星曆，下漏以追天度，亦未能盡其理。劉向鴻範傳記武帝時所用法云『冬夏二至之間，一百八十餘日，晝夜差二十刻』。大率二至之後，九日而增損一刻焉。至和帝永元十四年，霍融上言『官曆率九日增減一刻，不與天相應，或時差至二刻半，不如夏曆漏刻隨日南北爲長短』。乃詔用夏曆漏刻，依日行黄道，去極每差二度四分，爲增減一刻，凡用四十八箭。終於魏晉，相傳不改」。

〔一五〕【補注】沈欽韓曰：周髀算經「立二十八宿以周天歷度之法，分度以定則，正督經緯，而四分之一合各九十一度十六分度之五，於是圓定而正，則立表正南北之中央，即以一游儀希望牽牛中央星，出中正表西幾何度，各如游儀所至之尺爲度數。游儀，表也，圓周一尺，應天一度。游在於八尺之上，故知牽牛八度。其次星放此，以盡二十八宿，度則定矣」。

〔一六〕應劭曰：躔，徑也。離，遠也。臣瓚曰：案，離，歷也。日月之所歷也。鄧展曰：日月踐歷度次。

〔一七〕孟康曰：言復得者，上元泰初時亦是閼逢之歲，歲在甲曰閼逢，在寅曰攝提格，此爲甲寅之歲也。師古曰：中，讀曰仲。【補注】劉攽曰：「十七歲」當作「十一歲」。張永祚曰：案，四千六百一十七歲，不應干支重逢，此不可解。齊召南曰：案，太初元年實丁丑歲。通鑑目録云「太初元年彊圉赤奮若」，丁丑是也。若甲寅則在元朔二年，前乎此二十四歲矣。唐志日度議云「漢太初曆元起丁丑，命曰閼逢攝提格之歲，而實非甲寅」。可謂至確。蓋元封之六年，歲在丙子，仲冬朔旦甲子冬至，復得上古曆元之甲寅耳，故後文曰「太初元年前十一月甲子朔旦冬至，歲在星紀婺女六度」。又引漢志曰「歲名困敦」是也。錢大昕曰：案，太初元年，太歲在丙子。東漢以後，術家不知太歲有超辰之法，上溯太初之元，以爲丁丑，非太初本法也。其云閼逢攝提格之歲者，謂是年歲陰在甲寅也。歲陰與太歲皆百四十四歲而超一辰，故四千六百一十七歲而復其初。秦漢之間，多以歲陰紀歲。淮南子言「太陰在寅，名曰攝提格」；史記貨殖傳「太陰在卯」之類是也。東漢始專用太歲，而去其超辰之法，故於此文多不了了。唐一行日度議云「漢太初元起丁丑，推而上之，不值甲寅，猶以日月五緯復得上元本星度，故命曰閼逢攝提格之歲，而實非甲寅」。此亦强作解事語。觀太初詔書固云「年名焉逢攝提格」矣，安得云實非甲寅乎？劉云「十七歲」當作「十一歲」，此亦妄說。二劉於推步本無所解，宋子京所引景本亦無一不誤，今不復辨也。李鋭曰：史記亦云「太初元年，年名焉逢攝提格」。徐廣云「歲陰在寅，左行；歲星在丑，右行」。鋭案，以四分以後之法言之，是年歲在丁丑。王引之曰：錢説歲陰與太歲案，歲陰即太歲也，不當分以爲二。皆百四十四歲而超一辰，故四千六百一十七歲而復其初。引之案，太歲超辰之説，始於劉歆三統曆。當太初元年，議造漢曆，安得有超辰之法？錢説非也。今案四千六百一十七歲，本作四千五百六十歲，此後人以三統曆改之也。史記曆書索隱引此已誤。凡甲子六十而周，周而復始，由上元太初甲寅之歲四千五百六十歲，立以爲法，展轉相承，每一元皆如是，至於元封七年，又逢甲寅，故曰復得閼逢攝提格之歲。若四千六百一十七歲，則得辛亥，而非甲寅矣。後人因下文三統曆曰「凡四千六百一十七歲，與一元終」，故據彼以改此。不知前曆乃殷曆，與三統曆不同。開元占經古今曆積篇「劉歆三統曆上元庚戌，元法四千六百一十七，而黄帝曆上元辛卯，則元法四千五百六十，顓頊上元乙卯，夏曆上元乙丑，殷曆上元甲寅，周曆上元丁巳，魯曆上元庚子，元法皆與黄帝曆同」。此云前曆上元泰初閼逢攝提格之歲，正所謂殷曆上元甲寅也，則當依殷曆元法四千五百六十，不當依三統術矣。緯候之書，多據殷曆。大衍曆議曰：緯所據者殷曆也。易乾鑿度曰「曆元名握先，紀日甲子，歲甲寅，七十六爲一紀，二十紀爲一部首」。注曰「此法三部首而一元，一元而大歲復於甲寅，一部首一千五百二十歲，三之則四千五百六十歲矣」。續漢書律曆志注引樂叶圖曰「天元以四千五百六十爲紀，甲寅窮」。此紀即元也。周髀算經注引考靈曜曰「青龍甲寅攝提格孳今本「孳」誤作「並」，依御覽時序部二改。四千五百六十歲，積反初」。反，復也，謂復於甲寅也。今本作「及」誤。今據初學記人事部上引改。正與前曆復得甲寅之歲相合，不當如今本所云。

〔一八〕李奇曰：古以建星爲宿，今以牽牛爲宿。孟康曰：建星在牽牛間。晉灼曰：賈逵論太初曆冬至日在牽牛初者，牽牛中星也。古曆皆在建星。建星即斗星也。太初曆四分法在斗二十六度。史官舊法，冬夏至常不及太初曆五度。四分法在斗二十一度，與行事候法天度相應。【補注】宋祁曰：建星在斗後十三度，在牽牛前十一度，當云在斗牛間，孟説非。

〔一九〕【補注】王引之曰：「子」當爲「寅」，後人改之也。玉海律曆部引此已誤。太歲在寅曰攝提格，上言攝提格之歲，則下當言太歲在寅。蓋所謂前曆者，殷曆也。黄帝以下六曆，惟殷曆元用甲寅。見續志論及開元占經古今曆積篇。殷曆上元泰初中冬十一月甲子朔旦冬至，大衍曆議曰：湯作殷曆以十一月甲子合朔冬至爲上元。日月在建星，太歲在寅，故得閼逢攝提格之歲也。元封七年與殷曆上元泰初同，故復得閼逢攝提格之歲也。一元四千五百六十歲，爲甲寅者七十有六，而惟上元泰初甲寅年冬至，七曜皆起於丑宮，故以其年爲曆元。後漢劉洪上言曰：見續志。「甲寅元天正正月，夏十一月。甲子朔旦冬至，七曜之起，始於牛初。」御覽時序部二引尚書考靈曜曰「月首甲子冬至，日月五緯俱起牽牛初，青龍甲寅，今本誤作「甲子」。周髀算經注引此，正作「甲寅」。案，御覽引考靈曜注曰，青龍，歲也。歲在寅曰攝提格，則當作甲寅，故續志曰「考靈曜有甲寅元」。攝提格孳建星牽牛，皆丑宮之星。日月起於丑宮，而曰青龍甲寅，正與此同法也」。易乾鑿度曰「曆元名握先，紀日甲子，歲甲寅」。御覽天部一引禮稽命徵曰「太素十一月，閼逢之歲，在攝提格之紀」。其曰紀日甲子，曰太素十一月，即此所謂十一月甲子朔旦冬至也。其曰歲甲寅，曰閼逢之歲在攝提格之紀，即此所謂太歲在寅也。古人言太歲，皆用夏正，自元封六年正月至七年前十二月，七年即太初元年。據武紀，太初元年五月正曆，以正月爲歲首。故是年九月以後，獨多三月，凡十五月。其十月、十一月、十二月，皆前後兩見。爲夏正甲寅年之一歲。六年正月，日在亥宮，歲星在丑宮，據漢志，七年前十一月朔，歲星在婺女六度，郤數至六年正月朔，當在斗十五度。天官書所謂「歲陰在寅，歲星居丑。正月與斗、牽牛晨出東方」也。與日隔子宮，而晨見東方。晨見之月，斗建於寅，故太歲應之而在寅。七年前十一月，乃夏正甲寅年之仲冬，故曰太歲在寅也。詳見太歲考、殷曆甲寅元表。後人見下文歲術曰，數從丙子起；又説太初元年引漢志曰，歲名困敦。遂改「寅」爲「子」。不知歲名困敦，乃漢太初曆之太歲，應歲星與日同次之子月者也。説見太歲考。太歲在寅，乃殷曆之太歲，應歲星晨見之寅月者也。在寅則不在子，在子則不在寅，豈有攝提格之歲而太歲在子者乎？錢氏不悟在子之文爲後人所改，而見其與攝提格之歲不合，乃爲之説曰「太歲在子爲太歲，攝提格之歲則爲太陰」。豈知在子本爲在寅，即上文之攝提格，而無庸强爲分別乎。或曰，漢太初曆元固丙子也，太歲在子，安知非太初曆法，而必以爲殷曆，而謂其在寅，何與？曰，請以上句「日月在建星」例之，續志載賈逵論曰「太初曆冬至日在牽牛，古黃帝、夏、殷、周、魯冬至日在建星」。然則日月在建星，乃殷曆之文，而非太初曆法。日月、太歲二句相連，其皆爲殷曆之法明矣。更以下句「已得太初本星度」例之，已得太初本星度，謂得殷曆太初之建星，則此句以上皆殷曆之法可知。豈有上下句皆言殷曆，而中間乃言漢太初曆者乎？殷曆紀元爲攝提格之歲，太歲安得不在寅乎？據漢志及續志謂太史令張壽王挾甲寅元以非漢曆，壽王曆乃太史官殷曆也，是殷曆爲太史官所有之書。元封七年，太史令司馬遷與公孫卿、壺遂議造漢曆，故用太史官殷曆，而以甲寅爲元。至鄧平造曆，更以丙子爲元。徐幹中論曆數篇「成哀之間，劉歆用鄧平術而廣之，以爲三統曆」。案，三統曆以丙子爲元，歆用鄧平術，則鄧平所定曆元亦丙子也。下文載三統曆世篇曰「漢曆太初元年前十一月甲子朔旦冬至，歲在星紀，婺女六度，故漢志曰，歲名困敦。正月歲星出婺女」。據此，則三統曆所引漢志已謂太初元年歲名困敦。困敦者，太歲在子之號也。然則漢曆本以丙子爲元，不始於三統曆矣。非鄧平所定而何？禮樂志太初四年西極天馬歌曰「天馬徠，執徐時」。應劭注曰「太歲在辰曰執徐」。謂四年歲在庚辰也。上推元年在丁丑，而是年之前三月，則爲丙子年之冬，曆起丙子年之十一月甲子朔旦冬至，則太初之元在丙子矣。而是歌作於鄧平定曆之後三年，則鄧平之術以丙子爲元可知。而虧四分日之三，去小餘七百五分，故壽王挾甲寅元以非之，豈得預改殷曆之太歲在寅，以從鄧平曆之丙子乎？曰，司馬遷等議造漢曆，何以元用甲寅？及鄧平造曆，何以又用丙子也？曰，史記自序曰「太初元年十一月甲子朔旦冬至，天曆始改」。謂顓頊曆以立春爲蔀首，今改用冬至爲蔀首也。蔀首起於十一月甲子朔旦冬至，惟殷曆甲寅元而已，故曰閼逢攝提格之歲。又曰，太歲在寅，然六曆建元之歲，古今不相沿襲，若黃帝元用辛卯，顓頊用乙卯，夏用丙寅，殷用甲寅，周用丁巳，魯用庚子。見續漢志論。曆元所在，代有變易，殷曆元用甲寅，而漢曆因之，則無以別於殷曆，故又取是年顓頊曆之太歲，而以丙子爲元，顓頊曆是年歲在丙子。詳見太歲考。以表一代之制作，此甲寅、丙子之所以不同也。史記封禪書説太初元年事曰「十一月甲子朔旦冬至，推曆者以本統」。夏、漢改曆，以正月爲歲首，本書武紀則以爲五月正曆，蓋漢曆成於鄧平，鄧平之曆成於太初元年之五月，下文所謂選鄧平等造漢太初曆也。曆元之改用丙子，必在此時，而當司馬遷等議造漢曆，則在前此之十一月，所謂「天曆始改」也。是時，鄧平猶未造曆，安得有丙子元法？史記曆書載武帝詔曰：「其更以七年爲太初元年，年名焉逢攝提格，月名畢聚」。此詔當亦在十一月議造漢曆之時，而云年名焉逢攝提格，則是時之曆元惟用甲寅。若謂是時已用丙子爲元，則詔何以不云游兆困敦，而云焉逢攝提格乎？是時曆元猶未改爲丙子，安得云太歲在子乎？曰攝提格之歲，即謂太歲在寅也，何須更言太歲在寅乎？曰寅者，太歲所在之辰。攝提格者，太歲在寅之號。上言其號，下指其辰，相承爲義也。史記天官書曰「攝提格歲，歲陰左行在寅」。尚書考靈曜曰「青龍甲寅，攝提格孳」。後書張純傳曰「今攝提之歲，蒼龍甲寅」。既言攝提格，又言在寅，正與此同。此志下文引漢志曰「歲在大棣，名曰敦牂，太歲在午」。亦相承爲義也。太歲在午曰敦牂。太歲在寅，承上攝提格之歲，猶太初本星度，承上日月在建星矣。考之曆法，案之文義，太歲在子，當爲在寅，明甚。

〔二〇〕師古曰：姓即射姓也。

〔二一〕師古曰：可者，司馬之名也。宜君，亦候之名也。候，官號也。故曰東南一尉，西北一候。

〔二二〕晉灼曰：三人姓名也。都與閎凡二人，言三人，非也。與讀曰豫。【補注】沈欽韓曰：天官書「昔之明天數者，於楚，唐昧」。御覽二百三十五引春秋文耀鉤云「楚立唐氏，唐史之策，上滅蒼雲」。則唐氏世爲楚史，唐都蓋其後也。史記自序「談爲太史公，學天官於唐都」。舊唐志麟德曆云「周天二十八宿，漢唐都以渾儀赤道所量，其數常足，紘帶天中」。亦以定天度爲唐都。師古曰：姓唐，名都，方術之士也。姓落下，名閎，巴郡人也。史記曆書「唐都分天部，而巴郡落下閎運算推曆」。索隱作「落下」。文選注四十九引益部耆舊傳云「閎，字長公，巴郡閬中人，明曉天文、地理，隱於落高。武帝時，友人同縣譙隆薦閎待詔太史，更作大初曆，拜侍中，辭不受」。元和姓纂作「落下仲」異。

〔二三〕孟康曰：謂分部二十八宿爲距度。先謙曰：官本無注「言」下九字。

〔二四〕孟康曰：黄鐘律長九寸，圍九分，以圍乘長，得積八十一寸也。【補注】李光地曰：案此所言積寸者，面冪九分，以九十乘之，則積八十一寸也。蓋謂長寸爾，故與積八百一十分同法。若論方面之寸，止得八寸十之一；論正方之寸，則尚不足一百九十分而後滿法也。孟云律長九寸，圍九分，以圍乘長得積。孟乃爲徑三圍九之說者，其意是以管圍之分當之，如此則當云律徑三分。或曰，圍九分，而所謂容一龠者，爲賸語矣。可悟孟說非也。

〔二五〕師古曰：復音扶目反。【補注】先謙曰：官本無注。

〔二六〕【補注】李鋭曰：九乘百七十一，得一千五百三十九，而終復爲一統。三之，得四千六百一十七，而復於甲子爲元。

〔二七〕【補注】沈欽韓曰：舊唐志「鄧平、洛下閎造太初曆，非之者十七家」。涉此而誤用也。

〔二八〕【補注】錢大昭曰：淳于姓，陵渠名也。

〔二九〕孟康曰：謂太初上元甲子夜半朔旦冬至時，七曜皆會聚斗、牽牛分度，夜盡如合璧連珠也。師古曰：言其應候不差也。【補注】沈欽韓曰：唐志傅仁均云：「治曆之本，必推上元，日月如合璧，五星如連珠，夜半甲子朔旦冬至，自此七曜散行，不復餘分普盡，總會如初。惟朔分、氣分有可盡之理，因其可盡，即有三端。此乃紀其日數之元爾。或以爲即夜半甲子朔旦冬至者，非也。冬至自有常數，朔名由於月起，月行遲疾非(當)〔常〕，三端安得即合？故必須日月相合與至同者，乃爲合朔冬至。」

後二十七年，元鳳三年，太史令張壽王上書言：「曆者天地之大紀，上帝所爲。傳黃帝調律曆，漢元年以來用之。今陰陽不調，宜更曆之過也。」〔一〕詔下主曆使者鮮于妄人詰問，壽王不服。妄人請與治曆大司農中丞麻光等二十餘人雜候日月晦朔弦望、八節二十四氣，鈞校諸曆用狀。〔二〕奏可。詔與丞相、御史、大將軍、右將軍史各一人雜候上林清臺，〔三〕課諸曆疏密，凡十一家。以元鳳三年十一月朔旦冬至，盡五年十二月，各有第。壽王課疏遠。案漢元年不用黄帝調曆，壽王非漢曆，逆天道，非所宜言，大不敬。有詔勿劾。復候，盡六年。太初曆第一，即墨徐萬且、長安徐禹治太初曆亦第一。〔四〕壽王及待詔李信治黄帝調曆，課皆疏闊，又言黄帝至元鳳三年，六千餘歲。丞相屬寶、長安單安國、安陵桮育治終始，〔五〕言黄帝以來三千六百二十九歲，〔六〕不與壽王合。壽王又移帝王録〔七〕舜、禹年歲不合人年。壽王言化益爲天子代禹，〔八〕驪山女亦爲天子，在殷周間，〔九〕皆不合經術。壽王曆乃太史官殷曆也。壽王猥曰安得五家曆，〔一〇〕又妄言太初曆虧四分日之三，去小餘七百五分，〔一一〕以故陰陽不調，謂之亂世。劾壽王吏八百石，〔一二〕古之大夫，服儒衣，誦不詳之辭，作祅言，〔一三〕欲亂制度，不道。奏可。壽王候課，比三年下，〔一四〕終不服。再劾死，更赦勿劾，〔一五〕遂不更言，誹謗益甚，竟以下吏。故曆本之驗在於天，自漢曆初起，盡元鳳六年，三十六歲，〔一六〕而是非堅定。〔一七〕

〔一〕師古曰：更，改也。【補注】先謙曰：「律」字當衍。

〔二〕【補注】宋祁曰：「鈞校」當作「鉤校」。

〔三〕【補注】先謙曰：續志所謂設清臺之候也。黄圖云「漢靈臺在長安西北八里，始曰清臺，本爲候者觀陰陽天文之變，更名曰靈臺」。

〔四〕師古曰：且音子余反。

〔五〕蘇林曰：桮音布回反。師古曰：姓桮，名育也。單音善。【補注】周壽昌曰：終始，書名，治天文者也。藝文志陰陽家有公檮生終始十四篇，鄒子終始五十六篇。葉德輝曰：山海海内北經「蛇巫之山有人操柸而東向立」。郭注

「柸或作棓，字同杯。桮、棓一字」。王應麟姓氏急就篇，桮姓注上引「桮育」，下並引「棓生」。知棓、桮爲一姓矣。棓生見爰盎傳。

〔六〕【補注】李鋭曰：案三千六百二十九，以章歲除之，得一百九十一，適盡。其年至朔同日，故上文云，元鳳三年十一月朔旦冬至也。黄帝術，上元辛卯至元鳳四年甲辰，積二百七十六萬七十三算外，入天紀一千二百七十三年，入戊子蔀五十七年。是元鳳四年直章首，寶等説蓋黄帝術也。於太初術，元鳳四年入甲子統二十七年，閏餘十八，與此不合。

〔七〕【補注】先謙曰：凡官曹平等，不相臨敬，則爲移書，後漢文移字始見於此。

〔八〕師古曰：化益即伯益。【補注】周壽昌曰：伯益稱化益，見易井卦釋文引世本，及呂覽求人篇。益爲天子代禹，或即孟子「禹薦益於天，益避禹之子」等語，戰國時附會成之。紀年「益干啓位，啓殺之」，即此。

〔九〕【補注】周壽昌曰：此妄語，疑戰國時所造。唐李筌陰符元義爲驪山老母所傳，殆亦本此。唐書藝文志、通志、通考俱載之。

〔一〇〕師古曰：猥，曲也。

〔一一〕【補注】錢大昕曰：黄帝六家之術，大畧皆與四分同，四分以九百四十爲日法，九百四十之七百五，正四分之三也，則壽王術日法，亦同四分矣。李鋭曰：太初元年丁丑歲，入殷術乙酉蔀二章首，入蔀年十九，積月二百三十五，無閏餘，積日六千九百三十九，大餘三十九，小餘七百五，即四分之三。是歲至朔同日冬至，大餘亦三十九，小餘四分之三，命大餘乙酉，得天正甲子朔旦冬至，於太初術，是年爲甲子統首，氣朔皆無大餘，無小餘。壽王據殷曆，故曰「太初虧四分日之三，去小餘七百五分」。沈欽韓曰：明天〔曆〕議「古之六曆，皆以九百四十爲日法」，太初曆與四分法同，故壽王言去小餘七百五分，存二百三十五分日之一。張守節正義以〔律〕〔曆〕書小餘亦爲九百四十分。彼原非太初曆，於事則合，然非太初日分也。張文虎曰：殷術，太初元年入天紀乙酉蔀弟二章首，天正甲子朔冬至，歲餘二十四，朔餘七百五，皆合四分之三，實如壽王所云。而當時欲以太初元年爲曆元，須棄此小餘，故造爲以律起曆，黄鐘九寸，九九八十一分爲日法，即以八十一章爲統法，於是三統爲一元，多於舊法五十七年，其歲餘千五百三十九之三百八十五，贏於四分之一者小分二五，四分之一，當三百八十四分，小分七五。積四千六百十七年，得千一百五十四分，小分二五，適合氣日分千五百三十九即統法。四分之三，以消此餘分，而朔餘五萬七千一百五，合百六十八萬六千三百六十日，亦適盡無餘。乃壽王猶以殷術爭之，不知當時承詔定曆，有所不得已也。

〔一二〕【補注】沈欽韓曰：此成帝未并省以前，故太史令猶八百石。

〔一三〕【補注】先謙曰：官本「詳」作「祥」，「祅」作「妖」，古字通用。

〔一四〕師古曰：比，頻也。下，下獄也，音胡稼反。【補注】顧炎武曰：謂課居下也。下文言竟以下吏，乃是下獄。顔注非。

〔一五〕師古曰：更，經也，音工衡反。

〔一六〕【補注】李鋭曰：自元封七年起，盡元鳳六年止，三十年。此當云三十歲。「六」字衍。

〔一七〕【補注】先謙曰：言太初曆行之積年，爲世傳信也。歆因之作三統曆，不過參驗經義，詳著推法，唯是爲異。至其曆用太初之術，名取兒寬之議，參之班氏文義，三統之即太初，無可疑者，餘詳下卷。

至孝成世，劉向總六曆，列是非，作五紀論。〔一〕向子歆究其微眇，〔二〕作三統曆及譜以説春秋，推法密要，〔三〕故述焉。〔四〕

〔一〕【補注】沈欽韓曰：天文志、續志並引之。大衍曆議亦稱洪範傳。

〔二〕師古曰：眇，細也，音莫小反，又讀曰妙。他皆類此。【補注】錢大昭曰：元帝贊「窮極幼眇」，藝文志「樂尤微眇」，顏氏皆讀曰妙。易說卦「妙萬物而爲言者也」，王肅本「妙」作「眇」，音妙。是「眇」本古「妙」字。

〔三〕【補注】沈欽韓曰：晉志「劉歆造三統，以說左傳，辨而非實，班固惑之，采以爲志」。杜預長曆說：「劉子駿造三(正)〔統〕曆以修春秋，日蝕有甲乙者三十四，而三(正)〔統〕惟得一蝕，比諸家既最疏，又六千餘歲輒益一日，凡歲當累日爲次，而(無)故益之，此不可行之甚者」。案，此非也。楊忠輔統天、郭守敬授時並有歲實消長之法，上考往古，則歲實百年長一，周天百年消一，下驗將來，則歲實百年消一，周天百年長一。姜岌云：歆曆於春秋日蝕一朔，其餘多在二日，因附五行傳著朓與側匿之說，云春秋時，諸侯多失其政，故月行恒遲。歆不以己曆失天，反以己曆冤天。宋志「三統曆以說春秋，屬辭比事，雖甚精巧，非其實也」。唐志「劉歆以春秋、易象推合其數，蓋傅會之說」。宋明天曆議「劉歆三統曆復强於古，謂日法。故先儒謂之最疏」。明志，鄭世子曆議「春秋前後千載之間，氣朔交食，長曆、大衍，所推近是，劉歆、班固所說全非也」。案，班氏不知曆，故以爲密，亦由當時無李淳風、劉羲叟者相與切究耳。沈括詆斥甚力，過矣。

〔四〕師古曰：自此以下，皆班氏所述劉歆之說也。

夫曆春秋者，天時也，〔一〕列人事而目以天時。〔二〕傳曰：「民受天地之中以生，所謂命也。〔三〕是故有禮誼動作威儀之則以定命也，能者養以之福，不能者敗以取禍。」〔四〕故列十二公二百四十二年之事，以陰陽之中制其禮。故春爲陽中，萬物以生；秋爲陰中，萬物以成。〔五〕是以事舉其中，禮取其和，曆數以閏正天地之中，以作事厚生，皆所以定命也。〔六〕易金火相革之卦曰「湯武革命，順乎天而應乎人」，〔七〕又曰「治曆明時」，〔八〕所以和人道也。

〔一〕【補注】先謙曰：官本「夫」下提行。

〔二〕【補注】錢大昕曰：孔穎達春秋正義云：「春先於夏，秋先於冬，舉先可以及後，言春可以兼夏，言秋足以見冬，故舉二字以包四時也」。先謙曰：官本「目」作「因」。

〔三〕師古曰：此春秋左氏傳周大夫劉康公之言也。中謂中和之氣也。【補注】先謙曰：官本注在「所謂命也」上，又無「氏」、「周大夫」四字。

〔四〕師古曰：之，往也，往就福也。自此以上，皆劉康公辭。【補注】周壽昌曰：敗以取禍，與養以之福對文，今左傳作「能者養之以福」，疑後人傳寫誤倒。五行志引此文同。

〔五〕【補注】齊召南曰：漢世解春秋名義皆是如此，故賈逵、服虔之說左氏，何休之說公羊，並承歆說，以陰中、陽中爲義。

〔六〕【補注】錢大昕曰：左文八年傳「閏以正時，杜注：四時漸差，則置閏以正之。時以作事，注：順時命事。事以厚生，注：事不失時則年豐。生民之道，於是乎在矣」。

〔七〕師古曰：離下兌上，故云金火相革，此革卦彖辭。

〔八〕師古曰：此革卦象辭。【補注】錢大昕曰：虞翻云，曆象謂日月星辰也。

周道既衰，幽王既喪，天子不能班朔，〔一〕魯曆不正，以閏餘一之歲爲蔀首。〔二〕故春秋刺「十一月乙亥朔，日有食之」，於是辰在申，〔三〕而司曆以爲在建戌，史書建亥。〔四〕哀十二年，亦以建申流火之月爲建亥，〔五〕而怪蟄蟲之不伏也。〔六〕自文公閏月不告朔，至此百有餘年，莫能正曆數。故子貢欲去其餼羊，孔子愛其禮，〔七〕而著其法於春秋。經曰：「冬十月朔，日有食之。」傳曰：「不書日，官失之也。天子有日官，諸侯有日御，日官居卿以厎日，禮也。〔八〕日御不失日以授百官於朝。」言告朔也。〔九〕元典曆始曰元。〔一〇〕傳曰：「元，善之長也。」共養三德爲善。〔一一〕又曰：「元，體之長也。」〔一二〕合三體而爲之原，故曰元。〔一三〕於春三月，每月書王，元之三統也。〔一四〕三統合於一元，故因元一而九三之以爲法，〔一五〕十一三之以爲實。〔一六〕實如法得一。〔一七〕黄鐘初九，律之首，陽之變也。〔一八〕因而六之，以九爲法，得林鐘〔一九〕初六，〔二〇〕呂之首，陰之變也。皆參天兩地之法也。〔二一〕上生六而倍之，下生六而損之，皆以九爲法。〔二二〕九六，陰陽夫婦子母之道也。〔二三〕律娶妻〔二四〕而呂生子，〔二五〕天地之情也。〔二六〕六律六呂，而十二辰立矣。五聲清濁，而十日行矣。〔二七〕傳曰「天六地五」，數之常也。天有六氣，〔二八〕降生五味。〔二九〕夫五六者，天地之中合，〔三〇〕而民所受以生也。故日有六甲，辰有五子，〔三一〕十一而天地之道畢，言終而復始。太極中央元氣，故爲黄鐘，其實一龠，〔三二〕以其長自乘，故八十一爲日法，〔三三〕所以生權衡度量，禮樂之所繇出也。〔三四〕經元一以統始，易太極之首也。〔三五〕春秋二以目歲，〔三六〕易兩儀之中也。〔三七〕於春每月書王，易三極之統也。〔三八〕於四時雖亡事必書時月，易四象之節也。〔三九〕時月以建分至啟閉之分，易八卦之位也。〔四〇〕象事成敗，易吉凶之效也。朝聘會盟，易大業之本也。故易與春秋，天人之道也。傳曰：「龜，象也。筮，數也。物生而後有象，象而後有滋，滋而後有數。」〔四一〕

〔一〕【補注】錢大昕曰：左桓三年傳杜注「經之首，時必書王，明此曆天王之所班也。其或廢法（爲）〔違〕常，失不班曆，故不書王」。

〔二〕孟康曰：當以閏盡歲爲蔀首，今失正，未盡一歲便以爲蔀首也。師古曰：蔀音剖，又音部。【補注】錢大昕曰：續志「至朔同日謂之章，同在日首謂之蔀」。四章歲爲一蔀。

〔三〕孟康曰：辰謂斗建。臣瓚曰：日月之會爲辰。師古曰：事在襄二十七年。

〔四〕【補注】錢大昕曰：春秋經「冬十有二月乙亥朔，日有食之」。左傳「十一月乙亥朔，日有食之。辰在申，司曆過也，再失閏矣」。杜注「今長曆推十一月朔，非十二月。傳曰：辰在申，再失閏。若是十二月，則爲三失閏。故知經誤」。杜注「周十一月，今之九月，斗當建戌而在申，故知再失閏也」。

〔五〕張晏曰：周之十二月，夏之十月也。再失閏，當爲八月建酉，而云建申，誤也。仲尼曰「火猶西流，司曆過也」。劉歆徒以詩「七月流火」爲喻，不知八月火猶西流也。【補注】李銳曰：詩曰「七月流火」，故云建申。

〔六〕【補注】錢大昕曰：左哀十二年傳「冬十二月螽，季孫問諸仲尼，仲尼曰：『丘聞之，火伏而後蟄者畢，今火猶西流，司曆過也。』」杜注「火伏在今十月，猶西流，言未盡没，知是九月，曆官失一閏」。孔疏云「釋例長曆言，諸儒皆以爲冬實周之九月，而書十二月，子駿說與此同。謂之再失閏。若如其言，乃成三失，非但再也。今以長曆推春秋，此十二月乃夏之九月，實周之十一月也。此年當有閏，而今不置閏，此爲失一閏月耳。十二月不應螽，故季孫怪之。仲尼以爲斗建在戌，火星尚未盡没，據今猶見，故言猶西流，明夏之九月尚可有螽也。季孫雖聞仲尼此言，猶不即改，明年十二月復螽，於是始悟。十四年春乃置閏，欲以補正時曆也。傳於十五年書閏月，蓋置閏正之，欲明十四年之閏，於法當在十二年也」。又曰：案五行志「劉歆以爲周十二月，夏十月也，火星既伏，蟄蟲皆畢，天之見變，因物類之宜，不得以螽，是歲再失閏矣。周九月，夏七月，故傳曰『火猶西流，司曆過也』」。如歆說則爲三失閏，故張、杜譏之。然張以爲在夏之八月，杜以爲夏之九月，亦不盡同。

〔七〕師古曰：餼，生牲也。禮，人君每月告朔於廟，有祭事，故用牲。子貢見其禮廢而欲去其羊，孔子曰：「賜也，汝愛其羊，我愛其禮。」事見論語。

〔八〕蘇林曰：厎，致也。師古曰：音之履反。

〔九〕師古曰：劉家本有此語。【補注】錢大昕曰：左桓十七年傳文，服虔云「日官、日御，典曆數者也」。居卿者，使卿居其官以主之，重曆數也。賈公彦云「太史雖下大夫，使卿來居之，治太史之職與。堯典云『乃命羲和，欽若昊天，曆象日月星辰。』是卿掌曆數，明周掌曆數，亦是日官」。杜預云「日官，天子掌曆者，不在六卿之數，而位從卿，故言居卿也。厎，平也，謂平曆數。日官平曆，以班諸侯，諸侯奉之，不失天時，以授百官」。孔穎達云「周禮，太史掌正歲年以序事，頒告朔於邦國。然則天子掌曆者，謂太史也。太史，下大夫，非卿，故不在六卿之數。傳言居卿，則是尊之若卿。故知非卿，而位從卿」。

〔一〇〕【補注】錢大昕曰：釋詁「元，始也」。

〔一一〕孟康曰：謂三統之微氣也，當施育萬物，故謂之德。師古曰：共讀曰供。【補注】錢大昕曰：左昭十（七）〔二〕年傳文，杜注「三德，謂正直、剛克、柔克也」。杜氏本作「供養」，孔疏、董遇注本爲「共養」，解云「盡共所以養成三德也」。

〔一二〕【補注】錢大昕曰：左襄九年傳文，孔疏「元者，始也，長也，物得其始，爲衆善之長，於人則首爲元，元是體之長，以善爲體，知亦善之長也」。

〔一三〕【補注】先謙曰：原，本也。續志「元以原之」，本此。

〔一四〕【補注】錢大昕曰：何休云「二月、三月皆有王者。二月，殷之正月也；三月，夏之正月也。王者存二王之後，使統其正朔，服其服色，行其禮樂，所以尊先聖，通三統，師法之義，恭讓之禮」。服虔云「孔子作春秋，於春每月書王，以統三王之正」。

〔一五〕孟康曰：辰有十二，其三爲天地人之統。老子曰「三生萬物」，是以餘九。辰得三氣，乃能施化。故每辰者，以三統之數乘之，是謂九三之法，得積萬九千六百八十三。【補注】李鋭曰：置元一，一三之，得三；二三之，得九；三三之，得二十七；四三之，得八十一；五三之，得二百四十三；六三之，得七百二十九；七三之，得二千一百八十七；八三之，得六千五百六十一；九三之，得一萬九千六百八十三爲法。

〔一六〕孟康曰：以子數一乘丑三，餘次辰，亦每三乘之，周十一辰，得十七萬七千一百四十七。【補注】錢大昕曰：律書「生鐘分：子一分。黄鐘九寸。丑三分二。林鐘六寸。寅九分八。太蔟八寸。卯二十七分十六。南呂五寸三分寸之一。辰八十一分六十四。姑洗七寸九分寸之一。巳二百四十三分一百二十八。應鐘四寸二十七分寸之二十。午七百二十九分五百一十二。蕤賓六寸八十一分寸之二十六。未二千一百八十七分一千二十四。大呂四寸二百四十三分寸之五十二。申六千五百六十一分四千九十六。夷則五寸七百二十九分寸之四百五十一。酉一萬九千六百八十三分八千一百九十二。夾鐘三寸二千一百八十七分寸之一千六百三十一。戌五萬九千四十九分三萬二千七百六十八。亡射四寸六千五百六十一分寸之六千五百二十四。亥十七萬七千一百四十七分六萬五千五百三十六。中呂三寸萬九千六百八十三分寸之六千四百八十七。」李銳曰：置上一萬九千六百八十三，又十三之，得五萬九千四百九十一。三之，得十七萬七千一百四十七爲實。先謙曰：周十一辰，官本「一」作「二」，是。

〔一七〕【補注】錢大昕曰：本志以成之數，忖該之積。如法爲一寸，則黄鐘之長也。沈欽韓曰：梅氏筆算云「以數生數，是之謂乘，皆有法，有實，有得數。以數剖數，是之謂除，皆有法，有實，有得數。除法以實滿法而成一數，故曰實如法得一」。

〔一八〕【補注】錢大昕曰：大師鄭注「黄鐘，初九也，下生林鐘之初六，林鐘又上生太蔟之九二，太蔟又下生南呂之六二，南呂又上生姑洗之九三，姑洗又下生應鐘之六三，應鐘又上生蕤賓之九四，蕤賓又下生大呂之六四，大呂又上生夷則之九五，夷則又下生夾鐘之六五，夾鐘又上生無射之上九，無射又上生中呂之上六。黃鐘長九寸，其實一籥。下生者三分去一，上生者三分益一，五下六上，乃一終矣」。案，晉志稱，淮南、京房、鄭玄諸儒言，上下相生，至蕤賓又重上生大呂，長八寸二百四十三分寸之百四，夷則上生夾鐘，長七寸一千一百八十七分寸之千七十五，無射上生中呂，長六寸萬九千六百八十三分寸之萬二千九百七十四。然則大師注文當云，蕤賓上生，大呂下生，夷則上生，夾鐘下生，無射上生。春秋正義引鄭注，正與此合。今監本蕤賓以下，仍依馬班上下生之序，誤也。周語韋注「十一月黃鐘，乾初九也；十二月大呂，坤六四也；正月太蔟，乾九二也；二月夾鐘，坤六五也；三月姑洗，乾九三也；四月中呂，坤上六也；五月蕤賓，乾九四也；六月林鐘，坤初六也；七月夷則，乾九六也；八月南呂，坤六二也；九月無射，乾上九也；十月應鐘，坤六三也」。又曰：春秋孔疏「揲蓍所得，有七八九六説者，謂七爲少陽，八爲少陰，其爻不變也。九爲老陽，六爲老陰，其爻皆變也。周易以變者爲占，其連山、歸藏以不變爲占」。李鋭曰：置十七萬七千一百四十七以一萬九千六百八十三除之，得九。

〔一九〕孟康曰：以六乘黃鐘之九，得五十四。【補注】錢大昕曰：以九除之，仍得六數，故林鐘六寸。

〔二〇〕【補注】王念孫曰：林鐘下更有「林鐘」二字。林鐘初六，與黃鐘初九對文，而今本脱之，則文義不完，當依大師疏引補。

〔二一〕孟康曰：三三而九，二三而六，參兩之義也。【補注】錢大昕曰：賈公彦云「黃鐘在子，一陽爻生，爲初九。林鐘在未，二陰爻生，得爲初六者，以陰故，退位在未，故曰乾貞於十一月子，坤貞於六月未也」。易乾鑿度曰「乾，陽也。坤，陰也。並如而交錯行，乾貞於十一月子，左行，陽時六，坤貞於六月未，右行，陰時六，以奉順成其歲」。又云「陰卦與陽卦同位者，退一辰，以未爲貞，其爻右行，閒辰而治六辰」。鄭注：陰則退一辰者，謂左右交錯相避。賈氏疏周禮本此。

〔二二〕【補注】錢大昕曰：即本志所云，黃鐘三分損一，下生林鐘云云也。律書以下生者，倍其實，三其法；以上生者，四其實，三其法。今志云「上生六而倍之，下生六而損之，皆以九爲法」。其法有以異乎？曰，無以異也。上生者，三分益一，四因而三除之，謂得三之四也。今則九其法，六其實，倍六則十二矣。九與十二，不猶之三與四乎？三三而九，三四十二。下生者，三分損一，二因而三除之，謂得三之二也。今則九其法，六其實，九與六不猶之三與二乎？三三而九，二三而六。李鋭曰：上生者，三分益一。下生者，三分去一。三分益一者，當四乘三除，今六乘而又倍之，即是十二乘，十二乘九除，猶四乘三除也。三分去一者，當二乘三除，今六乘九除，猶二乘三除也，其相與之率同也。

〔二三〕孟康曰：異類爲子母，謂黄鍾生林鍾也。同類爲夫婦，謂黄鍾以大吕爲妻也。【補注】錢大昕曰：孟説非也。黄鍾陽，林鍾陰，陽初九，陰初六，夫妻之正。如孟説，乃以黄鍾爲母，林鍾爲子，失之遠矣。

〔二四〕如淳曰：黄鍾生林鍾。

〔二五〕如淳曰：林鍾生太族。

〔二六〕【補注】錢大昕曰：大師鄭注「同位者象夫妻，異位者象子母，所謂律娶妻而吕生子也」。賈疏「同位謂若黄鍾之初九，下生林鍾之初六，俱是初之弟一。夫婦一體，是象夫婦也。異位象子母，謂若林鍾上生太蔟之九二，二於弟一，爲異位，象母子。但律所生者爲夫婦，吕所生者爲母子。十二律吕，律所生者常同位，吕所生者常異位，故云「律娶妻而吕生子」也。

〔二七〕李奇曰：聲一清一濁，合爲二，五聲凡十，合於十日，從甲至癸也。孟康曰：謂東方甲乙、南方丙丁之屬，分在五方，故五聲屬焉。【補注】錢大昕曰：大師鄭注「黄鍾，子之氣也，十一月建焉，而辰在星紀丑；大吕，丑之氣也，十二月建焉，而辰在玄枵子；太蔟，寅之氣也，正月建焉，而辰在娵訾亥；應鍾，亥之氣也，十月建焉，而辰在析木寅；姑洗，辰之氣也，三月建焉，而辰在大梁酉；南吕，酉之氣也，八月建焉，而辰在壽星辰；蕤賓，午之氣也，五月建焉，而辰在鶉首未；林鍾，未之氣也，六月建焉，而辰在鶉火午；夷則，申之氣也，七月建焉，而辰在鶉尾巳；中吕，巳之氣也，四月建焉，而辰在實沈申；無射，戌之氣也，九月建焉，而辰在大火卯；夾鍾，卯之氣也，二月建焉，而辰在降婁戌。辰與建交錯貿處，如表裏然，是其合也」。月令鄭注「宫數八十一，屬土，最濁；徵數五十四，屬火，微清；商數七十二，屬金，濁次宫；羽數四十八，屬水，最清；角數六十四，屬木，清濁中」。晉志：揚子雲曰「聲生於日，謂甲己爲角，乙庚爲商，丙辛爲徵，丁壬爲羽，戊癸爲宫也」。

〔二八〕張晏曰：六氣，陰、陽、風、雨、晦、明也。

〔二九〕孟康曰：月令五方之味，酸鹹是也。【補注】齊召南曰：酸鹹之下，似應有「辛苦甘」三字。錢大昕曰：左昭元年傳文，杜注「金味辛，木味酸，水味鹹，火味苦，土味甘，皆由陰陽風雨而生」。孔疏「先儒以爲雨爲木味，風爲土味，晦爲水味，明爲火味，陽爲金味，而陰氣屬天，不爲五味之主，此杜所不用也」。案大宗伯賈疏「左傳云，天有六氣，降生五味，五味即五行之味也」。鄭義「太陽不變，陰爲金，雨爲木，風爲土，明爲火，晦爲水」。與孔氏所云不同，當從賈氏。

〔三〇〕孟康曰：天陽數奇，一三五七九，五在其中；地陰數耦，二四六八十，六在其中。故曰天地之中合。

〔三一〕孟康曰：六甲之中唯甲寅無子，故有五子。【補注】錢大昕曰：藝文志「古五子十八篇」，注，自甲子至壬子，説易陰陽。

〔三二〕【補注】錢大昕曰：易乾鑿度云「有太易，有太初，有太始，有太素。太易者，未見氣也；太初者，氣之始也；太始者，形之始也；太素者，質之始也。炁形質具而未離，故曰渾淪。渾淪者，言萬物相渾成，而未相離，視之不見，聽之不聞，循之不得，故曰易也。易無形畔，此明太易無形之時，虛豁寂寞，不可以視聽尋。繫曰「易無體」，此之謂也。易變而爲一，一主北方，氣漸生之始，此則太初氣之所生也。一變而爲七，七主南方，陽炁壯盛之始也，萬物皆形見焉，此則太始氣之所生者也。七變而爲九，西方陽氣所終，究之始也，此則太素炁之所生也。九者，氣變之究也，乃復變而爲一。此一，則元氣形見而未分者。夫陽氣内動，周流終始，然後化生，一之形炁也。一者，形變之始，輕清者上爲天，象形見矣。重濁者下爲地，質形見矣。物有始、有壯、有究，故三畫而成乾。象一七九也，夫陽則言乾成者，陰則坤成，可知矣。案，劉歆所云「太極元氣，函三爲一」，正與此合。三者，太初、太始、太素也。易變而爲一，一者，太極也。龠者，黄鐘律之實也。

〔三三〕【補注】錢大昕曰：黄鐘管長九寸，九九八十一，黄鐘自乘之數。李鋭曰：自此以下，説諸數之生，多不合算術，學者詳之。

〔三四〕師古曰：繇讀與由同。【補注】錢大昕曰：黄鐘之重生權衡，其長生度數，其龠生量數。先謙曰：官本無注。

〔三五〕【補注】錢大昕曰：乾鑿度「孔子云『易始於太極』」。注，氣象未分之時，天地之所始也。

〔三六〕鄧展曰：春秋則爲二矣。孟康曰：春爲陽中，萬物以生，秋爲陰中，萬物以成。舉春秋以目一歲。

〔三七〕【補注】錢大昕曰：易繫辭「易有太極，是生兩儀」。虞翻云「兩儀謂乾坤也」。

〔三八〕【補注】錢大昕曰：易繫辭傳「六爻之動，三極之道也」。

〔三九〕【補注】錢大昕曰：公羊傳云「春秋雖無事，首時過則書。首時過則何以書？春秋編年，四時具，然後爲年」。杜預云「雖無事而書首月，具四時以成歲也」。易繫辭「兩儀生四象」。虞翻云「四象，四時也。乾二五之坤，成坎、離、震、兑。震春，兑秋，坎冬，離夏，故兩儀生四象」。

〔四〇〕張晏曰：二至、二分、立春、立夏、立秋、立冬。【補注】錢大昕曰：杜預云「分，春、秋分也。至，冬、夏至也。啓，立春、立夏。閉，立秋、立冬」。乾鑿度「天地有春、夏、秋、冬之節，故生四時。四時各有陰、陽、剛、柔之分，故生八卦。八卦成列，天地之道立，雷、風、水、火、山、澤之象定矣。其布散用事：震生物於東方，位在二月；巽散之於東南方，位在四月立夏；離長之於南方，位在五月；坤養之於西南方，位在六月立秋；兑收之於西方，位在八月；乾制之於西北方，位在十月立冬；坎藏之於北方，位在十一月；艮終始之於東北方，位在十二月立春。八卦之氣終，則四正四維之分明，生長收藏之道備，陰陽之體定，神明之德通，而萬物各以其類成矣。孔子云『歲三百六十日而天氣周，八卦用事，各四十五日，方備歲焉』。乾御戌亥，在於十月，而漸九月也。注：其中猶自有斗分，此重舉大數而已。故艮漸正月，巽漸四月，坤漸七月，乾漸九月，而各以卦之所言爲月也。乾者，天也，終而爲萬物始，北方，萬物所始也，故乾位在於十月。艮者，止物者也，故在四時之終，位在十二月。巽者，陰始順陽者也，陽始壯於東南方，故位在四月。坤者，地之道也，形正六月。四維正紀經緯，仲序度畢矣」。四維正四時之紀，則坎、離爲經，震、兑爲緯，此四正之卦，爲四仲之次序也。又京房易占云「夏至離王，景風用事；立秋坤王，涼風用事」。又御覽載五行休王論云「立春，艮王震相，巽胎離没，坤死兑囚，乾廢坎休。立夏，巽王離相，坤胎兑没，乾死坎囚，艮廢震休。立秋，坤王兑相，乾胎坎没，艮死震囚，巽廢離休。立冬，乾王坎相，艮胎震没，巽死離囚，坤廢兑休」。然則震王於春分，離王於夏至，兑王於秋分，坎王於冬至，可知。

〔四一〕師古曰：左氏傳載韓簡之言也。物生則有象，有象而滋益，滋益乃數起。龜以象告吉凶，筮以數示禍福。【補注】錢大昕曰：在僖公十五年。

是故元始有象一也，春秋二也，三統三也，四時四也，合而爲十，成五體。〔一〕以五乘十，大衍之數也，而道據其一，其餘四十九，所當用也，故蓍以爲數以象兩，〔二〕兩之，又以象三，三之，又以象四，四之，又歸奇象閏十九，〔三〕及所據一加之，因以再扐兩之，〔四〕是爲月法之實。如日法得一，則一月之日數也，〔五〕而三辰之會交矣，是以能生吉凶。〔六〕故易曰：「天一地二，天三地四，天五地六，天七地八，天九地十。天數五，地數五，五位相得而各有合。天數二十有五，地數三十，凡天地之數五十有五，此所以成變化而行鬼神也。」〔七〕并終數爲十九，易窮則變，故爲閏法。〔八〕參天九，兩地十，是爲會數。〔九〕參天數二十五，兩地數三十，是爲朔望之會。〔一〇〕以會數乘之，則周於朔旦冬至，是爲會月。〔一一〕九會而復元，〔一二〕黄鐘初九之數也。經於四時，雖亡事必書時月。時所以記啟閉也，〔一三〕月所以紀分至也。啟閉者，節也。分至者，中也。節不必在其月，故時中必在正數之月。〔一四〕故傳曰「先王之正時也，履端於始，舉正於中，歸餘於終。〔一五〕履端於始，序則不愆；舉正於中，民則不惑；歸餘於終，事則不誖。」〔一六〕此聖王之重閏也。以五位乘會數，而朔旦冬至，是爲章月。〔一七〕四分月法，以其一乘章月，是爲中法。〔一八〕參閏法爲周至，〔一九〕以乘月法，以減中法而約之，則六扐之數，爲一月之閏法，其餘七分。此中朔相求之術也。〔二〇〕朔不得中，是謂閏月，〔二一〕言陰陽雖交，不得中不生。〔二二〕故日法乘閏法，是爲統歲。〔二三〕三統是爲元歲。〔二四〕元歲之閏，陰陽災，三統閏法。〔二五〕易九戹曰：初入元，百六，陽九；次三百七十四，陰九；〔二六〕次四百八十，陽九；〔二七〕次七百二十，陰七；〔二八〕次七百二十，陽七；〔二九〕次六百，陰五；次六百，陽五；〔三〇〕次四百八十，陰三；次四百八十，陽三。〔三一〕凡四千六百一十七歲，與一元終。經歲四千五百六十，災歲五十七。〔三二〕是以春秋〔三三〕曰：「舉正於中。」又曰：「閏月不告朔，非禮也。閏以正時，時以作事，事以厚生，〔三四〕生民之道於是乎在矣。不告閏朔，棄時正也，何以爲民？」〔三五〕故善僖「五年春王正月辛亥朔，日南至，公既視朔，遂登觀臺以望，而書，禮也。凡分至啟閉，必書雲物，爲備故也」。〔三六〕至昭二十年二月己丑，日南至，失閏，至在非其月。梓慎望氛氣而弗正，不履端於始也。〔三七〕故傳不曰冬至，而曰日南至。極於牽牛之初，日中之時景最長，以此知其南至也。〔三八〕斗綱之端連貫營室，織女之紀指牽牛之初，以紀日月，故曰星紀。五星起其初，日月起其中，〔三九〕凡十二次。日至其初爲節，至其中斗建下爲十二辰，視其建而知其次。〔四〇〕故曰「制禮上物，不過十二，天之大數也」。〔四一〕經曰「春王正月」，傳曰周正月「火出，於夏爲三月，商爲四月，周爲五月。夏數得天」，〔四二〕得四時之正也。

三代各據一統，明三統常合，而迭爲首，〔四三〕登降三統之首，周還五行之道也。〔四四〕故三五相包而生。天統之正，始施於子半，〔四五〕日萌色赤。地統受之於丑初，日肇化而黄，至丑半，日牙化而白。人統受之於寅初，日孽成而黑，至寅半，日生成而青。〔四六〕天施復於子，地化自丑，畢於辰，〔四七〕人生自寅，成於申。〔四八〕故曆數三統，天以甲子，〔四九〕地以甲辰，〔五〇〕人以甲申。〔五一〕孟仲季迭用事爲統首。三微之統既著，而五行自青始，其序亦如之。五行與三統相錯。傳曰「天有三辰，地有五行。」然則三統五星可知也。〔五二〕易曰：「參五以變，錯綜其數。通其變，遂成天下之文；〔五三〕極其數，遂定天下之象。」〔五四〕太極運三辰五星於上，而元氣轉三統五行於下。其於人，皇極統三德五事。故三辰之合於三統也，日合於天統，月合於地統，斗合於人統。五星之合於五行，水合於辰星，火合於熒惑，金合於太白，木合於歲星，土合於填星。〔五五〕三辰五星而相經緯也。天以一生水，地以二生火，天以三生木，地以四生金，天以五生土。五勝相乘，以生小周，以乘乾坤之策，而成大周。陰陽比類，交錯相成，〔五六〕故九六之變登降於六體。〔五七〕三微而成著，三著而成象，〔五八〕二象十有八變而成卦，〔五九〕四營而成易，爲七十二，〔六〇〕參三統兩四時相乘之數也。〔六一〕參之則得乾之策，〔六二〕兩之則得坤之策。〔六三〕以陽九九之，爲六百四十八，以陰六六之，爲四百三十二，凡一千八十，陰陽各一卦之微算策也。〔六四〕八之，爲八千六百四十，而八卦小成。引而信之，〔六五〕又八之，爲六萬九千一百二十，天地再之，爲十三萬八千二百四十，然後大成。五星會終，〔六六〕觸類而長之，以乘章歲，爲二百六十二萬六千五百六十，而與日月會。〔六七〕三會爲七百八十七萬九千六百八十，而與三統會。〔六八〕三統二千三百六十三萬九千四十，而復於太極上元。〔六九〕九章歲〔七〇〕而六之〔七一〕爲法，太極上元爲實，實如法得一，〔七二〕陰一陽各萬一千五百二十，當萬物氣體之數，〔七三〕天下之能事畢矣。

〔一〕【補注】錢大昕曰：一二三四合爲十數。

〔二〕【補注】錢大昕曰：王弼云「演天地之數者，五十也，其用四十有九，則其一不用也。不用而用以之通，非數而數以之成，斯易之太極也」。乾鑿度云「易一陰一陽，合而爲十五之謂道」。注：象者，爻之不變動者。五象天數，奇也，十象地數，偶也，合天地之數，乃謂之道。大昕案，十五即五十也，以五乘十日，五十；以五從十日，十五。五十者，大衍之數。五六者，天地之中數。十五者，陰陽之合數。陰謂八，陽謂七。陽變七之九，陰變八之六，陽動而進，變七之九，象其氣息也。陰動而退，變八之六，象其氣消也。亦合於十五，則彖變之數若之一也。九六爻之變動者，繫曰「爻効天下之動也」。然則連山、歸藏占象，本其質性也。周易占變者，效其流動也。五音六律七變，由此作焉。故大衍之數五十，所以成變化而行鬼神也。日十千者，五音也。甲乙，角也；丙丁，徵也；戊己，宮也；庚辛，商也；壬癸，羽也。辰十二者，六律也。六律益六呂，合十二辰。星二十八者，七宿也。四方各七，四七二十八，周天也。凡五十，所以大閡物而出之者也。閡亦出也。先謙曰：官本「蓍」作「筮」。考證云「筮」，監本訛「蓍」，今改正。

〔三〕孟康曰：歲有閏分七，分滿十九，則爲閏也。師古曰：奇音居宜反。

〔四〕師古曰：扐音勒。【補注】劉攽曰：兩之得九十八，三之得二百九十四，四之得一千一百七十六，象閏所據。一加之，爲一千一百九十六，兩之，爲二千三百九十二。錢大昕曰：所據一加之，十九與一合二十。

〔五〕【補注】李銳曰：以日法除月法，得二十九八十一分之四十三，爲一月日數。

〔六〕孟康曰：三辰，日月星也。軌道相錯，故有交會。交會即陰陽有干陵勝負，故生吉凶也。

〔七〕師古曰：皆上繫之辭。【補注】錢大昭曰：二十有五者，總一三五七九爲二十有五。三十者，總二四六八十爲三十也。錢大昕曰：案禮記正義引鄭康成云「天一生水於北，地二生火於南，天三生木於東，地四生金於西，天五生土於中。陽無耦，陰無配，未得相成。地六成水於北，與天一并；天七成火於南，與地二并；地八成木於東，與天三并；天九成金於西，與地四并；地十成土於中，與天五并也。大衍之數，五十有五，五行各氣并，氣并而減五，惟有五十，以五十之數，不可以爲七八九六十筮之，占以用之，故更減其一，故四十有九也」。又虞仲翔云「五位，謂五行之位，甲乾、乙坤相得合木，謂天地定位也；丙艮、丁兑相得合火，山澤通氣也；戊坎、己離相得合土，水火相逮也；庚震、辛巽相得合金，雷風相薄也；天壬、地癸相得合水，言陰陽相薄而戰於乾。故五位相得而各有合」。天一至地十，此二十字，周易本在『易有聖人之道四焉』之上，程子移置『天數五地數五』之上，蓋本漢志。

〔八〕孟康曰：天終數九，地終數十。窮，終也，言閏亦日之窮餘，故取二終之數以爲義。【補注】李鋭曰：并天九地十，得十九，爲閏法。

〔九〕【補注】錢大昕曰：三其九，得二十七，兩其十，得二十，合爲四十七。

〔一〇〕【補注】錢大昕曰：三其二十五，得七十五，兩其三十，得六十，合爲一百三十五。

〔一一〕孟康曰：會月，二十七章之月數也，得朔旦冬至日與歲復。【補注】錢大昕曰：以會數四十七乘百三十五，得六千三百四十五，則五百一十三歲之月數也。計此二十七章之內，積食千八十一，餘分俱盡，復會於章首，故以爲會率也。沈欽韓曰：續志「日行十九周，月行(三)[二]百五十四周，復會於端」，此小會也。六千三百四十五爲會月，此大會也。

〔一二〕孟康曰：謂四千六百一十七歲之月數也，所謂元月。【補注】錢大昕曰：以九乘會月，得五萬七千一百五，即元月。復會於元首，所謂九會而終也。

〔一三〕【補注】先謙曰：官本「記」作「紀」。

〔一四〕【補注】錢大昕曰：太史正歲年以序事。鄭注「中數曰歲，朔數曰年。中朔大小不齊，正之以閏，若今時作曆日矣」。賈疏「中數曰歲、朔數曰年者，一年之内有二十四氣，正月立春節，雨水中；二月啓蟄節，春分中；三月清明節，穀雨中；四月立夏節，小滿中；五月芒種節，夏至中；六月小暑節，大暑中；七月立秋節，處暑中；八月白露節，秋分中；九月寒露節，霜降中；十月立冬節，小雪中；十一月大雪節，冬至中；十二月小寒節，大寒中。皆節氣在前，中氣在後。節氣一名朔氣，中氣在晦，則後月閏，中氣在朔，則前月閏。節氣有入前月法，中氣無入前月法。中氣帀則爲歲，朔氣帀則爲年。假令十二月中氣在晦，則閏十二月十六日，得後正月立春節，此即朔數曰年。至後年正月一日，得啓蟄中，此中氣帀，此即是中數曰歲。案中數者，自去年冬至，數至今年冬至，凡三百六十五日四分日一而帀也。朔數者，自今年正月朔，數至後年正月朔，凡三百五十四日有奇也。以中朔兩數相較，則一歲有閏餘十一日弱，故云中朔大小不齊，正之以閏也。禮記正義引鄭注「中數曰歲，朔數曰年。云中數者，謂十二月中氣一周，總三百六十五日四分之一，謂之一歲。朔數者，謂十二月之朔一周，總三百五十四日，謂之爲年」。此說最當。賈氏以閏月内得後年朔氣曰朔數，以後年正月得中氣曰中數。其實節氣一帀，與中氣一帀者，三百六十五日四分日一，有何分別？又上云「正月雨水中，二月啓蟄節」，是今曆。此云「正月得啓蟄中」，又從古曆，抑何不撿點之甚乎！云中朔大小不齊，正之以閏者，周天三百六十五度四分度之一日，一日行一度，月一日行十三度十九分度之七，二十四氣通閏分之，一氣得十五日，二十四氣分得三百六十度，仍有五度四分度之一。一度更分爲三十二，五度爲百六十；四分度之一者，又分爲八分，通前爲百六十八分。二十四氣分之，氣得七分。若然，二十四氣，氣有十五日七分，五氣得三十五分。取三十二分爲一日，餘三分推入後氣，即有十六日氣者、十五日七分者，故云，中朔大小不齊。正之以閏者，月有大小，一年三百五十四日而已，日餘仍有十一日，是以三十三月以後，中氣有當作「在」。晦，不置閏，則中氣入後月，故須置之，故云正之以閏」。李鋭曰：節謂大雪十一月節之等，中謂冬至十一月中之等，節不必在其月，中必在其月。

〔一五〕【補注】周壽昌曰：史記「餘」作「邪」。

〔一六〕師古曰：自此以上，左氏傳之辭也。履端於始，謂步曆之始，以爲術之端首也。舉正於中，謂分一朞爲十二月，舉中氣以正月也。歸餘於終，謂有餘日，則歸於終，積而成閏也。誖，乖也，音布内反。【補注】錢大昕曰：「誖」，春秋傳作「悖」，文元年傳文也。杜注「步曆之始，以爲術之端首，朞之日，三百六十有六日。日月之行，又有遲速，故必分爲十二月，舉中氣以正月，有餘日則歸之於終，積而爲閏，故言歸餘於終」。孔疏「日月轉運於天，猶如人之行步，故推曆謂之步曆。步曆之始，以爲術之端首，謂曆之上元，必以日月全數爲始於前，更無餘分，以此日爲術之端首，故言履端於始也。日行遲，月行速，凡二十九日過半，月行及日。謂之一月過半者，謂一日於曆法分爲九百四十分，月行及日，必四百九十九分，是過半二十九分。此以四分術而言，三統以八十一爲日法，朔小餘四十三，亦過半也。今一歲氣周，有三百六十五日四分日之一，其十二月一周，惟三百五十四日，是少十一日四分之一，未得氣周。細而言之，一歲止少弱十一日。所以然者，一月有餘分二十九，一年十二月，有餘分三百四十八，是一歲既得三百五十四日，又得餘分三百四十八，其四分日之一，一日爲九百四十分，則四分之，爲二百三十五分。今於餘分三百四十八内取二百三十五分，當卻四分日之一，餘分仍有一百一十三，其整日惟有十一日，又以餘分一百一十三，減其一日九百四十分，惟有八百二十七分，是一年有餘十日八百二十七分，少一百一十三分，不成十一日也。三統以一千五百三十九分之三百八十五爲斗分，其朔餘八十一之四十三，即千五百三十九分之八百一十七也。積十二月，得三百五十四日，尚餘五百七十分，以減周天，得一年餘十日一千三百五十四分。分一周之日爲十二月，則每月常三十日餘，計月及日爲一月，則每月惟二十九日餘。前朔後朔，相去二十九日餘，前氣後氣，相去三十日餘，每月參差，氣漸不正，但觀中氣所在，以爲此月之正，取中氣以正月，故言舉正於中也。月朔之與月節，每月賸一日有餘，所有餘日，歸之於終，積成一月，則置之爲閏，故言歸餘於終」。又曰：史記、漢書於秦時及漢未改秦曆之前，屢書後九月。文穎云「時律曆廢，不知閏，謂之後九月」。顏云「文説非也，若以律曆廢，不知閏者，則當徑謂之十月，不應有後九月。蓋秦之曆法應置閏者，總致之於歲末」。觀其此意，當取左傳所謂歸餘於終耳。案，顏氏於此篇用杜預説，謂有餘日，則歸於終，積而成閏，並無置閏在歲終之解。春秋經傳所載九閏月，除襄九年閏月，依杜預當作「門五日」，其餘八閏，惟成十七年閏月乙卯晦。昭二十二年閏月取前城，傳文上有十二月，知此兩閏，皆在歲終。襄二十八年，經書「十有二月甲寅天王崩。乙未，楚子昭卒」。何休曰「乙未與甲寅相去四十二日，蓋閏月也」。但經傳無明文，何以意推之，今不數。文六年閏月不告朔，傳在冬十一月之後，則未知其閏在十一月與？十二月與？僖七年閏月，惠王崩。哀五年閏月，葬齊景公。哀十五年閏月，渾良夫與太子入。經傳上有「冬」字，則未知其閏在十月與？十一月與？十二月與？俱不得而知也。僖七年閏月，杜氏長曆推閏十一月。案，僖五年至朔同日，則是歲閏餘十四，當閏九月，或移至在十月後，不得閏十一月也。文元年閏三月，非禮也。劉歆以爲是歲閏餘十三，閏當在十一月後，而在三月，故傳曰「非禮也」。杜預以爲曆法閏當在僖公末年，誤於今年置閏，蓋時達曆者所譏。案，文元年之閏，漢志謂失之前，杜氏謂失之後，非以置閏當在歲終而譏之也。昭二十年閏月，殺宣姜。傳文上有八月，下有十月。孔穎達以爲閏在八月後也。此兩閏不在歲終，傳有明文。春秋魯曆雖不正，如以應置歲終者移之，或春或秋，恐亦無是事也。秦漢所書後九月，自是秦曆，蓋誤以置閏歲末，傳會「歸餘於終」之文。顏籀所注甚明，後人乃謂古法閏在歲終，失之甚矣。

〔一七〕【補注】李鋭曰：以五乘會數四十七，得二百三十五，爲章月。

〔一八〕【補注】李鋭曰：置月法二千三百九十二，以四除之，得五百九十八，即通法。以乘章月二百三十五，得十四萬五百三十，爲中法。

〔一九〕【補注】李鋭曰：參閏法十九，得五十七，爲周至。

〔二〇〕【補注】錢大昕曰：以周至乘月法，得十三萬六千三百四十四，以減中法，餘四千一百八十六，如通法而一，得七分。又曰：此論中月相求之術也。以理論之，四分章中之一，得五十七，即周至。四分章月之一，得五十八又四分之三，然則五十七个中氣所餘，應有一月四分月之三也。今以通法乘章月，即中法。是四分章月，以月法乘之也。以周至乘月法，是四分章中以月法乘之也。又周至乘日法爲元法，中法既以滿元法爲一日，今以周至乘月法，則亦以滿元法得一日矣。置十三萬六千三百四十四，以元法除之，得二十九日，其餘四千六百一十七之二千四百五十一，即八十一之四十三也。然則兩數相減之餘數四千一百八十六，乃中多於朔之數，而爲一月之閏法，審矣。其云「六扐之數」者，案，「六扐」當作「七扐」。置四千一百八十六數，以通法除之，得七分，而通法又即一扐之數。二千三百九十二者，再扐兩之之數，則五百九十八者，一扐之數也。則所減之餘爲七扐之數矣。歲有閏餘十九分之七，析之，則每月有閏餘二百二十八分之七也。又置四千一百八十六，如日法而一，得五十一日八十一分日之五十五，即五十七中氣所贏之一月四分月之三。李銳曰：置章中二百二十八，以四除之，得五十七，即周至。以五十七乘月法二千三百九十二，得十三萬六千三百四十四，爲一月之積分。此四分章中，以乘月法，即如四分月法，以乘章中，與四分月法，以其一乘章月所得之中法，分粗細正等，故可相減，以一月之積分十三萬六千三百四十四，減一中之積分十四萬五百三十，餘四千一百八十六，爲一月之閏積分，與一月積分求等，得五百九十八，即通法。以約一月積分，得二百二十八，即章中。爲一月之閏法，以約一月閏積分，得七，爲一月之閏分。歲閏十九分之七，通之，則月閏二百二十八分之七也。

〔二一〕【補注】李銳曰：無中氣之月爲閏月。先謙曰：「謂」官本作「爲」。

〔二二〕【補注】錢大昕曰：中氣在晦，則後月閏；中氣在朔，則前月閏。故閏月有節氣，無中氣。

〔二三〕【補注】李銳曰：以日法八十一，乘閏法十九，得千五百三十九，爲統歲。

〔二四〕【補注】錢大昕曰：統歲千五百三十九，以十九乘八十一之數也。元歲四千六百十七，三統歲之數也。李銳曰：

三統歲得四千六百一十七，爲元歲。

〔二五〕【補注】錢大昕曰：每一元歲中有水旱災歲五十七，即三閏法之數。李銳曰：陰陽水旱也。

〔二六〕孟康曰：易傳也。所謂陽九之戹，百六之會者也。初入元百六歲有戹者，則前元之餘氣也，若餘分爲閏也。易爻有九六七八，百六與三百七十四，六乘八之數也，六八四十八，合爲四百八十歲也。【補注】錢大昕曰：「九戹」當作「无妄」，蓋字形相涉而譌。易雜卦傳「无妄，災也」。京房說无妄，以爲大旱之卦，萬物皆死，無所復望。應劭云「天必先雲而後雷，雷而後雨，今無雲而雷。无望者，无所望也，萬物無所望於天，災異之最大者也」。漢儒引伸其義，故有陽九、陰九、經歲、災歲之說，此亦緯書之類。孟氏以爲易傳猶稽覽圖稱中孚傳也。谷永傳「遭无妄之卦運，直百六之災阸」。論衡明雩篇云「災變大抵有二：有政治之災，有无妄之變。德酆政得，災猶至者，无妄也；德衰政失，變應乘者，政治也」。又云「无妄之氣，歷世時至」。又云「非常之變，無妄之氣，閒而至也。水氣閒堯，旱氣閒湯」。恢國篇云「建初孟年，無妄氣至」。須頌篇云「成湯加『成』，宣王言『宣』，無妄之災，不能虧政」。寒温篇云「案易無妄之應，水旱之至，自有期節」。三國志云「公孫淵上孫權表『伏惟遭天地之反，易遇無妄之運』」。劉淵林注吴都賦引漢書此條，正作「易无妄」，可證魏晉時本尚未誤。李善注文選，屢引此文，並作「陽九戹」，則唐時已譌，不始於近代矣。或並改「易」爲「昜」，以傅會陽九之文。不知水旱之災，陽不必九，九不獨陽也。王引之曰：作「陽九戹」者，是也。下文孟注「一元之中，有五陽四陰，陽旱陰水。九七五三，皆陽數也，故曰陽九之戹」。此正釋「陽九戹」三字。「陽九戹」，蓋三統曆篇名也，陽戹五，陰戹四，合之則九，水旱之九七五三，又皆陽數，故以「陽九戹」名篇。「三統閏法陽九戹曰」者，言三統閏法，陽九戹篇有云也。孟注，易傳所謂陽九之戹，百六之會者，謂三統陽九戹篇所云，即易傳所謂陽九之戹也。俗本「陽」字誤而爲「易」，注内易傳下又衍「也」字，讀者遂以易九戹爲易傳，何不察之甚也。據李注，左思魏都賦、陸機樂府、江淹雜體詩、劉琨勸進表、袁宏三國名臣序贊、曹植王仲宣誄，六引漢書，皆作「陽九戹」，又無「也」字，足正今本之誤。至劉逵吴都賦注「易无妄曰，災氣有九，陽戹五，陰戹四，合爲九，一元之中四千六百一十七歲，各以數至。漢書律曆志具有其事」。以上吴都賦注。案「陽戹五，陰戹四，合爲九，一元之中四千六百一十七歲，各以數至」，此約舉漢志文也，而「災氣有九」，則易緯說无妄之語，蓋連引易无妄説及漢志，非謂易无妄云云，亦漢志所有也。若漢志陽九戹果爲易无妄之譌，則「陽九戹曰」下，亦當有「災氣有九」四字，與吴都賦注所引易无妄之文相同。今無此語，則非易无妄也。且志文若作「易无妄」，則孟、顔必釋「无妄」二字之義，何得但云易傳所謂陽九之戹，百六之會，而不及易无妄邪？錢説非。張文虎曰：吴都賦注譌作「易无妄」，錢氏據之，反以今本漢書作「九戹」爲誤。王氏辨之詳矣，乃又據李善注，屢引作「陽九戹」，而謂今本「易」字誤，則又好異之過。孟康明引易傳所謂陽九之戹，百六之會者，志文「陽戹五，陰戹四」，不得但以陽九戹概之。善注自因「陽九」二字而誤，以爲三統曆篇名，未足爲據。此則錢説緯書之類爲近。

〔二七〕孟康曰：亦六乘八之數也，於易爻六有變，故再數也。如淳曰：六八四十八，爲四百八十歲，有九年旱。

〔二八〕孟康曰：九乘八之數也。八九七十二，爲七百二十歲。【補注】先謙曰：官本「九乘八」上有「亦」字。

〔二九〕孟康曰：亦九乘八之數也。於易爻九變，故再數也。如淳曰：八十歲紀一甲子冬至，以八乘九，八九七十二，故七百二十歲乃有災也。

〔三〇〕孟康曰：七八爻乘八之數也。七乘八得五百六十歲，八乘八得六百四十歲，合千二百歲也。於易爻七八不變，氣不通，故合而數之，各得六百歲也。如淳曰：爻有七八，八八六十四，七八五十六，二爻之數，合千二百。滿純陰七八不變，故通其氣，使各六百歲乃有災。

〔三一〕孟康曰：此六乘八之數也。六既有變，又陰爻也，陽奇陰偶，故九再數，而六四數，七八不變，又無偶，各一數。一元之中，有五陽四陰，陽旱陰水，九七五三，皆陽數也，故曰陽九之戹。如淳曰：九六者，陽奇陰偶。偶，故重出，覆取上六八四十八，故同四百八十歲。正以九七五三爲災者，從天奇數也。易天之數曰「立天之道，曰陰與陽」。繫天故取其奇爲災歲數。八十歲則甲子冬至，一甲子六十日，一歲三百六十日，八十歲，得四百八十甲子又五日。五八四十，爲四百日又四分日之一。八十歲有八十分，八十分爲二十日，凡四百八十日，得七十甲子。八十歲合四百八十七甲子，餘分皆盡，故八十歲則一甲子冬至也。【補注】錢大昕曰：依三統術，四歲而斗分餘一，八十歲應餘一千五百三十九分之二十，經六千一百五十六歲，而餘一日。

〔三二〕孟康曰：經歲，從百六終陽三也，得災歲五十七，合爲一元，四千六百一十七歲。【補注】李鋭曰：并陰陽數，得五十七，爲災歲；以減一元四千六百一十七歲，餘四千五百六十，爲經歲。

〔三三〕【補注】錢大昕曰：疑脱「傳」字。

〔三四〕師古曰：言四時漸差，則置閏以正之，因順時而命事，事得其序，則年穀豐孰。

〔三五〕師古曰：自此以上，皆左氏傳之辭也。爲，治也。【補注】錢大昕曰：「時正」，左傳作「時政」。陸德明云，「爲民」如字，治也。或音于僞反，非。

〔三六〕【補注】錢大昕曰：案杜注「周正月，今十一月。冬至之日，日南極。視朔，親告朔也。觀臺，臺上構屋可以遠觀者也。朔旦冬至，曆數之所始，治曆者因此則可以明其術數，審別陰陽，敘事訓民，魯君不能常修此禮，故善公之得禮。雲物，氣色災變也。傳重申周典，不言公者，日掌官其職。素察妖祥，逆爲之備」。周禮注「鄭司農云，以二至二分觀雲色，青爲蟲，白爲喪，赤爲兵荒，黑爲水，黄爲豐，故曰，凡此五物，以詔救政」。先謙曰：「善」，官本作「魯」，據杜注，疑「善」字是。

〔三七〕【補注】錢大昕曰：案杜注，是歲朔旦冬至之歲，當言正月己丑朔，日南至。時史失閏，閏更在二月後，故經因史而書正月，傳更具於二月，記日南至，以正曆也。孔疏「曆法十九年爲一章」。章首之歲，必周之正月朔旦冬至。僖五年正月辛亥朔，日南至，是章首之歲年也。計僖公五年至往年，合一百三十三年，是爲七章。今年復爲章首，故云是歲朔旦冬至之歲也。朔旦冬至，謂正月之朔，當言正月己丑朔，日南至，今傳乃云二月己丑，日南至，是錯名正月爲二月也。曆之正法，往年十二月，宜置閏月，即此年正月，當是往年閏月，此年二月乃是正月，故朔日己丑，日南至也。時史失閏，往年錯不置閏，閏更在二月之後，傳於八月之下，乃云「閏月戊辰，殺宣姜」。是閏在二月後也。不言在八月後，而云在二月後者，以正月之前當置閏，二月之後即不可，故據二月言之。時史謂閏月爲正月，故經因史而書正月，從其誤而書之。傳以經之正月實非正月，更具於二月記南至之日，以正曆之失也。日南至者，謂冬至也。冬至者，周之正月之中氣。曆法，閏月無中氣，中氣必在前月之内，時史誤以閏月爲正月，而置冬至於二月之朔，既不曉曆數，故閏月之與冬至，悉皆錯也。杜下注云「時魯侯不行登臺之禮，使梓慎望氣」。是杜意以爲時魯之君臣知此己丑是冬至之日，但不知其不合在二月耳。服虔云「梓慎知失閏，二月冬至，故獨以二月望氣」。則服意以爲當時魯人置冬至於正月之内，獨梓慎知二月己丑是真冬至耳，其義或當然也。

〔三八〕【補注】錢大昕曰：馮相氏「冬（至）〔夏〕致日」注「冬至日在牽牛，景丈三尺。夏至日在東井，景尺五寸。此長短之極，極則氣至」。漢天文志「夏至，晷景長尺五寸八分，冬至，晷景長丈三尺一寸四分」。晉律曆志「冬至，日中晷影丈三尺三寸，夏至，日中晷影尺五寸」。孔穎達云，日之行天，有南有北，常立八尺之表，以候景之短長。夏至之景尺有五寸，日最長，而景最短，是謂日北至也。自是以後，日稍近南。冬至之景一丈三尺，日最短，而景最長，是謂日南至也。

〔三九〕【補注】錢大昕曰：三統以斗十二度爲星紀之初，牽牛初爲星紀之中，上元天統之首，冬至日月合朔在牽牛，五星始見在南斗，其時初昏，斗杓指子，營室見於南方，織女見於西北也。李鋭曰：上元之初，五星始見，去日半次，故五星起星紀之初，日月起星紀之中。

〔四〇〕【補注】錢大昕曰：「斗建」上當有「爲中」二字。蔡邕月令章句云「周天三百六十五度四分度之一分，爲十二次，日至其初爲節，至其中爲中氣」。

〔四一〕【補注】錢大昕曰：左哀七年傳文杜注「天有十二次，故制禮象之」。

〔四二〕師古曰：自此以上，左傳之辭。【補注】錢大昕曰：左隱元年及昭十七年傳文。

〔四三〕師古曰：迭，互也，音大結反。此下亦同。

〔四四〕師古曰：還讀曰旋。

〔四五〕蘇林曰：子之西，亥之東，其中間也。或曰，於子半曰地統，受於丑初。臣瓚曰：謂分十二辰，各有上中下，言半，謂在中也，又受於寅初，此謂上也。

〔四六〕【補注】錢大昕曰：檀弓孔疏「春秋緯元命包及樂緯稽耀嘉云『夏以十三月爲正』。息卦受泰注云『物之始，其色尚黑，以寅爲朔，殷以十二月爲正』。息卦受臨注云『物之牙，其色尚白，以雞鳴爲朔，周以十一月爲正』。息卦受復『其色尚赤，以夜半爲朔』。此上當有「注云物之萌」五字。建子之月爲正者，謂之天統，以天之陽氣，始生爲當作「於」。下，物得陽氣，微稍動變，故爲天統。建丑之月爲地統者，以其物已吐牙，不爲天氣始動，物猶未出，不得爲人所施功，唯在地中含養萌牙，故爲地統。建寅之月爲人統者，以其物出於地，人功當須修理，故謂之人統。統者，本也，謂天地人之本也。然王者必以此三月爲正者，以其此月物生細微，又是歲之始生，王者繼天理物，含養微細，又取其歲初，爲正朔之始，既天、地、人三者所繼不同，故各改正朔，不相襲也」。又公羊隱元年傳何休注云「夏以斗建寅之月爲正，平旦爲朔，法物見，色尚黑。殷以斗建丑之月爲正，雞鳴爲朔，法物牙，色尚白。周以斗建子之月爲正，夜半爲朔，法物萌，色尚赤」。徐疏「凡草物十一月動萌而赤，十二月萌牙始白，十三月萌牙始出而首黑，故各法之」。故書傳畧説云「周以至動，殷以萌，夏以牙」。注云「謂三王之正也。至動，冬日至，物始動也。物有三變，故正色有三。天有三生三死，故土有三王。王特一生死，是故周人以日至爲正，殷人以日至三十日爲正，夏以日至六十日爲正，是故三統三王，若循連環，周則又始，窮則反本故也」。

〔四七〕如淳曰：地以十二月生萬物，三月乃畢。

〔四八〕如淳曰：人功自正月至七月乃畢。

〔四九〕李奇曰：夏正月朔日。

〔五〇〕韋昭曰：殷正月朔日。

〔五一〕李奇曰：周正月朔日。【補注】錢大昕曰：李韋説皆非也。三統術，天統首日甲子，地統首甲辰，人統首甲申，合於天施地化人生之數，故云。

〔五二〕【補注】錢大昕曰：寅、申、巳、亥爲四孟，子、午、卯、酉爲四仲，丑、未、辰、戌爲四季。故甲申曰孟統，甲子曰仲統，甲辰曰季統。淮南天文訓「木，生於亥，壯於卯，死於未。火，生於寅，壯於午，死於戌。金，生於巳，壯於酉，死於丑。水，生於申，壯於子，死於辰」。孟仲季之序，蓋因於此。易乾鑿度云「三王之郊，一用夏正，天氣三微而成一著，三著而成一體，方知此之時，天地交，萬物通，故泰益之卦皆夏之正也」。鄭康成注「五日爲一微，十五日爲一著，故五日有一候，十五日成一氣也。冬至陽始生，積十五日，至小寒爲一著，至大寒爲二著，立春爲三著，凡四十五日而成一節，故曰，三著而成體也。正月則泰卦用事，故曰成體而郊也」。

〔五三〕【補注】先謙曰：官本「下」作「地」。

〔五四〕師古曰：易上繫之辭。

〔五五〕【補注】先謙曰：占經填星占引荊州占云「填星，常晨出東方，夕伏西方，其行歲填一宿，故名填星」。天官書正義「填音鎮」。淮南天文訓作「鎮星」。

〔五六〕【補注】錢大昕曰：說見下卷。

〔五七〕【補注】錢大昕曰：六體，六爻也。

〔五八〕【補注】李鋭曰：三三而九。

〔五九〕【補注】李鋭曰：二九一十八。

〔六〇〕【補注】錢大昕曰：四乘十八之數。

〔六一〕【補注】錢大昕曰：三三而九，二四而八，八九七十二。

〔六二〕【補注】李鋭曰：三乘七十二，得二百一十六。

〔六三〕蘇林曰：策，數也。【補注】李鋭曰：二乘七十二，得一百四十四。

〔六四〕【補注】李鋭曰：九乘七十二，得六百四十八，六乘七十二，得四百三十二，并之得一千八十。

〔六五〕師古曰：信讀曰伸。

〔六六〕【補注】錢大昕曰：置此歲數，各以星歲數除之，得歲星八十周，太白四十周，鎮星三十二周，熒惑十周，辰星十五周，餘分俱盡。李鋭曰：置一千八十，八乘之，得八千六百四十，又八乘之，得六萬九千一百二十，又二乘之，得十三萬八千二百四十。案此五星會終數於算術，當以約分入之，置歲星歲數一千七百二十八，太白歲數三千四百五十六，鎮星歲數四千三百二十，熒惑歲數一萬三千八百二十四，辰星歲數九千二百一十六，互約之，以歲星歲數一千七百二十八，與太白歲數三千四百五十六求等，得一千七百二十八，以約歲星歲數，得一，爲歲星約數。既得一，則與鎮星、熒惑、辰星歲數不更約。又以太白歲數三千四百五十六，與鎮星歲數四千三百二十求等，得八百六十四，以約鎮星歲數，得五，爲鎮星約數。又以太白歲數三千四百五十六，與熒惑歲數一萬三千八百二十四求等，得三千四百五十六，以約太白歲數，得一，爲太白約數。既得一，則與辰星歲數不更約。又以鎮星約數五，與熒惑歲數一萬三千八百二十四，辰星歲數九千二百一十六各求等，皆得一，不約。又以熒惑歲數一萬三千八百二十四，與辰星歲數九千二百一十六求等，得四千六百八，以約熒惑歲數，得三，爲熒惑約數。約畢，各爲定數，歲星定數一，太白定數一，鎮星定數五，熒惑定數三，辰星定數九千二百一十六。置歲星定數一，以太白定數一乘之，得一。又以鎮星定數五乘之，得五。又以熒惑定數三乘之，得一十五。又以辰星定數九千二百一十六乘之，得十三萬八千二百四十，爲五星俱終之數。以歲星歲數除之，得八十終。以太白歲數除之，得四十終。以鎮星歲數除之，得三十二終。以熒惑歲數除之，得十終。以辰星歲數除之，得十五終也。

〔六七〕【補注】錢大昕曰：以會歲五百一十三除之，得五千一百二十會。李鋭曰：以會歲五百一十三，與五星會終數求等，得四十七，即會數。以約會歲，得十九，即章歲。以章歲乘五星會終數，得二百六十二萬六千五百六十，以會歲除之，得五千一百二十終，是月分月食之分，與五星俱終。

〔六八〕【補注】錢大昕曰：以統法除之，得五千一百二十統。李銳曰：三乘與日月會數，得七百八十七萬九千六百八十，以統法一千五百三十九除之，亦得五千一百二十終，是日分、月分、食分與五星俱終。

〔六九〕【補注】錢大昕曰：五千一百二十元而爲太極上元。李銳曰：三乘與三統會數，得二千三百六十三萬九千四十，以元法四千六百一十七除之，亦得五千一百二十終，是日分、月分、食分、日名與五星俱終，故曰復於太極上元。

〔七〇〕【補注】錢大昕曰：一百七十一。

〔七一〕【補注】錢大昕曰：一千二十六。

〔七二〕【補注】王念孫曰：「實如法得一」句，此下當更有「一」字。張文虎曰：萬一千五百二十，乃合三百八十四爻之策，不得云一陰一陽。蓋以千二十六九章歲而六之數。除太極上元，得二萬三千四十，則兩分之，爲萬一千五百二十也。「實如法得一」，當絶句，算家常語，淺人誤以「一陰」連屬，遂又於陽上亦增「一」字。王氏謂「一」下更有「一」字，非也。

〔七三〕【補注】李銳曰：九乘章歲，得一百七十一。又六乘之，得一千二十六。以除二千三百六十三萬九千四十，得二萬三千四十。半之，得一萬一千五百二十。

律曆志第一下

統母〔一〕

〔一〕【補注】先謙曰：官本二字自爲一行，不連下。齊召南云：案各本俱以統母二字連下文日法云云，非也。統母、五步、統術、紀術、歲術、世經，凡六項，乃曆法之標目，應另爲一行，以挈綱領，今改正。

日法八十一。〔二〕元始黃鐘初九自乘，一龠之數，得日法。〔三〕

〔二〕孟康曰：分一日爲八十一分，爲三統之本母也。

〔三〕【補注】錢大昕曰：三統之法，本於太初。漢志太初法，一月之日二十九日八十一分日之四十三。積十二月得三百五十四日八十一分之三十，此太初之朔實也。而史記曆書曆術甲子篇云「太初〔二〕〔元〕年，大餘五十四，小餘三百四十八」。小司馬以爲「太初曆法，一月，二十九日九百四十分日之四百九十九，每兩月合成五十九日，又餘五十八。今十二月合餘六箇五十八，得此三百四十八數」。其法與四分同。太初法每兩月而贏小餘五，四分每兩月而贏小餘五十八，兩法相課，則一章二百三十五月之中，太初、四分俱贏七日四分日之一，而太初尚多小分三百二十四之一也。四章而朔餘一謂此。續志「章帝下詔稱，史官用太初鄧平術，有餘分一，在三百年之域，行度轉差，浸以謬錯」者，是也。則朔實之不合一也。賈逵云「太初曆斗分三百八十五分，古法斗分即歲餘」。古人不知歲差故。則太初以三百六十五日千五百三十九分日之三百八十五爲歲實也。而曆書甲子篇「太初(二)〔元〕年，大餘五，小餘八」。其法亦與四分同，謂餘三十二分日之八也。兩法相課，則四歲之内，太初、四分俱積千四百六十一日，而太初尚羸千五百三十九分之一也。四歲而中餘一謂此。續志所謂「兩曆相課，六千一百五十六歲而太初多一日」也。則歲實之不合二也。志載太初以律起曆，則日法八十一，當爲定率。史記係後人所補益，或非太初本法耳。漢書司馬遷傳稱，史記「十篇缺，有録無書」。張晏以爲「亡景紀、武紀、禮書、樂書、兵書、漢興以來將相年表、日者列傳、三王世家、龜策列傳、傅靳列傳。元成之間褚先生補缺，作武帝紀、三王世家、龜策、日者傳，言辭鄙陋，非遷本意也」。案史記無兵書。「兵」疑當作「曆」。志又載「太史令張壽王妄言太初曆虧四分日之三，去小餘七百五分」。九百四十之七百五，正四分之三也。則壽王所治曆，當以九百四十爲日法。壽王治殷曆，非太初曆也。補史記者殆誤以殷曆爲太初與？又曰：曆家推氣朔交會諸術，以大餘命日，以小餘加時，有日法而後可定小餘。三統以八十一爲本母。至推冬至，則以統法爲日法，以十九乘八十一也。推二十四氣以元法爲日法，以五十七乘八十一也。推五星見中日亦同。推星見日，以見中日法、見月日法爲日法，又以元法、統法乘之也，皆起於黄鐘之數也。李鋭曰：此於算術當以統月萬九千三十五與周天五十六萬二千一百二十求等，得二百三十五，以約統月，得日法，以約周天，得月法。案，統月爲一統積月，周天爲一統積日，凡萬九千三十五月中積五十六萬二千一百二十日爲日月相與之率。而爲算之道，省約爲善，故各約之，凡八十一月中積二千三百九十二日，亦爲日月相與之率也。上元之首，夜半合朔，歷八十一月而又夜半合朔，則日法者，日分一終之月數也。又日法爲月率，月法爲日率，名月率爲日法，日率爲月法者，見月求日，當以月法乘積月，是每月通爲二千三百九十二分，故二千三百九十二爲月法。月之積分，滿八十一成日，是每月積八十一分，故八十一爲日法也。先謙曰：錢氏謂「褚少孫補曆術甲子篇，誤以殷曆爲太初」。非也。少孫生元成間，當代曆憲不應不知，無舍太初步殷曆之理。成氏蓉鏡嘗以甲子篇演校之，止數事不合，乃刊本之訛。其漢太初曆攷云「議者以律曆志不紀太初曆，疑其術失傳。余曰：太初曆自元封七年演譔以來，至元和二年始廢不行，漢書成於建初，其時所注之曆，猶是元封舊憲，棄此不録，而旁徵三統，恐無是理。劉歆三統作於王莽居攝時，班孟堅纂漢書舍西京一代之曆，而下録三統，亦非史例。竊疑三統即太初，志三統即志太初也。得八證焉：志述歆之言曰：『曆數三統，天以甲子，地以甲辰，人以甲申。孟仲季迭用事爲統首』。考元封七年，御史大夫兒寬等議曰：『臣愚以爲三統之制，唯陛下宣考天地四時之極，則順陰陽以定大明之制，爲萬世則。』遂詔議造漢曆。是三統之名，本於太初，故蔡邕以爲孝武皇帝始改正朔，曆用太初，行之百八十九歲。而司馬彪亦以爲自太初元年始用三統曆，施行百有餘年。其證一也。歆又言『黄鐘其實一龠，以其長自乘，八十一爲日法』。故其術日法八十一，月法二千三百九十二。志偁落下閎以律起曆，律容一龠，積八十一寸，則一日之分也。故黄鐘紀元氣之謂律，與鄧平所治同。閎平法，一月之日二十九日八十一分日之四十三。是三統之日法、月法即太初之日法、月法也。其證二也。三統曆斗二十六三百八十五分，據錢校。牛八。賈逵論曆云『太初曆斗二十六度三百八十五分，牽牛八度』。又續志曰：『史官用太初鄧平術，有餘分一。』三統以千五百三十九分之三百八十五爲斗分，積至四年，得千五百四十分，故云，有餘分一。是三統之統法周天斗分，即太初之統法周天斗分也。其證三也。三統曆元法四千六百一十七，世經『漢曆，太初元年距上元十四萬三千一百二十七歲，以元法除之適盡』。考元封七年詔曰『乃以前曆上元泰初四千六百一十七歲』，正與三統元法數合。是三統之元法曆元，即太初之元法曆元也。其證四也。續志『元和二年，太初失天益遠，冬至後天四分日之三』。今以三統、四分兩術校之，三統冬至大餘二十七，小餘四十七；四分冬至大餘二十九，小餘八。知三統後天四分日之三，是三統之求冬至術，即太初之求冬至術也。其證五也。續志又云『元和二年，太初晦朔弦望差天一日』。三統術，天正癸未朔，庚寅上弦，戊戌望，乙巳下弦，辛亥晦。四分術，天正壬午朔，己丑上弦，丁酉望，甲辰下弦，庚戌晦。三統晦朔弦望皆差一日。是三統之求朔望弦術，即太初之求朔望弦術也。其證六也。三統曆歲術置上元以來年，盈歲星歲數除去之，不盈者以百四十五乘之，以百四十四爲法，如法得一，歲星太歲百四十四年，行百四十五次，此超辰之法也。太初、三統曆元既同，世經據三統術，推太初元年得太歲在丙子，故其引漢志曰『歲名困敦』。

而律曆志之説太初曆亦云，元封七年，太歲在子。是三統之太歲超辰，亦本於太初，故虞恭、宗訢議曰：『太初元年歲在丁丑，此據四分術言。上極其元，當作庚戌，而曰丙子，言百四十四歲超一辰。』其證七也。三統曆星紀中牽牛初，冬至而後，漢元和二年詔曰『史官用太初鄧平術，冬至之日日在斗二十一度，而術以爲牽牛中星』。賈逵亦云『太初曆冬至日在牽牛初者，牽牛，中星也』。延光論曆，張衡、周興以爲『兩曆相課，六千一百五十六歲而太初多一日。冬至日直斗，而云在牽牛』。三統術六千一百五十六歲，積日二百二十四萬八千四百八十。四分術六千一百五十六歲，積日二百二十四萬八千四百七十九，兩曆相課，三統多一日。而衡、興則云太初多一日，而又上承歆，欲以合春秋之文，此尤爲三統即太初之明驗。其證八也。議者曰，律曆志稱元封七年中冬十一月甲子朔旦冬至，日月在建星。賈逵以爲建星即斗星，與諸言冬至日在牽牛者不同，何與？曰，志云『遂詔卿、遂、遷與侍郎尊、大典星射姓等議造漢曆。乃定東西，立晷儀，下漏刻，以追二十八宿相距于四方，舉終以定朔晦分至，躔離弦望。元封七年中冬十一月甲子朔旦冬至，日月在建星，已得太初本星度』。據此，則冬至日月在建星，固公孫卿、壺遂、司馬遷所定也。志又云『姓等奏不能爲算，願募治曆者，更造密度，各自增減，以造漢太初曆。乃選治曆鄧平』。據此，則冬至日在牽牛初，固鄧平所更定也。故元和詔云『史官用太初鄧平術，冬至之日，日在牽牛中星』。元和詔前曆上元泰初四千六百一十七歲，至於元封七年，此卿、遂、遷所定。世經引漢曆曰，太初元年，距上元十四萬三千一百二十七歲，凡增三十元，此鄧平等所加，亦同此例。然則三統即太初，志三統即志太初，無可疑矣。議者又曰，班氏之不録太初而録三統，抑又何歟？曰，邊韶言，劉歆研幾極深，驗之春秋，參以易道。班氏亦云，歆究其微眇，作三統曆及譜，以説春秋。子駿依據太初，以參驗經義，故孟堅録之。餘詳所著太初曆譜中」。

閏法十九，因爲章歲。合天地終數，得閏法。〔一〕

〔一〕【補注】錢大昕曰：天九地十，天地之終數也。每歲氣盈五日三百八十五分，朔虛五日九百六十九分，併之得十日又一千三百五十四分，是爲一歲之閏。積十九歲，共積一百九十日又二萬五千七百二十六分，以統法乘一百九十日，得二十九萬二千四百一十，併入餘分二萬五千七百二十六，共三十一萬八千一百三十六，爲十九歲之閏積分。乃以十九乘月法，得數四萬五千四百四十八。月法以滿八十一爲日，以十九乘之，是以統法爲日法也。爲法以除閏積分，得數七，無餘分，故以十九年七閏爲一章，章首之歲，至朔必同日也。李銳曰：月分一終之年數也，上元之首，冬至合朔，歷十九年而又冬至合朔，謂之章。凡一章，十九年有七閏月，故章歲亦即閏法。

統法千五百三十九。〔一〕**以閏法乘日法，得統法。**〔二〕

〔一〕【補注】先謙曰：官本「統法」下有「一」字。

〔二〕【補注】錢大昕曰：八十一章爲一統。又曰：李氏光地云「案太初法，至朔同日爲章，交蝕一終爲會，分盡日首爲統，統首日名，復於甲子爲元。其日法以八十一爲分，又十九之，以一千五百三十九爲小分，以三百六十五日又小分三百八十五者爲日。周天之數，以二十九日又小分八百一十七者爲月會日之數，十二會不盡歲氣，而閏餘生焉。十九歲七閏，則氣朔分齊，是爲一章。然每月合朔，不在周道之交，則會而不蝕。曆法，五月二十三分月之二十而一近交，百三十五月而一當交，當交則蝕，分盡章首，日月雖會於冬至，而不當交，積二十七章，然後朔日冬至。交會分窮，故謂之會，以日法計之，一歲全日之外，小分三百八十五，比之四分曆法而稍贏，蓋侵小分四之一也。章會至朔之分不在日首，積千五百三十九年，恰贏小分三百八十五，其明年景復，則去酉入子。四年而景一復，初年冬至在子，次年冬至在卯，三年冬至在午，四年冬至在酉，第五年始而復於子。今千五百三十九歲，四年之數未盡，冬至當在酉也。然有日分所贏四之一者，積至此時，恰贏小分三百八十五滿四分日之一，則冬至已不在酉，而在子矣。而冬至交會，起於日首而無餘分矣，故爲一統也。然甲子者日名之始，必氣朔肇於此日，乃得曆本，故初統而得甲子，次統而得甲辰，三統而得甲申。三統既盡，復值甲子朔夜半冬至，楊子雲所謂章會統元與蝕俱沒，則後元之端也。三統曆，劉歆因太初而作者」。李鋭曰：日分，一終之年數也，以章歲除之，得八十一，是月分亦終。又以會歲除之，得三，是食分亦終。上元之首，夜半冬至合朔，日月如合璧，歷千五百三十九年，而又夜半冬至合朔，日月如合璧，謂之統。日月如合璧者，令加時在晝，即是日食，既故爲食分終，凡一統積三會八十一章。

元法四千六百一十七。參統法，得元法。〔一〕

〔一〕【補注】錢大昕曰：三統爲一元。案統法爲日行一終，章歲爲月行一終，朔望之會爲交食一終，甲子六旬爲日名一終。置元法，以統法除之，得三周；以章歲除之，得二百四十三周；以朔望之會除元月，亦得二百四十三周；以六十除一元，積日百六十八萬六千三百六十，得二萬八千一百六周。是日月交會，日名俱終，故曰元法。李鋭曰：周天下十六萬二千一百二十，即統日也，與甲子六十求等，得二十；以約六十，得三；以三乘周天，得一百六十八萬六千三百六十，爲一元。積日以甲子六十除之盡，是日名一終也。故亦以三乘統法得元法，爲日名一終之年數。又元法爲統法三之之數，則日分、月分、食分亦終上元之首。甲子日夜半合朔，冬至日月如合璧，歷四千六百一十七年，而又甲子日夜半合朔，冬至日月如合璧，故謂之元。凡一元積三統九會二百四十三章。

會數四十七。參天九，兩地十，得會數。〔一〕

〔一〕【補注】錢大昕曰：三統曆以五百一十三爲會歲，歲有再食有奇，經十歲二百三十五分歲之二百十五，而食分一終，尚未復於天正朔也。積五百一十三歲，食分四十七終，爲章歲者二十有七，而朔閏與會分俱終，故曰會數四十七。李鋭曰：以朔望之會一百三十五，與章月二百三十五，求等得五，以約章月得會數，凡百三十五月，有二十三食爲食分一終。凡六千三百四十五月，有二十三食者四十七，爲食分四十七終也。

章月二百三十五。五位乘會數，得章月。〔一〕

〔一〕【補注】錢大昕曰：章中二百二十八，加七閏月，爲一章之月數。李鋭曰：以章歲十九，減月周二百五十四，餘爲章月。凡十九年中，積二百三十五月，爲年月相與之率。章歲爲年率，章月爲月率，以年率除月率，得十二十九分之七，爲一年月數。又爲一歲月行。去日周數，又爲一日月行。去日度數，又以章中減之，餘七，爲一章閏月數。

月法二千三百九十二。推大衍象，得月法。〔一〕

〔一〕【補注】錢大昕曰：以日法除之，得二十九日又八十一分之四十三，乃從前朔至後朔日分，爲一月之日法，即今之朔策也。半之，則從朔至望之日分，即今之望策。李鋭曰：以日法除之，得二十九八十一分之四十三，爲一月日數，又爲一月日行度數。

通法五百九十八。四分月法，得通法。〔一〕

〔一〕【補注】錢大昕曰：以日法除之，得大餘七，小餘三十一。李鋭曰：以日法除之，得七八十一分之三十一，爲一弦日數，又爲一弦日行度數。

中法十四萬五百三十。以章月乘通法，得中法。〔一〕

〔一〕【補注】錢大昕曰：以元法除之，得三十又四千六百一十七分之二千二十，則一中之日及分也。半之，爲七萬二百六十五，即今之氣策。李鋭曰：置一元積日一百六十八萬六千三百六十，以歲中十二除之，得中法，凡四千六百一十七中，中積十四萬五百三十日，爲中日相與之率。元法爲中率，中法爲日率，以中率除日率，得三十四千六百一十七分之二千二十，爲一中日數，又爲一中日行度數。

周天五十六萬二千一百二十。以章月乘月法，得周天。〔一〕

〔一〕【補注】錢大昕曰：以統法除之，得三百六十五又千五百三十九分之三百八十五，則周天之度也。古曆周天三百六十五度四分度之一，以一歲日行之數定之，故周天亦爲歲周。續志云「日之所行與運周，在天成度，在曆成日」是也。古人未知歲差，以天周歲周爲一，至祖沖之以後，始分爲二。弟所謂四分者，古今無定率，古曆四分而有餘，後世四分而不足。乾象術以五百八十九分之百四十五爲斗分，始不盈四分。三統以一千五百三十九分之三百八十五爲斗分，姜岌語。是四分有奇也。周天以牽牛起算，終於南斗二十六度，所有零分，歸於斗宿之終，故曰斗分。今志於斗二十六度之下，不云餘分若干，蓋孟堅修志時偶脱之。賈逵云，太初曆斗二十六度三百八十五分。又曰：周天即一統之日數也，置周天五十六萬二千一百二十，滿六十去之，餘四十，從甲子起算，外則甲辰日也。從甲辰起算，外得甲申。從甲申起算，外得甲子。以統首日爲紀，三統而復於甲子。李鋭曰：即統日也，凡千五百三十九年，中積五十六萬二千一百二十日，爲年日相與之率。統法爲年率，周天爲日率，以年率除日率，得三百六十五千五百三十九分之三百八十五，爲一歲日數，又爲一歲日行度數。

歲中十二。以三統乘四時，得歲中。〔一〕

〔一〕【補注】錢大昕曰：歲中者，一歲之中氣也。李鋭曰：一歲積十二中。

月周二百五十四。以章月加閏法，得月周。〔一〕

〔一〕【補注】錢大昕曰：以章歲除之，得每歲月周十三又十九分之七，凡十九歲而餘分盡，故曰一章。李鋭曰：凡一章十九年，月行二百五十四周，以章歲除之，得十三又十九分之七，爲一歲月行周數，又爲一日月行度數。

朔望之會〔一〕百三十五。參天數二十五，兩地數三十，得朔望之會。〔二〕

〔二〕【補注】先謙曰：官本有「一」字。

〔三〕【補注】錢大昕曰：春秋正義稱三統之術，以五月二十三分月之二十而一食，以五乘二十三，得一百十五，加二十，得一百三十五，通一月爲二十三分，滿百三十五而爲食，限通其率，則百三十五月有二十三食也。與後漢四分術同。李銳曰：食分，一終之月數也。凡二十三食中，積百三十五月，爲食月相與之率。二十三爲食率，朔望之會爲月率，以食率除月率，得五二十三分之二十爲一食月數。上元之首合朔，日月如合璧，歷百三十五月而又合朔，日月如合璧，謂之朔望之會。

會月六千三百四十五。以會數乘朔望之會，得會月。〔一〕

〔一〕【補注】錢大昕曰：以章月除之，得二十七章，則會月者，五百一十三歲之月數也。以二十三乘，以百三十五除，得一千八十一，是爲六千三百四十五月，而有一千八十一食也。李銳曰：月分食分，俱終之月數也。上元之首，冬至合朔，日月如合璧，歷六千三百四十五月，而又冬至合朔，日月如合璧，謂之會。置會月，以章歲乘之，章月除之，得五百一十三，則會歲也。凡一會積二十七章。

統月〔一〕**萬九千三十五。參會月，得統月。**〔二〕

〔一〕【補注】錢大昭曰：監本、閩本統月下有「一」字。先謙曰：官本有「一」字。

〔二〕【補注】錢大昕曰：一統之月數也。以日法乘章月，得數亦同。李銳曰：一元積三統九會，則三會爲一統，故三會月得統月。

元月五萬七千一百五。參統月，得元月。〔一〕

〔一〕【補注】錢大昕曰：一元之月數也。以月法乘之，如日法而一，得元日一百六十八萬六千三百六十。

章中二百二十八。以閏法乘歲中，得章中。〔一〕

〔一〕【補注】錢大昕曰：一章之中數也。以歲閏減章月，得數亦同。

統中〔一〕萬八千四百六十八。以日法乘章中，得統中。〔二〕

〔一〕【補注】錢大昭曰：監本、閩本「統中」下有「一」字。先謙曰：官本有「一」字。

〔二〕【補注】錢大昕曰：一統之中數也。李鋭曰：八十一章爲統。

元中五萬五千四百四。參統中，得元中。〔一〕

〔一〕【補注】錢大昕曰：一元之中數也。

策餘八千八十。什乘元中，以減周天，得策餘。〔一〕

〔一〕【補注】張永祚曰：案「八千八十」絶句，「什乘元中，以減周天」絶句。古本從「八千八十什」絶句，非也。錢大昕曰：歲三百六十五日四分日之一有奇，以乾坤二策三百六十減之，餘五日四分日之一有奇，所謂策餘也。以統法乘之，得策餘八千八十。五乘統法得七千六百九十五，加斗分三百八十五，合八千八十。其以什乘元中減周天者，何也？蓋周天者，一統之日，以統中除之，每一中氣得三十日，去之，餘八千八十，即策餘。參統中爲元中，什乘元中，即是三十乘統中，故減之即得。李鋭曰：置一歲六甲子，積日三百六十，以統法通之，得五十五萬四千四十，爲六甲子，積日分以減周天，餘爲策餘。以統法除之，得五一千五百三十九分之三百八十五，爲一歲六甲子外日數。什乘元中者，十二乘統法，爲統中；又三之爲元中。是元中即三十六乘統法之數，又上十之，即是以三百六十乘統法也。

周至五十七。參閏法，得周至。〔一〕

〔一〕【補注】錢大昕曰：四分章中之一。

統母。〔一〕

〔一〕【補注】李鋭曰：「統母」是「紀母」之誤，下推五星日紀術可證。

木金相乘爲十二，〔一〕**是爲歲星小周。**〔二〕**小周乘巛策，**〔三〕**爲千七百二十八，**〔四〕**是爲歲星歲數。**〔五〕

〔一〕【補注】李鋭曰：天以三生木，地以四生金，三四一十二。

〔二〕【補注】李鋭曰：以十二乘見數，得萬八千九百九十六歲數，除之，得十千七百二十八分之千七百一十六，爲十二歲之定見數，幾及十一，故曰小周。春秋傳曰「十二年是爲一終」。

〔三〕【補注】先謙曰：官本考證云「巛」，古「坤」字。

〔四〕【補注】李鋭曰：十二乘百四十四，得千七百二十八。先謙曰：官本「千」上有「一」字。

〔五〕【補注】李鋭曰：星分一終之歲數也。錢大昕曰：此下推五星之法數也。木三、金四皆生數，三四乘爲十二。木金相乘者，金克木也，所謂五勝相乘以生小周也。水、木、土天生，以巛策乘之，金火地生，以乾策乘之，陰陽不交，不能生也。所謂陰陽比類，交錯相成也。又曰：春秋傳曰「十二年是謂一終」，一星終也。歲星歲行一次，十二年而行天一周，故曰小周。但十二歲積日四千三百八十三又千五百三十九分之三，以日行千七百二十八分度之，百四十五率之，應行三百六十七度又千七百二十八分度之千三百五十九，除行天一周，尚贏二度又千七百二十八分度之九百二十七弱，積千七百二十八歲，而多行一周也。以見數論之，歲星十二歲而見十一次，除去十二歲日周，尚餘二日又七百三十萬八千七百十一分日之五百六十一萬八千八百九十八，積滿歲數，而見數減一也。又曰：星備云「歲星日行十二分度之一，十二歲而周天。熒惑日行三十三分度之一，三十三歲而周天。鎮星日行二十八分度之一，二十八歲而周天。太白日行八分度之一，八歲而周天。辰星日行一度，一歲而周天」。今以三統小周小復之率推之，亦未盡合。

見中分二萬七百三十六。〔一〕

〔一〕【補注】錢大昕曰：一千七百二十八歲之中氣也。李銳曰：星分一終之中數也。

積中十三，中餘百五十七。〔一〕

〔一〕【補注】錢大昕曰：以見中法除見中分，得一曰積中，不盈曰中餘。又曰：歲星一見三百九十八日又七百三十萬八千七百一十一分日之五百十六萬三千一百二，以中氣三十日有奇約之，應歷十三箇中氣又一千五百八十三分之百五十七也。每一見積中十三有奇，故見數一千五百八十三，則中分二萬七百三十六也。李銳曰：見中法、見中分，爲見中相與之率，見中法爲見率，見中分爲中率，以見率除中率，得積中十三，中餘百五十七，爲一見中數。

見中法千五百八十三。見數也。〔一〕

〔一〕【補注】李銳曰：星分一終之見數也。錢大昕曰：計歲星一千七百二十八歲，實見一千五百八十三次，因以爲見中法。盈其法得一，則積中也。錢大昭曰：監本、閩本「法」下有「一」字。先謙曰：官本有「一」字。

見閏分萬二千九十六。〔二〕

〔二〕【補注】錢大昕曰：見閏分者，歲數所積之閏分也。李鋭曰：此當以閏法十九除之，爲星分一終之閏月數。今不除，即爲星分十九終之閏月數也。

積月十三，月餘萬五千七十九。〔一〕

〔一〕【補注】錢大昕曰：以章中乘歲數，併見閏分，爲實盈見月法得一，名曰積月。不盈者曰月餘。又法置見中分以章歲乘之，併閏分，亦得積月分。又曰：歲星一見三百九十八日有奇，以每月大餘二十九、小餘四十三約之，應歷十三箇月又三萬七十七之一萬五千七十九也。每一見積十三有半奇，故見數一千五百八十三，積月分四十萬六千八十也。以章中乘歲數，得三十九萬三千九百八十四，併閏分一萬二千九十六，得此數。置積月分，以十九除之，得二萬一千三百七十二閏，餘十二，則歲數之定積月也。李鋭曰：見月法、見閏分，爲見閏相與之率。見月法爲見率，見閏分爲閏率，以見率除閏率，實不滿法，得月餘萬二千九十六，爲一見閏數。以并積中及餘，得積月十三及餘，爲一見月數。案，月餘以見月法爲母，中餘以見中法爲母，母不同不可相并，當齊其子同其母，然後并之。驗見月法爲章歲十九，乘見中法之數，亦以章歲乘中餘百五十七，得二千九百八十三。此餘亦以見月法爲母，以并月餘萬二千九十六，得月餘萬五千七十九也。錢大昭曰：監本、閩本「月餘」下有「一」字。先謙曰：官本有「一」字。考證云，監本誤割「積月十三」爲一行，「月餘」爲一行。今從宋本移正。

見月法三萬七十七。〔一〕

〔一〕【補注】錢大昕曰：閏餘以滿十九成一月，故見數亦以十九通之。李鋭曰：星分十九終之見數也。

見中日法七百三十萬八千七百一十一。

見月日法二百四十三萬六千二百三十七。〔一〕

〔一〕【補注】錢大昕曰：以日法乘見月法，得見月日法。

金火相乘爲八，又以火乘之爲十六〔一〕而小復。〔二〕小復乘乾策，爲三千四百五十六，〔三〕是爲太白歲數。〔四〕

〔一〕【補注】李鋭曰：地以四生金，二生火，二四如八，二八一十六。

〔二〕【補注】李鋭曰：以十六乘復數，得三萬四千五百七十六歲數，除之，得十三千四百五十六分之十六，餘分甚微，故曰小復。

〔三〕【補注】李鋭曰：十六乘二百一十六，得(二)〔三〕千四百五十六。

〔四〕【補注】李鋭曰：晨歲數千九百四十四，夕歲數千五百一十二。錢大昕曰：火二金四，二四而八，二八十六。金火乘者，火克金也。金水晨夕各一見一伏而後一終。不云見而云復者，以自晨見復於晨見，不得以一見名之也。又曰：太白一復五百八十四日有奇，行星之度亦如之，經十復，積十六歲而與歲相終，所謂小復也。以密率推之，太白十復，凡積日五千八百四十一又九百九十七萬七千三百三十七分日之二百九十七萬六千一百八十三，至十六歲之日數，則五千八百四十四日又一千五百三十九分日之四也。以通率約之，計十六歲，而過周二度又九百九十七萬七千三百三十七分度之七百二萬七千八十六，積三千四百五十六歲，而應餘一復數也。

見中分四萬一千四百七十二。〔一〕

〔一〕【補注】錢大昕曰：三千四百五十六歲之中氣也。

積中十九，中餘四百一十三。〔一〕

〔一〕【補注】錢大昕曰：太白一復五百八十四日有奇，以中氣三十日有奇約之，得十九箇中氣又二千一百六十一分之四百十三也。一復積中十九有奇，故復數二千一百六十一，積中四萬一千四百七十二也。

見中法二千一百六十一。復數。〔一〕

〔一〕【補注】錢大昕曰：計金星三千四百五十六歲，實復二千一百六十一次，因以爲中法。李銳曰：一晨見，一夕見，爲一復，凡三千四百五十六年，有晨見二千一百六十一，夕見二千一百六十一也。

見閏分二萬四千一百九十二。〔一〕

〔一〕【補注】錢大昕曰：三千四百五十六歲之閏分也。

積月十九，月餘三萬二千三十九。〔一〕

〔一〕【補注】錢大昕曰：以章中乘歲數，得七十八萬七千九百六十八，併閏分得八十一萬二千一百六十，名曰積月分，以見月法除之，得十九又四萬一千五十九分月之三萬二千三十九，則一復五百八十四日有奇所歷之月數也。一復積月十九有奇，故二千一百六十一復，積月四萬二千七百四十五又十九分之五也。李銳曰：命積中爲積月，又以十九乘中餘，得七千八百四十七，加見閏分得月餘。

見月法四萬一千五十九。

晨中分二萬三千三百二十八。〔一〕

〔一〕【補注】錢大昕曰：以九乘見中分，以十六除之得一，則晨中分也。乘除之理詳後。

積中十，中餘千七百一十八。〔一〕

〔一〕「十」一作「七」。【補注】李鋭曰：此晨見積中。錢大昕曰：當云「積中十」。又曰：以見中法除晨中分，得積中，不盈者爲中餘，即金星晨見伏三百二十七日所歷之中氣也。一晨見積中十有奇，故晨見二千一百六十一，積中二萬三千三百二十八也。錢大昭曰：閩本「中餘」下有「一」字。先謙曰：「十一作七」四字乃後人校語，此下並同。官本「十」作「七」，無注四字。

夕中分萬八千一百四十四。〔一〕

〔一〕【補注】錢大昕曰：以七乘見中分，以十六除之得一，則夕中分也。錢大昭曰：閩本「分」下有「一」字。

積中八，中餘八百五十六。〔一〕

〔一〕【補注】李鋭曰：此夕見積中。錢大昕曰：以見中法除夕中分，得積中。不盈者曰中餘，即金星夕見伏二百五十七日有奇所歷之中氣也。一夕見積中八有奇，故夕見二千一百六十一，積中萬八千一百四十四也。

晨閏分萬三千六百八。〔一〕

〔一〕【補注】錢大昕曰：以九乘見閏分，以十六除之，得晨閏分，即太白晨見一千九百四十四歲所積之閏分。

積月十一，月餘五千一百九十一。〔二〕

〔二〕【補注】錢大昕曰：以章中乘晨數，歲得四十四萬三千二百三十二，併晨閏分得四十五萬六千八百四十，名曰晨積月分。以見月法除之，得十一又四萬一千五十九之五千一百九十一，則晨見三百二十七日之積月也。一見積月十一有奇，故見數二千一百六十一，積月二萬四千四十四又閏餘四也。李鋭曰：此晨見積月。命晨見積中十爲積月，又以十九乘中餘千七百一十八，得三萬二千六百四十二，加晨閏分，得四萬六千二百五十，滿見月法得一月，共得積月十一月餘五千一百九十一。

夕閏分萬五百八十四。〔一〕

〔一〕【補注】錢大昕曰：以七乘見閏分，以十六除之，得夕閏分，即太白夕見一千五百一十二歲所積之閏分。錢大昭曰：閩本「分」下有「一」字。

積月八，月餘二萬六千八百四十八。〔二〕

〔二〕【補注】錢大昕曰：以章中乘夕歲數，得三十四萬四千七百三十六，併夕閏分得三十五萬五千三百二十，名曰夕積月分，以見月法除之，得八又四萬一千五十九之二萬六千八百四十八，則夕見二百五十七日有奇之積月也。一見積月八有奇，故見數二千一百六十一，積月一萬八千七百一又閏餘一也。李鋭曰：此夕見積月。命夕見積中八爲積月，又以十九乘中餘八百五十六，得萬六千二百六十四，加夕閏分得月餘。

見中日法九百九十七萬七千三百三十七。

見月日法三百三十二萬五千七百七十九。

土木相乘而合經緯爲三十，〔一〕是爲鎮星小周。〔二〕小周乘巛策，爲四千三百二十，〔三〕是爲鎮星歲數。〔四〕

〔一〕【補注】李鋭曰：天以五生土，三生木，三五一十五，倍之爲三十。

〔二〕【補注】李鋭曰：以三十乘見數，得十二萬五千二百五十，以歲數除之，得二十八四千三百二十分之四千二百九十，幾二十九，故曰小周。

〔三〕【補注】李鋭曰：三十乘一百四十四，得四千三百二十。

〔四〕【補注】錢大昕曰：土五、木三，三五乘爲十五，倍之得三十。土木乘者，木克土也。鎮星一見，每一歲又十二日有奇，而行星十二度有奇，約其率，則經三十歲。凡二十九見而行天一周，所謂小周也。其實三十歲之中，論星度則過周而有餘，論見數尚不能盈二十九之數。以術推之，三十歲積日一萬九百五十七又一千九百二十七萬五千九百七十五分日之九百七十三萬一千九百二十五，以日行四千三百二十分度之百四十五計之，應行三百六十七度又一千九百二十七萬五千九百七十五分度之一千五百十六萬二千九百三分有奇，是過周二度又一千三十四萬七百七十八分有奇也。鎮星二十九見，積日一萬九百六十又一千九百二十七萬五千九百七十五分日之二百四十九萬四千八百分，以較三十年之積日，尚贏二日又一千二百三萬八千八百五十分，積至四千三百二十歲行天周則積而餘一，見數則積而減一，兩無餘分，而仍復於星紀之初也。

見中分五萬一千八百四十。〔一〕

〔一〕【補注】錢大昕曰：四千三百二十歲之中氣也。

積中十二，中餘千七百四十。〔一〕

〔一〕【補注】錢大昕曰：鎮星一見三百七十七日有奇，以中氣三十日有奇約之，應歷十二箇中氣又四千一百七十五分之千七百四十也。一見積中十二有奇，故見數四千一百七十五，積中五萬一千八百四十也。先謙曰：官本「中餘」下有「一」字。

見中法四千一百七十五。見數也。〔一〕

〔一〕【補注】錢大昕曰：計鎮星四千三百二十歲，實見四千一百七十五次，因以爲見中法。

見閏分三萬二百四十。〔一〕

〔一〕【補注】錢大昕曰：四千三百二十歲之閏分。

積月十二，月餘六萬三千三百。〔一〕

〔一〕【補注】錢大昕曰：以章中乘歲數，得九十八萬四千九百六十，併見閏分，得一百一萬五千二百，名曰積月分。以見月法除之，得十二又七萬九千三百二十五分月之六萬三千三百，則一見三百七十七日有奇所歷之月數也。一見積月十二有奇，故見數四千一百七十五，積月五萬三千四百三十一，又閏餘十一也。李鋭曰：命積中爲積月，又以十九乘中餘，得三萬三千六十，加見閏分得月餘。

見月法七萬九千三百二十五。

見中日法千九百二十七萬五千九百七十五。〔一〕

〔一〕【補注】先謙曰：官本「法」下有「一」字。

見月日法六百四十二萬五千三百二十五。

火經特成，故二歲而過初，〔一〕三十二過初爲六十四歲而小周。〔二〕小周乘乾策，則太陽大周，爲萬三千八百二十四歲，〔三〕是爲熒惑歲數。

〔一〕【補注】李銳曰：地以二生火。

〔二〕【補注】李銳曰：以六十四乘見數，得四十一萬四千一十六，以歲數除之，得二十九萬三千八百二十四分之萬三千一百二十，幾三十，故曰小周。

〔三〕【補注】李銳曰：六十四乘二百一十六，得萬三千八百二十四。錢大昕曰：水火與日月同體，所謂坎離者，乾坤之大用，物莫能勝之者，故云特成而無相取勝也。火數二，故二歲而過初也。又曰：熒惑每二歲而行天一周，尚餘二十三有奇，故曰過初，積至六十四歲，則行天三十四周。計多行二周。天一萬三千八百二十四分之七百有四，以術推之，六十四歲之積日，二萬三千三百七十六又一千五百三十九分日之十六。一千五百三十九分日之十六，即二千九百八十六萬七千三百七十三分日之三十一萬五百十二也。以日行萬三千八百二十四分之七千三百五十五計之，應行天一萬二千四百三十七度又一萬三千八百二十四分度之一千四百六十，除行三十四周，尚餘十八度又一萬三千八百二十四分度之八千二百九十五有奇，積萬三千八百二十四歲，凡多行十一周而復其初也。以見數計之，三十見積日，二萬三千四百十五又二千九百八十六萬七千三百七十三分日之二千二百六十八萬四百五，以較六十四歲之積日，尚贏三十九日又二千九百八十六萬七千三百七十三分日之二千二百三十六萬九千八百九十三，積萬三千八百二十四歲，而見數應少十一次也。錢大昭曰：閩本「爲」下有「一」字。先謙曰：官本有「一」字。

見中分十六萬五千八百八十八。〔一〕

〔一〕【補注】錢大昕曰：萬三千八百二十四歲之中氣也。

積中二十五，中餘四千一百六十三。〔一〕

〔一〕【補注】錢大昕曰：熒惑一見七百八十日有奇，應歷二十五箇中氣又六千四百六十九之四千一百六十三也。一見積中二十五有奇，故見數六千四百六十九，積中十六萬五千八百八十八也。

見中法六千四百六十九。見數也。〔一〕

〔一〕【補注】錢大昕曰：計火星萬三千八百二十四歲，實見六千四百九十六次，因以爲見中法。

見閏分九萬六千七百六十八。〔一〕

〔一〕【補注】錢大昕曰：萬三千八百二十四歲之閏分。

積月二十六，月餘五萬二千九百五十四。〔一〕

〔一〕【補注】錢大昕曰：以章中乘歲數，得三百十五萬一千八百七十二，併見閏分，得三百二十四萬八千六百四十，以見月法除之，得二十六又十二萬二千九百一十一分月之五萬二千九百五十四，則熒惑一見七百八十日有奇所歷之月數也。一見積月二十六有奇，故見數六千四百六十九，積月一十七萬九百八十一，又閏餘一也。李銳曰：命積中爲積月，又以十九乘中餘，得七萬九千九十七，加見閏分，得十七萬五千八百六十五，滿見月法，得一月共積月六十六，餘爲月餘。

見月法十二萬二千九百一十一。〔一〕

〔一〕「二千」一作「一千」。【補注】先謙曰：官本「二千」作「一千」，無注六字。

見中日法二千九百八十六萬七千三百七十三。

見月日法九百九十五萬五千七百九十一。

水經特成，故一歲而及初，〔一〕六十四及初而小復。〔二〕小復乘巛策，則太陰大周，爲九千二百一十六歲，〔三〕是爲辰星歲數。〔四〕

〔一〕【補注】李鋭曰：天以一生水。

〔二〕【補注】李鋭曰：以六十四乘復數，得百八十五萬八千六百二十四，以歲數除之，得二百一九千二百一十六分之六千二百八，幾二百二，故曰小復。

〔三〕【補注】李鋭曰：六十四乘百四十四，得九千二百一十六。

〔四〕【補注】李鋭曰：晨歲數五千一百八十四，夕歲數四千三十二。錢大昕曰：水生數一，故云「一歲而及初」也。又曰：水星三復，三百四十七日又一億三千四百八萬二千二百九十七分日之九千七百九十二萬四千二百二十一，以除一歲之日，尚贏十八日六千四百三十八萬三千八百六十六分，積六十四歲，則經二百一復計多復九次。又九千二百一十六分之六千二百八也。以術推之，水星二百一復，積二萬三千二百九十七又一億三千四百八萬二千二百九十七分日之一億二千四百九十七萬二千五百五十一，以較六十四歲之積日，尚少七十八日又千五十萬三千七百十四分，積九千二百十六歲，更得贏九十七復數也。

見中分十一萬五百九十二。〔一〕

〔一〕【補注】錢大昕曰：九千二百十六歲之中氣也。

積中三，中餘二萬三千四百六十九。〔一〕

〔一〕【補注】錢大昕曰：辰星一復，百一十五日有奇，應歷三箇中氣又二萬九千四十一之二萬三千四百六十九也。一復積中三有奇，故復數二萬九千四十一，積中十一萬五百九十二也。先謙曰：官本「三千」作「二千」。

見中法二萬九千四十一。復數也。〔一〕

〔一〕【補注】錢大昕曰：計辰星九千二百十六歲，實復二萬九千四十一次，因以爲見中法。

見閏分六萬四千五百一十二。〔一〕

〔一〕【補注】錢大昕曰：九千二百十六歲之閏分。

積月三，月餘五十一萬四百二十三。〔一〕

〔一〕【補注】錢大昕曰：以章中乘歲數，得二百一十萬一千二百四十八，併閏分，共二百十六萬五千七百六十，以見月法除之，得三又五十五萬一千七百七十九分之五十一萬四百二十三也。一復積月三有奇，故復數二萬九千四十一，積月十一萬三千九百八十七，又閏餘七也。李鋭曰：命積中爲積月，又以十九乘中餘，得四十四萬五千九百一十一，加見閏分，得月餘。

見月法五十五萬一千七百七十九。

晨中分六萬二千二百八。〔一〕

〔一〕【補注】錢大昕曰：求晨夕中分法，與太白同。

積中二，中餘四千一百二十六。〔一〕

〔一〕【補注】錢大昕曰：水星晨見伏六十五日有奇，所歷之中氣也。一晨見積中二有奇，故晨見二萬九千四十一，積中六萬二千二百八也。

夕中分四萬八千三百八十四。

積中一，中餘萬九千三百四十三。〔一〕

〔一〕【補注】錢大昕曰：水星夕見伏五十日所歷之中氣也。一夕見積中一有奇，故夕見二萬九千四十一，積中四萬八千三百八十四也。先謙曰：官本「萬」上有「一」字。

晨閏分三萬六千二百八十八。〔一〕

〔一〕【補注】錢大昕曰：求晨夕閏分法，亦與太白同。此即辰星晨見五千一百八十四歲之閏分。

積月二，月餘十一萬四千六百八十二。〔一〕

〔一〕【補注】錢大昕曰：以章中乘晨歲數，得一百十八萬一千九百五十二，併晨閏分，得一百二十一萬八千二百四十，名曰晨積月分。以見月法除之，得二又五十五萬一千七百七十九分月之十一萬四千六百八十二，則晨見六十五日有奇之積月也。一見積月二有奇，故見數二萬九千四十一，積月六萬四千一百十七，又閏餘十七也。李銳曰：命晨積中二爲積月，又以十九乘中餘四千一百二十六，得七萬八千三百九十四，加晨閏分，得月餘。

夕閏分二萬八千二百二十四。〔一〕

〔一〕【補注】錢大昕曰：即辰星夕見四千三十二歲之閏分。

積月一，月餘三十九萬五千七百四十一。〔一〕

〔一〕【補注】錢大昕曰：以章中乘夕歲數，得九十一萬九千二百九十六，併夕閏分，得九十四萬七千五百二十，以見月法除之，得一又五十五萬一千七百七十九分月之三十九萬五千七百四十一，則夕見五十日之積月也。一見積月一有奇，故見數二萬九千四十一，積月四萬九千八百六十九，又閏餘九也。李銳曰：命夕積中一爲積月，又以十九乘中餘萬九千三百四十三，得三十六萬七千五百一十七，加夕閏分，得月餘。

見中日法一億三千四百八萬二千二百九十七。

見月日法四千四百六十九萬四千九十九。

合太陰太陽之歲數而中分之，各萬一千五百二十，陽施其氣，陰成其物。〔一〕

〔一〕【補注】錢大昕曰：合乾坤二篇之策數。李銳曰：太陰歲數，即辰星歲數九千二百一十六也。太陽歲數，即熒惑歲數萬三千八百二十四也。併之得二萬三千四十，半之，得萬一千五百二十。

以星行率減歲數，餘則見數也。〔一〕

〔一〕【補注】錢大昕曰：歲星歲數千七百二十八，減星行率百四十五，得千五百八十三。鎮星歲數四千三百二十，減星行率百四十五，得四千一百七十五。熒惑歲數萬三千八百二十四，減星行率七千三百五十五，得六千四百六十九，與星見數適合。此惟木、火、土三星爲然。金、水通率，日行一度，不用此法也。李鋭曰：星謂木、火、土三星。行率見下五步。木、土行率皆百四十五，火行率七千三百五十五。星行率減歲數爲見數者，歲數爲日行周數，行率爲星行周數，於日行周數内減去星行周數，餘爲星行去日周數，即見數也。

東九西七乘歲數，并九七爲法得一，金、水晨夕歲數。〔一〕

〔一〕【補注】宋祁曰：一本「水」作「木」。齊召南曰：案金、水相距不遠，不晨見則夕見，故能同符，恐無作「木」字之理。錢大昕曰：金、水晨見伏在東方，夕見伏在西方，約其率則晨見十六分之九，夕見十六分之七，故以九乘歲數十六，除之得一，則晨歲數也。以七乘歲數十六，除之得一，則夕歲數也。依法求得太白晨歲數一千九百四十四，夕歲數一千五百一十二。辰星晨歲數五千一百八十四，夕歲數四千三十二。又曰：以比例之理論之，則十六與九，若三千四百五十六與一千九百四十四也。十六與七，若三千四百五十六與一千五百十二也。此以太白歲數而論，辰星放此。十六者，金、水之全分。九七者，金、水晨夕之各分。以全分比晨夕分，如以全歲數比晨夕歲數，亦爲以全分比全歲數，若晨夕分與晨夕歲數，故二三率可以互居。其比例常等。今試以十六除歲數，以九七乘之，其得數必同。但先除後乘，或除數有畸零，即無以御之，故必先乘後除也。求晨夕中分及閏分，其理亦同。李鋭曰：案此衰分法也。九七爲列衰副，并九七得十六爲法。

以歲中乘歲數，是爲星見中分。〔一〕

〔一〕【補注】錢大昕曰：歲有十二中，以乘歲數，則歲數之積中也。今以爲見中分者，五星一見所歷中氣，不能無餘分。即中餘。以見數乘一見之積中，以中餘從之，所得即星見中分。蓋每中以見數之分通之，故一見有若干分，化大分爲小分，以御畸零也。李銳曰：以歲中乘晨夕歲數，得晨夕中分。

星見數，是爲見中法。〔一〕

〔一〕【補注】錢大昕曰：見中分者，一見之分見數，積則中分亦必積而漸多。又中分原以見數乘之，故以見數爲中法。滿法爲中，不滿者則入中日分也。

以歲閏乘歲數，是爲星見閏分。〔一〕

〔一〕【補注】錢大昕曰：歲閏十九分之七，以乘歲數，則歲數之積閏分也。今通爲一見之閏分者，閏法原以十九分爲一月，今以章歲乘見中分，是又以一中之分，通爲十九分也。以併閏分，得每見月之細分矣。積月多於積中，以有閏分故。以十九乘中分，又加閏分也。李銳曰：歲閏七一，歲閏餘十九分之七也。以歲閏乘晨夕歲數，得晨夕見閏分。

以章歲乘見數，是爲見月法。〔一〕

〔一〕【補注】錢大昕曰：此變中法爲月法也。見中分既以十九乘之，見閏分又不盈十九之餘分，故見中法亦以十九乘之，而爲月法也。李銳曰：本當以歲閏乘歲數，章歲除之，爲見閏分，即以見數爲見月法。今見閏分省一章歲除，故見月法須以章歲通之。

以元法乘見數，是爲見中日法。〔一〕

〔一〕【補注】錢大昕曰：五星之行，有順有逆，有留有伏，有遲有疾，其日行率與所行之度，俱不能無零分，故立日法以御之，因即以爲度法。其日與度兩有分者，各以日法乘全數，而納其分子。兩數相較，而贏縮差分，即於此得之，此通分之術也。其以元法乘者，何也？中法十四萬五百三十，本以元法爲日法，故見中日法亦以元法乘之。李鋭曰：見數爲見率，見中分爲中率，以見率除中率，得一見積中。又元法爲中率，中法爲日率，以日率乘一見積中爲實，中率爲法，法除實得一見積日。今不求中間積中，以中法乘見中分爲實，元法乘見數爲法，而并除亦得一見積日，故元法乘見數，爲見中日法。

以統法乘見數，是爲見月日法。〔一〕

〔一〕【補注】錢大昕曰：以日法乘見月法，所得數亦同。李鋭曰：見月法爲見率，見閏分爲閏率，以見率除閏率，得一見積閏月。又日法爲月率，月法爲日率，以日率乘一見積，閏月爲實，月率爲法，法除實得一見積閏日。今不求中間積閏月，以月分乘見閏分爲實，日法乘見月法爲法，而并除亦得一見積閏日。又見月法爲章歲乘見數之數，則以日法乘見月法，猶以日法乘章歲，又乘見數。又統法爲日法，乘章歲之數，則以日法乘章歲。又乘見數，猶以統法乘見數也。故統法乘見數，爲見月日法。又統法爲元法三分之一，故見月日法亦爲見中日法三分之一。

五步〔一〕

〔一〕【補注】錢大昕曰：此下推五星一見復内順逆、遲疾、伏留之術也。先謙曰：官本二字自爲一行，不與下連。

木，晨始見，去日半次。〔一〕順，日行十一分度二，〔二〕百二十一日〔三〕始留，二十五日〔四〕而旋。逆，日行七分度一，八十四日〔五〕復留，二十四日三分〔六〕而旋。復順，日行十一分度二，百一十一日有百八十二萬八千三百六十二分而伏。〔七〕凡見三百六十五日有百八十二萬八千三百六十五分，除逆，定行星三十度百六十六萬一千二百八十六分。〔八〕凡見一歲，行一次〔九〕而後伏。日行不盈十一分度一。伏三十三日三百三十三萬四千七百三十七分，行星三度百六十七萬三千四百五十一〔一〇〕分。〔一一〕一見，三百九十八日五百一十六萬三千一百二分。〔一二〕行星三十三度三百三十三萬四千七百三十七分。通其率，故曰日行千七百二十八分度之百四十五。〔一三〕

〔一〕【補注】李銳曰：置伏三十三日三百三十三萬四千七百三十七分，以行星三度百六十七萬三千四百五十一分減之，餘三十度百六十六萬一千二百八十六分，半之，得去日十五度八十三萬六百四十三分，故曰半次。凡晨見星在日後。

〔二〕【補注】錢大昕曰：陳仁錫本作「一」誤。

〔三〕【補注】李銳曰：百二十一日，日行亦百二十一度，以二乘百二十一，以十一除之，得星行二十二度，以減日行度，餘九十九度，以加前去日度，得去日一百一十四度分如前。

〔四〕【補注】李銳曰：以日行二十五度加前去日度，得去日百三十九度分如前。

〔五〕【補注】李銳曰：以七除八十四，得星逆行十二度，以加日行八十四度，得九十六度，以加前去日度，得去日二百三十五度分如前。

〔六〕【補注】李銳曰：此三分以見中日法爲母，凡五步日度下分不言分母者，皆以見中日法爲母，以日行二十四日三分加前去日度，得去日二百五十九度八十三萬六百四十六分。

〔七〕【補注】李銳曰：置百一十一日及分以見中日法，通日内分，得八億一千三百九萬五千二百八十三，以二乘之，十一除之，得一億四千七百八十二萬五千五百六分，以見中日法除之，得星行二十度百六十六萬一千二百八十六分，以減日行百一十一度百八十二萬八千三百六十二分，餘九十一度十六萬七千七十六分，以加前去日度，得去日三百五十度九十九萬七千七百二十二分，反減一周天三百六十五度百八十二萬八千三百六十五分，餘十五度八十三萬六百四十三分，則星在日前，亦去日半次而伏，凡五星伏去日度數，與始見去日度數等。又周天三百六十五度三百八十五分，此分以統法爲母，今欲令以見日中法爲母，當三因度分，又以見數乘之。置三百八十五，以三因之，得一千一百五十五，又以見數乘之，得百八十二萬八千三百六十五，加周天度，得周天三百六十五度百八十二萬八千三百六十五分。錢大昕曰：五星行天，以日爲宗，星與日同度謂之合，合而後伏，如月之有合朔也。其先合而伏，合而仍伏者，星近日則爲所掩，故距日前後十五度以内竝伏也。星與日離，離而始見，見而順疾，疾後稍遲，以去日尚近故疾，去日少遠故遲也。星距於日，近一遠三，而後始留，如月之上弦也。星距日極遠，遠與日衝，衝而後逆，如月之有望也。星與日衝，前後皆逆行，如合日前後皆伏也。逆而後留，如月下弦也。留而後旋，旋而順遲，遲後乃疾，亦以去日少遠而遲，去日愈近而疾也。至是日行追及於星，而復爲合伏矣。此木、土、火一見伏之理也。續志云「月有晦朔，星有合見，月有弦望，星有留逆，其歸一也」。斯言得之。又曰：五星在日後，晨而始見；在日前，夕而始見。金、水之行速於日，順行而在日前，逆行而在日後，兩見伏而一終，故有晨夕之率。木、土、火之行遲於日，衝日以後，日行速，星行遲，以速及遲，漸近於日，亦在日前，不云夕見伏者，以晨統夕也。四分術推五步以合伏起算，後世術家咸宗之。三統以晨見起算者，彼以與日同度命積度，此以去日半次命度，其術不同，其理一也。又曰：木晨見，在日後十五度奇，以伏日與伏行度相減，餘半之，得星見時在日後之度，即星伏時在日前之度也。五星放此。順百二十一日，行二十二度，去日百一十四度奇，留二十五日，去日百三十九度奇，逆八十四日，退十二度，除逆定行十度。去日二百三十五度奇，留二十四日三分，去日二百五十九度奇，順百一十一日，有百八十二萬八千三百六十二分，行二十度百六十六萬一千二百八十六分，去日三百五十度奇，則星在日前十五度奇，故伏也。

〔八〕【補注】錢大昕曰：此日與度分，竝以見中日法爲分母。五星放此。

〔九〕【補注】李鋭曰：并百二十一日、二十五日、八(千)〔十〕四日、二十四日三分、百一十一日百八十(三)〔二〕萬八千三百六十二分，得凡見日數。并二十二度、二十度百六十六萬一千二百八十六分，除逆行十二度，得凡見定行星度數。又此凡見日數，與一歲日數同三十度爲一次，故曰凡見一歲行一次。

〔一〇〕一作「三」。【補注】先謙曰：官本作「三」。

〔一一〕【補注】錢大昕曰：歲有三百六十五日一千五百三十九分日之三百八十五，即七百三十萬八千七百一十一分日之一百八十二萬八千三百六十五分，故云見一歲而伏也。歲星歲行一次，尚有餘分，此舉其大率耳。「不盈十一分度一」，當作「不盈十一分度二」。以伏日行星率之，置伏日及分，通分内子得二億四千四百五十二萬二千二百爲一率。伏行度及分，通分内子得二千三百五十九萬九千五百八十四爲二率。度法十一爲三率。推四率，得一又二億四千四百五十二萬二千二百分之一千五百七萬三千二百二十四，故云不盈十一分度二也。伏十六日有奇而與日合，又十六日有奇而在日後，十五度奇，則晨見也。李鋭曰：「十一分度二」，當作「十分度一」。置伏日及分，通日内分，得二億四千四百五十二萬二千二百爲法，伏行度及分，通度内分，得二千三百五十九萬九千五百八十四，以分母一十乘之，得二億三千五百九十九萬五千八百四十爲實，實不滿法，故曰「不盈十分度一」也。以星行三度及分，減日行三十三度及分，餘三十度百六十六萬一千二百八十六分，以加前去日度，得三百八十度二百六十五萬九千八分，滿一周三百六十五度百八十二萬八千三百六十五分，去之，餘十五度八十三萬六百四十三分，又爲去日半次而後見也。

〔一二〕【補注】劉敞曰：三百九十八日五百一十六萬三千一百二分者，通計上文見伏之日分也。今作「壹見」字，疑後人妄改之，以下文金晨見伏、夕見伏推之可知。錢大昕曰：此通計一見伏日與度之全分，而以通率約之也。木、土、火稱一見者，以見統伏也。金、水稱一復者，以復該晨夕也。上文見中法下分注見數、分數，其義已明，此下又有推五星見復之術，劉氏俱未檢照，輒疑後人妄改，甚違蓋闕之義。先謙曰：官本「一見」作「壹見」，下並同。

〔一三〕【補注】錢大昕曰：以見中日法乘三百九十八日，得二十九億八百八十六萬六千九百七十八，併餘分，共二十九億一千四百三萬八十爲法。又以見中日法乘三十三度，得二億四千一百十八萬七千四百六十三，併餘分，共二億四千四百五十二萬二千二百，以歲數千七百二十八乘之，得四千二百二十五億三千四百三十六萬一千六百爲實。法除實，得一百四十五，術爲以三百九十八日有奇比三十三度有奇，若歲數千七百二十八與星行率百四十五也。以率相除，得歲星每日行萬分度之八百三十九有奇，凡十二日而行一度奇也。李銳曰：以伏日及分，加凡見日數，得一見日數。以伏行度及分，加凡見定行星度數，得一見行星度數。置一見日數，行星度數，各以見中日法通之，日得二十九億千四百三萬八十分，度得二億四千四百五十二萬二千二百分，求等得百六十八萬六千三百六十，以約日分，得千七百二十八，約度分，得百四十五。此等數以三除之，得五十六萬二千一百二十，即周天也。

金，晨始見，去日半次。〔一〕逆，日行二分度一，六日〔二〕始留，八日〔三〕而旋。始順，日行四十六分度三十三，四十六日。〔四〕順，疾，日行一度九十二分度十五，百八十四日而伏。〔五〕凡見二百四十四日，除逆，定行星二百四十四度。〔六〕伏，日行一度九十二分度三十三有奇，〔七〕伏八十三日，行星百一十三度四百三十六萬五千二百二十分。〔八〕凡晨見、伏三百二十七日，行星三百五十七度四百三十六萬五千二百二十分。〔九〕夕始見，去日半次，〔一〇〕順，日行一度九十二分度十五，百八十一日百七分日四十五，〔一一〕順，遲，日行四十六分度三〔一二〕十三，四十六日〔一三〕始留，七日百七分日六十二分〔一四〕而旋。逆，日行二〔一五〕分度一，六日而伏。〔一六〕凡見二百四十一日，除逆，定行星二百四十一度。〔一七〕伏，逆，日行八分度七有奇，伏十六〔一八〕日百二十九萬五千三百五十二分，行星十四度三百六萬九千八百六十八分。〔一九〕一凡夕見伏，二百五十七日百二十九萬五千三百五十二〔二〇〕分，行星二百二十六度六百九十萬七千四百六十九分。〔二一〕一復，五百八十四日百二十九萬五千三百五十二分。〔二二〕行星亦如之，〔二三〕故曰日行一度。〔二四〕

〔一〕【補注】李鋭曰：置夕伏十六日百二十九萬五千三百五十二分，以行星十四度三百六萬九千八百六十八分加之，得三十度四百三十六萬五千二百二十分，半之，得去日十五度二百一十八萬二千六百一十分。

〔二〕【補注】李鋭曰：以二除六日，得星逆行三度，以加日行六度，得九度以加前去日度，得去日二十四度分如前。

〔三〕【補注】李鋭曰：以日行八度加前去日度，得去日三十二度分如前。

〔四〕【補注】李鋭曰：以三十三乘四十六日，以四十六除之，得星行三十三度。以減日行四十六度，餘十三度，以加前去日度，得去日四十五度分如前，爲晨見去日最遠之數。

〔五〕【補注】李鋭曰：以一度九十二分度十五通度内分，得一百七，以乘百八十四日，以九十二除之，得星行二百一十四度，以日行百八十四日減之，餘三十度，以減前去日度，得去日十五度分如前，亦去日半次而伏。

〔六〕【補注】錢大昕曰：續志云「金、水承陽，先後日下，速則先日，遲而後留，留而後逆，逆與日違，違而後速，速與日競，競又先日，遲速順逆，晨夕生焉」。按金、水之行速於日，其去日也，金星以四十五度、水星以二十一度而極，故無與日衝之時，其逆行而伏，亦與木、土、火小異。以其段目論之，夕伏西方，始與日合，日遲星疾，故夕見而先日，始見極疾，遠日而遲，遲後而留，漸與日近，則逆行而伏。又與日合，既合而伏，乃晨見東方，而後日逆而旋留，留而順行，始遲後疾，又及於日，則復爲伏，合而一終。木、土、火以與日衝而逆行，以日行及之而伏合。金、水以退合於日而逆行，以星行及日而合伏，故不同也。論金、水一終，應先夕而後晨。今不然者，從木、土、火之例也。又曰：金晨見在日後十五度奇，逆六日，退三度，去日二十四度奇，留八日，去日三十二度奇，順四十六日行三十三度，去日四十五度奇，順疾百八十四日，行二百十四度，去日十五度奇，故伏也。計一見行二百四十七度，除逆行三度，實行二百四十四度。李鋭曰：并六日、八日、四十六日、百八十四日，得晨凡見日數。并行星三十三度、二百一十四度，除逆行三度，得晨凡見定行星度數。

〔七〕師古曰：奇音居宜反。下皆類此。

〔八〕【補注】錢大昕曰：以率計之，當爲日行一度九十二分度三十三又九百九十七萬七千三百三十七分度之七百三十六萬二千九百四十三有奇也。伏四十一日二分日一，而與日合，又四十一日二分日一，在日前十五度奇，而夕見西方。李鋭曰：置伏日數，以見中日法通之，得八億二千八百一十一萬八千九百七十一爲法，伏行度及分通度内分得一十一億三千一百八十萬四千三百一爲實，法除實，得一度，不盡三億三百六十八萬五千三百三十。又以分母九十二乘之，得二百七十九億三千九百五萬三百六十，復爲實，如法而一，得三十三，不盡六億一千一百一十二萬四千三百一十七，故曰「日行一度九十二分度三十三有奇」。又以日行八十三度，減星行百一十三度，及分餘三十度四百三十六萬五千二百二十分，以前去日度反減之，餘十五度分如前，又爲去日半次而夕見也。

〔九〕【補注】李鋭曰：以晨伏日加晨凡見日數，得晨凡見伏日數，以晨伏行星度及分，加晨凡見定行星度數，得凡晨見伏度數。

〔一〇〕【補注】李鋭曰：凡夕見，星在日前。

〔一一〕【補注】李鋭曰：此日度兩有分，各以分母通分内子，度得百七，日得萬九千四百一十二，相乘得二百七萬七千八十四爲實。兩母相乘，得九千八百四十四爲法，法除實，得星行二百一十一度，以日行百八十一度百七分度四十五減之，餘二十九度百七分度六十二。此分與前去日度分母不同，不可相并，乃變之以六十二乘見中日法，得六億一千八百五十九萬四千八百九十四，以百七除之，得五百七十八萬一千二百六十分小分七十四，大分以見中日法爲母，小分以百七爲母，共得二十九度五百七十八萬一千二百六十分小分七十四，以加前去日度，得去日四十四度七百九十六萬三千八百七十分小分七十四，爲夕見去日最遠之數。

〔一二〕一作「四」。【補注】錢大昕曰：「四」當作「三」。先謙曰：官本作「四」。

〔一三〕【補注】李銳曰：星行三十三度，以減日行四十六度，餘十三度，以減前去日度，得去日三十一度分如前。

〔一四〕【補注】李銳曰：如法變日下分，得日行七度五百七十八萬一千二百六十分小分七十四，以減前去日度，得去日二十四度二百一十八萬二千六百一十分。

〔一五〕一作「三」。【補注】錢大昕曰：「三」當作「二」。先謙曰：官本作「三」。

〔一六〕【補注】李銳曰：以星逆行三度加日行六度，得九度，以減前去日度，得去日十五度分如前，亦去日半次而伏。

〔一七〕【補注】錢大昕曰：金夕見在日前十五度奇，順百八十一日百七分日四十五，行二百十一度，去日四十四度奇。順遲四十六日，行三十三度，去日三十一度奇，留七日百七分日六十二分，去日二十四度奇，逆六日退三度，去日十五度奇而伏也。李銳曰：并百八十一日百七分日四十五、四十六日、七日百七分日六十二、六日，得夕凡見日數。并二百一十一度、三十三度，除逆行三度，得夕凡見定行星度數。

〔一八〕一作「六十」。

〔一九〕【補注】錢大昕曰：以率計之，當爲日行八分度七又九百九十七萬七千三百三十七分度之一百九十三萬六千四百三十五也。伏八日有奇，而與日合，又八日有奇，在日後十五度奇，而晨見東方。李銳曰：置伏日及分通之，得一億六千九十三萬二千七百四十四爲法。星行度及分通之，得一億四千二百七十五萬二千五百八十六，又以分母八乘之，得十一億四千二百一萬六百八十八爲實。法除實，得七，不盡千五百四十九萬一千四百八十，故曰「八分度七有奇」也。以星行十四度及分，加日行十六度及分，得三十度四百三十六萬五千二百二十分，以前去日度反減之，餘十五度分如前，又爲去日半次而後晨見也。

〔二〇〕一作「二」。

〔二一〕【補注】錢大昕曰：一見行二百四十四度，除逆行十七度三百六萬九千八百六十八分，定行星二百二十六度六百九十萬七千四百六十九分。李鋭曰：以夕伏日及分，加夕凡見日數，得凡夕見伏日數，以夕伏逆行星度及分，減夕凡見，定行星度，得凡夕見伏度數。

〔二二〕【補注】劉敞曰：此又妄改爲「壹復」，自是通計晨夕見伏之日分也。先謙曰：劉説非也，辨見上。

〔二三〕【補注】李鋭曰：并夕晨見伏日度數，得一復日度數。

〔二四〕【補注】錢大昕曰：金、水之行速於日，以有逆行，自相除補，故與日平行等。

土，晨始見，去日半次。〔一〕順，日行十五分度一，八十七日〔二〕始留，三十四日〔三〕而旋。復逆，日行八十一分度五，百一日〔四〕復留，三十三日八十六萬二千四百五十五分〔五〕而旋。復順，日行十五分度一，八十五日而伏。〔六〕凡見三百四十日八十六萬二千四百五十五分，除逆，定〔七〕行星五度四百四十七萬三千九百三十分。〔八〕伏，日行不盈十五分度三，百三十七日千七百一十七萬一百七十分。行星七度八百七十三萬六千五百七十分。〔九〕一見，三百七十七日千八百三萬二千六百二十五分。〔一〇〕行星十二度千三百二十一萬五百分。通其率，故曰日行四千三百二十分度之百四十五。〔一一〕

〔一〕【補注】李鋭曰：置伏日及分，以行星度及分減之，餘三十度八百四十三萬三千六百分，半之，得去日十五度四百二十一萬六千八百分。

〔二〕【補注】李鋭曰：以十五除八十七，得星行五度十五分之十二，如法變從見中日法分置十二分，以見中日法乘之，得二億三千一百三十一萬一千七百，以十五除之，得千五百四十二萬七百八十，共得星行五度千五百四十二萬七百八十分，以減日行八十七度，餘八十一度三百八十五萬五千一百九十五分，以加前去日度，得去日九十六度八百七萬一千九百九十五分。

〔三〕【補注】李鋭曰：以日行三十四度加前去日度，得去日百三十度分如前。

〔四〕【補注】李鋭曰：以五乘百一，以八十一除之，得六度八十一分之十九，變之置十九分，以見中日法乘之，得三億六千六百二十四萬三千五百二十五，又以八十一除之爲分，共得星行六度四百五十二萬一千五百二十五分，以加日行百一度，得百七度四百五十二萬一千五百二十五分，以加前去日度，得去日二百三十七度千二百五十九萬三千五百二十分。

〔五〕【補注】李鋭曰：以三十三度及分加前去日度，得去日二百七十度千三百四十五萬五千九百七十五分。

〔六〕【補注】錢大昕曰：土晨見，在日後十五度奇，順八十七日，行五度又十五分度之十二，即見中日法一千九百二十七萬五千九百七十五分度之一千五百四十二萬七百八十。去日九十六度奇，留三十四日，去日一百三十度奇，逆行百一日，退六度又八十一分度之十九，即四百五十二萬一千五百二十五分。去日二百三十七度奇，留三十三日八十六萬二千四百五十五分，去日二百七十度奇，順復八十五日，行五度又十五分度之十，即一千二百八十五萬六百五十分。去日三百四十九度奇，則星在日前十五度奇而伏也。李鋭曰：以十五除八十五，得五度十五分度之十，變之置十分，以見中日法乘之，得一億九千二百七十五萬九千七百五十，以十五除之爲分，共得星行五度千二百八十五萬六百五十分，以減日行八十五度，餘七十九度六百四十二萬五千三百二十五分，以加前去日度分，滿見中日法，得一度，共得去日三百五十度六十萬五千三百二十五分，反減周天三百六十五度四百八十二萬二千一百二十五分，餘十五度四百二十一萬六千八百分，亦去日半次而伏。求周天度分者，如上三因三百八十五，又以其見數乘之，得周天全度外不成度之分。火星放此。

〔七〕一多「餘」字。

〔八〕【補注】錢大昕曰：自晨見至伏日，實行十一度又十五分度之七，以日法分通之，爲八百九十九萬五千四百五十五分，除逆行六度四百五十二萬一千五百二十五分，定行五度四百四十七萬三千九百三十分。李鋭曰：并八十七日、三十四日、百一日、三十三日及分、八十五日，得凡見日數。并五度及分，又五度及分，分滿法成度，得十一度八百九十九萬五千四百五十五分，除逆行六度及分，得凡見定行星度數。

〔九〕【補注】錢大昕曰：土星伏三十五日有奇，「三」上「百」字衍。以日行十五分度之三計之，三十七日千七百一十七萬一百七十分，應行星七度一千一百一十四萬四千四百二十四分。今尚少二百四十萬七千八百五十四分，故云不盈也。伏十八日有奇，而與日合，又十八日奇，在日後十五度，而晨見東方。錢大昭曰：閩本無「百」字。李鋭曰：以伏日及分通之，得七億三千三十八萬一千二百四十五爲法，得星度及分，通之，得一億四千三百六十六萬八千三百九十五，以分母十五乘之，得二十一億五千五百一萬五千九百二十五爲實，法除實，得二，不盡六億九千四百二十六萬三千四百三十五，故曰「不盈十五分度三」也。以星行七度及分減日行三十七度及分，餘三十度八百四十三萬三千六百分，以加前去日度，得三百八十度九百三萬八千九百二十五分，滿一周三百六十五度四百八十二萬二千一百二十五分，去之，餘十五度四百二十一萬六千八百分，又爲去日半次而後見也。

〔一〇〕【補注】劉攽曰：此「壹見」，與火「一見」字，皆妄與木通計，義同。

〔一一〕【補注】錢大昕曰：以見中日法乘三百七十七日，得七十二億六千七百四萬二千五百七十五，併餘分，共七十二億八千五百七萬五千二百分爲法。又以見中日法乘十二度，得二億三千一百三十一萬一千七百，併餘分，共二億四千四百五十二萬二千二百分，以歲數四千三百二十乘之，得一兆五百六十三億三千五百九十萬四千分爲實，法除實，得百四十五，故曰「日行四千三百二十分度之百四十五」也。以率相除，得鎮星每日行萬分度之三百三十五有奇，計三十日行一度有奇也。李銳曰：并見伏日度數，得一見日度數，如法通之，日得七十二億八千五百七萬五千二百分，星得二億四千四百五十二萬二千二百分，求等亦得百六十八萬六千三百六十，以約日分，得四千三百二十，約度分得百四十五。

火，晨始見，去日半次。〔一〕順，日行九十二分度五十三，二百七十六日〔二〕始留，十日〔三〕而旋。逆，日行六十二分度十七，六十二日〔四〕復留，十日〔五〕而旋。復順，日行九十二分度五十三，二百七十六日而伏。〔六〕凡見六百三十四日，除逆，定行星三百一度。〔七〕伏，日行不盈九十二分度七十三分，〔八〕伏百四十六日千五百六十八萬九千七百分，行星百一十四度八百二十一萬八千五分。〔九〕一見，七百八十日千五百六十八萬九千七百分。凡行星四百一十五度八百二十一萬八千五分。通其率，故曰日行萬三千八百二十四分度之七千三百五十五。〔一〇〕

〔一〕【補注】李銳曰：置伏日及分，以行星度及分減之，餘三十二度七百四十七萬一千六百九十五分，半之，得去日十六度三百七十三萬五千八百四十七分半。

〔二〕【補注】李銳曰：以五十三乘二百七十六，得萬四千六百二十八，以九十二除之，得星行百五十九度，以減日行二百七十六度，餘百一十七度，以加前去日度，得去日百三十三度分如前。

〔三〕【補注】李銳曰：以日行十度加前去日度，得去日百四十三度分如前。

〔四〕【補注】李銳曰：以星逆行十七度加日行六十二度，得七十九度，以加前去日度，得去日二百二十二度分如前。

〔五〕【補注】李銳曰：以日行十度加前去日度，得去日二百三十二度分如前。

〔六〕【補注】錢大昕曰：火晨見在日後十六度奇，順二百七十六日，行一百五十九度，去日百三十三度奇，留十日，去日百四十三度奇，逆六十二日，退十七度，去日二百二十二度奇，留十日，去日二百三十二度奇，復順二百七十六日，行一百五十九度，去日三百四十九度奇，則星在日前十六度奇而伏也。凡云半次者，皆舉大分言，故十六度奇，亦得稱半次。李鋭曰：以星行度，減日行度，餘百一十七度，以加前去日度，得去日三百四十九度分如前，反減周天三百六十五度七百四十七萬一千六百九十五分，餘十六度三百七十三萬五千八百四十七分半，亦去日半次而伏。

〔七〕【補注】錢大昕曰：自晨見至伏日，實行三百十八度，除逆行十七度，定行星三百一度。李鋭曰：并二百七十六日、十日、六十二日、又十日、二百七十六日，得凡見日數。并百五十九度、又百五十九度，除逆行十七度，得凡見定行星度數。

〔八〕【補注】錢大昕曰：下「分」字衍。

〔九〕【補注】錢大昕曰：以日行九十二分度之七十三計之，伏百四十六日千五百六十八萬九千七百分，應行百一十六度七百九十萬四千四百分。今尚少一度二千九百五十五萬三千七百六十八分，故云不盈也。以行星度分減日行分，得三十二度七百四十七萬一千六百九十五分，即一千五百三十九分度之三百八十五，所謂斗分。則日行遠於星行之數也。伏八十日而與日合，又六十六日有奇，在日後十六度，而晨見東方。李鋭曰：以伏日及分通之，得四十三億七千六百三十二萬六千一百五十八爲法，行星度及分通之，得三十四億一千三百九萬八千五百二十七，以分母九十二乘之，得三千一百四十億五百六萬四千四百八十四爲實，法除實，得七十一，不盡三十二億八千五百九十萬七千二百六十六，故曰「不盈九十二分度七十(二)〔三〕」也。以星行百一十四度及分減日行百四十六度及分，餘三十二度七百四十七萬一千六百九十五分，以加前去日度，得三百八十一度一千一百二十四萬七千五百四十二分半，滿一周三百六十五度七百四十七萬一千六百九十五分，去之，餘十六度三百七十三萬五千八百四十七分半，又爲去日半次而後見也。

〔一〇〕【補注】錢大昕曰：以見中日法乘七百八十日，得二百三十二億九千六百五十五萬九百四十，併餘分，共二百三十三億一千二百二十四萬六百四十爲法，以見中日法乘四百一十五度，得一百二十三億九千四百九十五萬九千七百九十五，併餘分，共一百二十四億三百十七萬七千八百，又以歲數萬三千八百二十四乘之，得一百七十一兆四千六百十五億二千九百九十萬七千二百爲實，法除實，得七千三百五十五，故曰日行萬三千八百二十四分度之七千三百五十五也。以率相除，得熒惑每日行萬分度之五千三百二十有奇，計二日而行一度奇也。李鋭曰：如法通日度及分日，得二百三十三億一千二百二十四萬六百四十分度，得一百二十四億三百一十七萬七千八百分，求等亦得百六十八萬六千三百六十，以約日分，得萬三千八百二十四，約度分，得七千三百五十五。

水，晨始見，去日半次。〔一〕逆，日行二度，一日〔二〕始留，二日〔三〕而旋。順，日行七分度六，〔四〕七日〔五〕順，疾，日行一度三分度一，〔六〕十八日而伏。〔七〕凡見二十八日，除逆，定行星二十八度。〔八〕伏，日行一度九分度七有奇，三十七日一億二千二百二萬九千六百五分，行星六十八度四千六百六十一萬一百二十八分。〔九〕凡晨見、伏，六十五日一億二千二百二萬九千六百五分。行星九十六度四千六百六十一萬一百二十八分。夕始見，去日半次。順，疾，日行一度三分度一，十六日二分日一。〔一〇〕順，遲，日行七分度六，七〔一一〕日〔一二〕留，一日二分日一〔一三〕而旋。逆，日行二度，一日而伏。〔一四〕凡見二十六日，除逆，定行星二十六度。〔一五〕伏，逆，日行十五分度四有奇，二十四日，行星六度五千八百六十六萬二千八百二十分。〔一六〕凡夕見伏，五十日，行星十九度七千五百四十一

萬九千四百七十七分。〔一七〕一復，百一十五日一億二千二百二萬九千六百五分。〔一八〕行星亦如之，故曰日行一度。〔一九〕

〔一〕【補注】李銳曰：以夕伏日及分加星逆行及分，得三十度五千八百六十六萬二千八百二十分，半之，得去日十五度二千九百三十三萬一千四百一十分。

〔二〕【補注】李銳曰：以星行二度加日行一度，得三度，以加前去日度，得去日十八度分如前。

〔三〕【補注】李銳曰：以日行二度加前去日度，得去日二十度分如前。

〔四〕一多「十」字。

〔五〕【補注】錢大昕曰：「十」字衍。李銳曰：以星行六度，減日行七度，餘一度，以加前去日度，得去日二十一度分如前，爲晨見去日最遠之數。先謙曰：官本有「十」字。

〔六〕一多「一」字。

〔七〕【補注】李銳曰：以一度三分度一通之，得四分，以乘十八日，得七十二，以三除之，得星行二十四度，以日行十八度減之，餘六度，以減前去日度，得去日十五度分如前，亦去日半次而伏。

〔八〕【補注】錢大昕曰：水晨見在日後十五度奇，逆一日退二度，去日十八度奇，留二日，去日二十度奇，順七日行六度，去日二十一度奇，順疾十八日，行二十四度，去日十五度奇，而晨伏東方。計晨見行三十度，除逆行二度，定行二十八度。李銳曰：并一日、二日、七日、十八日，得晨凡見日數。并六度、二十四度，除逆行二度，得晨凡見定行星度數。

〔九〕【補注】錢大昕曰：以率計之，當爲日行一度九分度七又五億五千一百二十二萬七千二百二十一分度之二億二千二百五十四萬一千一百八十三也。伏十八日有奇，而與日合，又十八日有奇，在日前十五度奇，而夕見西方。李銳曰：置伏日及分，以見中日法通之，得五十億八千三百七萬四千五百九十四爲法，伏行度及分通之，得九十一億六千四百二十萬六千三百二十四爲實，法除實，得一度，不盡四十億八千一百一十三萬一千七百三十，以分母九乘之，得三百六十七億三千一十八萬五千五百七十復爲實，以法除之，得七，不盡十一億四千八百六十六萬三千四百一十二，故曰「九分度七有奇」也。以日行三十七度及分，減星行六十八度及分，餘三十度五千八百六十六萬二千八百二十分，以前去日度反減之，餘十五度分如前，又爲去日半次而夕見也。

〔一〇〕【補注】李鋭曰：以日度各通分内子，日得三十三，度得四，相乘得百三十二爲實母，一三相乘，得六爲法，法除實，得星行二十二度，以日行十六度半減之，餘五度半，乃半見中日法爲分，得五度六千七百四萬一千一百四十八分半，以加前去日度，得去日二十度九千六百三十七萬二千五百五十八分半，爲夕見去日最遠之數。

〔一一〕一作「十」。

〔一二〕【補注】李鋭曰：星行減日行，餘一度，以減前去日度，得去日十九度分如前。

〔一三〕【補注】李鋭曰：以日行一度六千七百四萬一千一百四十八分半減前去日度，得去日十八度二千九百三十三萬二千四百一十分。

〔一四〕【補注】李鋭曰：以星逆行二度加日行一度，得三度，以減前去日度，得去日十五度分如前，亦去日半次而伏。

〔一五〕【補注】錢大昕曰：夕始見在日前十五度奇，順十六日二分日一，行二十二度，去日二十度奇，順遲七日行六度，去日十九度奇，留一日二分日一，去日十八度奇，逆一日退二度，去日十五度奇，而夕伏西方，計夕見行二十八度，除逆行二度，定行二十六度。李鋭曰：并十六日二分日一、七日、一日二分日一、一日，得夕凡見日數。并二十二度、六度，除逆行二度，得夕凡見定行星度數。

〔一六〕【補注】錢大昕曰：以率計之，當爲日行十五分度四又二億一千四百五十三萬一千六百七十五分度之五百二萬九千九百有二也。伏十二日而與日合，又十二日在日後十五度，而晨見東方。李鋭曰：置伏日以見中日法通之，得三十二億一千七百九十七萬五千一百二十八爲法，伏行度及分通之，得八億六千三百一十五萬六千六百二，以分母十五乘之，得百二十九億四千七百三十四萬九千三十爲實，法除實，得四，不盡七千五百四十四萬八千五百一十八，故曰「十五分度四有奇」也。以星行六度及分，加日行二十四度，得三十度五千八百六十六萬二千八百二十分，以前去日度反減之，餘十五度分如前，又爲去日半次而後晨見也。

〔一七〕【補注】錢大昕曰：一見行二十八度，除逆行六度五千八百六十六萬二千八百二十分，定行星十九度七千五百四十一萬九千四百七十七分。

〔一八〕【補注】劉攽曰：此「壹復」字亦妄，與金通計，義同。

〔一九〕【補注】錢大昕曰：古人推五星之法疏，以爲五星無逆行，甘石經乃以熒惑、太白爲有逆行，三統則五星竝有之，班氏既采其說著於曆志矣，而天文志又非之。班氏不知曆法，故云然。

統術〔一〕

〔一〕【補注】先謙曰：官本考證云，監本連接「推日月元統」，又「紀術」二字連接「推五星見復」。不知推日月元統、推五星見復，皆下文之首句也。今移正。

推日月元統，置太極上元以來，外所求年，〔一〕盈元法除之，〔二〕餘不盈統者，則天統甲子以來年數也。〔三〕盈統，除之，餘則地統甲辰以來年數也。〔四〕又盈統，除之，餘則人統甲申以來年數也。〔五〕各以其統首日爲紀。〔六〕

〔一〕【補注】李鋭曰：外所求年者，不計所求年。

〔二〕【補注】李鋭曰：除之，謂除去之。上元之首，甲子夜半合朔，冬至日月如合璧，盈元法，則事事俱如上元，故須除去之。

〔三〕【補注】錢大昕曰：不盈統，「統」當作「元」。李鋭曰：元餘不盈統，爲入甲子統。先謙曰：錢、李改志文並同，惟此條有異。

〔四〕【補注】李鋭曰：元餘在統法以上，除去統法，餘爲入甲辰統。盈統法亦事事如上元，惟日名不同，故須以三統別之。

〔五〕【補注】李鋭曰：元餘以統法除之，尚在統法以上，須又除之，餘爲入甲申統。

〔六〕【補注】李鋭曰：統首日即甲子、甲辰、甲申。錢大昕曰：歲數滿二千三百六十三萬九千四十，而爲太極上元。不盈此數者，太極上元以來年數也。外所求年者，步氣朔之術，竝以歲前天正經朔起算，且如周武王伐紂之歲，去上元十四萬二千一百一十歲，祇以十四萬二千一百九歲入算算上，即算盡也。得本年天正朔日，故云外所求，四分術謂之減一也。以元法除之不盡，則以統法除不盈統法者，入統歲數也。甲子、甲辰、甲申皆統首日名。劉洪乾象術曰「凡言如如法而一。盈盈法得一。約以法約之。滿，滿法得一。皆求實之除也。去及除之，取盡之除也」。

推天正，以章月乘人統歲數，〔一〕盈章歲得一，名曰積月。不盈者，名曰閏餘。〔二〕閏餘十二以上，歲有閏。〔三〕求地正，加積月一，求人正，加二。〔四〕

〔一〕【補注】錢大昕曰：「人」當作「入」。

〔二〕【補注】李鋭曰：此今有術也。章歲爲所有率，章月爲所求率，入統歲爲所有數，而今有之得積月及閏餘，爲所求數也。九章今有術曰「以所有數乘所求率爲實，以所有率爲法，實如法而一」。

〔三〕【補注】李鋭曰：一歲閏餘十九分之七，如年前有閏餘十二，則并其年閏餘七，滿章歲成月，故有閏。

〔四〕【補注】李鋭曰：上元起天正，故求地正、人正當加。錢大昕曰：歲有積月十二又十九分之七，以章月乘積歲，則每月通爲十九分，加入閏分七也。閏分滿十九成一月，以章歲除之者，以積年所有之閏分，收爲整月。其有不盡者，則歲前所餘之閏分，尚未及一月，而爲所求年之閏餘也。閏餘十二，加歲閏七，閏餘者，歲前所餘。歲餘者，歲内所餘。則滿十九而有閏。如在十二以上，則歲内有閏，而尚剩餘分，爲來年閏餘也。

推正月朔，以月法乘積月，盈日法得一，名曰積日。不盈者名曰小餘。〔一〕小餘三十八以上，其月大。〔二〕積日盈六十，除之，〔三〕不盈者名曰大餘。數從統首日起，算外，〔四〕則朔日也。〔五〕求其次月，加大餘二十九，小餘四十三。〔六〕小餘盈日法得一，從大餘，〔七〕數除如法。〔八〕求弦，加大餘七，小餘三十一。〔九〕求望，倍弦。〔一〇〕

〔一〕【補注】李鋭曰：此亦今有也。以日法爲月率，月法爲日率，積月爲月數，而今有之得日數。

〔二〕【補注】李鋭曰：一月小餘八十一分之四十三，如前月有小餘三十八，則并其月小餘四十三，滿日法成日，故其月大。

〔三〕【補注】李鋭曰：日名六十而周，故盈六十除之。

〔四〕【補注】李鋭曰：如大餘五，數從天統甲子起，一甲子，二乙丑，三丙寅，四丁卯，五戊辰，算外得己巳。

〔五〕【補注】錢大昕曰：一月二十九日又八十一分日之四十三。以月法乘積月者，每日通爲八十一分加小餘四十三也。盈日法得一者，以每月所積之餘分，收爲整日，其有不盈者，則月前所積之小餘，即合朔所命時刻也。小餘三十八，加月小餘四十三，則滿八十一而成日，故其月大也。大餘者，六十甲子之餘。小餘者，日法之餘。大餘以命日，算外爲日，如甲子統内第一章。積日六千九百三十九，滿六十，去之。大餘三十九，自甲子至壬寅，盡三十九日，知次章首癸卯朔也。小餘以命時，加時法見後條。大餘有定，而小餘無定者，以日法有大小也。或以統法爲日法，或以元法爲日法，如後條。

〔六〕【補注】李鋭曰：以日法除月法，得大餘二十九，小餘四十三。

〔七〕【補注】錢大昕曰：小餘滿日法成日，以併入大餘。從與併同義。李鋭曰：如有大餘二十九，小餘四十三，加大餘二十九，小餘四十三，得大餘五十八，小餘八十六。滿日法八十一，得大餘一，并入大餘五十八，共得大餘五十九，小餘五。

〔八〕【補注】錢大昕曰：大餘滿六十，除之如上法。

〔九〕【補注】李鋭曰：以日法除通法，得大餘七，小餘三十一。

〔一〇〕【補注】李鋭曰：求望，加大餘十四，小餘六十二。錢大昕曰：弦望小餘，以命漏刻，四分術以後始有之。

推閏餘所在，以十二乘閏餘，加十得一。〔一〕盈章中數所得，起冬至，算外，則中至終閏盈。〔二〕中氣在朔若二日，則前月閏也。〔三〕

〔一〕【補注】錢大昕曰：「加十」當作「加七」。

〔二〕【補注】李鋭曰：十二，歲中也。閏餘本以章歲十九爲母，以歲中十二乘之，則以章中二百二十八爲母，一歲閏餘十九分之七，各以十二通之，即爲一歲閏餘二百二十八之八十四，以十二分之，得一中閏餘二百二十八之七。故每加七，則得一中，加滿章中，則滿法成月。歲中起冬至，故數起冬至，算外，得閏餘所在。

〔三〕【補注】李鋭曰：無中氣者爲閏月。中氣在朔或二日，則前月無中氣，故前月閏。錢大昕曰：閏餘原是十九分内之如干分，以十二乘之，則每分又化爲十二分，故滿章中數爲一月也。十二乘十九，章中數也。加七得一者，每歲通閏七分，以十二乘，即是以歲中乘，故每中有閏分七。閏分乃中餘於月之數，而閏月無中，閏餘積而漸多，中氣漸向後。中氣在晦而閏分滿，今加七而盈章中，則閏必在此中氣之後。如不盈章中，知閏分尚未盈一月，必層累加之盈章中數而止，則中在月終而有閏也。閏前之中常在晦，閏後之中或在朔，或在二日。

以中日恒盈於月日，積此盈數，即成閏分故也。又曰：左文元年傳孔疏云「古今曆法推閏月之術，皆以閏餘減章歲餘，以歲中十二乘之，章閏七而一，所得爲積月，命起天正算外，閏所在也。其有進退，以中氣定之，無中氣則閏月也。此四分術，其理與三統同。古曆十九年爲一章，章有七閏，八章三年閏九月，六年閏六月，九年閏三月，十一年閏十一月，十四年閏八月，十七年閏四月，十九年閏十二月。此據元首初章，若于後漸積餘分。大率三十二月則置閏，不必恒同初章閏月。竝疏文。」今以三統術推之，如入章三年閏，餘十四，以十二乘，得百六十八，加七者九，則盈章中而餘三，盈章中尚有餘分，則棄去不用，所謂不滿法亦得一也。應閏九月。入章六年閏，餘十六，以十二乘，得百九十二，加七者六，則盈章中而餘六，應閏六月。入章九年閏，餘十八，以十二乘，得二百一十六，加七者二，則盈章中而餘二，應閏二月。入章十一年閏，餘十三，以十二乘，得百五十六，加七者十一，則盈章中而餘五，應閏十一月。入章十四年閏，餘十五，以十二乘，得百八十，加七者七，則盈章中而餘一，應閏七月。入章十七年閏，餘十七，以十二乘，得二百四，加七者四，則盈章中而餘四，應閏四月。入章十九年閏，餘十二，以十二乘，得百四十四，加七者十二，則盈章中而無餘分，應閏十二月，所推得數竝同。正義「入章九年閏三月」，當作「二月」。「十四年閏八月」，當作「七月」。依四分術推之可見。

推冬至，以算餘乘人統歲數，[一] 盈統法得一，名曰大餘。不盈者名曰小餘。[二] 除數如法，則所求冬至日也。[三]

[一]【補注】錢大昕曰：「算」當作「策」，「人」當作「入」。

[二]【補注】李銳曰：此亦今有也。以統法爲歲率，策餘爲大餘率，入統歲爲所有率，而今有之得大餘。

[三]【補注】錢大昕曰：歲三百六十五日千五百三十九分日之三百八十五，此從前歲冬至，數至今歲冬至之日數也。滿六十去之，餘五日四分一有奇，以統法分通之，則策餘數也。故以策餘乘積年，如統法而一，得所求年冬至日，以統

首日起算外命之。又曰：又法以月法乘閏餘，如閏法而一，曰假積日。假積日、定積日，本劉洪乾象術。以日法除之，曰定積日。不盈者曰小餘，與天正朔小餘相加，滿日法從大餘數，從天正朔日起算，外則所求年冬至日也。以理言之，冬至後於朔者，以有閏餘，依異乘同除術，閏法與閏餘，若月法與月餘，則化閏分爲日分，月法原即一月之日分。故以日法除而得冬至，距經朔之積日也。此法大昕所補。

求八節，加大餘四十五，小餘千一百。〔一〕求二十四氣，三其小餘，加大餘十五，小餘千一十。〔二〕

〔一〕【補注】林文炳曰：當作「小餘千一十」。錢大昕曰：置策餘八千八十，以八除之，得千一十，是爲每節四十五日又一千五百三十九分日之千一十也。李鋭曰：八節，二至、二分、四立也。置周天以八節除之，得七萬二百六十五，如統法而一，得大餘四十五，小餘千一十。

〔二〕【補注】林文炳曰：當云「求二十四氣，加大餘十五，三分其小餘千一十」。蓋傳寫顛倒，漏一「分」字。錢大昕曰：林説非也。統法得元法三之一，三其小餘者，以元法爲日法也。置八節之小餘千一十，以三除之，得三百三十六分六十六秒不盡。今三其小餘爲三千三十而三分之，各得千一十，是爲每氣一十五日又四千六百一十七分日之千一十也。故云推中部二十四氣，皆以元爲法。又曰：千一十之數三分之，則有畸零，不可入算，故三倍其小餘。上云千一十者，一千五百三十九分日之餘。此云千一十者，四千六(日十)〔百一十〕七分日之餘。

推中部二十四氣，皆以元爲法。〔一〕

〔一〕【補注】錢大昕曰：「部」疑「節」之譌。中法以滿元法爲日，故二十四氣亦同。李鋭曰：置周天，以二十四氣除之，得二萬三千四百二十一二十四分之十六，約爲三之二，以三通分内子，得七萬二百六十五，亦以三通統法爲元法除之，得大餘十五，小餘千一十，故曰以元爲法。

推五行，其四行各七十三日，統歲分之七十七。〔一〕中央各十八日，統法分之四百四。〔二〕冬至後，中央二十七日六百六分。〔三〕

〔一〕【補注】宋祁曰：「十七」當作「十四」。錢大昕曰：「統歲」當作「統法」。宋校本無一不誤，今竝不取。李鋭曰：置周天以五除之，得十一萬二千四百二十四，以統法除之，得七十三千五百三十九之七十七，爲五行各用事日數。云四行者，不數中央。四立以後，各七十三日及分，爲春木、夏火、秋金、冬水用事。統歲即統法。

〔二〕【補注】李鋭曰：置周天五分之一十一萬二千四百二十四，以四除之，得二萬八千一百六，以統法除之，得十八千五百三十九分之四百四，爲土行分王四時之日數。四立以前各十八日及分，爲土王用事。

〔三〕【補注】李鋭曰：分、至距四立各四十五日千一十分，以土王十八日四百四分減之，餘二十七日六百六分，據分、至求中央，皆當加此日數。云冬至者，以冬至爲例。錢大昕曰：此推五行用事日也。置一歲積日及斗分五分之，得七十三日七十七分，以四乘十八日四百四分，亦七十三日七十七分也。自冬至距立冬四十五日千一十分，加二十七日六百六分，則水行之日分已滿，而爲中央用事日也。又曰：星備云「立春歲星王七十二當作三。日，其色有白光角芒。土王三月十八日，其色黄而大。休則圓，廢則内虚。立夏熒惑王七十二日，色赤角黄。土王六月十八日，其色黄而大。立秋太白王七十二日，光芒無角。土王九月十八日，其色黄而大。立冬辰星王七十二日，其色白芒角。土王十二月十八日，其色黄而大。星當王相不芒角，其邦大弱，强國取地。大弱，失國亡土也」。

推合晨所在星，〔一〕置積日，以統法乘之，以十九乘小餘而并之。〔二〕盈周天，除去之；不盈者，令盈統法得一度。〔三〕數起牽牛，算外，則合晨所入星度也。〔四〕

〔一〕【補注】沈欽韓曰：「晨」與「辰」通用。李鋭曰：日月之會謂之辰。

〔二〕【補注】李鋭曰：積日，爲統首以來至所求合朔之日數，日日行一度，統法爲一度積分，以統法乘積日，所得爲統首以來至所求合朔夜半。積度分合朔小餘，本以日法爲母，以十九乘之，亦得統法爲母，故可相并，所得爲統首以來至所求合朔加時積度分。

〔三〕【補注】李鋭曰：不盈周天者，爲所求年冬至至合朔加時積度分，以統法除之，爲冬至至合朔加時積度及餘。

〔四〕【補注】錢大昕曰：合辰，謂合朔所入恒星度分也。日月合朔，乃月行過周追及於日，計一月之朔，實日行二十九度又千五百三十九分度之八百十七，月行三百九十四度千五百三十九分度之千二百有二，除周天及斗分，尚贏二十九度八百十七分，而又與日合。推合辰所入星度，但以日爲宗者，因日先在而月從之。又日行一度，易於布算，故以統法乘積日，取日法八十一分，每分通爲十九分，其不盈八十一者，即小餘。亦以十九通之，則分同而可徑併，乃以周天除去之，其餘爲今所入度分，如統而一而得積度也。古曆冬至日在牽牛，故以牽牛起算外命之。

推其日夜半所在星，以章歲乘月小餘，以減合晨度。〔一〕小餘不足者，破全度。〔二〕

〔一〕【補注】李鋭曰：月小餘爲夜半至合朔加時之日分，即爲夜半至合朔加時日所行之度分，故以減合晨度，得夜半日所在星，章歲乘月小餘，即上文十九乘小餘也。

〔二〕【補注】李鋭曰：小餘不足，謂合晨度小餘不足減章歲乘月小餘之數。破全度者，去合辰度一，下加統法而後減之。錢大昕曰：月小餘者，合朔小餘也。加時以夜半子起算，如朔無餘分，則先所推入宿度即在夜半，不須更求合朔小餘有如干，則方夜半時，日月俱未入此度分，以日法除統法，即度法。得每分日行千五百三十九分度之十九，乃以章歲乘朔小餘，使日法與度法兩分適等，以減合辰度之小餘，得朔前夜半日在某度若干分也。如朔小餘所乘之數大於合辰度，小餘不及減，則夜半日尚在前一度之某分，故破全度爲千五百三十九分而減之也。

推其月夜半所在星，以月周乘月小餘，盈統法得一度，以減合晨度。〔一〕

〔一〕【補注】錢大昕曰：月之行速於日，以月周乘日法，得二萬五百七十四，盈統法而一，得每日行十三度又千五百三十九分度五百六十七。即十九分之七。是以朔小餘分每分通爲二百五十四也。每小餘六有奇而行一度。今小餘有若干，以月周乘之，統法而一，即爲夜半距合朔月行之度分，以減合辰度，得夜半月所入宿度也。李銳曰：日日行一度，月日行十三度十九分之七，各以十九通之，日得十九，即章歲。月得二百五十四，即月周。求日，以章歲乘小餘。故求月以月周乘小餘，盈統法爲度，所得爲夜半至合朔加時月所行之度及餘。

推諸加時，以十二乘小餘爲實，各盈分母爲法，〔一〕數起於子，算外，則所加辰也。〔二〕

〔一〕【補注】李銳曰：此亦今有也。分母爲日分率，十二爲時率，小餘爲所有日分，而今有之得所求時數。

〔二〕【補注】李銳曰：加辰即加時。錢大昕曰：步氣朔術，以小餘命時，如日法八十一分十二，除之，得六分七十五秒而成一時，數有畸零，難以入算。如以元法統法爲日十二除之，亦不能盡，故其法竝同。今以十二乘之，則通日法爲九百七十二分，每時各得八十一分，盈分母而得一時也。

推月食，置會餘歲積月，〔一〕以二十三乘之，盈百三十五，除之。〔二〕不盈者，加二十三得一月，盈百三十五，數所得，起其正，算外，則食月也。〔三〕加時，在望日衝辰。〔四〕

〔一〕【補注】李銳曰：置入統歲盈會歲五百一十三，除去之，不盈者會餘歲也。以章月乘之，盈章歲得一爲積月。今案三統不見會歲之數，當置入統以來積月盈會月除去之，餘即會餘歲積月也。

〔二〕【補注】李銳曰：此亦今有也。百三十五爲月率，二十三爲食率，置積月數，而今有之得積食。

〔三〕【補注】錢大昕曰：「其」當作「天」。李鋭曰：不盈者，食餘也。積月以二十三乘，故每加二十三得一月，加滿百三十五，則得一食。起其正者，如前推天正則起天正，地正則起地正也。

〔四〕【補注】李鋭曰：加時，月食所加時也，如日加子而望，則食在午，故曰在望日衝辰。春秋左傳襄二十四年正義云「漢書律曆志載劉歆三統之術，以爲五月二十三分月之二十，乃爲一交，交在望前，朔則日食，望則月食；交在望後，望則月食，後月朔則日食；交正在朔，則日食既前，後望不食；交正在望，則月食既前，後朔不食」。今無此文。案正義所云，蓋學三統者依後來術家之説推言之，若三統本術，止以盈百三十五爲有食，初無推交在望前、望後之法也。錢大昕曰：此推日月交食之術也。左昭二十一年孔疏云「日月異道，互相交錯，月之一周必半在日道裏，從外而入内也，半在日道表，從内而出外也。或六入七出，或七入六出，凡十三入出而與日一會，曆家謂之交道。通而計之，一百七十三日有餘而有一交，交在望前，朔則日食，望則月食，交在望後，望則月食，後月朔則日食，此自然之常數也」。案月道與黄道相交，正交從黄道北出黄道南，古謂之陽曆。中交從黄道南入黄道北，古謂之陰曆。凡二十七日有奇，而月行之出入一終。三統以五月二十三之二十爲朔望之會，則一百七十三日八十一分日之二十七而一會也。術家謂之入食限。又曰：沈括夢溪筆談「黄道與月道如二環相疊而小差。凡日月同在一度相遇，則日爲之蝕，正一度相對，則月爲之虧，雖同一度，而黄道與月道不相近，自不相侵，同度而又近黄道、月道之交，日月相值，乃相淩掩。正當其交處則蝕，而既不全當交道，則隨其相犯淺深而蝕。凡日蝕，當月道自外而交入於内，則蝕起於西南，復於東北。自内而交出於外，則蝕於西北，而復於東南。日在交東，則蝕其内。日在交西，則蝕其外。蝕既則起於正西，復於正東。凡月食，月道自外入内，則起於東南，復於西北。自内出外，則蝕起東北，復於西南。月在交東，則蝕其外。月在交西，則蝕其内。蝕既則起於正東，復於西。交道每月退一度餘，凡二百四十九交而一期，故西天法羅睺、計都皆逆步之，乃今之交道也。交初謂之羅睺，中交謂之計都」。又曰：會歲百五十三，其食數千八十一，以率相除，得歲有再食五百一十三之五十五也。論算術，當云置太極上元以來，外所求年，盈會歲去之，不盈者以章月乘之，如章歲而一，名曰積月，不盈者爲閏餘。今但云置會餘歲積月者，以其法易知，略之也。以異乘同除之理論之，月數百三十五，則食數二十三。今積月若干，應有積食若干次，在所求年天正以前，故除去之。又積月原以二十三乘之，分滿百三十五而得一食。今除去積食之數，尚有餘分，當更積若干月而盈一食，故每加二十三，則命爲一月，從天正起算，滿食分而止。如求次蝕加五月二十三之二十算外命之。又曰：加時在望日衝辰者，月當日衝，正食甚之時，推得以命時也。推日食亦用此法。今不及者，古以日食爲災，所以重天變、警人君。詩云「彼月而食，則維其常」。春秋書日食不書月食。術家有推月食之術，不及日食，四分、乾象、景初各術竝同。皆是也。其實推日食術即同月食，其算例詳見春秋日食攷。

紀術

推五星見復，置太極上元以來，盡所求年，〔一〕乘大統見復數，盈歲數得一，則定見復數也。〔二〕不盈者名曰見復餘。〔三〕見復餘盈其見復數，一以上見在往年，倍一以上，又在前往年，不盈者在今年也。〔四〕

〔一〕【補注】李銳曰：盡所求年者，所求年亦置一算。

〔二〕【補注】宋祁曰：景本「大統」作「大終」。

〔三〕【補注】李銳曰：此亦今有也。歲數爲所有率，見復數爲所求率，上元以來年爲所有數，而今有之得積見復數。

〔四〕【補注】錢大昕曰：「今」下，陳仁錫本脱「年」字。推中朔外所求年者，以從歲首起算，算盡往年，即得今年天正朔日。推五星盡所求年者，以星之見復不皆在歲初，必盡所求年，除去前所積見復數，則所餘者定見復之餘，即星見以後之積日積分也。所求爲星始見之日。既見之後，各星遲疾留逆，行率不一，應以五步術求之，其見復餘可棄去不用。以見復數，乘積年盈歲數得一者，以見復數之分，通爲一歲之分，以歲數之分，通爲一見之分，如歲星歲數千七百二十八，則見數二千五百八十三，以法乘除，則滿二千五百八十三而爲一年，滿一千七百二十八而爲一見，亦互乘之術也。積年以見復數乘之，故見復餘不盈此數者，爲見在今年，五星皆然。歲星、太白、鎮星歲數，竝大於見復數，故見復餘有盈見數以上者，爲見在往年。熒惑歲數倍於見數有奇，故有倍一以上者，則爲見在前往年。辰星歲數少於復數，則無見在往年之理也。歲星一見三百九十八日奇，太白一復五百八十四日奇，鎮星一見三百七十七日奇，竝一年有餘。熒惑一見七百八十日奇，則二年餘。辰星一復百一十五日奇，則歲有三復也。李鋭曰：所求年，以見復數乘，則每歲得一見復數，故每一見復數爲一年歲星、太白、鎮星歲數。其在見復數已上，故有見往年者。熒惑歲數在其見數倍一以上，故有見在前往年者。辰星歲數少於復數，無見在往年之事。

推星所〔一〕見中次，以見中分乘定見復數，盈見中法得一，則積中法也。〔二〕不盈者名曰中餘。〔三〕以元中除積中，餘則中元餘也。以章中除之，餘則入章中數也。以十二除之，餘則星見中次也。〔四〕中數從冬至起，次數從星紀起，算外，則星所見中次也。〔五〕

〔一〕一多「在」字。【補注】先謙曰：官本有「在」字。

〔二〕【補注】錢大昕曰：下「法」字衍。

〔三〕【補注】李鋭曰：此亦今有也。見中法爲見率，見中分爲中率，置定見復數，而今有之得積中。

〔四〕【補注】李鋭曰：累以元中章中十二除去之者，去其重疊也。下據中元餘推至日，故須先以元中除之。以章中除之者，下推見月以章月除月元餘，故此亦先以章中除之。其實以十二除中元餘，餘即爲星見中次。一歲十二中，周天十二次，其數同，故曰中次。

〔五〕【補注】錢大昕曰：曆家以五星會星紀之初爲上元，星備云「五星初起牽牛」。爾時日月合朔在牽牛，初五星始見，竝在南斗十二度，相距半次，故曰五星起其初，日月起其中也。自入上元以來，五星行天，遲疾不等，而每當一見復之始，去日並十五度，推五星術先求積中者，以中日月躔有定度，假如星始見，正當冬至日，則當在星紀之初。若始見在冬至後若干日，知其星紀幾何度，故求中次並爲一法也。論異乘同除之理，見中法者，大周之定見復數，見中分者，大周之積中，故見中法與見中分，若定見復與積中，如法乘除，而得積中，其不滿法者，則始見在中後之日分，故曰中餘也。如始見正當中日，則無中餘。置所得積中，徑以十二除之，算外即可得所見中次。今以元中除之者，以元首天正至朔同日並起甲子。後條推中日以中元餘變積日易以命算，且與求見月同法也。積月以有閏，故以章月除之，今亦以章中除中元餘者，亦以推見月之法例之。

推星見月，以閏分乘定見〔一〕，以章歲乘中餘從之，〔二〕盈見月法得一，并積中，則積月也。不盈者名曰月中餘。〔三〕以元月除積月餘，名曰月元餘。〔四〕以章月除月元餘，則入章月數也。以十二除之，至有閏之歲，除十三入章。三歲一閏，〔五〕六歲二閏，〔六〕九歲三閏，〔七〕十一歲四閏，〔八〕十四歲五閏，〔九〕十七歲六閏，〔一〇〕十九歲七閏。〔一一〕不盈者數起於天正，算外，則星所見月也。〔一二〕

〔一〕【補注】李鋭曰：據上文，「定見」下例增「復數」二字。

〔二〕【補注】齊召南曰：「從之」二字必訛，以文義推之，是「并之」二字。先謙曰：「從」與「併」同義，見上。

〔三〕【補注】錢大昕曰：「中」字衍。李鋭曰：此亦今有也。見月法爲見率，見閏分爲閏率，置見復數，而今有之得積閏月。以章歲月中餘從之者，中餘本以見中法爲母，見月法爲章歲乘見中法之數，以章歲乘中餘，則亦以見月法爲母，母同子齊，故可相并。一歲正數之月十二，與歲中同，故積閏加積中得積月。

〔四〕【補注】錢大昕曰：「月元」下本無「餘」字，以意加。先謙曰：汲古、官本並有「餘」字，錢豈未見邪？

〔五〕【補注】李鋭曰：以閏分七乘三，歲得二十一，以十九除之，得一閏。

〔六〕【補注】李鋭曰：以閏分七乘六，歲得四十二，以十九除之，得二閏。

〔七〕【補注】李鋭曰：以閏分七乘九，歲得六十三，以十九除之，得三閏。

〔八〕【補注】李鋭曰：以閏分七乘十一，歲得七十七，以十九除之，得四閏。

〔九〕【補注】李鋭曰：以閏分七乘十四，歲得九十八，以十九除之，得五閏。

〔一〇〕【補注】李鋭曰：以閏分七乘十七，歲得百一十九，以十九除之，得六閏。

〔一一〕【補注】李鋭曰：以閏分七乘十九，歲得百三十三，以十九除之，得七閏。

〔一二〕【補注】錢大昕曰：推上元以來積月，應以章歲乘見中分，以見閏分從之，以乘定見復數，如見月法而一，命爲積月。此但以閏分乘者，以一歲有中氣之月常有十二，既得積中，即可得積月。惟閏月無中氣，乃中氣之餘積，此閏分故常多於積中。今不求積月，但以見閏分乘定見復數，如見月法而一，即知上元以來共積有幾許閏月，以加積中而爲積月，乃捷法也。其以章歲乘所得中餘者，以中餘漸多，則中氣移在其月之末，星始見，不必在其月，而或在其後月，未入後中以前。故以中餘化爲閏分，閏分者，不盈章歲之數，故中餘亦以章歲乘之。以相併滿法得一，其不滿者，則星見在朔後之日分，命曰月餘也。如星見在朔日，則無月餘。以元月除積月，亦從甲子起算上命日也。積月以有閏，不可以十二除，故以章月除之。滿章歲則閏分盡。不滿章月者，計其入章之歲，平年除十二，閏年加一。其不滿十二者，則所求年天正至星見以前之積月也。

推至日，〔一〕以中法乘中元餘，盈元法得一，名曰積日。不盈者名曰小餘。〔二〕小餘盈二千五百九十七以上，中大。〔三〕數除積日如法，〔四〕算外，則冬至也。〔五〕

〔一〕【補注】李鋭曰：此推星所見中日。云至日者，舉冬至爲例也。

〔二〕【補注】李鋭曰：此亦今有也。以元法爲中率，中法爲日率，中元餘爲中數，而今有之得日數。

〔三〕【補注】李鋭曰：一中小餘元法分之二千二十，若小餘盈二千五百九十七，則并二千二十滿元法成日，故中大。

〔四〕【補注】李鋭曰：此以中元餘求積日，當數從元首甲子起，除謂六十除去之。

〔五〕【補注】錢大昕曰：此所推乃星見前交中氣日，舉冬至以起例。假如先推星見中在大寒，置積日除如法，算外，乃大寒日也。十二中氣竝倣此。中元餘者，入元以來之積中，以中法乘之，則每中化爲日分，如元法而一，得積日也。每中大餘三十，小餘二千二十，今小餘二千五百九十七以上，加二千二十，則盈元法而從大餘，故其中大也。中大三十一日，中小三十日。中餘分滿法而成日，術家謂之没日，四分以後，竝有求没日術，三統無之。

推朔日，以月法乘月元餘，盈日法得一，名曰積日，餘名曰小餘。小餘三十八以上，月大。〔一〕數除積日如法，〔二〕算外，則星見月朔日也。〔三〕

〔一〕【補注】李鋭曰：此與推天正術同。

〔二〕【補注】李鋭曰：亦數從甲子起。

〔三〕【補注】錢大昕曰：月元餘者，入元以來之積月，以月法乘之，則化積月爲日分，如日法而一，爲積日也。

推入中次日度數，以中法乘中餘，以見中法乘其小餘并之，盈見中日法得一，則入中日入次度數也。〔一〕中次至日數，〔二〕次以次初數，算外，則星所見及日所在度數也。〔三〕求夕，在日後十五度。〔四〕

〔一〕【補注】李鋭曰：中餘本以見中法爲母，前推至日以中法乘積中爲實，元法爲法，今以中法乘中餘爲實，則當以見中法乘元法爲法。又前推至日小餘，以元法爲母，今以見中法乘之，亦當以見中法乘元法爲母，母同子齊，故可相并。

元法乘見中法，得見中日法，故盈見中日法得一。

〔二〕【補注】錢大昕曰：「次」當作「以」。

〔三〕【補注】錢大昕曰：「及日」當作「日及」。

〔四〕【補注】錢大昕曰：中餘者，不盈見中法之餘，以中法乘，則以見中法分，每分通爲十四萬五百三十也。小餘又不盈元法之餘，以見中法乘，則以見中法分，每分通爲四千六百十七也。而中法又即元法乘中日之數，故分同而可徑併。如見中日法而一，則星見入中日數，以併中大，餘滿六十去之，算外，星見日也。中法以滿元法爲日，今以見中法乘其小餘，故必盈見中日法而得一日。蓋見中日法者，元法乘見中法之積也。中以至日起算，亦舉冬至見例如前條。又曰：五星晨見，後日命度在日前，金、水夕見，先日命度在日後者，天行左旋而成晝夜，五星隨日右轉而生見復，日前乃日已經之度，故後日。日後乃日未經之度，故先日。五星始見，竝去日半次，既得始見日，即知所入宿度，無二法也。

推入月日數，以月法乘月餘，以見月法乘其小餘并之，盈見月日法得一，則入月日數也。〔一〕并之大餘，數除如法，則見日也。〔二〕

〔一〕【補注】李銳曰：月餘本以見月法爲母，前推朔日，以月法乘積月爲實，日法爲法。今以月法乘月餘爲實，則當以見月法乘日法爲法。又朔日小餘以日法爲母，以見月法乘之，亦當以見月法乘日法爲法，故可并之。見月法乘日法，與統法乘見中法同。統法乘見中法，得見月日法，故盈見月日法得一。

〔二〕【補注】李銳曰：并之大餘，并朔日大餘也。此亦可數起朔日入中日，亦可并至日大餘，互文也。錢大昕曰：月餘者，不盈見月法之餘。以月法乘，則以見月法分，每分通爲二千三百九十二也。小餘又不盈日法之餘，以見月法乘，則以見月法分，每分通爲八十一也。而月法又即日法乘月日之數，故分同而徑併，如見月日法而一，爲星見入月日數，以併朔大餘，如法算外命日，即與所推星見入中日同也。

推後見中，加積中於中元餘，加後中餘於中餘，〔一〕盈〔二〕其法得一，從中元餘，數如法，則見〔三〕也。〔四〕

〔一〕【補注】錢大昕曰：「後」下當有「中」字。李鋭曰：歲星加積中十三，中餘百五十七，它皆放此。

〔二〕【補注】宋祁曰：景本「餘盈」下有「中」字。先謙曰：「中」字當衍。

〔三〕一多「中」字。【補注】先謙曰：官本有「中」字。

〔四〕【補注】錢大昕曰：「數」上當有「除」字，「則」下當有「後」字。又曰：統母之積中中餘，一見所歷之中氣及餘分也。以加先所推之中元餘及中餘，中餘滿見中法，從中元餘如法命之，即後見中。

推後見月，加積月於月元餘，加後月餘於月餘，〔一〕盈其法得一，從月元餘，除數如法，則後見月也。〔二〕

〔一〕【補注】李鋭曰：歲星加積月十三月，餘萬五千七十九。它放此。

〔二〕【補注】錢大昕曰：統母之積月月餘，即一見所歷之月及餘分也。以轉加先所推月元餘及月餘，即後見月。

推至日及入中次度數，如上法。〔一〕

〔一〕【補注】錢大昕曰：「次」下當有「日」字。

推朔日及入月數，如上法〔一〕

〔一〕【補注】錢大昕曰：「月」下當有「日」字。

推晨見加夕，夕見加晨，皆如上法。

推五步，置始見以來日數，至所求日，各以其行度數乘之。〔一〕其星若日有分者，分子乘全爲實，分母爲法。〔二〕其兩有分者，分母分度數乘全，分子從之，令相乘爲實，分母相乘爲法，〔三〕實如法得一，名曰積度。數起星初見星宿所在宿度，算外，則星所在宿度也。〔四〕

〔一〕【補注】李鋭曰：日度兩無分者，直相乘之爲積度。如水晨見日行二度一日，但以一二相乘，得二爲積度也。

〔二〕【補注】李鋭曰：子有所乘，母當報除也。如木始見日行十一分度二，百二十一日，此星有分也，以分子二乘全百二十一，得二百四十二爲實。分母十一爲法，得二十二爲積度，日有分放此。

〔三〕【補注】李鋭曰：「分度數」三字衍。子相乘，則母各當報除，故相乘爲法而連除。如金夕見日行一度九十二分度十五，百八十一日百七分日四十五，以度分母九十二乘全一度，得九十二度，分子十五從之，共得百七爲度分。以日分母百七乘全百八十一日，得萬九千三百六十七日，分子四十五從之，共得萬九千四百一十二爲日分。令度分日分相乘，得二百七萬七千八十四爲實，以度分母九十二日分母百七相乘，得九千八百四十四爲法，法除實，得二百一十一爲積度。

〔四〕【補注】李鋭曰：「星宿」二字衍。錢大昕曰：五緯在天，遲疾留逆，各有本行，其日數與行度皆不等，以通率求之，麤能約其一見所行之中數。今欲求某日星實行在某度分，應從始見以來起算，各以其行度數乘積日，其行度有分者，以分子乘日數，分滿其母，得一度，以加星始見日所在度，滿三百六十五去之，竝餘斗分，分少破全度，分母不同者，以斗分乘今所有分母，滿統法得一，即爲斗分。如法命之，即星所在度也。逆順母不同，以當行之母乘，故分如母而一，當行分也。留者承前，逆則減之。本劉洪乾象術文。又曰：其星日兩有分者，以通分之法御之。術以分母相乘爲法，又各以分母乘全數，分子從之，兩數相乘爲實，實如法而一，命爲積度也。又曰：以算明之，如木始見日行十一分度二，今行百二十一日，此度有分也。術以二乘百二十一，得二百四十二，滿十一而一，知行度二十二度也。又如金夕見日行一度九十二分十五，經百八十一日百七分日四十五，此兩有分也。術以百七與九十二相乘，得九千八百四十四爲法，以九十二乘一度，併十五得百七，又以百七乘百八十一，併四十五，得一萬九千四百十二，兩數相乘，得二百七萬七千八十四爲實，如法而一，得行度二百十一也。

歲術〔一〕

〔一〕【補注】錢大昭曰：「歲術」二字當另爲一行，「推歲所在」當與下相屬。先謙曰：官本不誤。

推歲所在，置上元以來，外所求年，盈歲數，除去之，〔一〕不盈者以百四十五乘之，以百四十四爲法，如法得一，名曰積次。不盈者名曰次餘。〔二〕積次盈十二，除去之，〔三〕不盈者名曰定次。數從星紀起，算盡之外，則所在次也。欲知太歲，以六十除餘積次，〔四〕餘不盈者，數從丙子起，算盡之外，則太歲日也。〔五〕

〔一〕【補注】李銳曰：歲星，歲數也。去之，亦去其重疊。歲數爲歲分一終，元法爲日月元統一終，求其俱終之歲，以歲數與元法求等得二十七，以約歲數，得六十四，以乘元法得二十九萬五千四百八十八歲，而歲星與元俱終。又八十乘之，得二千三百六十三萬九千四十，而復於太極上元也。

〔二〕【補注】李銳曰：此亦今有也。以百四十四爲年率，百四十五爲次率，不盈者爲年數，而今有之得積次，凡千七百二十八年，歲星行百四十五周。以周天十二次乘之，得千七百四十次，則爲千七百二十八年，星行千七百四十次也。兩數求等得十二，以約年數，得百四十四爲年率，以約次數，得百四十五爲次率，歲星大率一歲移一辰，今百四十四年，行百四十五次，是一歲行一次外，又超一辰，計千七百二十八年超十二辰而一周也。左傳襄二十八年正義云「欲知入次度者，以次餘乘一次三十度，以百四十四除之」。今三統亦無此文。

〔三〕【補注】李銳曰：十二次一周天，故去之。

〔四〕【補注】錢大昕曰：「餘」字衍。

〔五〕【補注】錢大昕曰：「日」字誤，當云「太歲所在」。左昭九年孔疏云「曆家以周天十二次，次別爲百四十四分，歲星每年行一百四十五分。是歲星行一次外，剩行一分，積一百四十四年乃剩行一次」。按歲星十二歲而周天，尚有剩分滿一千七百二十八年，剩行一周，而復於星紀之初，故云積終。其不盈歲數者，每年通爲百四十五分，滿百四十四而爲一次，謂之積次，即入歲數以來歲星所行之定次，故以十二去之，算外，所求年歲星所在也。欲知歲星所入次度，置次餘以三十乘之，滿百四十四得一，名曰積度數。從次初度起，算外，所求年歲星入次度。此法本志所闕，依春秋正義補之。但歲星歲行一次，既有餘分，則如入上元弟一年之末已應漸入玄枵初度，以後剩分更多，大率一歲之內，星行常跨兩次，至百三十三年，入星紀宮之二十七度半，則在星紀之時少，在玄枵之時多。又星行遲疾留逆，時時不同，今所推者，以通率約之，不必天正冬至定躔在某次某度也。又曰：三統曆推上元之始，太歲在丙子，太歲與歲星恒相應。歲星自丑右行，太歲自子左行，歲星百四十四年而超一次，太歲亦百四十四歲而超一辰，千七百二十八歲即歲星歲數。而超十二辰，以六十除歲數，餘四十八，加超辰十二，則滿六十而復於丙子矣。故推太歲與歲星所在，通爲一術也。自上元訖太初，十四萬三千一百二十七歲，以歲星歲數除去之，得八十二周。餘一千四百卅一歲，以百四十五乘之，百四十四爲法，如法得積次一千四百四十，滿六十去之恰盡。故知太初元年太歲在丙子也。古法，太歲與歲星皆有超辰，不盡依六十甲子之次，故古人不以干支紀歲，而以歲星所在紀歲，以歲星在天，人所共見，非若太歲之必待推算也。東漢以後，古法失傳，乃區太歲與歲星而二之。續志太史令虞恭、治曆宗訢等議以爲「太初元年，歲在丁丑，上極其元，當在庚戌，而曰丙子，言百四十四歲超一辰，凡九百九十三超，歲有空行八十二周有奇，乃得丙子。案歲所超，於天元十一月甲子朔旦冬至，日月俱超。日行一度，積三百六十五度四分度一而周天一帀，名曰歲。歲從一辰，日不得空周天，則歲無由超辰」。此不知古法，而妄訾前人之失，非定論也。太初之元，太歲當在丙子，而東漢人以爲丁丑，由不用超辰故也。又曰：周禮「馮相氏掌十有二歲」。注「歲謂太歲，歲星與日同次之月，斗所建之辰。樂說，說歲星與日常應太歲月建以見。然則今曆太歲非此也」。賈疏云「太歲在地，與天上歲相應而行，歲星爲陽，右行於天，一歲移一辰。又分前辰爲一百四十四分而侵一分，則一百四十四年跳一辰，十二辰帀，則總有千七百二十八年，十二跳辰帀。以此而計之，十二歲一小周，謂一年移一辰故也。千七百二十八年一大周，十二跳帀故也。歲左行於地，一與歲星跳辰年數同。此則服虔注春秋龍度天門是也。以歲星本在東方，謂之龍，以辰爲天門，故以歲星跳度爲龍度天門也。云歲星與日同次之月，斗所建之辰者，以歲星爲陽，人之所見，太歲爲陰，人所不覩，既歲星與太歲雖右行、左行不同，要行度不異，故舉歲星以表太歲，言歲星與日同次之月，一年之中，惟於一辰之上爲法，若元年甲子朔旦冬至，日月五星俱起於牽牛之初，是歲與日同次之月，十一月斗建子，子有太歲，至後年歲星移在子上十二月，日月會於玄枵，十二月斗建丑，丑有太歲，自此已後皆然。引樂說者，證太歲在月建之義也云然，則今曆太歲非此也者，以今曆太歲歲星北辰，太歲無跳辰之義，非此經太歲者也」。王引之曰：「日」字不誤，「日」下蓋脱「辰」字。日辰，謂十日十二辰也。紀歲必以日辰，六十甲子周而復始，故謂之太歲日辰。爾雅曰「太歲在甲曰閼逢」。此太歲所在之日名也。又曰「太歲在寅曰攝提格」。此太歲所在之辰名也。淮南天文篇曰「太陰所居，日爲德，辰爲刑」。太陰所居，謂太歲所在也。上文曰「數從丙子起」，丙子即太歲所在之日辰。李銳曰：據積次求太歲，是太歲亦百四十四年超一辰也。案太歲與歲星常相應，歲星自丑而子，右行於天，太歲自子而丑，左行於地。歲星在丑，則太歲在子，歲星在子，則太歲在丑，推之十二次皆然，故周禮鄭注云「歲謂太歲，歲星與日同次之月，斗所建之辰」。如歲星在丑，十一月與日同在丑，斗建子，太歲在子之類是也。太歲日者，如太初元年太歲在丙子，則其年丙子日爲太歲日。鄭注周禮云，若今曆日，太歲在某月某日某甲。是後漢有太歲日也。唐杜甫太歲日詩黄鶴注云「此是大曆三年正月初三日作」。攷通鑑目録，大曆三年戊申正月丙午朔，初三戊申，與黄鶴説合，是唐時尚有太歲日也。又案，太初元年太歲在丙子，又云閼逢攝提格之歲者，太初元年太歲日丙子，後九年至太始二年超一辰，太歲日丙戌，又百四十四年至建武二十六年庚戌歲，以超辰計之，太歲當爲辛亥，其時當超不超，自爾以後，太歲一歲一名，而不用超辰之法，又即以太歲紀年，而不用閼逢攝提格之等，由是古法亡矣。

贏縮。〔一〕傳曰：「歲棄其次而旅於明年之次，以害鳥帑，〔二〕周楚惡之。」五星之盈縮不是過也。〔三〕過次者殃大，過舍者災小，不過者亡咎。〔四〕次度。〔五〕六物者，歲時數日月星辰也。〔六〕辰者，日月之會而建所指也。〔七〕

〔一〕【補注】先謙曰：官本連上不提行。

〔二〕師古曰：「帑」與「奴」同。

〔三〕【補注】先謙曰：官本「盈」作「贏」。

〔四〕【補注】錢大昕曰：此論五星之縮贏也。天文志「超舍而前爲贏，退舍爲縮」。春秋襄二十八年「歲在星紀，而淫於玄枵」。此超舍而贏也。杜注「歲星棄星紀之次，客在玄枵，歲星所在，其國有福。失次於北，禍衝在南。南爲朱鳥，鳥尾曰帑，鶉火鶉尾，周、楚之分，故周王、楚子受其咎」。孔疏云「歲星常行之度，此年當在星紀。星紀，是其所居之次也。今歲星棄其所居之次，乃客處在於明年所居之次，言其未應往而往，向彼玄枵之次爲客寄也。子午之位，南北相衡，淫於玄枵，衡當鶉火，南方爲朱鳥之宿，帑者細弱之名，於人則妻子爲帑，於鳥則鳥尾爲帑。妻子爲人之後，鳥尾亦鳥之後，故俱以帑爲言也。天之分野，鶉火周分，鶉尾楚分，歲星之衡當此周、楚之分，故周王、楚子受其咎也。歲星客在玄枵，惟衡鶉火，而鶉尾亦有咎者，蓋以歲星漸西，衡則漸東，尾之於鳥，猶是一身，故衡其身而及其尾，此則裨竈能知，亦非吾徒所測也」。

〔五〕【補注】李鋭曰：此二字衍。

〔六〕【補注】錢大昕曰：「數」字衍。

〔七〕【補注】錢大昕曰：此論次度與辰爲一物也。以列宿所在言之謂之次，以日月所會言之謂之辰，引春秋傳士文伯語釋之。

星紀，初斗十二度，大雪。中牽牛初，冬至。於夏爲十一月，商爲十二月，周爲正月。〔一〕終於婺女七度。〔二〕

〔一〕【補注】錢大昭曰：大雪，十一月節也，時日在斗十二度。冬至，十一月中也，時日在牽牛初度。下放此。李鋭曰：無中氣者爲閏月，故有中氣則爲正數之月也。

〔二〕【補注】錢大昕曰：共三十度三百八十五分。

玄枵，初婺女八度，小寒。〔一〕中危初，大寒。於夏爲十二月，商爲正月，周爲二月。〔二〕終於危十五度。〔三〕

〔一〕【補注】錢大昭曰：十二月節。

〔二〕【補注】錢大昭曰：十二月中，十二月極寒之時，相對爲大小月。初寒爲小月，半寒爲大。

〔三〕【補注】錢大昕曰：共三十度。

諏訾，初危十六度，立春。〔一〕中營室十四度，驚蟄。今曰雨水，於夏爲正月，商爲二月，周爲

三月。〔一〕終於奎四度。〔二〕

〔一〕【補注】錢大昭曰：正月節。

〔二〕【補注】齊召南曰：案古節氣以驚蟄爲正月中，以雨水爲二月節。鄭康成月令注云「漢始以雨水爲二月節」。孔穎達春秋疏云「太初以後更改氣名，以雨水爲正月中，驚蟄爲二月節，迄今不改」。據此志云云，則是太初節氣，猶仍古時，至東漢始改雨水於驚蟄之前，又改穀雨於清明之後，後志可證也。錢大昕曰：古以啓蟄爲正月中，雨水爲二月節，夏小正正月啓蟄。春秋傳「啓蟄而郊」。杜云「啓蟄，夏正建寅之月，祀天南郊」。考工記「凡冒鼓必以啓蟄之日」。鄭云「啓蟄，孟春之中也」。月令「孟春之月，蟄蟲始振。仲春之月，始雨水」。皆其證也。漢改啓蟄曰驚蟄，避景帝諱，而中節次弟無改，三統術亦如之。注稱，驚蟄今曰雨水，雨水今曰驚蟄者，乃東漢所改，班氏紀之於史耳。月令注「漢始亦以驚蟄爲正月中，雨水爲二月節」。孔穎達謂「三統曆驚蟄爲二月節」。其說非也。蓋始於四分。孝經緯「立春十五日爲雨水，雨水十五日爲驚蟄」。緯書出於東漢，則中、節亦其時所改矣。淮南子天文訓先雨水，後驚蟄，先清明，後穀雨，疑出後人妄改。周書時則篇本僞托，不足信。

〔三〕【補注】錢大昕曰：共三十一度。

降婁，初奎五度，雨水。今曰驚蟄。〔一〕中婁四度，春分。於夏爲二月，商爲三月，周爲四月。終於胃六度。〔二〕

〔一〕【補注】錢大昭曰：驚蟄者，蟄蟲驚而走出也。雨水者，言雪散爲雨水也。

〔二〕【補注】錢大昕曰：共三十度。

大梁，初胃七度，穀雨。今曰清明。中昴八度，清明。今曰穀雨。於夏爲三月，商爲四月，周爲

五月。〔一〕終於畢十一度。〔二〕

〔一〕【補注】錢大昭曰：穀雨，三月節，言雨以生百穀也。清明，三月中，言物生清淨明絜。

〔二〕【補注】錢大昕曰：共三十度。易通卦驗以清明爲三月節，穀雨爲三月中，與今法同，當亦四分以後所改。

實沈，初畢十二度，立夏。〔一〕中井初，小滿。於夏爲四月，商爲五月，周爲六月。〔二〕終於井十五度。〔三〕

〔一〕【補注】錢大昭曰：四月節。

〔二〕【補注】錢大昭曰：四月中，言物長於此，小得盈滿也。

〔三〕【補注】錢大昕曰：共三十一度。

鶉首，初井十六度，芒種。〔一〕中井三十一度，夏至。於夏爲五月，商爲六月，周爲七月。〔二〕終於柳八度。〔三〕

〔一〕【補注】錢大昭曰：五月節，言有芒之穀可稼種也。

〔二〕【補注】錢大昭曰：五月中。

〔三〕【補注】錢大昕曰：共三十度。

鶉火，初柳九度，小暑。〔一〕中張三度，大暑。於夏爲六月，商爲七月，周爲八月。〔二〕終於張十七度。〔三〕

〔一〕【補注】錢大昭曰：六月節。

〔二〕【補注】錢大昭曰：六月中，就極熱之中，分爲大小，月初爲小，月半爲大也。

〔三〕【補注】錢大昕曰：共三十一度。

鶉尾，初張十八度，立秋。〔一〕中翼十五度，處暑。於夏爲七月，商爲八月，周爲九月。〔二〕終於軫十一度。〔三〕

〔一〕【補注】錢大昭曰：七月節。

〔二〕【補注】錢大昭曰：七月中，言暑氣將退，伏而漸處也。

〔三〕【補注】錢大昕曰：共三十度。

壽星，初軫十二度，白露。〔一〕中角十度，秋分。於夏爲八月，商爲九月，周爲十月。〔二〕終於氐四度。〔三〕

〔一〕【補注】錢大昭曰：八月節，陰氣漸重，露濃色白也。

〔二〕【補注】錢大昭曰：八月中。

〔三〕【補注】錢大昕曰：共三十一度。

大火，初氐五度，寒露。〔一〕中房五度，霜降。於夏爲九月，商爲十月，周爲十一月。〔二〕終於尾九度。〔三〕

〔一〕【補注】錢大昭曰：九月節，言露氣寒，將欲凝結也。

〔二〕【補注】錢大昭曰：九月中。

〔三〕【補注】錢大昕曰：共三十度。

析木，初尾十度，立冬。〔一〕中箕七度，小雪。於夏爲十月，商爲十一月，周爲十二月。〔二〕終於斗十一度。〔三〕

〔一〕【補注】錢大昭曰：十月節。

〔二〕【補注】錢大昭曰：十月中，以霜雨凝結而雪，十月猶小，十一月轉大也。

〔三〕【補注】錢大昕曰：共三十一度。漢人言十二次宿度者，自劉歆而外，又有兩家，其一則費直周易分野，以星紀起斗十度，玄枵起女六度，娵訾起危十四度，降婁起奎二度，大梁起婁十度，疑誤。實沈起畢九度，鶉首起井十二度，鶉火起柳五度，鶉尾起張十三度，壽星起軫七度，大火起氐十一度，析木起尾九度。其一則蔡邕月令章句云，自斗六度，至須女二度，謂之星紀。自須女二度，至危十度，謂之玄枵。自危十度，至壁八度，謂之豕韋。自壁八度，至胃一度，謂之降婁。自胃一度，至畢六度，謂之大梁。自畢六度，至井十度，謂之實沈。自井十度，至柳三度，謂之鶉首。地理志同。自柳三度，至張十二度，謂之鶉火。地理志同。自張十二度，至軫六度，謂之鶉尾。自軫六度，至危八度，謂之壽星。地理志「自東井六度，至亢六度，謂之壽星之次」。「東井」，當作「軫亢」，「六度」，亦當作「亢八度」。自亢八度，至尾四度，謂之大火。自尾四度，至斗六度，謂之析木。地理志同，但誤尾作危。皆與三統不同。按費氏之説，見晉書天文志，其十二次度多少不倫，蓋傳寫譌舛，無可取徵。蔡氏所分宿度，較之三統率先六度，所以然者，古人未明歲差之説。三統據周末冬至日在牽牛，定斗十二度爲星紀之初。東漢測冬至日躔，斗二十一度，遂改斗六爲星紀之初。蓋既以節氣繫於十二次，節氣既差而西，不得不減宿度以就之矣。其實十二次者，恒星天之一周。二十四氣者，黄道之一周。當分而爲二，不當混而爲一。左傳梓愼稱玄枵虛中，裨竈稱婺女、玄枵之維首。然則虛五度，當爲玄枵之中，婺女一度，當爲玄枵之初，傳文固有明徵，推之十二次，皆可定矣。唐一行日度議以四象分天：北正玄枵，中虛九度；東正大火，中房二度；南正鶉火，中七星七度；西正大梁，中昴七度。三統所定次度，似猶未合於古。至十二次之名，多從星象取義，西陸北陸，在天自有定位，而冬至日躔，歲歲不同，由於恒星天亦隨黃道東移，漢人未識其故，增減宿度，以就節氣，誤矣。又曰：保章氏注，引堪輿云「寅，析木，燕也。卯，大火，宋也。辰，壽星，鄭也。巳，鶉尾，楚也。午，鶉火，周也。未，鶉首，秦也。申，實沈，晉也。酉，大梁，趙也。戌，降婁，魯也。亥，娵訾，衛也。子，玄枵，齊也。丑，星紀，吴越也」。按鄭注，十二辰始玄枵，終娵訾，自北而東、而南、而西，隨天體而左旋，赤道之定度也。此十二辰始星紀，終析木，自北、而西、而南、而東，從七曜而右旋，黃道之行度也。李鋭曰：月令正義引三統曆云，大雪，日在斗十二度，昏、壁五度中，去日八十四度，旦、角三度中。冬至，日在牛初度，昏、奎十度中，去日八十二度，旦、亢七度中。小寒，日在婺女八度，昏、婁十一度中，去日八十四度，旦、氐十二度中。大寒，日在危初度，昏、昴二度中，去日八十度，旦、心五度中。立春，日在危十六度，正月中，日在室十四度。立春，昏、畢十度中，去日九十八度，正月中，昏、井二度中，去日九十三度。（鋭案，此立春正月中，並脱「旦、中星度，二月節，日在奎五度，昏、井二十二度中，去日九十七度，旦、斗五度中」。）春分，日在婁四度，昏、柳五度中，去日一百二度，旦、斗十六度中。三月之節，日在胃七度，昏、張十二度中，去日一百七度，旦、斗二十六度中。清明，日在昴八度，昏、翼四度中，去日一百一十一度，旦、女二度中。四月節，日在畢十二度，昏、軫四度中，去日一百一十四度，旦、虛三度中。四月中，日在井初度，昏、角六度中，去日一百一十七度，旦、危六度中。五月五日，在井十六度，昏、氐二度中，去日一百一十九度，旦、室二度中。五月中，日在井三十一度，昏、房二度中，去日一百一十九度，旦、奎十一度中。（鋭案，旦奎中，當在六月節，緣脱去「五月中。旦、中」一條，誤在於此。奎十一度數亦有誤。）六月節，日在柳九度，昏、尾七度中，去日一百一十九度，旦、婁八度中。（鋭案，旦、婁中，當在六月中。）六月中，日在張三度，昏、箕二度中，去日一百一十七度，旦、胃十四度中。（鋭案，旦、胃中，當在七月節。）七月節，日在張十八度，昏、斗四度中，去日一百一十四度，旦，畢八度中。（鋭案，旦畢中，當在七月中。）七月中，日在翼十五度，昏，斗十六度中，去日一百一十一度，旦，井初度中。（鋭案，旦，井中，當在八月節，下云井二度，兩者必有一誤。）八月節，日在軫十二度，昏，斗二十六度中，去日一百六度，旦，井二度中。八月中，日在角十度，昏，女三度中，去日一百六度，旦，井二十一度中。九月節，日在氐五度，昏，虚二度中，去日九十七度，旦，張初度中。（鋭案，此旦中有誤。）九月中，日在房五度，昏，危三度中，去日九十三度，旦，張十八度中。（鋭案，此旦中亦有誤。）十月節，日在尾十度，昏，危十四度中，去日八十九度，旦，翼初度中。十月中，日在箕七度，昏，室十度中，去日八十六度。（鋭案，此脱旦中一條。右昏旦中星，今三統術無此文，以校四分術，昏明中星率，後五度。蓋三統起牛初，四分起牛前五度故也。）

角十二。亢九。氐十五。房五。心五。尾十八。箕十一。〔一〕

〔一〕【補注】齊召南曰：案此洛下閎所度星度，祇據赤道，唐志詳言之。其黄道度數，自續志始載，然後世曆家疏密不一，惟黄道度較赤道爲易差。郭守敬云，赤道列舍相距度數，歷代所測不同，非微有動移，則前人所測或未密也。今以此文星度校之，元史具列唐一行、宋皇祐、元豐、崇甯時所測，元至元中用二線所測，度分稍有不同，然大致不異也，則洛下閎之術亦神矣。

東七十五度。

斗二十六。〔一〕牛八。女十二。虚十。危十七。營室十六。壁九。

〔一〕【補注】錢大昕曰：此下當有「三百八十五分」六字。賈逵云，太初曆斗二十六度三百八十五分。姜岌云，三統以千五百三十九分之三百八十五爲斗分。蓋周天以牽牛起算，終於南斗二十六度，所有零分歸於斗度之末，故曰斗分。此「斗分」字當是分注，後人傳寫失之。李鋭曰：四分以後各術，一周全度外，不成度之分名曰斗分。三統統母無斗分之目，術中亦不見，其求度數起牛初，則餘分三百八十五，亦當在斗末也。

北九十八度。〔一〕

〔一〕【補注】錢大昕曰：此下當有「三百八十五分」六字。

奎十六。婁十二。胃十四。昴十一。畢十六。觜二。參九。

西八十度。

井三十三。鬼四。柳十五。星七。張十八。翼十八。軫十七。

南百一十二度。

九章歲爲百七十一歲，而九道小終。〔一〕九終千五百三十九歲而大終。〔二〕三終而與元終。〔三〕進退於牽牛之前四度五分。九會。陽以九終，故日有九道。陰兼而成之，故月有十九道。陽名成功，故九會而終。〔四〕四營而成易，故四歲中餘一，〔五〕四章而朔餘一，〔六〕爲篇首，〔七〕八十一章而終一統。

〔一〕【補注】錢大昕曰：十九年一章，亦是秦漢以前粗率，祖沖之刱新率，改章法三百九十一年有一百四十四閏。以舊法較之，則七千四百二十九歲之中，舊法當有二千七百三十七閏，新法止有二千七百三十六閏，此戴法興所詆以爲七千四百二十九年輒失一閏者也。中朔與閏本相表裏，歲實既減於四分，則章法自難因乎古。李淳風麟德術乃去章歲之名，並氣朔閏餘，通爲一術，但以氣實與十二朔實相校，所多之數，即爲一歲之閏，積而不更，求齊同之率。長慶宣明術雖有章歲、章月、章閏之名，然其所謂章歲者，乃歲實也，章月者，朔實也，章閏者，一歲之閏分也，與古法名同而實異，此後無有復言章歲者矣。臧元震以章法爲重，又稱一大一小爲平朔，兩大兩小爲經朔，三大三小爲定朔。不知經朔即平朔也。平朔有兩大，無兩小。三大、三小，皆爲定朔。既用定朔，則十九年七閏之恒率自不能拘，而當時有同亦不能知也。

〔二〕【補注】李光地曰：以日法計之，一歲全日之外，小分三百八十五，比之四分曆法而稍贏，案四分二百三十五。蓋侵小分四之一也。章會至朔之分，不在日首，積之一千五百三十九年，却贏小分三百八十五，其明年景復，則去酉入子，而冬至會起於日首而無餘分矣，故爲一統也。李鋭曰：九九八十一章爲一統，中積三會。

〔三〕【補注】李光地曰：甲子者，日名之始，必氣朔肇於此日，乃得曆本，故初統而得甲子，次統而得甲辰，三統而得甲申。三統既盡，復置甲子朔夜半冬至，揚子雲所謂章統元與蝕俱没，則後元之統也。李鋭曰：九會而復元。

〔四〕【補注】錢大昕曰：會歲五百十三，九之得四千六百一十七，即元法。

〔五〕【補注】錢大昕曰：每歲三百六十五日千五百三十九分日之三百八十五，四歲凡千四百六十日千五百四十分，滿分母復得一日，仍餘一數。李鋭曰：一歲大餘五，小餘三百八十五，四之，小餘滿統法得一，從大餘，得大餘二十一，小餘一。

〔六〕【補注】錢大昕曰：每章六千九百三十九日八十一分日之六十一，四章凡二萬七千七百五十九日，仍餘八十一分日之一。

〔七〕【補注】李鋭曰：一章大餘三十九，小餘六十三，四之，大餘滿六十去之，小餘滿日法得一，從大餘，得大餘三十九，小餘一。案，此因四分舊率也。四分之術，四歲而中，無小餘，四章而朔，無小餘，爲蔀首。篇首即蔀首。史記曆書有曆術甲子篇。

一，甲子元首。漢太初元年。〔一〕十，辛酉。〔二〕十九，己未。二十八，丁巳。三十七，乙卯。

四十六，壬子。五十五，庚戌。六十四，戊申。七十三，丙午，中。

〔一〕【補注】先謙曰：錢大昕、李鋭皆謂今本行列失次，古本三統，每統各八十一章，每九章當爲一列。自甲子元首，至丙寅孟止爲一列。每章又分三行，自甲子元首，至丙午爲一行，甲辰二統，至丙戌爲一行，甲申三統，至丙寅爲一行。以孟、中、季三字，依次分注各行之下是也。惜古本無存，未便臆改，即今本依例求之，當亦瞭然矣。

〔二〕【補注】錢大昕曰：甲子統内弟十章首，朔旦冬至之日也。以下放此。

甲辰二統。〔一〕辛丑。〔二〕己亥。〔三〕丁酉。〔四〕乙未。〔五〕壬辰。〔六〕庚寅。〔七〕戊子。〔八〕丙戌，季。〔九〕

〔一〕【補注】錢大昕曰：一。

〔二〕【補注】錢大昕曰：十。

〔三〕【補注】錢大昕曰：十九。

〔四〕【補注】錢大昕曰：二十八。

〔五〕【補注】錢大昕曰：三十七。

〔六〕【補注】錢大昕曰：四十六。

〔七〕【補注】錢大昕曰：五十五。

〔八〕【補注】錢大昕曰：六十四。

〔九〕【補注】錢大昕曰：七十三。

甲申三統。〔一〕辛巳。〔二〕己卯。〔三〕丁丑。文王四十二年。〔四〕乙亥。微二十六年。〔五〕壬申。〔六〕

庚午。〔七〕戊辰。〔八〕丙寅，孟。愍二十二年。〔九〕

〔一〕【補注】錢大昕曰：一。
〔二〕【補注】錢大昕曰：十。
〔三〕【補注】錢大昕曰：十九。
〔四〕【補注】錢大昕曰：二十八。
〔五〕【補注】錢大昕曰：魯微公也。三十七。
〔六〕【補注】錢大昕曰：四十六。
〔七〕【補注】錢大昕曰：五十五。
〔八〕【補注】錢大昕曰：六十四。
〔九〕【補注】錢大昕曰：「愍」，譜作「緡」。七十三。

二，癸卯。〔一〕十一，辛丑。二十，己亥。二十九，丁酉。二十八，甲午。〔二〕四十七，壬辰。五十六，庚寅。六十五，戊子。〔三〕七十四，乙酉，中。

〔一〕【補注】錢大昕曰：甲子元統第二(首章)〔章首〕，朔旦冬至之日也。以下放此。
〔二〕【補注】先謙曰：官本「二」作「三」是。
〔三〕【補注】宋祁曰：景本作「戊午」。

癸未。〔一〕辛巳。己卯。丁丑。甲戌。壬申。庚午。戊辰。乙丑，季。

〔一〕【補注】錢大昕曰：甲辰統第二章首也。

癸亥。〔一〕辛酉。己未。〔二〕丁巳。周公五年。〔三〕甲寅。壬子。庚戌。戊申。元四年。乙巳，孟。

〔一〕【補注】錢大昕曰：甲申統第二章首也。

〔二〕【補注】宋祁曰：景本作「乙未」。

〔三〕【補注】宋祁曰：景本作「丁酉」。

三，癸未。〔一〕十二，辛巳。二十一，己卯。三十，丙子。三十九，甲戌。四十八，壬申。五十七，庚子。〔二〕六十六，丁卯。七十五，乙丑，中。

〔一〕【補注】錢大昕曰：甲子統。

〔二〕【補注】先謙曰：官本作「庚午」。

癸亥。〔一〕辛酉。己未。丙辰。甲寅。壬子。庚戌。丁未。乙巳，季。

〔一〕【補注】錢大昕曰：甲辰二統。

癸卯。〔一〕辛丑。己亥。丙申。甲午。壬辰。庚寅。成十二年。丁亥。乙酉，孟。

〔一〕【補注】錢大昕曰：甲申三統。

四，癸亥。初元二年。〔一〕十三，辛酉。二十二，戊午。三十一，丙辰。四十，甲寅。四十九，壬子。五十八，己酉。六十七，丁未。七十六，乙巳，中。

〔一〕【補注】錢大昕曰：元統。

癸卯。〔一〕辛丑。戊戌。丙申。甲午。壬辰。己丑。丁亥。乙酉，季。

〔一〕【補注】錢大昕曰：二統。

癸未。〔一〕辛巳。戊寅。丙子。甲戌。壬申。惠三十八年。己巳。丁卯。乙丑，孟。

〔一〕【補注】錢大昕曰：三統。

五，癸卯。河平元年。〔一〕十四，庚子。二十三，戊戌。三十二，丙申。四十一，甲午。五十，辛卯。五十九，己丑。六十八，丁亥。七十七，乙酉，中。

〔一〕【補注】錢大昕曰：元統。

癸未。〔一〕庚辰。戊寅。丙子。甲戌。辛未。己巳。丁卯。乙丑，季。商太甲元年。〔二〕

〔一〕【補注】錢大昕曰：二統。

〔二〕【補注】宋祁曰：太甲元年當在「楚元三年」上。

癸亥。〔一〕庚申。戊午。丙辰。甲寅。獻十五年。辛亥。己酉。丁未。乙巳，孟。楚元三

年。〔一〕

〔一〕【補注】錢大昕曰：三統。

〔二〕【補注】宋祁曰：景本無「三」字。

六，壬午。〔一〕十五，庚辰。二十四，戊寅。三十三，丙子。四十二，癸酉。五十一，辛未。六十，己巳。六十九，丁卯。七十八，甲子，中。

〔一〕【補注】錢大昕曰：元統。

壬戌。〔一〕庚申。戊午。丙辰。癸丑。辛亥。己酉。丁未。甲辰，季。

〔一〕【補注】錢大昕曰：二統。

壬寅。〔一〕庚子。戊戌。丙申。煬二十四年。癸巳。辛卯。己丑。〔二〕丁亥。康四年。甲申，孟。

〔一〕【補注】錢大昕曰：三統。

〔二〕【補注】錢大昕曰：昭二十年。春秋昭二十年傳「春，王二月，己丑，日南至」。杜注「是歲朔旦冬至之歲也。當言正月，己丑朔，日南至。時史失閏，閏更在二月後」。

七，壬戌。始建國三年。〔一〕十六，庚申。二十五，戊午。三十四，乙卯。〔二〕四十三，癸丑。

五十二，辛亥。〔三〕六十一，己酉。七十，丙午。七十九，甲辰，中。

〔一〕【補注】錢大昕曰：元統。

〔二〕【補注】先謙曰：官本「三」作「二」。

〔三〕【補注】宋祁曰：改作「辛巳」。

壬寅。〔一〕庚子。戊戌。乙未。癸巳。辛卯。己丑。丙戌。甲申，季。

〔一〕【補注】錢大昕曰：二統。

壬午。〔一〕庚辰。戊寅。乙亥。癸酉。辛未。己巳。定七年。〔二〕丙寅。甲子，孟。〔三〕

〔一〕【補注】錢大昕曰：三統。

〔二〕【補注】宋祁曰：景〔本〕作「十一年」。

〔三〕【補注】錢大昕曰：漢文後三年，四分以此爲元首。

八，壬寅。〔一〕十七，庚子。二十六，丁酉。三十五，乙未。四十四，癸巳。五十三，辛卯。

六十二，戊子。七十一，丙戌。八十，甲申，中。

〔一〕【補注】錢大昕曰：元統。

壬午。〔一〕庚辰。丁丑。乙亥。癸酉。辛未。戊辰。丙寅。甲子，季。

〔一〕【補注】錢大昕曰：二統。

壬戌。〔一〕庚申。丁巳。乙卯。癸丑。辛亥。僖五年。戊申。丙午。甲辰，孟。

〔一〕【補注】錢大昕曰：三統。

九，壬午。〔一〕十八，己卯。二十七，丁丑。三十六，乙亥。四十五，癸酉。五十四，庚午。六十三，戊辰。七十二，丙寅。八十一，甲子，中。

〔一〕【補注】錢大昕曰：元統。

壬戌。〔一〕己未。丁巳。乙卯。癸丑。庚戌。戊申。丙午。甲辰，季。

〔一〕【補注】錢大昕曰：二統。

壬寅。〔一〕己亥。丁酉。乙未。癸巳。懿九年。庚寅。戊子。丙戌。甲申，孟。元朔六年。

〔一〕【補注】錢大昕曰：三統。

推章首朔旦冬至日，置大餘三十九，小餘六十一，〔一〕數除如法，各從其統首起。求其後章，當加大餘三十九，小餘六十一，各盡其八十一章。〔二〕

〔一〕【補注】李鋭曰：以月法乘章月，得五十六萬二千一百二十，如日法而一，得六千九百三十九，爲積日，不盡六十一，爲小餘。六十去積日，不盡三十九，爲大餘。

〔三〕【補注】錢大昕曰：每章歲積日六千九百三十九又八十一分日之六十一，即小餘。積日滿六十去之，其餘三十九，是爲大餘。如元首弟一章甲子朔旦冬至，無餘分，求弟二章首，則加大餘三十九，小餘六十一，推爲癸卯朔旦冬至，加時在酉也。又以大小餘轉加小餘，滿日法從大餘，大餘滿六十去之，得大餘十九，小餘四十一，推得弟三章首癸未朔旦冬至，加時在巳也。

推篇，大餘亦如之，小餘加一。〔一〕求周至，加大餘五十九，小餘二十一。〔二〕

〔一〕【補注】錢大昕曰：四章爲一篇，凡七十六歲，亦名蔀法。積日二萬七千七百五十九，小餘一，以八十一爲日法。積日滿六十去之，得大餘三十九。四分術四歲恰滿一日，故蔀無小餘。三統術歲餘四分日一有奇，故四章而餘八十一分之一。

〔二〕【補注】錢大昕曰：五十七歲爲三章，即周至之數也。積日二萬有八百一十九又八十一分日之二十一，以六十去積日，得大餘。李鋭曰：四章爲篇，三章爲周至。置一章大餘三十九，小餘六十一；四之，餘數如法，得篇大餘三十九，小餘一；三之，得周至大餘五十九，小餘二十一。

世經〔一〕

〔一〕【補注】先謙曰：官本二字提行，不連下文。

春秋昭公十七年「郯子來朝」，傳曰，昭子問少昊氏鳥名何故，〔一〕對曰：「吾祖也，我知之矣。昔者，黄帝氏以雲紀，故爲雲師而雲名；炎帝氏以火紀，故爲火師而火名；共工氏以水紀，故爲水師而水名；〔二〕太昊氏以龍紀，故爲龍師而龍名。我高祖少昊摯之立也，〔三〕鳳鳥適至，故紀於鳥，爲鳥師而鳥名。」言郯子據少昊受黄帝，黄帝受炎帝，炎帝受共工，共工受

太昊，故先言黃帝，上及太昊。稽之於易，炮犧、神農、黃帝相繼之世可知。〔四〕

〔一〕師古曰：郯，國名；子，其君之爵也。郯國即東海郯縣是也。朝，朝於魯也。昭子，魯大夫叔孫昭子也，名婼。

〔二〕師古曰：共讀曰龔。下皆類此。

〔三〕【補注】錢大昭曰：「縶」，監本、閩本皆作「摯」。先謙曰：官本作「摯」是也。下文汲古本亦作「摯」。明此作「縶」爲誤字。左傳亦作「摯」。

〔四〕師古曰：炮與庖同也。【補注】錢大昕曰：三統推太極上元之歲爲曆元。但邃古之初，荒忽無據，讖緯所述三皇之名弟已不能盡合，故斷自炮犧以來，亦易、春秋之例也。先謙曰：官本注末無「也」字。

太昊帝　易曰：「炮犧氏之王天下也。」言炮犧繼天而王，爲百王先，首德始於木，故爲帝太昊。作罔罟以田漁，取犧牲，〔一〕故天下號曰炮犧氏。〔二〕

〔一〕師古曰：罟音古。【補注】先謙曰：官本無注。

〔二〕【補注】錢大昕曰：帝王世紀云「太皞氏有聖德，爲百王先。帝出於震，未有所因，故位在東，主春，象日之明，是以稱太皞。作罔罟，以田漁，取犧牲，故天下號曰庖犧氏，一號黃熊氏」。郊祀志「劉向父子以爲帝出于震，故包羲氏始受木德，其後以母傳子，終而復始，自神農、黃帝下歷唐虞三代，而漢得火焉」。先謙曰：官本與下連文。

祭典曰：「共工氏伯九域。」〔一〕言雖有水德，在火木之間，非其序也。任知刑以彊，故伯而不王。秦以水德，在周、漢木火之間。〔二〕周人遷其行序，故易不載。〔三〕

〔一〕師古曰：祭典，即禮經祭法也。伯讀與霸同。下亦類此。【補注】周壽昌曰：文選策魏公九錫文注引韓詩「奄有九域」。薛君曰「九域，九州也」。禮祭法「共工氏之霸九州也」。魯語作「霸九有」。有、域字通。

〔二〕師古曰：志言秦爲閏位，亦猶共工不當五德之序。

〔三〕鄧展曰：畧，去也，以其非次故去之。師古曰：此指謂共工也。畧，古遷字。其下並同。【補注】錢大昕曰：郊祀志「昔共工氏以水德間於木火，與秦同運，非其次序，故皆不永」。

炎帝　易曰：「炮犧氏没，神農氏作。」言共工伯而不王，雖有水德，非其序也。以火承木，故爲炎帝。教民耕農，故天下號曰神農氏。〔一〕

〔一〕【補注】錢大昕曰：孔穎達云，帝系、世本皆謂炎帝即神農氏。炎帝身號神農，代號也。譙周「古史以爲炎帝與神農各爲一人」。按神農氏亦稱烈山氏。祭法「厲山氏之有天下也」。賈逵、鄭玄皆云「烈山，炎帝之號」。帝王世紀云「神農本起烈山」。蓋初封烈山爲諸侯，後爲天子，猶帝堯初爲唐侯也。

黄帝　易曰：「神農氏没，黄帝氏作。」火生土，故爲土德。與炎帝之後戰於阪泉，遂王天下。始垂衣裳，有軒冕之服，〔一〕故天下號曰軒轅氏。〔二〕

〔一〕鄧展曰：凡冠，前卑後高，故曰軒冕也。師古曰：此説非也。軒，軒車也。冕，冕服也。春秋左氏傳曰「服冕乘軒」。

〔二〕【補注】錢大昕曰：春秋内事曰「軒轅以土德王天下」。封禪書「黄帝得土德，黄龍地螾見」。如淳引吕氏春秋云「黄帝之時，天先見大螻大螾」。黄帝曰，土氣勝」。故其色尚黄。

少昊帝　考德曰，少昊曰清。〔一〕清者，黄帝之子清陽也。是其子孫名摯立。〔二〕土生金，

故爲金德，天下號曰金天氏。周遷其樂，故易不載，序於行。〔三〕

〔一〕師古曰：考德者，考五帝德之書也。

〔二〕【補注】齊召南曰：案左傳「郯子曰，我祖少昊摯之立也」。是少昊名摯。此志云名摯立，涉彼文而訛者也。先謙曰：郯子語引見上文。「立」字與上下文作「受」，即位意同，非誤也。

〔三〕【補注】錢大昕曰：譙周云「金天氏能修太皞之法，故曰少皞」。帝王世紀云「少皞帝名摯，字青陽，姬姓也。降居江水，有聖德，邑于窮桑，以登帝位，都曲阜，故或謂之窮桑，即圖讖所謂白帝朱宣者也。位百年而崩」。按此則摯者，青陽之名。史記五帝本紀無金天氏。按孔穎達云「史記云，黄帝正妃生二子，其後皆有天下。其一曰玄囂，是爲青陽，降居江水。言降居江水，謂不爲帝也。傳言其以鳥名官，則是爲帝明矣。故世本及春秋緯皆言青陽即是少皞，黄帝之子，代黄帝而有天下，號曰金天氏」。春秋昭十七年正義文。帝系亦云「少皞是黄帝之子」。今考德謂少昊曰清，似亦以清陽爲少昊矣。如劉子駿説，則金天氏又非清陽之身，乃其子孫。此應别有所據。曹植少昊贊云「祖自軒轅，青陽之裔，金德承土，儀鳳帝世」。正用此也。大司樂「以樂舞教國子，舞雲門、大卷、大咸、大磬、大夏、大濩、大武」。注「此周所存六代之樂。黄帝曰雲門、大卷。大咸，咸池，堯樂也。大磬，舜樂。大夏，禹樂。大濩，湯樂。大武，武王樂」。疏「案孝經緯云『伏犧之樂曰立基，神農之樂曰下謀，祝融之樂曰屬（讀）〔續〕』。又樂緯云『顓頊之樂曰五莖，帝嚳之樂曰六英』。皇甫謐云『少昊之樂曰九淵』。則伏犧以下皆有樂，今此惟存黄帝、堯、舜、禹、湯者，案易繫辭云『黄帝、堯、舜垂衣裳』。鄭注云『金天、高陽、高辛遵黄帝之道，無所改作，故不述焉』。則此所不存者，義亦然也。然鄭據五帝之中而言，則三皇之樂不存者，以質故也」。

顓頊帝　春秋外傳曰，少昊之衰，九黎亂德，顓頊受之，乃命重黎。蒼林昌意之子也。金生水，故爲水德。天下號曰高陽氏。周遷其樂，故易不載，序於行。〔一〕

〔一〕【補注】錢大昕曰：帝王世紀曰「顓頊生十年而佐少昊，二十而登帝位，平九黎之亂。以水事紀官，南正重司天，以屬神，火正黎司地，以屬民，于是民神不雜，萬物有序。在位七十八年，九十一歲，歲在鶉火而崩」。孔穎達云「大戴禮五帝德、司馬遷五帝紀皆言顓頊、帝嚳代别一人。春秋緯命歷序：顓頊傳九世，帝嚳傳八世。典籍散亡，無以取信」。

帝嚳　春秋外傳曰，顓頊之所建，帝嚳受之。清陽玄囂之孫也。生木，故〔一〕故爲木德。天下號曰高辛氏。帝摯繼之，不知世數。周遷其樂，故易不載。周人禘之。〔二〕

〔一〕【補注】錢大昭曰：「生」上脱「水」字，「木」下衍「故」字。監本、閩本皆不誤。先謙曰：官本作「水生木」。

〔二〕【補注】錢大昕曰：帝王世紀曰「帝嚳年十五而佐顓頊，四十登位，都亳，以人事紀官，在位七十年，年百五歲而崩」。

唐帝　帝系曰，帝嚳四妃，陳豐生帝堯，封於唐。蓋高辛氏衰，天下歸之。木生火，故爲火德，天下號曰陶唐氏。讓天下於虞，使子朱處于丹淵爲諸侯，即位七十載。〔一〕

〔一〕【補注】錢大昕曰：「陳豐」，史記作「陳鋒」。史記「堯立七十年得舜，二十年而老，令舜攝行天子之政，薦之于天。堯辟位凡二十八年而崩」。帝王世紀「堯即位九十八年，年百一十八歲」。

虞帝　帝系曰，顓頊生窮蟬，五世而生瞽叟，瞽叟生帝舜，處虞之嬀汭，〔一〕堯嬗以天下。〔二〕火生土，故爲土德。天下號曰有虞氏。讓天下於禹，使子商均爲諸侯。即位五十載。〔三〕

〔一〕師古曰：嬀，水名也。水曲曰汭，音人鋭反。

〔二〕師古曰：嬗，古禪讓字也。其下亦同。

〔三〕【補注】錢大昕曰：尚書「舜生三十，登庸二十，二十，從鄭本。在位五十載，陟方乃死」。鄭康成以爲生三十年，歷試二十年，攝位至死五十年，舜生一百歲也。史記「舜生三十，堯舉之，年五十，攝行天子事。年五十八，堯崩。年六十一，代堯踐帝位。踐帝位三十九年崩」。正合百歲之數。史遷從孔安國問故，其載諸史記者，必古文説也。姚方興所上舜典，孔傳則云「三十徵庸，三十在位，服喪三年，其一在三十之數，爲天子五十年，凡壽百一十二歲」。與史記不合，以是疑其僞也。朱子中庸章句又云「舜年百有十歲」，亦據方興本舜典，而不數服喪之年爾。

伯禹　帝系曰，顓頊五世而生鯀，鯀生禹，虞舜嬗以天下。土生金，故爲金德。天下號曰夏后氏。繼世十七王，四百三十二歲。〔一〕

〔一〕【補注】錢大昕曰：史記「禹之父曰鯀，鯀之父曰帝顓頊」。則禹爲顓頊之孫。今據帝系，顓頊五世而生鯀。則相距六世，與史記不同。今推得禹受嬗之歲，距上元十四萬一千四百四十八歲，入地統九百九十九年。封禪書「夏得木德，青龍止於郊，草木暢茂。殷得金德，銀自山溢。周得火德，有赤烏之符。今秦變周，水德之時」。按史記所推五德，以五勝相乘。三統以相生爲序，故各不同。鄭康成毛詩箋以叶光紀爲殷感生帝，靈威仰爲周感生帝，與此正合。夏后氏十七王，依史記：禹一，啟二，太康三，中康四，相五，少康六，予春秋傳作后杼。七，槐八，芒九，泄十，不降十一，扃十二，廑十三，孔甲十四，皋十五，發十六，履癸十七。

成湯　書經湯誓：湯伐夏桀。金生水，故爲水德。天下號曰商，後曰殷。〔一〕

〔一〕孟康曰：初契封商，湯居殷而受命，故二號。【補注】周壽昌曰：孟説非也。鄭氏商頌譜云「商，契所封地」。正義云「商者，成湯一代之大號」。書「盤庚遷于殷」。僞孔傳云「殷，亳之別名」。鄭氏以商自此號殷，前未有殷名。盤庚「殷降大虐」。鄭注「殷者，將遷於殷，先正其號名」。又鄭注序云「商家自徙此而更號爲殷也」。是盤庚以前爲商，盤庚以後始稱殷，不得云二號。此文明言「後曰殷」，則前之止曰商，不曰殷，益可知也。

三統，上元至伐桀之歲，〔一〕十四萬一千四百八十歲，歲在大火房五度，故傳曰「大火，閼伯之星也，實紀商人」。〔二〕後爲成湯，方即世崩殁之時，爲天子用事十三年矣。〔三〕商十二月乙丑朔旦冬至，〔四〕故書序曰：「成湯既殁，太甲元年，使伊尹作伊訓。」伊訓篇曰：「惟太甲元年十有二月乙丑朔，伊尹祀于先王，誕資有牧方明。」〔五〕言雖有成湯、太丁、外丙之服，以冬至越茀祀先王于方明〔六〕以配上帝，是朔旦冬至之歲也。〔七〕後九十五歲，商十二月甲申朔旦冬至，亡餘分，是爲孟統。〔八〕自伐桀至武王伐紂，六百二十九歲，故傳曰殷「載祀六百」。〔九〕

〔一〕【補注】先謙曰：官本連上不提行。

〔二〕【補注】錢大昕曰：置距算積年盈歲星歲數，得積終八十一，除去之，歲餘一千五百十二，以百四十五乘之，得二十一萬九千二百四十，盈百四十四而一，得積次一千五百二十二，次餘七十二，積次盈十二，去之，餘數十，名曰定次。起星紀盡壽星，得十次，算外，知歲在大火也。又置次餘七十二，以三十乘之，得二千一百六十，如百四十四而一，得積度十五，起氐五度，盡房四度，算外，知歲在房五度也。又曰：春秋傳曰「陶唐氏之火正閼伯，居商丘，祀大火，而火紀時焉。相土因之，故商主大火」。杜云「相土，契孫，商之祖也。始代閼伯之後，居商丘，祀大火」。襄九年傳。又云「后帝不臧，遷閼伯于商丘，主辰，商人是因，故辰爲商星」。杜云「商丘，宋地，主祀辰星。辰，大火也。商人，湯先相土，封商丘，因閼伯故國祀辰星」。昭元年傳。若然，大火，商之分星也，歲在大火而湯興，歲在鶉火而周興，故云「歲星所在，其國有福也」。又曰：又以三統曆術推得湯伐桀之歲，太歲在戊戌，入地統一千四百三十一年，天正前積月一萬七千六百九十九，閏餘四，積日五十二萬二千六百六十六，小餘六十二，爲天正庚戌朔。又推冬至，積日七千五百一十二，小餘一千五百一十二，爲丙辰日天正，經朔後之七日也。又加大餘二十九，小餘四十三，于朔大、小餘，則爲地正。庚辰朔，乃商之正月也。

〔三〕【補注】錢大昕曰：伐桀之世，乃入甲辰統弟七十六章之弟七年也。又十三年，閏餘分盡，則朔旦冬至之歲也。

〔四〕【補注】李鋭曰：是歲入甲辰統七十七章首也。置上元至伐桀，十四萬一千四百八十歲，加湯用事十三年，共得十四萬一千四百九十三歲，滿元法去之，餘二千九百八十三歲，滿統法又去之，餘一千四百四十四，爲入甲辰統年。以章歲除之，得七十六，算外，得七十七章首。積月一萬七千八百六十，無閏餘，積日五十二萬七千四百二十一，大餘二十一，小餘十九，得殷十二月乙丑朔旦冬至。成蓉鏡曰：置入甲辰統，歲數一千四百四十四，以策餘八千八十乘之，得一千一百六十六萬七千五百二十，盈統法一千五百三十九，得一冬至。積大餘七千五百八十一，大餘二十一，小餘三百六十一，知商十二月乙丑冬至。又曰：世經推商、周、漢初朔旦冬至，於例當兼用求正月朔、求冬至二術。錢氏惟周文王四十二年十二月丁丑朔旦冬至則然，餘第用求朔一術而已。李氏并删此事。今依術補之。

〔五〕【補注】錢大昕曰：今文尚書二十九篇，無伊訓，孔氏壁中古文有之。向、歆校理祕書，得見中古文。及平帝時，古文尚書立于學官。此三統曆所引伊訓、武成、畢命皆真古文也。東晉梅賾所獻古文尚書，與此所引不同，以此決其僞也。

〔六〕如淳曰：覲禮，諸侯覲天子，爲壇十有二尋，加方明于其上。孟康曰：方明者，神明之象也，以木爲之，方四尺，畫六采，東青，西白，南赤，北黑，上玄，下黃。【補注】吴仁傑曰：案儀禮「諸侯覲於天子，爲宫方三百步，四門，壇十有二尋，深四尺，加方明於其上。方明者，木也，設六色：東方青，南方赤，西方白，北方黑，上玄下黃」。此蓋明堂之制也。鄭康成但以爲會盟之儀。夫明堂所以祀上帝及五帝，而因以覲諸侯者也。今知其爲會盟之儀，而不知其爲明堂，是知二五而不識十也。明堂者，以其加方明於其上，壇而不屋，故曰明堂宮，謂壝土爲埒而已。荀卿書曰「雖爲之築明堂於塞外，使治可矣」。楊倞注「明堂，壇也，謂巡狩至方嶽之下，會諸侯爲壇，加方明於其上」。然則方明之爲明堂，先儒其知之矣。覲禮一篇，載明堂之制，爲宮，爲門，爲壇，高深廣袤，與夫神明之象，圭幣之儀，車旂之制，諸侯及上介之位，天子祀方明，拜日、禮月、祭天、祭山丘陵、祭川，祭地之禮，莫不具備。且其制簡而易明，若舉而行之，使天下之人復見三代之盛禮，豈不甚可喜。仁傑紹興中嘗以先人治命爲圖以獻，今藏之祕府云。錢大昭曰：「茀」與「紼」同。禮記曰「唯祭宗廟爲越紼而行事」。紼是引車索，言不以私喪廢公祀。

〔七〕【補注】錢大昕曰：商以十二月爲正，故以天正十一月爲十二月。以曆推之，是歲入地統一千四百四十四年，積月一萬七千八百六十，無閏餘，積日五十二萬七千四百二十一，大餘二十一，小餘十九，推得殷十二月乙丑朔冬至，同日入統七十七章首也。又曰：禮「嗣君即位，踰年而改元」。此稱太甲元年，則湯崩當在前年。但以此推之，則湯有天下至崩殁之時，止有十二年，不得又云十三矣。又按，殷十二月乃建子之月，在周則爲後年之正月，在殷則爲前年之十二月，冬至中氣必在建子之月。殷時章首朔日冬至，常在年前十二月內。曆家步氣朔，以天正爲宗，或此太甲元年之天正，實湯崩年之十二月，曆家改其文以從算術，非經本文如此也。又曰：王制「喪三年不祭，惟祭天地社稷，爲越紼而行事」。鄭云「不敢以卑廢尊也。越猶躐也。紼，輴車索也」。孔穎達以爲私喪卑，天地社稷尊，雖遭私喪，既殯已後，若有天地社稷之祭即行之。未葬之前，屬紼干輴，以備火災。祭天地社稷，須越躐此紼而往祭所，故云越紼。六宗山川之神則否。其宮中五祀，在喪内則亦祭之，但祭時不須越紼，蓋五祀宮中之神，喪時朝夕出入，所祭不爲越紼也。按王制云「越紼」，漢志云「越茀」，茀與紼古文通用。覲禮「諸侯覲于天子，爲壇十有二尋，深四尺，加方明于壇上」。注「方明者，上下四方神明之象，所謂明神也。會同而盟，明神監之，則謂之天之司盟有象者，猶宗廟之有主乎」。然則方明之神，惟巡狩會同乃祀之。若冬至祀昊天上帝于圜丘，以帝嚳配，祭法「殷人禘嚳而郊冥」。禘者，圜丘之祭。故知伊訓所云祀先王者，謂帝嚳也。不聞別祀方明。竊意伊訓所云祀先王者，謂冬至越茀圜丘配天之禮。其下云「誕資有牧方明」者，以湯崩未葬，同軌畢至，特舉會同之禮，祀方明以盟之。有牧者，九州之牧伯。顧命「太保帥東方諸侯入應門左，畢公帥西方入應門右」。其禮與此正相類。祀先王，祀方明，經文明明二事，劉子駿乃誤合爲一耳。

〔八〕【補注】錢大昕曰：是歲距上元十四萬一千五百八十八歲，如統法而一，得九十二統。九十統爲三十元，尚盈二統，是天統、地統歲數已終，天正甲申朔，爲人統之首也。李鋭曰：孟統，甲申統也，置太甲元年入甲辰統，一千四百四十四歲加九十五歲，得一千五百三十九歲，滿統法去之，爲入甲申統首。

〔九〕【補注】錢大昕曰：左宣三年傳文。

殷曆曰，當成湯方即世用事十三年，十一月甲子朔旦冬至，〔一〕終六府首。〔二〕當周公五年，則爲距伐桀四百五十八歲，少百七十一歲，不盈六百二十九。又以夏時乙丑爲甲子，計其年乃孟統後五章，癸亥朔旦冬至也。〔三〕以爲甲子府首，皆非是。〔四〕凡殷世繼嗣三十一王，六百二十九歲。〔五〕

〔一〕【補注】李鋭曰：續志云「殷術：開闢至獲麟二百七十五萬九千八百八十六歲」。依殷術説，是年至獲麟，積一千八十六年，以減開闢歲數，餘二百七十五萬八千八百，爲開闢至是年積年。以四分術元法四千五百六十除之，得六百五適盡，是年入天紀甲子蔀首。

〔二〕師古曰：府首即蔀首。【補注】錢大昭曰：府、蔀聲相近。

〔三〕【補注】李鋭曰：置太甲元年，入甲辰統一千四百四十四歲，加一百七十一歲，得一千六百一十五歲，滿統法去之，餘七十六，爲入甲申統年。以章歲除之，得四，算外，爲入五章首。積月九百四十，無閏餘，積日二萬七千七百五十九，大餘三十九，小餘一，得十一月癸亥朔旦冬至。成蓉鏡曰：錢氏失推。今案以策餘乘積年，得六十一萬四千八十，盈統法得一，冬至。積大餘三百九十九，大餘三十九，小餘十九，知冬至與經朔同日。

〔四〕【補注】錢大昕曰：此譏殷曆之失也。藝文志有夏殷周魯曆十四卷，漢元殷周諜曆十七卷。殷曆今不傳，然律曆志以張壽王曆即殷曆，則以九百四十爲日法，與四分合，其推章蔀首比三統曆率後一日，至推殷商享國止四百五十八年，較三統少九章歲，則無稽之言，君子所不信也。蓋曆家以七十六歲爲一蔀，四章日蔀。三統曆亦謂之一篇六蔀首，凡四百五十六歲，加成湯十三年，爲四百六十九年，除周受命十一年，則四百五十八也。殷以十二月爲正，則天正常在十二月。殷曆云，十一月甲子朔旦冬至。蓋誤以爲用夏時也。自太甲元年至入孟統之歲，凡五章，入孟統又終四章，共百七十一歲，故知殷曆所推，乃孟統後五章首也。

〔五〕【補注】錢大昕曰：殷三十一王，依史記次之：湯一，外丙二，中壬三，太甲四，沃丁五，太庚六，小甲七，雍己八，太戊九，仲丁十，外壬十一，河亶甲十二，祖乙十三，祖辛十四，沃甲十五，祖丁十六，南庚十七，陽甲十八，盤庚十九，小辛二十，小乙二十一，武丁二十二，祖庚二十三，祖甲二十四，廩辛二十五，庚丁二十六，武乙二十七，太丁二十八，帝乙二十九，受辛三十，止有三十王耳。云三十一者，蓋兼太丁言之。

四分，上元至伐桀十三萬二千一百一十三歲，其八十八紀，甲子府首，入伐桀後百二十七歲。〔一〕

〔一〕【補注】錢大昕曰：四分曆七十六歲爲一蔀，二十蔀爲一紀，積一千五百二十歲。乾鑿度「七十六爲一紀，二十紀爲一蔀首」。與四分不同。凡紀首皆歲甲寅，四分曆三紀爲一元，積四千五百六十歲，而歲與日俱復其初。假如入元初紀首歲在甲寅，則次紀首甲戌，三紀首甲午，終而復始。孔氏謂紀首皆歲甲寅者，非也。乾鑿度、考靈耀、命曆序，曆元皆起甲寅，四分曆元起庚辰，惟此不同。日甲子，即以甲子之日爲初蔀，名甲子蔀，一也。滿七十六歲，其後年初日次癸卯，即以癸卯爲蔀首，二也。從此以後，壬午爲蔀，三也。辛酉蔀，四也。庚子蔀，五也。己卯蔀，六也。戊午蔀，七也。丁酉蔀，八也。丙子蔀，九也。乙卯蔀，十也。甲午蔀，十一也。癸酉蔀，十二也。壬子蔀，十三也。辛卯蔀，十四也。庚午蔀，十五也。己酉蔀，十六也。戊子蔀，十七也。丁卯蔀，十八也。丙午蔀，十九也。乙酉蔀，二十也。是一紀之數，周而復始，紀還然。以上詩文王正義文也。續志所載四分曆，與此正合。孔穎達誤以爲三統曆，非也。三統有元法、統法，無紀法。今改定，作四分。今自上元至伐桀十三萬二千一百一十三歲，以紀法除之，得八十六紀，餘有一千三百九十三歲，即是入後紀之年，加百二十七歲，滿紀法而一，其後年爲八十八紀，甲子蔀首也。四分之術，至後漢始行，今劉歆三統曆已著其説，豈爾時先已有之歟？淮南天文訓所述甲寅元與四分同。又曰：四分上元，在三統上元後九千三百六十七歲，計差兩元又七年，若依東漢不用超辰之説，則元起丁巳歲，與周曆合。又依此歲數，推魯僖公五年入壬子蔀第四章，以辛亥日一百二十七歲，得十三萬二千二百四十，以四分術紀法二千五百二十除之，得八十七適盡，爲入八十八紀甲子府首。案此即周術也。李淳風五經算術注云「周術上元丁巳，至僖公五年丙寅，積二百七十五萬九千七百六十九算」。依劉歆説，伐桀至僖五年，積一千九十六歲，以減周術積年，餘二百七十五萬八千六百七十三，爲周術上元至伐桀積年。以此四分上元歲數減之，餘二百六十二萬六千五百六十，爲此四分上元在周術上元後之積年。以四分術元會四萬一千四十除之，得六十四適盡，是此四分上元日月閏積及月食，並與周術上元同，故曰即周術也。

春秋曆，周文王四十二年十二月丁丑朔旦冬至，孟統之二會首也。〔一〕後八歲而武王伐紂。〔二〕

〔一〕【補注】錢大昕曰：史稱劉子駿作三統曆及譜，以説春秋，故三統亦曰春秋曆。是歲入孟統二十八章首，距上元十四萬二千一百一歲，距統首五百一十三歲，恰滿一會之數，會歲五百一十三。故云，孟統二會首也。置入統歲，求得積月六千三百四十五，無閏餘。積日十八萬七千三百七十三，大餘五十三，小餘二十七，知天正丁丑朔。又置入統歲，求得積日二千六百九十三，大餘五十三，小餘五百一十三，知冬至與經朔同日。李銳曰：是歲入甲申統二十八章首也，置入統年，以會歲五百一十三去之適盡，故云孟統二會首。

〔二〕【補注】錢大昕曰：先儒推文王受命之年，其說有二：伏生尚書大傳云「文王受命一年，斷虞、芮之訟，二年伐邘，三年伐密須，四年伐犬夷，五年伐耆，六年伐崇，七年而崩」。史記周本紀「西伯受命，明年伐犬戎，明年伐密須，明年敗耆國，明年伐邘，明年伐崇侯虎，明年西伯崩」。今本史記，詩人道西伯蓋受命之年稱王而斷虞、芮之訟，後十年而崩。「十」當作「七」。其文與書傳微有不同，要亦七年崩也。鄭康成注洛誥云「文王得赤雀，武王俯取白魚，皆七年」。是亦同伏生、司馬遷以文王受命祇七年也。三統曆以文王受命九年而崩，賈逵、馬融、王肅、韋昭、皇甫謐皆悉同之。古文武成篇「我文考文王誕膺天命，惟九年，大統未集」。東晉晚出古文也。亦以受命爲九年，二說不同。按書序「惟十有一年，武王伐殷」。此據觀兵而言也。又云，武王勝殷殺受，以箕子歸，作洪範，其文曰「惟十有三祀，王訪于箕子」。則克商在十三年也。依劉歆以文王受命九年而崩，後二年觀兵，又二年克商，與書序、洪範之文相應。史遷以受命七年，乃遷就其說，云九年東觀兵，十一年殺紂。鄭康成不從史記九年觀兵之說，而以文王崩後四年始觀兵，其實皆不然也。無逸云「文王受命惟中身，厥享國五十年」。皇甫謐世紀以文王四十二年，歲在鶉火，更爲受命之元年。然則受命以前四十一年，並數受命九年，合五十年，與無逸正合矣。今三統曆推文王四十二年爲章首，其後八歲而武王伐紂，則文王崩當在其後四歲。除觀兵二年，伐紂二年。追計受命之歲，當在文王之三十八年。又以三統術推文王四十二年，歲在析木，非鶉火也，與謐所紀不同。尚書運期授引河圖曰「倉帝之治八百二十歲，立戊午蔀」。注云「周文王以戊午蔀二十九年受命」。是類謀云「文王比隆興始霸，伐崇，作靈臺，受赤雀丹書，稱王制命示王意」。注云「入戊午蔀二十九年，時赤雀銜丹書而命之」。易乾鑿度云「入戊午蔀二十九年，伐崇，作靈臺，改正朔，布王號於天下，受籙，應河圖」。注云「受命後五年乃爲此」。書傳、史記俱以伐崇在改元之六年，故云受命後五年乃爲此。又云「亡殷者紂，黑期火戊，倉精授汝位正昌」。注云「火戊：戊，午蔀也。午爲火，必言火戊者，木精將王，火爲之相。戊，土也。又爲火子。又火使其子爲木塞水，是助倉精絶殷之象也」。中候我應云「季秋之月甲子，赤雀銜丹書入豐，止于昌户，再拜稽首受」。孔穎達以爲受命之月已是季秋，至明年乃改元，故書序云「惟十有一年，武王伐殷」。注云「十有一年，本文受命而數之」。是年入戊午蔀四十歲矣。是鄭以受命元年爲入戊午蔀三十年，故改至十年而四十也。又以曆校之，入戊午蔀二十九年，歲在戊午，其年殷九月二十五日，得甲子，明年乃改元，則元年歲在己未，至十三年在辛未，其年正月六日，得甲子。譜云「以曆校之，文王受命十三年辛未之歲，殷正月六日殺紂」。三統曆推文王受命十三年，殷正月五日甲子，殺紂，差一日。是得赤雀之命後年改元之驗也。案乾鑿度又云「今入天元二百七十五萬九千二百八十歲，昌以西伯受命」。注云「受洛書之命爲天子」。以曆法，其年則入戊午蔀二十四年矣，歲在癸丑。是前校五歲與上不相當者，其實當云二百八十五歲，以其篇已有入戊午蔀二十九年受籙之言，足以可明，故略其殘數，整言二百八十，而不言五也。知必加五年，當戊午蔀二十九年者，乾鑿度入天元二百七十五萬九千二百八十歲，以紀法千五百二十歲除之，得一千八百一十五紀，餘有四百八十歲，即是入後紀之年。其初年還，歲甲寅，日甲子，以甲子、癸卯、壬午、辛酉、庚子、己卯等六蔀除之，餘有二十四年，即是入戊午蔀二十四年，更加五年爲二十九年，受赤雀之命。若推太歲，即以六十除積年，其受命之年太歲在戊午。若欲知日之所在，乘積年爲積日，以日行一帀六十除之，得日之所在。以上竝詩文王正義文。按易、書緯竝以文王受命入戊午蔀，以四分法推之，湯伐桀百二十七歲而入後紀，又更四百八十五歲六蔀有二十九年。而文王受命，又十三年而武王克商。自伐桀至武王伐紂凡六百二十五歲，較三統曆譜少校四歲。蓋四分之術行於東漢，大率依傍讖緯而爲之，孔穎達以爲三統曆者，非也。三統以一蔀爲一篇，志載文王四十二年丁丑朔旦冬至，則已入丁酉蔀二十年，非戊午蔀矣。殷曆以成湯用事十三年爲紀首，終六府首，至周公攝政五年，天正戊午朔旦冬至，始入戊午蔀，則文王受命之年尚在己卯蔀，未到戊午蔀也。又曰：孔穎達正義又云「案三統之術，魯隱公元年，歲在己未，其年前惠公之末年，歲在戊午。計文王受命，是戊午之年，下至惠公末年，又復戊午，當三百六十年矣。而雒師謀注云『數文王受命，至魯公末年，三百六十五歲，又餘五年者，本惟云三百六十耳，學者多聞周天三百六十五度，因誤而加，偏校諸本，則無「五」字也』。」今按三統推武王伐紂之歲，歲在辛未，而隱公元年止距伐紂四百歲，以超辰法推之，歲當在甲寅，非己未也。孔氏正義所云，與三統本術皆不合。一行大衍議又謂三統以己卯爲克商之歲，蓋沿東漢虞恭諸人之説，以爲太極上元起庚戌，又不用超辰法，故斷以爲己卯，其實非是。

武王〔一〕書經牧誓：武王伐商紂。水生木，故爲木德。〔二〕天下號曰周室。

〔一〕【補注】先謙曰：以上文成湯及伯禹以上例之，武王應提行。

〔二〕【補注】王鳴盛曰：五德相代説出孔子，見後書郎顗傳注引易乾鑿度。但孔子言三百四歲一德，漢志言一代一德，歷代運數，短長不定，如夏、商、周傳世皆數百年，自無既定爲一德，三百四歲後忽又更易一德之事，則孔子亦言其理而已，不必泥漢志是也。

三統，上元至伐紂之歲，〔一〕十四萬二千一百九歲，歲在鶉火張十三度。〔二〕文王受命九年而崩，再期，在大祥而伐紂，故書序曰：「惟十有一年，武王伐紂，太誓。」〔三〕八百諸侯會。還歸二年，乃遂伐紂克殷，以箕子歸，十三年也。故書序曰：「武王克殷，以箕子歸，作洪範。」洪範篇曰：「惟十有三祀，王訪于箕子。」自文王受命而至此十三年，歲亦在鶉火，〔四〕故傳曰：〔五〕「歲在鶉火，則我有周之分壄也。」〔六〕師初發，以殷十一月戊子，日在析木、箕七度，〔七〕故傳曰：「日在析木。」〔八〕是夕也，月在房五度。〔九〕房爲天駟，故傳曰：「月在天駟。」〔一〇〕後三日得周正月辛卯朔，合辰在斗前一度，〔一一〕斗柄也，故傳曰：「辰在斗柄。」〔一二〕明日壬辰，晨星始見。〔一三〕癸巳〔一四〕武王始發，丙午〔一五〕還師，〔一六〕戊午〔一七〕度于孟津。孟津去周九百里，師行三十里，故三十一日而度。明日己未冬至，〔一八〕晨星與婺女伏，歷建星及牽牛，至於婺女、天黿之首，〔一九〕故傳曰：「星在天黿。」〔二〇〕周書武成篇：「惟一月壬辰，旁死霸，〔二一〕若翌日癸巳，武王乃朝步自周，于征伐紂。」序曰：「一月戊午，師度于孟津。」至庚申，二月朔日也。〔二二〕四日癸亥，至牧壄，夜陳，甲子昧爽而合矣。故外傳曰：「王以二月癸亥夜陳。」武成篇曰：「粵若來三月，〔二三〕既死霸，粵五日甲子，咸劉商王紂。」〔二四〕是歲也，閏數餘十八，正大寒中，在周二月己丑晦。明日閏月庚寅朔。三月二日庚申驚蟄。四月己丑朔死霸。死霸，朔也。生霸，望也。是月甲辰望，〔二五〕乙巳，旁之。故武成篇曰：「惟四月既旁生霸，粵六日庚戌，武王燎于周廟。翌日辛亥，祀于天位。粵五日乙卯，乃以庶國祀馘于周廟。」〔二六〕文王十五而生武王，受命九年而崩，崩後四年而武王克殷。克殷之歲八十六矣，後七歲而崩。故禮記文王世子曰：「文王九十七而終，武王九十三而終。」凡武王即位十一年，周公攝政五年，正月丁巳朔旦冬至，〔二七〕殷曆以爲六年戊午，距煬公七十六歲，入孟統二十九章首也。後二歲，得周公七年「復子明辟」之歲。是歲二月乙亥朔，庚寅望，〔二八〕後六日得乙未。故召誥曰：「惟二月既望，粵六日乙未。」又其三月甲辰朔，〔二九〕三日丙午。召誥曰：「惟三月丙午朏。」〔三〇〕古文月采篇曰：「三日曰朏。」〔三一〕是歲十二月戊辰晦，〔三二〕周公

以反政。故洛誥篇曰：「戊辰，王在新邑，烝祭歲，命作策，惟周公誕保文武受命，惟七年。」〔三〕

〔一〕【補注】先謙曰：官本連上不提行。

〔二〕【補注】錢大昕曰：置距算積年，以歲星歲數除之，得積終八十二，除去之，其餘四百一十三，以百四十五乘之，得五萬九千八百八十五，盈而四十四而一，得數四百一十五，名曰積次。不盈數一百二十五，名曰次餘。積次盈十二去之，餘數七，起星紀算外，知歲在鶉火也。又以一次三十度乘次餘，得三千七百五十，盈百四十四而一，得數二十六，名曰積度。積度起入次初度，算外，命度自柳九度，算至張十二度，恰盈二十六數，故知歲在張十二度也。以六十除積次，餘五十有五，起丙子算外，知歲在辛未。上溯文王受命改元之年，歲在己未，與孔氏詩正義所稱正合。

〔三〕【補注】先謙曰：以下文「故書序曰」至「作洪範」例之，太誓上當有「作」字。案書序「惟十有一年，武王伐殷，一月戊午，師渡孟津，作泰誓」。周本紀，詩人道西伯蓋受命之年稱王，而斷虞、芮之訟，史公用魯詩說。後七年崩。與大傳「文王受命七年而崩」合。九年，武王觀兵至盟津，渡河，會八百諸侯，還師歸。齊世家云「與太公作太誓」。居二年，聞紂暴虐滋甚，乃伐紂。十一年十二月戊午，師畢渡孟津，二月甲子昧爽，徐廣云，一作正月。齊世家同。「二」字誤。武王至牧野，乃誓。已克殷後二年，問箕子。案書序云「一月戊午」，史記云「十二月戊午」者，殷之十二月，周之一月。古文書序据周正言，史記用今文說，仍据殷正，非有異義。戊午距甲子七日，不得懸隔兩月。古文以戊午爲一月，則甲子爲二月；今文以戊午爲十二月，則甲子爲正月也。文王受命七年崩，又二年爲九年，所謂再期觀兵也。還師又二年伐紂，則爲十一年。書序、史記、大傳同。此今文說。三統術蓋據逸周書文王受命九年，故云九年而崩。以武王再期觀兵爲十一年，還歸二年，伐紂爲十三年，即於是年訪箕子。此古文說。惟既以書序十一年伐紂爲觀兵，復引序一月戊午師渡孟津，與牧誓甲子昧爽之文牽連推算，似有未合，前人辨論至紛更，坿鄙見於此。

〔四〕【補注】李鋭曰：置伐紂歲定次七，次餘一百二十五，各減十二，得定次七，次餘一百一十三，命如上，得文王受命之歲，歲在鶉火。

〔五〕【補注】錢大昭曰：春秋外傳周語。

〔六〕【補注】錢大昕曰：孔安國云「周自虞、芮質厥成，諸侯竝附，以爲受命之年，至九年而文王卒，武王三年服畢，觀兵孟津，以卜諸侯伐紂之心，諸侯僉同，乃退以示弱」。孔疏曰「周書云，文王受命九年，惟暮春，在鎬，召太子發作文傳。其時猶在，但未知崩月，就如暮春即崩，武王服喪至十一年三月大祥，至四月觀兵，故今文泰誓亦云『四月觀兵也』。大戴禮云『文王十五而生武王』。則武王少文王十四歲也。禮記文王世子云『文王九十七乃終，武王九十三而終』。計其終年，文王崩時，武王已八十三矣。八十四即位，至九十三而崩，適滿十年，不得以十三年伐紂。知此十一年者，據文王受命而數之，必繼文王年者，爲其卒父業故也」。泰誓正義。史記齊太公世家「武王至盟津，諸侯不期而會者八百諸侯。諸侯皆曰，紂可伐也。武王曰，未可。還師，與太公作此泰誓」。司馬遷從孔安國問故，親見古文尚書。劉子駿亦親見古文者，其所載太誓俱與今文同，然則今文太誓之非僞，悉矣。又曰：國語韋注「歲，歲星也。鶉火，次名，周分野也。從柳九度至張十七度爲鶉火。謂武王始發師東行，時殷之十一月二十八日戊子，於夏爲十月。是時歲星在張十三度。張，鶉火也」。按以三統術推殷十一月辛酉朔，其月二十八日得戊子。韋説是也。推歲星所在，依法以見數一千五百八十三。乘積年，十四萬二千一百九。得數二億二千四百九十五萬八千五百四十七，如歲數一千七百二十八。而一，得定見數十三萬一百八十四，見餘五百九十五，不盈見數，知見在此年也。以見中分二萬七百三十六。乘定見數，得數二十六億九千九百四十九萬五千四百二十四，如見中法而一，得積中一百七十萬五千三百三，中餘七百七十五，以元中五萬五千四百四。除積中，其餘爲中元，餘四萬三千二百八十三，以十二除之，餘七。推得武王伐紂前年，歲星見在大暑中鶉火之次。又以見閏分一萬二千九十六。乘定見數，得十五億七千四百七十萬五千六百六十四，以章歲乘中餘，得一萬四千七百二十五，并之，得十五億七千四百七十二萬三百八十九。如見月法三萬七十七。而一，得積閏月五萬二千三百五十六，月餘八千九百七十七，以積閏竝積中，得積月一百七十五萬七千六百五十九，以元月五萬七千一百五。除之，其餘爲月元，餘四萬四千五百九，以章月除之，其餘爲入章月數九十四，先除去兩閏月，以十二除之，餘八。推得星見在周正九月也。又以中法十四萬五百三十。乘中元餘，得數六十億六千八百五十萬六千九百九十，如元法而一，得積日一百三十一萬四千三百八十三，大餘二十三，小餘六百七十九，推得大暑丁亥日。以月法乘月元餘，得一億六百四十六萬五千五百二十八，如日法而一，得積日一百三十一萬四千三百八十九，大餘二十九，小餘十九，推得九月癸巳朔，大暑在前月二十五日。又以中法乘中餘，得一億八百九十一萬七百五十，見中法乘中小餘，得一百七萬四千八百五十七，并之，得一億九百九十八萬五千六百七，盈見中日法七百三十萬八千七百一十一。而一，得入中日十五，小餘三十五萬四千九百四十二，推得星見在大暑後十六日，入張二度奇。又以月法乘月餘，得二千一百四十七萬二千九百八十四，見月法乘月小餘，得五十七萬一千四百六十三，并之，得二千二百四萬四千四百四十七，盈見月日法二百四十三萬六千二百三十七。而一，得入月日九，小餘十一萬八千三百十四，以十二乘之，不滿見月日法，推得星見在九月十日壬寅，加時在子也。自星始見，距十二月殷十一月。二十八日戊子，凡百六日，應順行十九度十一分度三，以十一分三與前度餘見月日法分十一萬八千三百十四度餘本以見中日法爲母，子母各三約之，即變爲見月日法分，以便後之加減。通分，子母相并，推得星在翼三度二千六百七十九萬八千六百七分度之八百六十一萬一百六十五，入鶉尾之次。韋云「在張十三度」，非也。歲在鶉火張十三度，舉大率言之耳。今以五步推之，自前年九月十日壬寅，加時子，大餘三十八，以朔大餘，并入月日得此。小餘見月日法分之十一萬八千三百十四，星始見張二度奇。入次度十五，即入中日。度餘見月日法分之十一萬八千三百十四，始順行，是時星距張十三度十度。見月日法分度之，二百三十一萬七千九百二十三。以度餘減見月日法，得此零分。其星行率，日行十一分度二，乃以二度通爲見月日法分爲一率，十一日爲二率，今所有距張十三度十度奇，通分爲三率，推四率，得積日六十，小餘兩見月日法分之一百一十三萬四千七百八十三，置始見大餘，加積日六十，去之，得大餘三十八，二乘始見小餘，加積日小餘，得小餘兩見月日法分之一百三十七萬一千四百十一，推爲十一月十一日壬寅，加時卯，星至張十三度。又以始見距張十四度十一度奇，如法求得積日六十五，小餘兩見月日法分之三百五十七萬一千二十，與始見大小餘相加，得大餘四十三，小餘兩見月日法分之三百八十萬七千六百四十八，推爲十一月十六日丁未，加時酉，星盡張十三度。順一百二十一日，行二十二度，與始見大餘入次度相加，得大餘三十九，小餘見月日法分之十一萬八千三百十四，入次度三十七度，餘見月日法分之十四萬八千三百十四，推爲克商之年，周正月十三日癸卯。加時子，星前留翼六度奇，留二十五日，至二月九日戊辰，加時子，大餘四，小餘見月日法分之十四萬八千三百十四，始逆行，是時星距張十三度十度。見月日法分度之十一萬八千三百十四，其行率日行七分度一，乃以見月日法爲一率，七日爲二率，今距張十三度十度奇，通分爲三率，推四率得積日七十，小餘見月日法分之八十二萬八千一百九十八，與始逆大小餘相加，得大餘十四，小餘見月日法分之九十四萬六千五百十二，推爲三月上有閏二月故。二十日戊寅，加時辰，星盡張十四度至張十三度。加七日，推爲三月二十七日乙酉，加時辰，星盡張十三度至張十二度。逆八十四日與始逆大餘相加，得大餘二十八，小餘見月日法分之十一萬八千三百十四，退十二度與前留度相減，得入次度二十五度，餘見月日法分之十四萬八千三百十四，推爲四月四日壬辰，加時子，星後留張十二度奇。留二十四日三分至四月二十八日丙辰，加時子，大餘五十二，小餘見月日法分之十一萬八千三百十五，五步日度分，皆以見望日法爲母，故三除三分得一分，唐後留小餘相加，得此。復順行，是時星距張十三度。見月日法分度之二百三十一萬七千九百二十三，如法求得積日五，小餘兩見月日法分之一百十三萬四千七百八十三，與復順大小餘相加，得大餘五十七，小餘兩見月日法分之一百三十七萬一千四百十三，推爲五月四日辛酉，加時卯，星至張十三度。又以復順距張十四度一度奇，如法求得積日十，小餘兩見月日法分之三百五十七萬一千二十，與復順大小餘相加，得大餘二，小餘兩見月日法分之三百八十萬七千六百五十，推爲五月九日丙寅，加時酉，星盡張十三度。然則是年歲星在張十三度者，惟三月戊寅以後七日，及五月辛酉以後五日有半，一爲逆行，一爲順行，先後僅十二日半。至前年十一月壬寅以後順行五日有半，又不在此歲内也。韋氏以此文之下即承「師初發，以殷十一月戊子」云云，誤以「歲在鶉火」亦在戊子之日，由不明曆術故也。

〔七〕【補注】李鋭曰：置下所推周正月大餘七，小餘二十九，減一月大小餘，得殷十一月大餘三十七，小餘六十七，得殷十一月辛酉朔戊子月之二十八日，距正月合朔三日，小餘二十九。置正月合朔積度三百三十七度，餘四百二十一，減三度，度餘五百五十一，得戊子日夜半積度三百三十三，度餘一千四百九，命如法，得戊子日夜半日在箕六度，度餘一千四百九，其日入箕七度。

〔八〕【補注】錢大昕曰：國語作「析木之津」。韋昭云「津，天漢也。析木，次名，從尾十度至斗十一度爲析木，其間爲漢津。謂戊子日，（日）宿箕七度」。推武王克商年前殷十一月戊子，距統首積日十九萬二百六十四，以統法乘之，得二億九千二百八十一萬六千二百九十六，滿周天去之，餘數五十一萬三千八百九十六，盈統法得積度三百三十三度，餘一千四百九，推戊子日夜半日在箕六度，太强，加時在丑，入箕七度。

〔九〕【補注】李鋭曰：戊子後一日己丑，距周正月合朔二日，小餘二十九，置二日，以日法通之，得一百六十二，以小餘二十九并之，得一百九十一，以月周乘之，得四萬八千五百一十四，以統法除之，得三十一度，度餘八百五，爲己丑夜半至周正月合朔月行度分。以減合辰度三百三十七度，餘四百二十一，得己丑夜半月行積度三百五度，餘一千一百五十五，命如法，得己丑夜半月在心一度。是戊子之夕，月在房五度也。

〔一〇〕【補注】錢大昕曰：韋昭云「天駟，房星也。謂戊子日，月宿房五度」。案三統曆推克商之歲，周正月朔，小餘二十九，合辰在箕十度四百二十二分，以月周乘朔小餘，得七千三百六十六，自夜半至合朔月行度分。又以二萬五百七十四月行每日所得度分。乘三日，戊子距辛卯三日。得六萬一千七百二十二，并之爲六萬九千八十八，如統法而一，得四十四度一千三百七十二分，爲自戊子日至辛卯合朔月行之度分，以減合辰度分，則戊子日夜半月在氐八度五百七十九分，其夕加時在亥，月行入房五度。每一時月行一度一百七十五分半。

〔一一〕【補注】李鋭曰：是歲入甲申統年五百二十一，積月六千四百四十三，閏餘十八，其年有閏，積日十九萬二百六十七，大餘七，小餘二十九，得周正月辛卯朔。置積日以統法乘之，得二億九千二百八十二萬九百一十三，以十九乘小餘，得五百五十一，并之，得二億九千二百八十二萬一千四百六十四，滿周天去之，餘五十一萬九千六十四，以統法除之，得積度三百三十七度，餘四百二十一，數起牽牛，算外，得正月朔，合辰在箕十度，距斗一度。

〔一二〕【補注】錢大昕曰：韋昭云「辰，日月之會。斗柄，斗前也」。謂戊子後三日，得周正月辛卯朔，于殷爲十二月，夏爲十一月。是日月合辰斗前一度」。案，推是歲距統積日十九萬二百六十七，大餘七，小餘二十九，以統法乘積日，以十九乘小餘，并之爲二億九千二百八十二萬一千四百六十四，滿周天去之，其餘五十一萬九千六十四，如統法，得積度三百三十七度，餘四百二十一，推得日月合辰在箕十度，少距南斗一度有奇。

〔一三〕師古曰：「晨」，古「晨」字也，其字從臼，臼音居玉反。【補注】錢大昕曰：案説文，晨、晨二字有別。晨夕之晨，从臼。晨爲房星，从晶，當作曟，或省作晨。此晨星者，水星也。亦从臼。李鋭曰：置上元至伐紂歲數，以復數二萬九千四百四十一乘之，得四十一億二千六百九十八萬七千四百六十九，如歲數九千二百十六而一，得定復數四十四萬七千八百六，復餘七千三百七十三，以見中分十一萬五百九十二，乘定復數，得四百九十五億二千三百七十六萬一千一百五十二，如見中法而一，得積中一百七十萬五千三百四，中餘二萬七千六百八十八。置積中，以元中去之，中元餘四萬三千一百八十四，以十二去之，餘八，得晨見在伐紂前年處暑中鶉尾之次。又以見閏分六萬四千五百一十二，乘定復數，得二百八十八億八千八百八十六萬六百七十二，以章歲乘中餘，得五十二萬六千七十二，并之，得二百八十八億八千九百三十八萬六千七百四十四，如見月法五十五萬一千七百七十九而一，得積閏月五萬二千三百五十六，月餘四十四萬五千四百二十，以積閏并積中，得積月一百七十五萬七千六百六十。置積月，以元月去之，月元餘四萬四千五百一十，以章月去之，餘入章月九十五，先去兩閏月，以十二去之，餘九，得晨見在十月。又以中法乘中元餘，得六十億六千八百六十四萬七千五百二十，如元法而一，得積日一百三十一萬四千四百一十三，大餘五十三，小餘二千六百九十九，命甲子，得丁巳處暑。又以月法乘月元餘，得一億六百四十六萬七千九百二十，如日法而一，得積日一百三十一萬四千四百一十八，大餘五十八，小餘六十二，命甲子，得十月壬戌朔。又以中法乘中餘，得三十八億九千九十九萬四千六百四十，見中法乘中小餘，得七千八百三十八萬一千六百五十九，并之，得三十九億六千九百三十七萬六千二百九十九，如見中日法一億三千四百八萬二千二百九十七而一，得入中日二十九，小餘八千九十八萬九千六百八十六，數起處暑中丁巳，得晨見在處暑中三十日丙戌。又置入中日，命爲入次度數，起鶉尾初張十八度，得晨見在軫十一度。又以月法乘月餘，得十億六千五百四十四萬四千六百四十，見月法乘月小餘，得三千四百二十一萬二百九十八，并之，得十億九千九百六十五萬四千九百三十八，如見月日法四千四百六十九萬四千九十九而一，得入月日二十四，小餘二千六百九十九萬六千五百六十二，數起十月朔壬戌，得晨見在十月二十五日丙戌。又置晨見中大餘五十三，加入中日二十九，小餘八千九十八萬九千六百八十六，又加晨見伏六十五日，小餘一億二千二百二萬九千六百五，小餘滿見中日法得一，大餘盈六十去之，得大餘二十八，小餘六千八百九十三萬六千九百九十四，命甲子，得壬辰夕見正月二日也。又置入次度二十九，度餘八千九十八萬九千六百八十六，加晨見伏行星九十六度，度餘四千六百六十一萬一百二十八，得積度一百二十五度，度餘一億二千七百五十九萬九千八百一十四，積度滿鶉尾三十度，壽星三十一度，大火三十度，析木三十一度，去之，餘入次度三，命起星紀初斗十二度，得夕見在斗十五度。

〔一四〕【補注】李鋭曰：周正月三日。

〔一五〕【補注】李鋭曰：正月十六日。

〔一六〕【補注】錢大昕曰：「還」當作「逮」。詩大明疏引作「逮師」。

〔一七〕【補注】李鋭曰：正月二十八日。

〔一八〕【補注】李鋭曰：入統年五百二十一冬至，積大餘二千七百三十五，大餘三十五，小餘五百一十五，得己未冬至，月之二十九日也。

〔一九〕【補注】李銳曰：置上夕見大餘二十八，加夕凡見二十六日，得大餘五十四，命甲子，得戊午晨星夕伏，冬至前一日也。又置夕見入次度三，加夕凡見，定行星二十六度，得入次度二十九，命起次初斗十二度，得夕伏在女七度。建星即斗見，在斗，伏在女，故曰「歷建星牽牛，至婺女、天黿之首」。

〔二〇〕【補注】錢大昕曰：韋昭云「星，辰星也。天黿，次名，亦曰玄枵。從須女八度至危十五度爲天黿。謂周正月辛卯朔，二日壬辰，辰星始見。三日癸巳，武王發行。二十八日戊午，度孟津，距戊子三十一日。二十九日己未晦冬至，辰星在須女，伏天黿之首」。案，推辰星始見，依法以復數二萬九千四十一。乘積年，得四十一億二千六百九十八萬七千四百六十九，如歲數九千二百一十六。而一，得定復數四十四萬七千八百六，復餘七千三百七十三，以見中分十一萬五百九十二。乘定復數，得四百九十五億二千三百七十六萬一千一百五十二，如見中法而一，得積中一百七十萬五千三百四，中餘二萬七千六百八十八，以元中除積中，其餘爲中元，餘四萬三千一百八十四，以十二除之，餘八。推武王伐紂前年辰星晨始見，在處暑中鶉尾之次，又以見閏分六萬四千五百一十二。乘定復數，得二百八十八億八千八百八十六萬六百七十二，以章歲乘中餘，得五十二萬六千七十二，相并得二百八十八億八千九百三十八萬六千七百四十四，如見月法五十五萬一千七百七十九。而一，得積閏月五萬二千三百五十六，月餘四十四萬五千四百二十，以積閏并積中，得積月一百七十五萬七千六百六十，以元月除積月，其餘爲月元餘四萬四千五百一十，以章月除之，其餘入章月九十五，先除去兩閏月，以十二除之，餘九，推得星見在周十月也。又以中法乘中元餘，得六十億六千八百六十四萬七千五百二十，如元法而一，得積日一百三十一萬四千四百一十二，大餘五十三，小餘二千六百九十九，推得處暑丁巳日。以月法乘月元餘，得一億六百四十六萬七千九百二十，如日法而一，得積日一百三十一萬四千四百十八，大餘五十八，小餘六十二，推得十月壬戌朔。又以中法乘中餘，得三十八億九千九十九萬四千六百四十，見中法乘中小餘，得七千八百三十八萬一千六百五十九，并之，得三十九億六千九百三十七萬六千二百九十九，如見中日法一億三千四百八萬二千二百九十七。而一，得入中日二十九，小餘八千九十八萬九千六百八十六，推得星見在處暑後三十日，入軫十一度奇。又以月法乘月餘，得十億六千五百四十四萬四千六百四十，見月法乘月小餘，得三千四百二十一萬二百九十八，并之，得十億九千九百六十五萬四千九百三十八，如見月日法四千四百六十九萬四千九十九。而一，得入月日二十四，小餘二千六百九十九萬六千五百六十二，推星見在十月二十五日丙戌，加時未也。於是置晨始見，大餘二十二，以朔大餘，加入月日六十，去之，得此。小餘見中日法分之八千九十八萬九千六百八十六，入月小餘，本以見月日法爲母，子母各三乘之，即變爲見中日法分，以便後之加減。加晨見伏六十五日，見中日法分之一億二千二百二萬九千六百五，小餘滿其法得一，大餘盈六十去之，得大餘二十八，小餘見中日法分之六千八百九十三萬六千九百九十四，推爲正月二日壬辰，加時午，水星夕始見。又置入次度二十九，即入中日。度餘見中日法分之八千九十八萬九千六百八十六，加晨見伏行星九十六度，見中日法分之四千六百六十一萬一百二十八，得一百二十五度，盈次度數去之，餘三度，度餘見中日法分之一億二千七百五十九萬九千八百十四，推爲星始夕見在南斗十五度奇也。五步始見順疾，十六日兩見中日法，分之，見中日法即二分日一。以夕始見大餘，加十六日二乘始見小餘，加小餘，盈其法得一，得大餘四十五，小餘兩見中日法分之三百七十九萬一千六百九十一，推爲十九日己酉，加時子，星始順遲。以始見入次度及度餘，加二十二度經斗，除斗分三千二百五十四萬二千三百五十五，斗分本以統法爲母，今三乘見數以乘之，即變爲見中日法分。實加二十一度見中日法分之五十三萬九千九百四十二，得入次度二十四度，餘見中日法分之一億二千八百十三萬九千七百五十六，推爲星始順遲，在女二度奇。是時星距女八度初五度，見中日法分度之五百九十四萬二千五百四十一，其行率七日行六度，乃以六度通爲見中日法分爲一率，七日爲二率，今距女八度五度奇，通分爲三率，推四率，得五日，小餘六見中日法分之七億一千二百一萬九千七十二，以始順遲大餘加五日，得大餘五十，參始順遲小餘，加小餘，得小餘六見中日法分之七億二千三百三十九萬四千一百四十五，推爲二十四日甲寅加時戌，星入天黿之次。滿七日，行六度，與始順遲大餘入次度相加，得大餘五十二，小餘兩見中日法分之三百七十九萬一千六百九十一，入次度三十一度，餘見中日法分之一億二千八百一十三萬九千七百五十六，推爲二十六日丙辰，加時子，星始留女八度奇。留一日，兩見中日法，分之，見中日法而旋，以之加始留，入小餘，得大餘五十三，小餘兩見中日法分之一億三千七百八十七萬三千九百八十八，推爲二十七日丁巳，加時午，星始逆行。是時星距女八度。初見中日法分度之一億二千八百十三萬九千七百五十六，其行率日行二度，依上法求之，不滿法命爲小餘，與始逆小餘相加，得小餘兩見中日法分之二億六千六百一萬三千七百四十四，即推爲丁巳日，加時亥，星出天黿之次。滿一日行二度，大餘五十四，小餘兩見中日法分之一億三千七百八十七萬三千九百八十八，推爲二十八日戊午，加時午，星退在女六度，見中日法分度之一億二千八百十三萬九千七百五十六而伏，云明日己未冬至，晨星與婺女伏。不云戊午伏者，蓋五星距日十五度以外而見，十五度以内而伏，若正當十五度，則在見伏之交。上云始見，言自此以後乃見。此竟云伏，則始伏在其前可知。云歷建星及牽牛至於婺女、天黿之首者，言水星夕見，内自二十四日甲寅以後三日又一時，在天黿之次，以證傳星在天黿也。韋云「伏天黿之首」，與本術不合。又曰：推冬至日，置入統歲五百二十一年，求得積日二千七百三十五，大餘三十五，小餘五百一十五，自甲申起，算外得冬至己未日。

〔二一〕孟康曰：月二日以往，月魄死死，故言死魄。魄，月質也。師古曰：「霸」，古「魄」字同。【補注】先謙曰：官本「月魄死死」，作「月生魄死」是。

〔二二〕【補注】錢大昕曰：置天正朔大餘七，小餘二十九，以朔大餘二十九、小餘四十三加之，得大餘三十六，小餘七十二，推二月庚申朔也。又以朔大餘小餘遞加，得閏月大餘六，小餘三十四，爲庚寅朔。三月大餘三十五，小餘七十七，爲己未朔。四月大餘五，小餘三十九，爲己丑朔。孔穎達尚書正義以爲三月庚申朔，與曆不合。

〔二三〕【補注】王引之曰：五字連讀。說詳經義述聞。「三」當爲「二」，此引書以證上文之二月朔日，則當爲二月明矣。武成正義引此，正作「越若來二月」。逸周書世俘篇同。

〔二四〕師古曰：今文尚書之辭。劉，殺也。

〔二五〕【補注】錢大昕曰：推閏月，置入統積年，以章月乘，得十二萬二千四百三十五，滿章閏而一，得積月六千四百四十三，閏餘十八。以十二乘閏餘，加章閏二，而盈章中之數，知閏在二月後也。又曰：推中氣，置冬至大餘三十五，加中大餘三十。又以冬至小餘五百一十五，三之，得一千五百四十五，加中小餘二千二十，大餘滿六十去之，得大餘五，小餘三千五百六十五，推得大寒在己丑日也。又以中大小餘，轉加小餘滿元法從大餘，得大餘三十六，小餘九百六十八，推得驚蟄在庚申日也。又曰：置四月朔，大餘五，小餘三十九，以大餘十四，小餘六十二即望策。加之，小餘滿日法從大餘，得大餘二十，小餘二十，推得四月甲辰望在十六日也。李鋭曰：置上二月大餘三十六，小餘七十二，以一月大小餘累加之，得閏月大餘六，小餘三十四。三月大餘三十五，小餘七十七。四月大餘五，小餘三十九。又加大餘十四，小餘六十二，得四月望大餘二十，小餘二十，各命之，得閏月庚寅朔，三月己未朔，四月己丑朔，甲辰望。置上冬至大餘三十五，小餘五百一十五，三乘小餘，得小餘一千五百四十五，以一中大餘三十，小餘二千二十加之，得大寒大餘五，小餘三千五百六十五，又加得驚蟄大餘三十六，小餘九百六十八，各命之，得己丑大寒，二月三十日也。庚申驚蟄，三月二日也。是無中氣者爲閏。

〔二六〕師古曰：亦今文尚書也。祀馘，獻于廟而告祀也。截耳曰馘，音居獲反。【補注】錢大昕曰：乙巳，月十七日。庚戌，月二十二日。辛亥，月二十三日。乙卯，月二十七日。案志三引武成，皆孔安國所獻壁中之真古文，藝文志所謂中古文也。顏師古以其與後出古文不同，謂之今文尚書。不知伏生所授二十九篇，固無武成也。孔穎達以爲焚書之後，有人僞爲之，漢世謂之逸書，其後又亡其篇。案古文于平帝時因劉歆之請立于學官，歆號篤信古文，必不引僞書載之曆譜也。

〔二七〕【補注】李鋭曰：是歲入甲申統年五百三十二，積月六千五百八十，無閏餘，積日十九萬四千三百一十三，大餘三十二，小餘七，得正月丁巳朔旦冬至。又置入統年，以章歲除之，得二十八，盡，爲入二十九章首。成蓉鏡曰：置入甲申統，積年五百三十二，以策餘乘之，得四百二十九萬八千五百六十，盈統法得一，冬至積大餘二千七百九十三，大餘三十三，小餘一百三十三，知周正月丁巳朔旦冬至。

〔二八〕【補注】錢大昕曰：是歲入統積月六千六百四，閏餘十四，積日十九萬五千二十一，大餘二十一，小餘六十七，推正月乙巳朔。以大餘二十九，小餘四十三遞加之，得二月大餘五十一，小餘二十九，爲乙亥朔。三月大餘二十，小餘七十二，爲甲辰朔。又曰：置二月朔大小餘，加大餘十四，小餘六十二，得二月望爲庚寅十六日也。李鋭曰：是歲入甲申統五百三十四年，積月六千六百四，閏餘十四，加積月，一共得積月六千四百五，積日十九萬五千五十一，得二月大餘五十一，小餘二十九，加大餘十四，小餘六十二，得二月望。大餘六，小餘一十，命甲申，得二月乙亥朔，庚寅望。

〔二九〕【補注】李鋭曰：置上二月大小餘，加大餘二十九，小餘四十三，得三月大餘二十，小餘七十三，命甲申，得三月甲辰朔。

〔三〇〕孟康曰：朏，月出也，音敷尾反。

〔三一〕師古曰：月采説月之光采，其書則亡。【補注】王應麟曰：召誥正義引周書月令云「三日粤朏」。「采」字疑當作「令」。

〔三二〕【補注】李鋭曰：置上三月大小餘，其年有閏，加一月大小餘者十，滿去如法，得十二月大餘十六，小餘十六，命甲申，得十二月庚子朔。小餘在三十八已下，其月小，是戊辰爲十二月晦。

〔三三〕【補注】錢大昕曰：孔穎達云「此歲入戊午蔀五十六年。三月云丙午朏，以算術計之，三月甲辰朔大，四月甲戌朔小，五月癸卯朔大，六月癸酉朔(大)〔小〕，七月壬寅朔大，八月壬申朔小，九月辛丑朔大，又有閏九月辛未朔小，十月庚子朔大，十一月庚午朔小，十二月己亥朔大，計十二月三十日戊辰晦到洛也」。案，戊午蔀之説本諸緯候，與三統曆不合。依三統術，是歲入丁酉蔀四十一年。三統曆推是歲閏餘十四。閏宜在九月後，孔疏亦以爲閏九月。但古人置閏有常率，如謂入戊午蔀五十六年，則是入章十八年，閏餘五，于法不當有閏矣。又孔氏推是歲朔日僅以一大一小之例推之。今以大小餘相加，得三月甲辰朔大，小餘三十二。四月甲戌朔小，小餘三十四。五月癸卯朔大，小餘七十七。六月癸酉朔大，小餘三十九。七月癸卯朔小，小餘一。八月壬申朔大，小餘四十四。九月壬寅朔小，小餘六。閏月辛未朔大，小餘四十九。十月辛丑朔小，小餘一十一。十一月庚午朔大，小餘五十四。十二月庚子朔小，小餘一十六。成王元年正月己巳朔大，小餘五十九。孔疏所推，未盡密合也。

成王元年正月己巳朔，〔一〕此命伯禽俾侯于魯之歲也。〔二〕後三十年四月庚戌朔，十五日甲子哉生霸。〔三〕故顧命曰「惟四月哉生霸，王有疾不豫，甲子，王乃洮沬水」，作顧命。〔四〕翌日乙丑，成王崩。康王十二年六月戊辰朔，〔五〕三日庚午，故畢命豐刑曰：「惟十月二年〔六〕六月庚午朏，王命作策豐刑。」〔七〕

〔一〕【補注】李鋭曰：置前年十二月大餘十六，小餘十六，加一月大小餘，得是年正月大餘四十五，小餘五十九，如法命之，得正月己巳朔。

〔二〕師古曰：俾，使也。封之使爲諸侯。

〔三〕師古曰：哉，始也。【補注】錢大昕曰：是歲距入統積年五百六十四，積月六千九百七十五，閏餘十五，積日二十萬五千九百七十七，大餘五十七，小餘六十二，推得正月辛巳朔大，二月辛亥朔小，小餘二十五。三月庚辰朔大，小餘六十八。四月庚戌朔小，小餘三十。四月望應在十六日乙丑。小餘一十一。今云「甲子哉生霸」，豈望以前已可生霸耶？李鋭曰：是歲入甲申統五百六十四年，積月六千九百七十五，閏餘十五，加積月三，共得積月六千九百七十八，積日二十萬六千六十六，大餘二十六，小餘三十，得四月庚戌朔。加大餘十四，小餘六十二，得望，大餘四十一，小餘十一，如法命之，得乙丑望。是甲子爲月之十五日，在望前一日。

〔四〕師古曰：洮，盥手也。沬，洗面也。洮音徒高反，沬即頮字也，音呼内反。【補注】錢大昭曰：「沬」，顧命作「頮」。馬融云「頮，頮面也」。説文「沬，洒面也，从水、未聲」。頮，古文，説文無頮字，頮與古文沬相似，當即湏字之譌。

〔五〕【補注】李鋭曰：是歲入甲申統五百七十六年，積月七千一百二十四，閏餘四，積日二十一萬三百七十七，正月大餘十七，小餘七十一，二月大餘四十七，小餘三十三，三月大餘十六，小餘七十六，四月大餘四十六，小餘三十八，五月大餘十六，無小餘，六月大餘四十五，小餘四十三，七月大餘十五，小餘五，八月大餘四十四，小餘四十八。得正月辛丑朔，二月辛未朔，三月庚子朔，四月庚午朔，五月庚子朔，六月己巳朔，七月己亥朔，八月戊辰朔。然則此文「六月」蓋「八月」之譌。

〔六〕【補注】先謙曰：官本「月」作「有」，是。

〔七〕孟康曰：逸書篇名。

春秋、殷曆皆以殷，魯自周昭王以下亡年數，故據周公、伯禽以下爲紀。魯公伯禽，推即位四十六年，至康王十六年而薨。故傳曰「燮父、禽父並事康王」，〔一〕言晉侯燮、魯公伯禽俱事康王也。子考公就立，酋。〔二〕考公，世家即位四年，及煬公熙立。〔三〕煬公二十四年正月丙申朔旦冬至，殷曆以爲丁酉，距微公七十六歲。〔四〕

〔一〕師古曰：燮父，晉唐叔虞之子。禽父，即伯禽也。父讀曰甫。甫者，男子之美稱。

〔二〕師古曰：又記此酋者，諸説不同，而名字或異也。下皆放此。酋音在由反。【補注】齊召南曰：案此志，凡某公某立，皆係世本之文。其名或異者，并記於下，則史記世家文也。如考公，世本名就，世家名酋。微公，世本名茀，世家作魏公潰。下俱放此。周壽昌曰：此因世家與世本名異，並志之，疑當日原書如「酋」字，及下之「潰、擢、嗅、戲」等字，皆小字旁注，後人傳鈔，譌入正文耳。

〔三〕師古曰：及者，兄弟相及，非子繼父也。下皆類此。

〔四〕師古曰：煬音弋向反。【補注】錢大昕曰：是歲入孟統三十三章首，距統首積年六百八，積月七千五百二十，無閏餘，積日二十二萬二千七十二，大餘十二，小餘八，知天正丙申朔與冬至同日。成蓉鏡曰：置積年六百八，策餘乘之，得四百九十一萬二千六百四十，盈統法得一，冬至積大餘三千一百九十二，大餘十二，小餘一百五十二，知周正月丙申朔旦冬至。

世家，煬公即位六十年，〔一〕子幽公宰立。幽公，世家即位十四年，及微公茀立，潰。〔二〕微公二十六年正月乙亥朔旦冬至，殷曆以爲丙子，距獻公七十六歲。〔三〕

〔一〕【補注】齊召南曰：案世家煬公六年，但此志上文既曰煬公二十四年正月丙申朔旦冬至。蔀首之歲，魯曆必有所據，作即位六十年者是也。宋本譌作「十六年」，監本亦從而譌。以積年求之，煬公二十四年爲蔀首，又三十六年而薨，歷幽公十四年，至微公二十六年復爲蔀首，恰符七十六歲之數。知本文作「六十年」無疑，即世家亦於「六」字下脱「十」字耳。先謙曰：官本作「十六年」，不提行。

〔二〕師古曰：茀音弗。潰，古沸字也。【補注】先謙曰：官本注末無「也」字。

〔三〕【補注】錢大昕曰：微公，史記作魏公。是歲入孟統三十七章首，積年六百八十四，積月八千四百六十，無閏餘，積日二十四萬九千八百三十一，大餘五十一，小餘九，知天正乙亥朔。成蓉鏡曰：置積年六百八十四，策餘乘之，得五百五十二萬六千七百二十，盈統法得一，冬至積大餘三千五百九十一，大餘五十一，小餘一百七十一，知周正月乙亥朔旦冬至。

世家，〔一〕微公即位五十年，子厲公翟立，擢。厲公，世家即位三十七年，及獻公具立。

獻公十五年正月甲寅朔旦冬至，殷曆以爲乙卯，距懿公七十六歲。〔二〕

〔一〕【補注】先謙曰：官本不提行。

〔二〕【補注】錢大昕曰：是歲入孟統四十一章首，積年七百六十，積月九千四百，無閏餘，積日二十七萬七千五百九十，大餘三十，小餘十，知天正甲寅朔。成蓉鏡曰：置積年七百六十，策餘乘之，得六百一十四萬八千八百，盈統法得一，冬至積大餘三千九百九十，大餘三十，小餘一百九十，知周正月甲寅朔旦冬至。

世家，〔一〕獻公即位五十年，〔二〕子愼公執立，嚊。〔三〕愼公，世家即位三十年，及武公敖立。

武公，世家即位二年，子懿公被立，戲。〔四〕懿公九年正月癸巳朔旦冬至，殷曆以爲甲午，距惠公七十六歲。〔五〕

〔一〕【補注】先謙曰：官本不提行。

〔二〕【補注】齊召南曰：案世家作「三十二年」。又武公二年，世家作「九年」。與此文不符。又孝公二十七年，世家同，而年表云「三十八年」。

〔三〕師古曰：嚊音皮祕反，又音吁器反。【補注】先謙曰：官本「吁」作「許」。

〔四〕師古曰：戲音許宜反。

〔五〕【補注】錢大昕曰：史記，獻公三十二年，武公九年，與曆不合。「愼」，史記作「真」；「嚊」，史記作「濞」。是歲入孟統四十五章首，積年八百三十六，積月一萬三百四十，無閏餘，積日三十萬五千三百四十九，大餘九，小餘十一，知天正癸巳朔。成蓉鏡曰：置積年八百三十六，策餘乘之，得六百七十五萬四千八百八十，盈統法得一，冬至積大餘四千三百八十九，大餘九，小餘二百九，知周正月癸巳朔旦冬至。

世家，〔一〕懿公即位九年，兄子柏御立。〔二〕柏御，世家即位十一年，叔父孝公稱立。孝公，世家即位二十七年，子惠公皇立。〔三〕惠公三十八年正月壬申朔旦冬至，殷曆以爲癸酉，距釐公七十六歲。〔四〕

〔一〕【補注】先謙曰：官本不提行。

〔二〕【補注】錢大昕曰：「柏御」，國語、史記俱作「伯御」。

〔三〕【補注】杭世駿曰：「皇」，世家作「弗湟」，世本作「弗皇」，年表作「弗生」。

〔四〕師古曰：釐讀曰僖。下皆類此。【補注】錢大昕曰：是歲入孟統四十九章首，積年九百一十二，積月一萬一千二百八十，無閏餘，積日三十三萬三千一百八，大餘四十八，小餘十二，知天正壬申朔。成蓉鏡曰：置積年九百一十二，策餘乘之，得七百三十六萬八千九百六十，盈統法得一，冬至積大餘四千七百八十八，大餘四十八，小餘二百二十八，知周正月壬申朔旦冬至。

世家，〔一〕惠公即位四十六年，子隱公息立。〔二〕

〔一〕【補注】先謙曰：官本不提行。

〔二〕【補注】錢大昕曰：「息」，世本作「息姑」。春秋疏、釋文同。

凡伯禽至春秋，三百八十六年。

春秋隱公，春秋即位十一年，及桓公軌立。〔一〕此元年上距伐紂四百歲。〔二〕

〔一〕【補注】錢大昕曰：「軌」，史記作「允」。

〔二〕【補注】黄宗羲曰：伐紂之歲，據漢志推之，斷爲己卯歲。若依史記魯世家推之，爲戊子歲。然以授時步戊子歲距至元辛巳二千三百三十三年，無一合者，當從班氏以己卯爲準，而後春秋以上之時日乃可得耳。錢大昕曰：此元年謂隱元年也。是歲距上元十四萬二千五百九歲。先謙曰：官本不提行，下至「距元公七十六歲」皆連文。

桓公，春秋即位十八年，子莊公同立。

莊公，春秋即位三十二年，子愍公啟方立。

愍公，春秋即位二年，及釐公申立。釐公五年正月辛亥朔旦冬至，〔一〕殷曆以爲壬子，〔二〕距成公七十六歲。

〔一〕【補注】錢大昕曰：是歲距統首，積年九百八十八，積月一萬二千二百二十，無閏餘，積日三十六萬八百六十七，大餘二十七，小餘十三，知天正辛亥朔。成蓉鏡曰：置積年九百八十八，策餘乘之，得七百九十八萬三千四十，盈統法得一，冬至積大餘五千一百八十七，大餘二十七，小餘二百四十七，知周正月辛亥朔旦冬至。

〔二〕【補注】錢大昕曰：案隋志載，春秋命曆序「魯僖公五年天正壬子朔旦日至。成公十二年天正辛卯朔旦日至。昭公二十年天正庚寅朔旦日至」。竝與殷曆合。蓋乾鑿度、考靈曜、命曆序諸緯皆殷曆也。命曆序言孔子修春秋用殷曆，使其數可傳於後。

是歲距上元十四萬二千五百七十七歲，〔一〕得孟統五十三章首。〔二〕故傳曰：「五年春王正月辛亥朔，日南至。」「八月甲午，晉侯圍上陽。」章謡云：〔三〕「丙子之辰，〔四〕龍尾伏辰，袀服振振，取虢之旂。〔五〕鶉之賁賁，天策焞焞，火中成軍，虢公其奔。」〔六〕卜偃曰：〔七〕「其九月十月之交乎？丙子旦，日在尾，月在策，鶉火中，必是時也。」冬十二月丙子〔八〕滅虢。〔九〕言曆者以夏時，故周十二月，夏十月也。〔一〇〕是歲，歲在大火。〔一一〕故傳曰，晉侯使寺人披伐蒲，重耳奔狄。〔一二〕董因曰：「君之行，歲在大火。」〔一三〕後十二年，釐之十六歲，歲在壽星。〔一四〕故傳曰，重耳處狄十二年而行，過衛五鹿，乞食於壄人，壄人舉凷而與之。〔一五〕子犯曰：「天賜也，後十二年，必獲此土。歲復於壽星，必獲諸侯。」〔一六〕後八歲，釐之二十四年也，歲在實沈，秦伯納之。故傳曰，董因云「君以辰出，而以參入，必獲諸侯」。〔一七〕

〔一〕【補注】錢大昕曰：案自上元盡僖公五年，得十四萬二千五百七十七歲。凡言距算者，皆外所求，則七十七歲當作七十六歲。

〔二〕【補注】李銳曰：置入統年九百八十八，以章歲除之，得五十二，算外爲入五十三章首。

〔三〕【補注】先謙曰：「章」，官本作「童」，是。

〔四〕【補注】錢大昕曰：今本左傳無「子」字。

〔五〕師古曰：袀音均，又戈均反。振音之人反。【補注】錢大昕曰：左傳「袀」作「均」。陸德明云，字書作「袀」。

〔六〕師古曰：賁音奔。焞音徒門反，又土門反。

〔七〕【補注】先謙曰：官本考證云「卜」訛「上」，今改正。

〔八〕【補注】李銳曰：「丙子」下當有「朔」字。

〔九〕【補注】錢大昕曰：以上僖五年左傳文。

〔一〇〕【補注】錢大昕曰：案杜注云「龍尾，尾星也。日月之會曰辰，日在尾，故尾星伏不見。鶉，鶉火，星也。賁賁，鳥星之體也。天策，傅說星。時近日，星微。焞焞，無光耀也。言丙子平旦，鶉火中，軍事有成功也」。

以星驗推之，知九月、十月之交，謂夏九月、十月也。交，晦朔交會，是夜日月合朔于尾，月行疾，故至旦而過在策。孔疏云「以三統曆推之，此夜是月小餘盡，夜半合朔，在尾十四度。從乙夜半至平旦，日行四分度之一，月行三度有餘，故丙子旦日在尾星，月在天策，鶉火之次，正中也。月令『孟冬之月，日在尾，昏危中，旦七星中』。七星，則鶉火次之星也」。今案三統曆，自甲申統首，盡僖五年十一月，積月一萬二千二百三十一，積日三十六萬一千一百九十二，無小餘，以統法乘積日，得五億五千五百八十七萬四千四百八十八，滿周天去之，餘四十九萬九千九百二十八，盈統法而一，得積度三百二十四度，餘一千二百九十二，推周十二月丙子夜半無餘分故。日月合朔，入尾十五度太强。孔氏以爲尾十四度，疑誤也。李鋭曰：置是年正月積日及小餘，加十一月積日三百二十四，小餘六十八，共得積日三十六萬一千一百九十二，大餘五十二，無小餘，得周十二月丙子朔。又以統法乘積日，得五億五千五百八十七萬四千四百八十八，滿周天去之，餘四十九萬九千九百二十八，盈統法而一，得積度三百二十四度，餘一千二百九十二，得周十二月朔，合辰在尾十五度。

〔一一〕【補注】李鋭曰：置距上元歲數，滿歲星歲數去之，餘八百八十，以百四十五乘之，得十二萬七千六百，盈百四十四而一，得積次八百八十六，次餘十六，以十二除積次，餘十，得歲在大火。

〔一二〕師古曰：晉侯謂獻公也。寺人，奄人也，披其名也。蒲，晉邑也，公子重耳之所居。獻公用驪姬之讒，故令披伐之，而重耳懼罪出奔也。事見春秋左氏傳及國語。

〔一三〕師古曰：董因，晉史也。本周太史辛有之後，以董主史官，故爲董氏，因其名也。【補注】錢大昕曰：外傳晉語文。韋昭云「因，晉大夫，周太史辛有之後也」。傳曰，辛有之二子董之，故晉有董史。君之行，謂魯僖五年，重耳出奔，時歲在大火。又曰：置距上元積年滿歲星歲數，得積終八十二，除去之，歲餘八百八十，以百四十五乘之，得十二萬七千六百。盈百四十四而一，得積次八百八十六，次餘十六，以十二除積次，餘數十，推是歲在大火也。又以三十乘次餘，得四百八十。盈百四十四而一，得積度三，起氐五度，算外，則歲在大火、氐八度也。

〔一四〕【補注】李鋭曰：置上定次十，次餘十六，各加十一，得積次二十一，次餘二十七。積次十二去之，餘九，得歲在壽星。

〔一五〕【補注】錢大昭曰：「凷」，左氏傳作「塊」。説文「凷」，正字，「塊」，或體字。

〔一六〕【補注】錢大昕曰：晉語載，子犯曰「天事必象，十有二年必獲此土，二三子志之。歲在壽星及鶉尾，其有此土乎！天以命矣，復于壽星，必獲諸侯，天之道也」。韋昭云「自軫十二度至氐四度，爲壽星之次。自張十七度至軫十一度，爲鶉尾之次。歲在壽星，謂得塊之歲，魯僖十六年也。後十一年，歲在鶉尾，必有此五鹿之地也。魯僖二十七年，歲在鶉尾。二十八年，歲復在壽星。晉文公伐衞，正月六日戊申以三統曆推是歲積年一千十一，積月一萬二千五百四，積日三十六萬九千二百五十三，小餘七十五，推得僖二十八年天正丁酉朔，其月十二日得戊申，非六日也。取五鹿。周正月，夏十一月也。天正時以夏正，故歲在鶉尾。歲復于壽星，謂魯僖二十八年也。是歲四月，文公敗楚于城濮，合諸侯于踐土。五月獻俘于王，王策命之以爲侯伯，故得諸侯」。案是歲距上元積算十四萬二千五百八十七，滿歲數去之，歲餘八百九十一，以百四十五乘之，得十二萬九千一百九十五。盈百四十四而一，得積次八百九十七，次餘二十七，以十二除積次，餘數九，推得是歲歲在壽星也。又以三十乘次餘，得九百一十。盈百四十四而一，得積度五，起軫十二度，算外歲在軫十七度也。

〔一七〕【補注】錢大昕曰：外傳晉語文。韋昭注「辰，大火也。參，伐也。參在實沈之次，自畢十二度至東井十五度曰實沈」。案是歲距上元十四萬二千五百九十五歲，滿歲數去之，歲餘八百九十九，以百四十五乘之，得十三萬三百五十五。盈百四十四而一，得積次九百五，次餘三十五，以十二除積次，餘數五，得是歲歲在實沈也。又以三十乘次餘，得一千五十。盈百四十四而一，得積度七，起畢十二度，算外歲在參一度也。李鋭曰：置上定次九，次餘二十七，各加八，得積次十七，次餘三十五，積次滿十二去之，餘五，得歲在實沈。

春秋釐公即位三十三年，子文公興立。文公元年，距辛亥朔旦冬至二十九歲。是歲閏餘十三，正小雪，閏當在十一月後，〔一〕而在三月，故傳曰「非禮也」。〔二〕後五年，閏餘十，是歲亡閏，而置閏。閏，所以正中朔也。亡閏而置閏，又不告朔，故經曰「閏月不告朔」，言亡此月也。傳曰：「不告朔，非禮也。」〔三〕

〔一〕【補注】錢大昕曰：推閏餘，置入統積年一千一十七，以章月乘之，得二十三萬八千九百九十五，如章歲而一，得積月一萬二千五百七十八，閏餘十三，于法應閏十一月。李鋭曰：是歲入甲申統一千一十七年，積月一萬二千五百七十八，閏餘十三，其年有閏。以十二乘閏餘，得一百五十八，加七者十一，得二百三十四，滿章中二百二十八去之，餘六，置加數十一，數起冬至，算外，得小雪，是閏在十一月後。又置積月加十，共得積月一萬二千五百八十八，積日三十七萬一千七百三十四，大餘三十四，小餘四十二，得十一月戊午朔。以一月大餘二十九，小餘四十三，累加前大小餘，得閏月大餘四，小餘四，十二月大餘三十三，小餘四十七，如法命之，得閏月戊子朔，十二月丁巳朔。又是年冬至，積大餘五千三百三十九，大餘五十九，小餘六百三十九，三乘小餘，得小餘一千九百一十七，累以一氣，大餘十五，小餘千一十，加之，滿去如法，得霜降大餘三，小餘三千六百四十九，小雪大餘三十四，小餘一千五十二。如法命之，得丁亥霜降，十一月三十日；戊午小雪，十二月二日也。是無中氣者爲閏。

〔二〕【補注】錢大昕曰：杜注云「于曆法閏當在僖公末年，誤于今年三月置閏，蓋時達曆者所譏」。孔疏云「杜以爲僖三十年閏九月，文二年閏正月，故言于曆法，閏當在僖公末年」。案杜征南長曆但勘經傳上下日月，傅合成之，原無當于曆法。今以三統術推之，僖二十九年閏餘十六，宜有閏。僖三十年閏餘四，三十一年閏餘十一，俱無閏。三十二年閏餘十八，宜有閏。三十三年閏餘六，無閏。文公元年閏餘十三，宜有閏。二年，閏餘一，無閏。杜氏長曆無一合者也。

〔三〕【補注】錢大昕曰：置入統，積年一千二十二，以章月乘之，得二十四萬一百七十，如章歲而一，得積月一萬二千六百四十，閏餘十，無閏。十二以上始有閏。

春秋，文公即位十八年，子宣公倭立。〔一〕

〔一〕師古曰：倭音於危反。

宣公，春秋即位十八年，子成公黑肱立。成公十二年正月庚寅朔旦冬至，〔一〕殷曆以爲辛卯，距定公七年七十六歲。〔二〕

〔一〕【補注】錢大昕曰：是歲距統首，積年一千六十四，積月一萬三千一百六十，無閏餘。積日三十八萬八千六百二十六，大餘六，小餘十四，知天正庚寅朔。成蓉鏡曰：置積年一千六十四，策餘乘之，得八百五十九萬七千一百二十，盈統法得一，冬至積大餘五千五百八十六，大餘六，小餘二百六十六，知周正月庚寅朔旦冬至。

〔二〕【補注】李銳曰：定公下衍「七年」二字。

春秋，成公即位十八年，子襄公午立。襄公二十七年，距辛亥百九歲。九月乙亥朔，〔一〕是建申之月也。魯史書：「十二月乙亥朔，日有食之。」傳曰：「冬十一月乙亥朔，日有食之，於是辰在申，司曆過也，再失閏矣。」言時實行以爲十一月也，不察其建，不考之於天也。〔二〕二十八年距辛亥百一十歲，歲在星紀，〔三〕故經曰：「春無冰。」傳曰：「歲在星紀，而淫於玄枵。」〔四〕三十年歲在娵訾。〔五〕三十一年歲在降婁。〔六〕是歲距辛亥百一十三年，二月有癸未，上距文公十一年會于承匡之歲夏正月甲子朔凡四百四十有五甲子，奇二十日，爲日二萬六千六百有六旬。〔七〕故傳曰，絳縣老人曰：「臣生之歲，正月甲子朔，四百四十有五甲子矣。其季於今，三之一也。」師曠曰：「郤成子會于承匡之歲也，七十三年矣。」史趙曰：「亥有二首六身，下二如身，則其日數也。」〔八〕

〔一〕【補注】錢大昕曰：是歲距統首，積年一千九十七，積月一萬三千五百六十八，閏餘三，積日四十萬六百七十四，大餘五十四，小餘六十二，推得周正正月戊寅朔，二月戊申朔，小餘二十四。三月丁丑朔，小餘六十七。四月丁未朔，小餘二十五。五月丙子朔，小餘七十二。六月丙午朔，小餘三十四。七月乙亥朔，小餘七十七。八月乙巳朔，小餘三十九。九月乙亥朔。小餘一。李鋭曰：是歲入甲申統一千九十七年，積月一萬三千五百六十八，閏餘三，加積月八，共得積月一萬三千五百七十六，積日四十萬九百一十一，大餘五十一，小餘一，得九月乙亥朔。

〔二〕【補注】錢大昕曰：杜注云「文十一年三月甲子，至今年七十一歲，應有二十六閏。今長曆推得二十四閏，通計少再閏」。

〔三〕【補注】李鋭曰：置僖公五年歲星定次十，次餘十六，各加百一十，得積次一百二十，次餘一百二十六，積次滿十二去之，適盡，得歲在星紀。

〔四〕【補注】錢大昕曰：襄二十八年左傳文。杜注云「星紀在丑斗牛之次，玄枵在子虛危之次。十八年，晉董叔曰『天道多在西北』。是歲歲星在亥，至此年十一歲，故在星紀，明年乃當在玄枵，今已在玄枵，淫行失次」。孔疏云「三統之曆以庚戌爲上元，此年距上元積十四萬二千六百八十六歲，置此歲數，以歲星歲數一千七百二十八除之，得積終八十二，去之，歲餘九百九十，以一百四十五乘歲餘，得十四萬三千五十，以一百四十四除之，得九百九十六爲積次，不盡一百二十六爲次餘，以十二除之，除積次也。得八十三，去之盡，是謂此年更發初在星紀也。欲知入次度者，以次餘一百二十六乘一次三十度，以百四十四除之，得二十六度餘，是歲星本平行此年之初，已入星紀之次二十六度餘，當在婺女四度，於法未入于玄枵也」。

〔五〕【補注】錢大昕曰：左傳「歲在娵訾之口，其明年乃及降婁」。案是歲歲餘九百九十二，積次九百九十八，定次二，次餘一百二十八，推得歲在娵訾東壁九度太。每數轉加一，得明年歲在降婁胃三度。太，强也。

〔六〕【補注】李鋭曰：置上定次空，次餘一百二十六，各加二，得定次二，次餘一百二十八，是三十年歲在娵訾。又各加一，得定次三，次餘一百二十九，是三十一年歲在降婁。

〔七〕【補注】錢大昕曰：是歲謂襄三十年也。入統一千一百年，積月一萬三千六百五，閏餘五，積日四十萬一千七百六十七，大餘七，小餘三十三，推得正月辛卯朔小，二月庚申朔。其月二十四日得癸未。杜氏長曆推在二十三日，誤。又上推文公十一年，距入統一千二十七年，積月一萬二千七百二，閏餘七，積日三十七萬五千一百一，大餘四十一，小餘三，推其年正月乙丑朔小，二月甲午朔大，小餘四十六。三月甲子朔。小餘八。以晉用夏正，故絳縣人以爲正月甲子朔。李鋭曰：襄三十年入甲申統一千一百年，積月一萬三千六百五，閏餘五，加積月一，共得積月一萬三千六百六，積日四十萬一千七百九十六，大餘三十六，小餘七十六，得二月庚申朔，其月二十四日癸未。置積日，加二十四日，共得四十萬一千八百二十，爲入統，至是年二月癸未積日。又文公十一年，入統一千二十七年，積月一萬二千七百二，閏餘七，加積月二，共得積月一萬二千七百四，積日三十七萬五千一百六十，大餘四十，小餘八，得夏正月甲子朔。置入統至癸未積日，以此積日減之，餘二萬六千六百六十日，以六十甲子除之，得四百四十四，餘二十日，是得四百四十五甲子也。

〔八〕孟康曰：下二畫使就身也。師古曰：杜預云「亥字二畫在上，併三六爲身，如算之六也。下亥上二畫，豎置身旁」。【補注】錢大昕曰：自文十一年，盡襄三十年，實七十四年，而云七十三者，文十一年夏正月，是周三月。今襄三十年周二月，實夏十二月，尚未盈七十三年也。

士文伯曰：「然則二萬六千六百有六旬也。」

春秋，襄公即位三十一年，子昭公稠立。昭公八年歲在析木，十年歲在顓頊之虚，玄枵也。〔一〕十八年距辛亥百三十一歲，五月有丙子、戊寅、壬午，火始昏見，宋、衛、陳、鄭火。〔二〕二十年春王正月，距辛亥百三十三歲，是辛亥後八章首也。正月己丑朔旦冬至，〔三〕失閏。故傳曰：「二月己丑，日南至。」三十二年，歲在星紀，距辛亥百四十五歲，盈一次矣。〔四〕故傳曰：「越得歲，吳伐之，必受其咎。」〔五〕

〔一〕【補注】錢大昕曰：昭八年，距上元積歲十四萬二千六百九十七，滿歲數去之，歲餘一千一，以百四十五乘之，得十四萬五千一百四十五。盈百四十四而一，得積次一千七，次餘一百三十七，以十二除積次，餘數十一，推得歲在析木之津。又以三十乘次餘，得四千四百一十。盈百四十四而一，得積度二十八，推得歲在斗九度半也。又以次轉加得歲餘一千三，積次一千九，定次一，次餘一百三十九，推昭十年歲在玄枵、危十五度弱。李鋭曰：置襄三十一年歲星定次三，次餘一百二十九。昭公八年各加八，得定次十一，次餘一百三十七，歲在析木。十年又各加二，積次滿十二去之，得定次一，次餘一百二十九，歲在玄枵。

〔二〕【補注】錢大昕曰：是歲距統首一千一百十九年，積月一萬三千八百四十，閏餘五，積日四十萬八千七百七，大餘四十七，小餘十三，推天正辛未朔小，二月庚子朔大，小餘五十六。三月庚午朔小，小餘一十八。四月己亥朔大，小餘六十一。五月己巳朔小。小餘二十三。其月八日丙子，十日戊寅，十四日壬午也。李鋭曰：是歲入甲申統一千一百十九年，積月一萬三千八百四十，閏餘五，加積月四，共得積月一萬三千八百四十四，積日四十萬八千八百二十五，大餘四十五，小餘二十三，得五月己巳朔。其月八日丙子，十日戊寅，十四日壬午。

〔三〕【補注】李鋭曰：是歲入甲申統六十章首也。錢大昕曰：是歲距統首一千一百二十一年，積月一萬三千七百六十五，無閏餘，積日四十萬九千四百四十五，大餘五，小餘三十五，得天正己丑朔。成蓉鏡曰：置積年一千一百二十一，策餘乘之，得九百五萬七千六百八十，盈統法得一，冬至積大餘五千八百八十五，大餘五，小餘六百六十五，知周正月己丑朔旦冬至。

〔四〕【補注】李鋭曰：置僖公五年歲星定次十，次餘十六，各加百四十五，得積次一百五十五，次餘百六十一，次餘滿百四十四去之，加積次一，共得積次一百五十六，滿十二去之，盡得歲在星紀，次餘滿法成一，故曰盈一次。

〔五〕【補注】錢大昕曰：孔穎達云，十一年傳稱萇弘對景王曰「歲在豕韋」。言十一年歲星在豕韋也。又曰「歲在大梁，蔡復楚凶」。謂十三年歲星在大梁也。十三年距此十九年耳，歲星歲行一次，十二年而行天一周，則二十五年復在大梁，從彼而歷數之，則此年始至析木之津，而此年數在星紀者，歲行一次，舉大數耳。其實一歲之行有餘一次，故劉歆三統之術以爲歲星一千四百四十四年行天一百四十五次，計一千七百二十八年爲歲星歲數。言數滿此年，剩得行天一周。三統之曆以庚戌爲上元，從上元至襄二十八年，積十四萬二千六百八十六歲，置此歲數，以歲星歲數一千七百二十八除之，得積終八十二，去之，歲餘九百九十，以一百四十五乘歲餘，得十四萬三千五百五十，以一百四十四除之，得九百九十六爲積次，不盡一百二十六爲次餘。從襄二十八年至昭十五年，合有一十八年，歲星年行一次，次有一餘，以次加次，得一千一十四，以餘加餘，得一百四十四，餘數滿法，又成一次，以從積次得一千一十五也。以十二去之，餘七，命起星紀，算外得鶉火，是昭十五年歲星在鶉火也。計十三年在大梁，十五年當在鶉首，而在鶉火者，由其餘分數滿，剩得一次，猶如閏餘滿而成月也。以十五年歲在鶉火，歷而數之，則二十七年復在鶉火，故此年在星紀也。服虔注左傳云「歲星在星紀，吳越之分野，蔡復之歲，歲在大梁，距此十九年。昭十五年，有事于武宮之歲，龍度天門。龍，歲星也，天門在戌，是歲越過，故使今年越得歲」。賈公彦云「案括地象天，不足于西北，則西爲天門。昭十五年，歲星正應在鶉首，越一次，當在鶉火，若然，天門不在戌者，但龍度天門，正應在五月，日體在鶉首與歲星同次，日没于戌，歲星亦應没，由度戌至酉上，見而不没，故云龍度天門」。

春秋，昭公即位三十二年，及定公宋立。定公七年，正月己巳朔旦冬至，〔一〕殷曆以爲庚午，距元公七十六歲。

〔一〕【補注】李鋭曰：是歲入甲申統六十一章首也。錢大昕曰：是歲距統首，積年一千一百四十，積月一萬四千一百，無閏餘，積日四十一萬六千三百八十五，大餘四十五，小餘十五，知正月己巳朔。成蓉鏡曰：置積年一千一百四十，策餘乘之，得九百二十一萬一千二百，盈統法得一，冬至積大餘五千九百八十五，大餘四十五，小餘二百八十五，知周正月己巳朔旦冬至。

春秋，定公即位十五年，子哀公將立。〔二〕哀公十二年冬十二月流火，〔三〕非建戌之月也。是月也螽，故傳曰：「火伏而後蟄者畢，今火猶西流，司曆過也。」詩曰：「七月流火。」〔三〕

〔一〕【補注】先謙曰：官本「將」作「蔣」是。

〔二〕【補注】先謙曰：官本作「十一月」。

〔三〕【補注】錢大昕曰：是年經書五月甲辰，孟子卒。依正月朔爲癸卯推之，甲辰當在五月弟四日，但既有失閏，則甲辰當在三月弟三日。然則杜氏謂失一閏者，非矣，乃再失閏耳。孔氏又謂此年當有閏，而今不置者，亦非。十一年爲弟六十二章首，則十二年不應置閏，閏當在十年十二月後也。依經，冬十二月螽，爲十一月，實則九月，劉氏謂建申之月者是。

春秋，哀公即位二十七年。

自春秋盡哀十四年，凡二百四十二年。

六國　春秋〔一〕哀公後十三年遜于邾，子悼公曼立，寧。悼公，世家即位三十七年，子元公嘉立。元公四年正月戊申朔旦冬至，〔二〕殷曆以爲己酉，距康公七十六歲。元公，世家即位二十一年，子穆公衍立，顯。穆公，世家即位三十三年，子恭公奮立。恭公，世家即位二十二年，子康公毛立。〔三〕康公四年正月丁亥朔旦冬至，〔四〕殷曆以爲戊子，距緡公七十六歲。〔五〕康公，〔六〕世家即位九年，子景公偃立。〔七〕景公，世家即位二十九年，子平公旅立。〔八〕平公，世家即位二十年，〔九〕子緡公賈立。緡公二十二年正月丙寅朔旦冬至，〔一〇〕殷曆以爲丁卯，距楚元七十六歲。緡公，世家即位二十三年，子頃公讎立。〔一一〕頃公，表十八年，秦昭王之五十一年也，秦始滅周。周凡三十六王，八百六十七歲。〔一二〕

〔一〕【補注】先謙曰：官本「六」下提行。

〔二〕【補注】李鋭曰：是歲入甲申統六十五章首也。錢大昕曰：是歲距統首一千二百一十六年，積月一萬五千四十，無閏餘，積日四十四萬四千一百四十四，大餘二十四，小餘十六，知正月戊申朔。成蓉鏡曰：置積年一千二百十六，策餘乘之，得九百八十二萬五千二百八十，盈統法得一，冬至積大餘六千三百八十四，大餘二十四，小餘三百四，知周正月戊申朔旦冬至。

〔三〕【補注】錢大昕曰：「毛」，史記作「屯」。

〔四〕【補注】李鋭曰：是歲入甲申統六十九章首也。錢大昕曰：是歲距入統，積年一千二百九十二，積月一萬五千九百八十，無閏餘。積日四十七萬一千九百三，大餘三，小餘十七，知天正丁亥朔。成蓉鏡曰：置積年一千二百九十二，策餘乘之，得一千四十三萬九千三百六十，盈統法得一，冬至積大餘六千七百八十三，大餘三，小餘三百十三，知周正月丁亥朔旦冬至。

〔五〕師古曰：緡讀與愍同。下皆類此。

〔六〕【補注】先謙曰：官本不提行，至「八百六十七歲」皆連文。

〔七〕【補注】錢大昕曰：「偃」，史記作「匽」。

〔八〕【補注】錢大昕曰：「旅」，史記作「叔」，誤。

〔九〕【補注】錢大昕曰：史記作「三十二年」。

〔一〇〕【補注】李鋭曰：是歲入甲申統七十三章首也。錢大昕曰：是歲距入統積年一千三百六十八，積月一萬六千九百二十，無閏餘。積日四十九萬九千六百六十二，大餘四十二，小餘十八，知天正丙寅朔。成蓉鏡曰：置積年一千三百六十八，策餘乘之，得一千一百五萬三千四百四十，盈統法得一，冬至積大餘七千一百八十二，大餘四十二，小餘三百四十二，知周正月丙寅朔旦冬至。

〔一一〕【補注】錢大昕曰：「頃」，史記作「傾」。

〔一二〕【補注】錢大昕曰：周三十六王，以史記次之：武王一，成王二，康王三，昭王四，穆王五，共王六，懿王七，孝王八，夷王九，厲王十，宣王十一，幽王十二，平王十三，五十一年。桓王十四，二十三年。莊王十五，十五年。釐王十六，五年。惠王十七，二十五年。襄王十八，三十二年。頃王十九，六年。匡王二十，六年。定王二十一，二十一年。簡王二十二，十四年。靈王二十三，二十七年。景王二十四，二十年。悼王二十五，未踰年。敬王二十六，四十二年。元王二十七，八年。定王二十八，二十八年。哀王二十九，立三月。思王三十，立五月。考王三十一，十五年。威烈王三十二，二十四年。安王三十三，二十六年。烈王三十四，十年。顯王三十五，四十八年。慎靚王三十六，六年。赧王三十七，五十九年。實三十七王。

秦伯〔一〕昭公，〔二〕本紀無天子五年。〔三〕孝文王，〔四〕本紀即位一年。元年，楚考烈王滅魯頃公爲家人，周滅後六年也。莊襄王，本紀即位三年。始皇，本紀即位三十七年。二世，本紀即位三年。凡秦伯五世，四十九歲。

〔一〕師古曰：伯讀曰霸。其下亦同。

〔二〕【補注】先謙曰：官本「公」作「王」是。

〔三〕【補注】沈欽韓曰：史記正義案，王赧卒後，天下無主三十五年。此則專指秦昭也。六國表「昭王後王赧五年卒」。

〔四〕【補注】先謙曰：官本不提行，至「五世四十九歲」皆連文。

漢高祖皇帝，著紀，〔一〕伐秦繼周。木生火，故爲火德。天下號曰漢。距上元年十四萬三千二十五歲，〔二〕歲在大棣之東井二十二度，〔三〕鶉首之六度也。故漢志曰，歲在大棣，名曰敦牂，太歲在午。〔四〕八年〔五〕十一月乙巳朔旦冬至，〔六〕楚元三年也。〔七〕故殷曆以爲丙午，距元朔七十六歲。著紀，高帝即位十二年。

〔一〕【補注】先謙曰：官本「漢」下提行。

〔二〕【補注】先謙曰：官本考證云，案文不必有「年」字，疑衍。

〔三〕【補注】全祖望曰：大棣之名不見於十二分野，鄭、郭、杜、賈、孔、邢言分野無及之者，但以漢高即位之年在午考之，史記天官書有云「敦牂歲，歲陰在午，星在酉」。歲陰者，太歲也，即所謂鶉首之六度也。其云星者，歲星也，殆所謂大棣之東井二十二度也。然則大棣即壽星之垣，不知古人何以皆缺之？蓋十二分野間多別名，如玄枵一名顓頊之虚，大火一名閼伯之虚，娵訾一名孟陬，則壽星或亦一名大棣，但祗見於此，更無可考。王念孫曰：案「二十二度」當爲「二十一度」。上文云，鶉首初井十六度，然則鶉首之六度，井之二十一度也。景祐本作「二十度」，亦非。

〔四〕【補注】錢大昕曰：「六度」當作「七度」。置積年，以歲星歲數去之，歲餘一千三百二十九，以百四十五乘之，得十九萬二千七百五。盈百四十四而一，得積次一千三百三十八，次餘三十三，以十二去積次，餘數六，命星紀，算外，得歲在鶉首也。以三十乘次餘，得九百九十。盈百四十四而一，得積度六，起井十六度，算外，得歲在東井二十二度太强，實鶉首之七度。今本「七」作「六」，誤也。歲星在天右行，太歲在地左行，與斗建相應，故歲星在未，鶉首未宮。太歲必在午也。以六十除積次，餘十有八，起丙子，算外，得歲在甲午也。

〔五〕【補注】先謙曰：官本不提行，至「高帝即位十二年」連文。

〔六〕【補注】李鋭曰：是歲距入甲申統七十七章首也。錢大昕曰：漢初用秦正，以夏十月爲正月，冬至當在二月。此云十一月，據太初追改時月書之。是歲距入統，積年一千四百四十四，積月一萬七千八百六十，無閏餘。積日五十二萬七千四百二十一，大餘二十一，小餘十九，知天正乙巳朔。成蓉鏡曰：置積年一千四百四十四，策餘乘之，得一千一百六十六萬七千五百二十，盈統法得一，冬至積大餘七千五百八十一，大餘二十一，小餘三百六十一，知漢十一月乙巳朔旦冬至。

〔七〕【補注】先謙曰：劉歆，元王後，故兩附著之。

惠帝，著紀即位七年。

高帝，著紀即位八年。〔一〕

〔一〕【補注】錢大昭曰：「帝」字誤，監本、閩本皆作「后」。先謙曰：官本作「后」。

文帝，前十六年，後七年，著紀即位二十三年。

景帝，前七年，中六年，後三年，著紀即位十六年。

武帝，建元、元光、元朔各六年。元朔六年十一月甲申朔旦冬至，〔一〕殷曆以爲乙酉，距初元七十六歲。元狩、元鼎、元封各六年。〔二〕漢曆太初元年，距上元十四萬三千一百二十七歲。〔三〕前十一月甲子朔旦冬至，歲在星紀，婺女六度，故漢志曰歲名困敦，〔四〕正月歲星出婺女。〔五〕太初、天漢、太始、征和各四年，後二年，著紀即位五十四年。

〔一〕【補注】李銳曰：是歲入甲申統八十一章首也。錢大昕曰：是歲距入統，積年一千五百二十，積月一萬八千八百，無閏餘。積日五十五萬五千一百八十，無大餘，小餘二十，知天正甲申朔。成蓉鏡曰：置積年一千五百二十，策餘乘之，得一千二百二十八萬一千六百，盈統法得一，冬至積大餘七千九百八十，無大餘，小餘三百八十，知漢十一月甲申朔旦冬至。

〔二〕【補注】先謙曰：官本不提行，至「即位五十四年」皆連文。

〔三〕【補注】齊召南曰：案元史，三統積年一十四萬四千五百一十一，與此文異。又案前文曰「以前歷上元泰初四千六百一十七歲，至于元封七年」。又不同也。

〔四〕師古曰：敦音頓。【補注】先謙曰：官本注作「敦，頓也」。

〔五〕【補注】錢大昕曰：置積年，以元法除之盡，推爲入元甲子統首，日月皆無餘分。又置積年，以歲星歲數去之，歲餘一千三百四十一，以百四十五乘之，得二十萬七千四百九十五。盈百四十四而一，得積次一千四百四十，次餘一百三十五，以十二除積次，無餘數，則歲在星紀也。又以三十乘次餘，得四千五十。盈百四十四而一，得積度二十八，起斗十二度，算外，歲則婺女六度也。以六十除積次，無餘分，知太歲復于丙子，故云歲名困敦也。又曰：推星見術，以歲星見數乘上元積年，置距算年加一。得二億二千六百五十七萬一千六百二十四，如歲數而一，得定見數十三萬一千一百十七，見餘一千四百四十八，不盈見數，是見在本年也。以見中分乘定見，得二十七億一千八百八十四萬二千一百十二，如見中法而一，得積中百七十一萬七千五百二十五，中餘三十七，以元中除積中，餘數一，推得星始見在大寒中玄枵之次也。又以見閏分乘定見，得十五億八千五百九十九萬一千二百三十二，以章歲乘中餘，得七百三，并之，得十五億八千五百九十九萬一千九百三十五，如見月法而一，得積閏月五萬二千七百三十一，月餘一千六百四十八，以積閏并積中，得積月百七十七萬二百五十六，以元月除之，餘數一，推得星見在歲前十二月也。是歲係入元弟一年天正甲子朔旦，中朔俱無餘分，故置不求，即命大寒爲甲午日中，小餘二千二十，命十二月癸巳朔，小餘四十三，乃以中法乘中餘，得五百十九萬九千六百一十，以見中法乘中小餘，得三百十九萬七千六百六十，并之，得八百三十九萬七千二百七十，如見中日法，得入中日一，日餘一百八萬八千五百五十九。又以月法乘月餘，得三百九十四萬二千十六，以見月法乘朔小餘，得百二十九萬三千三百十一，并之，得五百二十三萬五千三百二十七，如見月日法，得入月日二，日餘三十六萬二千八百五十三，推得歲星始見在歲前十二月三日乙未，加辰丑，入婺女九度强。然則天正朔前後，歲星正在婺女六度，與日同次而伏也。始見時，星距女十二度末三度，見中日法分度之，六百二十二萬一百五十二，見中日法減入中小餘，得此。其行率十一日行二度，乃以二度通爲見中日法爲一率，十一日爲二率，今距女十二度末之三度奇，通分爲三率，推四率，得二十一日，兩見中日法分之二百六十二萬三千二百七十三，以始見大餘，朔大餘并入中日，爲始見大餘。加二十一日，得大餘五十二，兩始見小餘，即入中日餘。加小餘，得小餘兩見中日法分之四百八十二萬三百九十一，推爲十二月二十四日丙辰，加辰卯，星盡女十二度。

入虚一度無，緣正月歲星在女也。張文虎曰：案太初元年，六曆皆爲丁丑，而武帝詔以爲焉逢攝提格。此又云歲名困敦者，蓋皆承元封六年爲言也。元封六年，歲星在星紀，正月晨見，故謂之焉逢攝提格。其十一月，歲星與日同次，故謂之困敦，治曆起年前天正冬至。又漢初承秦，以年前十月爲歲首，故以太初元年統於元封六年也。今依三統術推之，元封五年十一月庚子朔，即元封六年年前天正月也。十九日戊午冬至，日在星紀中牽牛初度，歲星在析木二十七度百四十四分之百三十三，當斗八度，在日後，去日十八度有奇，晨見三日後，當以前月與日同次，斗建亥，是元封五年當名大淵獻也。自冬至順日行四十六日，日率十一分度二，元封六年正月己亥朔，初六日甲辰立春，日在陬訾初危十六度，歲星在星紀斗六度，去日五十四度，隔次晨見，凡隔次晨見，皆日加丑時。斗建寅，天官書所謂「攝提格之歲，歲陰左行在寅，歲星右轉居丑，正月，與斗、牽牛晨出東方」也。自元封五年冬至前三日，歲星去日半次始見，至六年冬至前三日，凡三百六十五日有奇，星行一次有奇，而入伏限，十一月甲子朔旦冬至，即太初元年年前天正月也。日在牽牛初度，歲星在婺女六度，在日前，去日十四度，與日同次，斗建子，是元封六年當名困敦也。伏限三十三日有奇，順日行三度奇，十二月癸巳朔，初二日甲午大寒，日在玄枵、中危初度，歲星在婺女九度，在日後，去日半次晨見，順日行四十六日，日率十一分度二，行星八度十一分之四，太初元年正月癸亥朔，十八日庚辰雨水，三統術以雨水爲二月節。日在降婁初奎五度，歲星在虚五度，去日五十二度，隔次晨見，斗建卯，天官書所謂「單閼歲，歲陰在卯，星在子與婺女虚危晨出」也。是年十一月戊午朔，二十六日甲申小寒，十二月節。日在玄枵初婺女八度，歲星距初見三百四十日矣，在危十二度，去日二十五度，在日前，與日同次，斗建丑，是太初元年當名赤奮若也。夫既改用夏正，則紀年自當以正月爲斷，而鄧平術定於太初元年五月，其年前亥、子、丑三月猶冠正月之前，武紀太初元年有十五月。當時未更定，故歆述三統承其舊文，又特言正月歲星出婺女者，十二月十七日己酉立春，入正月節，歲星猶在婺女十一度，明自此始爲太初元年也。

昭帝始元、元鳳各六年，元平一年，著紀即位十三年。

宣帝，本始地節、元康、神爵、五鳳、甘露各四年，黃龍一年，著紀即位二十五年。

元帝，初元二年十一月癸亥朔旦冬至，〔一〕殷曆以爲甲子，以爲紀首。是歲也，十月日食，〔二〕非合辰之會，不得爲紀首。距建武七十六歲。〔三〕初元、永光、建昭各五年，竟寧一年，著紀即位十六年。〔四〕

〔一〕【補注】李銳曰：是歲入甲子統五章首也。錢大昕曰：是歲入甲子統，積年七十六，積月九百四十，無閏餘。積日二萬七千七百五十九，大餘三十九，小餘一，推天正癸亥朔。成蓉鏡曰：置入甲子統，積年七十六，策餘乘之，得六十一萬四千八十，盈統法得一，冬至積大餘三百九十九，大餘三十九，小餘十九，知漢十一月癸亥朔旦冬至。

〔二〕【補注】錢大昕曰：置積月以二十三乘之，得二萬一千六百二十，盈百三十五而一，得積會百六十，除去之，不盈數二十，爲會餘。加二十三者，十一并會餘，得二百七十三，盈百三十五，又去之，其餘數三，是會在十月朔後也，故十月朔日食。

〔三〕【補注】錢大昕曰：凡紀首之歲，中朔交會，分俱盡。今以三統術推是歲天正朔，距交分已遠，前月朔，後入交。其十月朔日食，亦在交前，不正當交，于法不當爲紀首也。距建武七十六歲「七」字，班氏所增入。

〔四〕【補注】先謙曰：官本不提行。

成帝，建始、河平、陽朔、鴻嘉、永始、元延各四年，綏和二年，著紀即位二十六年。

哀帝，建平四年，元壽二年，著紀即位六年。

平帝，著紀即位元始五年，以宣帝玄孫嬰爲嗣，謂之孺子。孺子著紀新都侯王莽居攝三年，王莽居攝，盜襲帝位，〔一〕竊號曰新室。始建國五年，天鳳六年，地皇三年，著紀盜位十四年。更始帝，著紀以漢宗室滅王莽，即位二年。赤眉賊立宗室劉盆子，滅更始帝。〔二〕自漢元年訖更始二年，凡二百三十歲。

〔一〕【補注】錢大昕曰：自此以下，皆班氏所增入，非劉歆本文。

〔二〕【補注】先謙曰：志於更始稱帝，以光武先爲其臣也。云赤眉立宗室盆子，滅更始帝，明光武非以臣代君也。

光武皇帝，著紀〔一〕以景帝後高祖九世孫受命中興復漢，改元曰建武，〔二〕歲在鶉尾之張度。〔三〕建武三十一年，中元二年，即位三十三年。

〔一〕【補注】先謙曰：官本「光武」以下提行。

〔二〕【補注】張文虎曰：依前例，此改元建武下，當有「六年十一月壬寅朔旦冬至，殷曆以爲癸卯」十七字，與上元帝二年文相應，以終曆志。

〔三〕【補注】錢大昕曰：建武元年，距上元十四萬三千二百五十五歲，以歲星歲數除之，歲餘一千五百五十九，以百四十五乘之，得二十二萬六千五十五，盈百四十四而一，得積次一千五百六十九，次餘百十九。以十二除積次，餘數九，從星紀起，算外，則歲在壽星也。又以六十除積次，餘數亦九，從丙子起，算外則太歲在乙酉也。志云歲在鶉尾之張度者，蓋以太初元年歲在星紀，距是歲一百二十八，算未盈超辰之限，故約略計之，以爲當在鶉尾耳。若以密率求之，則太初改元，歲星在婺女六度，已是星紀之末。歲星每年多行一分，至太始二年，歲星已度壽星而入大火，即太歲亦超乙酉而在丙戌矣。王莽傳，建國五年，歲在壽星，蒼龍癸酉。八年，歲躔星紀。天鳳七年，歲在大梁，倉龍庚辰。厥明年，歲在實沈，倉龍辛巳。據此，推至光武建武元年，正當在壽星之次，此實算也。張文虎曰：錢氏推建武元年歲星在壽星，則是前一年在鶉尾，疑此句當在上文更始二年下，錯簡在此。然求其次度二十四度百四十四分之八十四，鶉尾起張十八度，今至二十四度餘，則已在軫五度，去張遠矣。

三統術鈐先謙曰：錢氏大昕作三統術衍三卷，復爲鈐一卷，今以坿於後。

元法鈐

一	四六一七
二	九二三四
三	一三八五一
四	一八四六八
五	二三〇八五
六	二七七〇二
七	三二三一九
八	三六九三六
九	四一五五三

統法鈐

一	一五三九
二	三〇七八
三	四六一七
四	六一五六
五	七六九五
六	九二三四
七	一〇七七三
八	一二三一二
九	一三八五一

章月鈐

一	二三五
二	四七〇
三	七〇五
四	九四〇
五	一一七五

章歲鈐

一	一九
二	三八
三	五七
四	七六
五	九五

六	一四一〇
七	一六四五
八	一八八〇
九	二一一五

月法鈐

一	二三九二
二	四七八四
三	七一七六
四	九五六八
五	一一九六〇
六	一四三五二
七	一六七四四
八	一九一三六
九	二一五二八

策餘鈐

一	八〇八〇
二	一六一六〇
三	二四二四〇
四	三二三二〇

六	一一四
七	一三三
八	一五二
九	一七一

日法鈐

一	八一
二	一六二
三	二四三
四	三二四
五	四〇五
六	四八六
七	五六七
八	六四八
九	七二九

五	四〇四〇〇
六	四八四八〇
七	五六五六〇
八	六四六四〇
九	七二七二〇

周天鈐

一	五六二一二〇
二	一一二四二四〇
三	一六八六三六〇
四	二二四八四八〇
五	二八一〇六〇〇
六	三三七二七二〇
七	三九三四八四〇
八	四四九六九六〇
九	五〇五九〇八〇

月周鈐

一	二五四
二	五〇八
三	七六二

會歲鈐

一	五一三
二	一〇二六
三	一五三九

四	一〇一六
五	一二七〇
六	一五二四
七	一七七八
八	二〇三二
九	二二八六

食法鈐

一	二三
二	四六
三	六九
四	九二
五	一一五
六	一三八
七	一六一
八	一八四
九	二〇七

歲星見中法鈐即見數

一	一五八三
二	三一六六

四	二〇五二
五	二五六五
六	三〇七八
七	三五九一
八	四一〇四
九	四六一七

朔望之會鈐

一	一三五
二	二七〇
三	四〇五
四	五四〇
五	六七五
六	八一〇
七	九四五
八	一〇八〇
九	一二一五

三	四七四九
四	六三三二
五	七九一五
六	九四九八
七	一一〇八一
八	一二六六四
九	一四二四七

歲星歲數鈐

一	一七二八
二	三四五六
三	五一八四
四	六九一二
五	八六四〇
六	一〇三六八
七	一二〇九六
八	一三八二四
九	一五五五二

歲星見中分鈐

一	二〇七三六

二	四一四七二
三	六二二〇八
四	八三九四四
五	一〇三六八〇
六	一二四四一六
七	一四五一五二
八	一六五八八八
九	一八六六二四

歲星見閏分鈐

一	一二〇九六
二	二四一九二
三	三六二八八
四	四八三八四
五	六〇四八〇
六	七二五七六
七	八四六七二
八	九六七六八
九	一〇八八六四

歲星見月法鈐

一	三〇〇七七
二	六〇一五四
三	九〇二三一
四	一二〇三〇八
五	一五〇三八五
六	一八〇四六二
七	二一〇五三九
八	二四〇六一六
九	二七〇六九三

歲星見中日法鈐

一	七三〇八七一一
二	一四六一七四二二
三	二一九二六一三三
四	二九二三四八四四
五	三六五四三五五五
六	四三八五二二六六
七	五一一六〇九七七
八	五八四六九六八八
九	六五七七八三九九

歲星見月日法錀

一	二四三六二三七
二	四八七二四七四
三	七三〇八七一一
四	九七四四九四八
五	一二一八一一八五
六	一四六一七四二二
七	一七〇五三六五九
八	一九四八九八九六
九	二一九二六一三三

太白見中法錀即復數

一	二一六一
二	四三二二
三	六四八三
四	八六四四
五	一〇八〇五
六	一二九六六
七	一五一二七
八	一七二八八

九	一九四四九

太白歲數鈐

一	三四五六
二	六九一二
三	一〇三六八
四	一三八二四
五	一七二八〇
六	二〇七三六
七	二四一九二
八	二七六四八
九	三一一〇四

太白見中分鈐

一	四一四七二
二	八二九四四
三	一二四四一六
四	一六五八八八
五	二〇七三六〇
六	二四八八三二
七	二九〇三〇四

八　三三一七七六

九　三七三二四八

太白見閏分鈴

一　二四一九二

二　四八三八四

三　七二五七六

四　九六七六八

五　一二〇九六〇

六　一四五一五二

七　一六九三四四

八　一九五五三六

九　二一七七二八

太白見月法鈴

一　四一〇五九

二　八二一一八

三　一二三一七七

四　一六四二三六

五　二〇五二九五

六　二四六三五四

七	二八七四一三
八	三二八四七二
九	三六九五三一

太白見中日法鈐

一	九九七七三七
二	一九九五四六七四
三	二九九三二〇一一
四	三九九〇九三四八
五	四九八八六六八五
六	五九八六四〇二二
七	六九八四一三五九
八	七九八一八六九六
九	八九七九六〇三三

太白見月日法鈐

一	三三二五七七九
二	六六五一五五八
三	九九七七三三七
四	一三三〇三一一六
五	一六六二八八九五

六	一九九五四六七四
七	二三二八〇四五三
八	二六六〇六二三二
九	二九九三二〇一一

鎮星見中法鈐即見數

一	四一七五
二	八三五〇
三	一二五二五
四	一六七〇〇
五	二〇八七五
六	二五〇五〇
七	二九二二五
八	三三四〇〇
九	三七五七五

鎮星歲數鈐

一	四三二〇
二	八六四〇
三	一二九六〇
四	一七二八〇

五	二一六〇〇
六	二五九二〇
七	三〇二四〇
八	三四五六〇
九	三八八八〇

鎮星見中分鈐

一	五一八四〇
二	一〇三六八〇
三	一五五五二〇
四	二〇七三六〇
五	二五九二〇〇
六	三一一〇四〇
七	三六二八八〇
八	四一四七二〇
九	四六六五六〇

鎮星見閏分鈐

一	三〇二四〇
二	六〇四八〇
三	九〇七二〇

四　一二〇九六〇
五　一五一二〇〇
六　一八一四四〇
七　二一一六八〇
八　二四一九二〇
九　二七二一六〇

鎮星見月法鈐

一　七九三二五
二　一五八六五〇
三　二三七九七五
四　三一七三〇〇
五　三九六六二五
六　四七五九五〇
七　五五五二七五
八　六三四六〇〇
九　七一三九二五

鎮星見中日法鈐

一　一九二七五九七五
二　三八五五一九五〇

三	五七八二七九二五
四	七七一〇三九〇〇
五	九六三七九八七五
六	一一五六五五八五〇
七	一三四九三一八二五
八	一五四二〇七八〇〇
九	一七三四八三七七五

鎮星見月日法鈐

一	六四二五三二五
二	一二八五〇六五〇
三	一九二七五九七五
四	二五七〇一三〇〇
五	三二一二六六二五
六	三八五五一九五〇
七	四四九七二七五
八	五一四〇二六〇〇
九	五七八二七九二五

熒惑見中法鈐即見數

一	六四六九

二	一二九三八
三	一九四〇七
四	二五八七六
五	三三三四五
六	三八八一四
七	四五二八三
八	五一七五二
九	五八二二一

熒惑歲數鈐

一	一三八二四
二	二七六四八
三	四一四七二
四	五五二九六
五	六九一二〇
六	八二九四四
七	九六七六八
八	一一〇五九二
九	一二四四一六

熒惑見中分鈐

一	一六五八八八
二	三三一七七六
三	四九七六六四
四	六六三五五二
五	八二九四四〇
六	九九五三二八
七	一一六一二一六
八	一三二七一〇四
九	一四九二九九二

熒惑見聞分鈐

一	九六七六八
二	一九三五三六
三	二九〇三〇四
四	三八七〇七二
五	四八三八四〇
六	五八〇六〇八
七	六七七三七六
八	七七四一四四
九	八七〇九一二

熒惑見月法鈐

一	一二三九一一
二	二四五八二二
三	三六八七三三
四	四九一六四四
五	六一四五五五
六	七三七四六六
七	八六〇三七七
八	九八三一八八
九	一一〇六一九九

熒惑見中日法鈐

一	二九八六七三七三
二	五九七三四七四六
三	八九六〇二一一九
四	一一九四六九四九二
五	一四九三三六八六五
六	一七九二〇四二三八
七	二〇九〇七一六一一
八	二三八九三八九八四

九　二六八八〇六三七五

熒惑見月日法鈐

一	九九五五七九一
二	一九九一一五八二
三	二九八六七三七三
四	三九八二二一六四
五	四九七七八九五五
六	五九七三四九四六
七	六九六九〇五三七
八	七九六四六三二八
九	八九六〇二一一九

歲星見中法鈐即復數

一	二九〇四一
二	五八〇八二
三	八七一二三
四	一一六一六四
五	一四五二〇五
六	一七四二四六
七	二〇三二八七

八　二三二三二八

九　二六一三六九

辰星歲數鈐

一　九二一六

二　一八四三二

三　二七六四八

四　三六八六四

五　四六〇八〇

六　五五二九六

七　六四五一二

八　七三七二八

九　八二九四四

辰星見中分鈐

一　一一〇五九二

二　二二一一八四

三　三三一七七六

四　四四二三六八

五　五五二九六〇

六　六六三五五二

七	七七四一四四
八	八八四七三六
九	九九五三二八

辰星見閏分鈴

一	六四五一二
二	一二九〇二四
三	一九三五三六
四	二五八〇四八
五	三二二五六〇
六	三八七〇七二
七	四五一五八四
八	五一六〇九六
九	五八〇六〇八

辰星見月法鈴

一	五五一七七九
二	一一〇三五五八
三	一六五五三三七
四	二二〇七一一六
五	二七五八八九五

六　三三一〇六七四

七　三八六二四五三

八　四四一四二三一

九　四九六六〇一一

辰星見中日法鈐

一　一三四〇八二二九七

二　二六八一六四五九四

三　四〇二二四六八九一

四　五三六三二九一八八

五　六七〇四一一四八五

六　八〇四四九三七八二

七　九三八五七六〇七九

八　一〇七二六五八三七六

九　一二〇六七四〇六七三

辰星見月日法鈐

一　四四六九四〇九九

二　八九三八八一九八

三　一三四〇八二二九七

四　一七八七七六三九六

五 二二三四七〇四九五
六 二六八一六四五九四
七 三一二八五八六九三
八 三五七五五二七九二
九 四〇二二四六八九一

元中鈐

一 五五四〇四
二 一一〇八〇八
三 一六六二一二
四 二二一六一六
五 二七七〇二〇
六 三三二四二四
七 三八七八二八
八 四四三三三二
九 四九八六三六

元月鈐

一 五七一〇五
二 一一四二一〇
三 一七一三一五

四　二三八四二〇
五　二八五五二五
六　三四二六三〇
七　三九九七三五
八　四五六八四〇
九　五一三九四五

中法鈐

一　一四〇五三〇
二　二八一〇六〇
三　四二一五九〇
四　五六二一二〇
五　七〇二六五〇
六　八四三一八〇
七　〇九八三七一〇
八　一一二四二四〇
九　一二六四七七〇

二十八宿鈐

牛　〇〇〇　女　〇〇八
虛　〇二〇　危　〇三〇

室	〇四七	壁	〇六三
奎	〇七二	婁	〇八八
胃	一〇〇	昴	一一四
畢	一二五	觜	一四一
參	一四三	井	一五二
鬼	一八五	柳	一八九
星	二〇四	張	二一一
翼	二三九	軫	二四七
角	二六四	亢	二七六
氐	二八五	房	三〇〇
心	三〇五	尾	三一〇
箕	三一八	斗	三三九

三統術衍補先謙曰：董氏祐誠撰，不便分注正文下，並坿於此。

太初元年十一月甲子，夜半朔旦冬至。

冬至無餘分。　周天五十六萬二千一百二十爲歲實，以千五百三十九爲中日法。

天正朔無餘分。　月法二千三百九十二爲朔實，以八十一爲朔日法。

甲子無餘分。　甲子六十。

交會無餘分。　一食，五月又二十三分月之二十。

歲星距始見，一歲又千五百八十三分歲之十。　一見，一歲又千五百八十三分歲之百四十五。歲星一見三百九十八日五百一十六萬三千一百二分，以見中日法七百三十萬八千七百一十一爲母，以母通作分，以周天數如見中日法變分去之，滿一歲，餘分約命之。五星竝同。

太白距始見，一歲又二千一百六十一分歲之五百六十六。　一復，一歲又二千一百六十一分歲之千二百九十五。

鎮星距始見，一歲又四千一百七十五分歲之十。　一見，一歲又四千一百七十五分歲之百四十五。

熒惑距始見，一歲又六千四百六十九分歲之五千八百七十。　一見，二歲又六千四百六十九分歲之八百八十六。

辰星距始見，二萬九千四十一分歲之六千一百八十三。　一復，二萬九千四十一分歲之九千二百一十六。

甲子朔旦冬至，此當時實測也。五步皆即據本法推之，其數當亦由推測而得，然後以算術綴之也。

求章歲章閏

以月法二千三百九十二變從中日法，得四萬五千四百四十八爲定母，以一歲閏餘萬六千七百四十四爲奇數，以朔虛分亦變從中日法，得五日九百六十九分，加氣盈分五日三百八十五分，竝通爲分，則閏餘分也。列之：

四	八〇商二	商一四四	〇
四	四六	四八	六
七	四九	七七	九
六	五一	六四	一
一	四一	一	一
一	二	三	二
四	〇二商二		
八	六九	商一四二相等	二

七　九三　八九　九
四　一二　七三　三
一　四二　二
三　八　十一　八

二　二減盡商一
九　九
三　三
二　二
十一　十九

求得等數爲二千三百九十二，減盡左行數爲十九，以等數約奇數，得七爲章閏。其左行數十九，即章歲爲冬至，與天正朔同日，無閏餘。

求統歲

以中日法千五百三十九爲定母，以十九歲之冬至小餘千一百五十九爲奇數，十九乘歲餘三百八十五，滿中日法去之，則小餘也。列之：

九　九〇商一　商三九九　〇
五　三八　五一　八
一　五三　一　三
一　一　一

一　一　四　一

九　○九商十九

一　八一相等　商一九減盡　九

三　一　一

四　七十七　八十一　七十七

求得左行數爲八十一，以乘章歲，得千五百三十九，即統歲爲冬至，與天正朔同在日首，無小餘。

求元歲

以甲子六十爲定母，以千五百三十九歲之冬至大餘四十爲奇數，周天以統法爲母，故即爲一統之日數，滿六十去之，則大餘也。列之：

○　○○商一　商一○○相等　○

四　六二　四二　二

一　一　二　一

○　○減盡商一

二　二

二　三

求得左行數爲三，以乘統歲，得四千六百一十七，即元歲爲冬至，與天正朔同，在甲子日首，無大餘，無小餘。凡有歲餘，即可徑求統法元法，玆必由章歲遞求者，欲其與朔分齊同也。三統術，太初元年甲子夜半朔旦冬至，即爲元首，故不更求入元歲。

求交會

以一食之分母二十三爲定母，分子二十爲奇數，列之：

〇	三三商一	商六〇二	三
一	二	二	
一	一	七	一
二	三一商一	商一二一相等	一
七	八	十五	八
一	一減盡商一		
十五	二十三		

求得等數爲一，左行數仍爲二十三，乃以二十三乘五月內子二十，得百三十五，即朔望之會，爲交分，與朔分俱終。

又以章月二百三十五爲定母，朔望之會百三十五爲奇數，列之：

五	五〇商一	商一五五	〇
三	三〇	三三	〇
一	二	一	一
一	一	二	一
五	〇〇商二	商一五五	〇

三　○三　三　三
　　一　七　五
二　五

五　○五商五相等
　　三　商一五減盡　五
七　四十　四十七　四十

求得等數爲五，左行數爲四十七，乃以四十七乘朔望之會，得六千三百四十五爲會月，其四十七即爲會數。置會月，以章歲乘之，章月除之，得五百一十三，即會歲爲會分，與冬至分、朔分皆終。

又以統歲爲定母，會歲爲奇數，列之：

三　九三商二
一　三一相等　商一三減盡　三
五　五五　一　一
　　一　五　五
一　二　三　二

求得等數爲五百一十三，左行數爲三，以三乘會歲，仍得千五百三十九爲會分，冬至分、朔分、小餘皆終。與統法等三乘之，即元歲四千六百一十七，而交會亦復於甲子。太初元年爲元首，亦不更求入會歲。

求歲星大周及入大周歲

以千五百八十三爲定母，百四十五爲奇數，列之：

五　三三商十
四　八三　商一五二　三
一　五一　四一　三
一　一　一　一

一　十　十一　十

二　三一商十一
一　三　商十一二一相等　一
一　一　一

十一　百三十一　千四百五十二　百三十一

一　一減盡商一

千四百五十二　千五百八十三

求得等數爲一，減盡左行數，仍得千五百八十三，即爲歲星見數，以通一見一歲又百四十五分，得千七百二十八，爲歲星大周歲數。

又以大周千七百二十八爲定母，見數千五百八十三爲奇數，列之：

三　八五商一　商十三三　五
八　二四　八三　四
五　七一　五一　一

一　一　一

一　一　十一　一

三　五二商一　商十一三二　二

三　四一　三　一

一　一　一

十一　十二　百四十三　十二

求得左行乘率百四十三，以乘星距始見千五百九十三分，通分内子。得二十二萬七千七百九十九，滿大周去之，餘千四百三十一爲歲星入大周歲。

求太白大周及入大周歲

以二千一百六十一爲定母，千二百九十五爲奇數，列之：

五　一六商一　商一五九　六

九　六六　九二　六

二　一八　二四　八

一　二　一

一　一　二　一

九　六八商二　商五十三九五　八

二　六　二

四　八　四
二　五　二百六十七　五

五　八三商一　商一五二　三
二百六十七　二百七十二　五百三十九　二百七十二

二　三一商一　商一二一相等
五百三十九　八百一十一　千三百五十　八百一十一

一　一減盡商一
千三百五十　二千一百六十一

求得等數爲一，減盡左行數，仍得二千一百六十一，即爲太白復數。以通一復一歲又千二百九十五分，得三千四百五十六，爲太白大周歲數。

又以大周三千四百五十六爲定母，復數二千一百六十一爲奇數，列之：

一　六五商一　商一一六　五
六　五九　六六　九
一　四二　一八　二

二　三一　二　一
一　一　二　一

六　五九商一
六　九二　商二六八　九
八　二四　六　二
一　八　四
二　三　八　三
八　九五商五十三
二
四　商一八三　五
八　四百二十七　四百三十五　四百二十七
三　五二商一　商一三一　二
四百三十五　八百六十二　千二百九十七　八百六十二

求得左行乘率千二百九十七，以乘星距始見二千七百二十七分，通分内子。得三百五十三萬六千九百一十九，滿大周去之，餘千四百三十一，爲太白入大周歲。

求鎮星大周及入大周歲

以四千一百七十五爲定母，百四十五爲奇數，列之：

五　五五商二十八

四　七一　商一五〇　五
一　一一　四三　一
四　一　一
一　二十八　一十九　二十八

〇　五五商三　商一〇五　五
三　一二　三　二
　　一
二十九　百一十五　百四十四　百一十五

五　五五商四相等
　　二　商一五減盡　五
百四十四　六百九十一　八百三十五　六百九十一

求得等數爲五，減盡左行數，得八百三十五，即爲鎮星見數，亦即以爲一歲之分。以等數五約百四十五，得二十九，相加，得八百六十四，爲鎮星大周歲數。而元術以四千三百二十爲大周，四千一百七十五爲見數者，欲以合小周乘巛策之數。實則鎮星行八百六十四歲凡八百三十五見，已無餘分，不待四千三百二十歲也。

又以八百六十四爲定母，八百三十五爲奇數，列之：

五　四九商一　商二十八五三　九
三　六二　三二　二

八　八　八
一　一　二十九　一
三　九六商一　商三三五　六
二　二　二　二
二十九　三十　百一十九　三十
五　六一商一　商四五一
百一十九　百四十九　七百一十五　百四十九

求得左行乘率七百一十五，以乘星距始見八百三十七分，星距始見，一歲又四千一百七十五分歲之十，通分內子，又以前等數五約之。得五十九萬八千四百五十五，滿大周八百六十四，去之，餘五百六十七，爲鎮星入大周歲。

求熒惑大周及入大周歲

以六千四百六十九爲定母，八百八十六爲奇數，列之：

六　九七商七
八　六六　商三六五　七
八　四二　八八　六
六　八　二
一　七　二十二　七

五　　七二商三
八　　六一　　商七五一　　二
　　　二　　八　　一
二十二　　七十三　　五百三十三　　七十二
一　　二一商十一相等
一　　商一一減盡　　一
五百三十三　　五千九百三十六　　六千四百六十九　　五千九百三十六

求得等數爲一，減盡左行數，仍得六千四百六十九，即爲熒惑見數。以通一見二歲又八百八十六分，得萬三千八百二十四，爲熒惑大周歲數。

又以大周萬三千八百二十四爲定母，見數六千四百六十九爲奇數，列之：

九　　四六商二
六　　二八　　商七九七　　六
四　　八八　　六六　　八
六　　三　　四二　　八
　　　一　　六
一　　二　　十五　　二

七	六五商三	商三七二	五
六	八八	六一	八
二	八	二	
十五	四十七	百五十六	四十七
二	五一商七	商十一二一	一
一	八	一	
百五十六	千一百三十九	萬二千六百八十五	千一百三十九

求得左行乘率萬二千六百八十五，以乘星距始見萬二千三百三十九分，通分內子。得一億五千六百五十二萬二百一十五，滿大周去之，得四千八百八十七，爲熒惑入大周歲。

求辰星大周及入大周歲

以二萬九千四十一爲定母，九千二百一十六爲奇數，列之：

六	一三商三		
一	四九	商六六八	三
二	〇三	一五	九
九	九一	二八	三
	二	九	一

一	八	五	八		十九	三	二	三	四十一	一	一	一	百四	〇
三	三五商一	九三	三五	一	二十二	五二商一	三一	五二	六十三	二一商一	一〇	二一	百六十七	一一商十

十九	商一八三	五二	八三	四十一	商一三一	二一	三一	百四	商一一〇	二一	一	二百七十一	
三	五	三	五	二十二	二	一	二	六十三	一	〇	一	百六十七	

一　○　商九○一相等　一

一　一

二百七十一　二千八百七十七　二萬六千一百六十四　二千八百七十七

一　一減盡商一

二萬六千一百六十四　二萬九千四十一

求得等數爲一，減盡左行數，仍得二萬九千四十一，即爲辰星復數。一復九千二百一十六分，即爲辰星大周歲數。又以大周九千二百一十六爲定母，復數去大周之餘千三百九十三爲奇數，列之：

三　六八商六　商一三五　八

九　一五　九三　五

三　二八　三五　八

一　九　一

一　六　七　六

五　八三商一　商一五二　三

三　五二　三一　二

五　八三　五二　三

七	十三	二十	十三
二	三一商一	商一二一	一
一	二一	一〇	一
二	三一	二一	一
二十	三十三	五十三	三十三
一	一〇商一	商十二一	〇
〇	二一	〇	一
一	一	一	
五十三	八十六	九百一十三	八十六

求得左行乘率九百一十三，以乘星距始見六千一百八十三分，得五百六十四萬五千七十九，滿大周去之，餘四千八百八十七，爲辰星入大周歲。

求太極上元及距上元歲

以五星歲數列之：

歲星	太白	鎮星	熒惑	辰星
八	六	〇	四	六
二	五	二	二	一

七	四	三	八	二
一	三	四	三	九
			一	

連環求等：歲星與太白求等，得千七百二十八，約太白爲二。與鎮星求等，得八百六十四，約鎮星爲五。與熒惑求等，得千七百二十八，約熒惑爲八。與辰星求等，得五百七十六，約辰星爲十六。又以太白二與鎮星五求等，得一，不約。與熒惑八求等，得二，約熒惑爲四。與辰星十六求等，得二，約辰星爲八。又以鎮星五與熒惑四、辰星八求等，俱得一，不約。又以熒惑四與辰星八求等，得四，約辰星爲二。各爲定母，列之：

歲星	太白	鎮星	熒惑	辰星
八	二	五	四	二
二				
七				
一				

以諸母連乘，得十三萬八千二百四十，爲五星會終之歲。

以五星會終與章歲列之：

章歲	五星會終
九	○
一	四
	二
	八

三　一

求等，得一，不約。即以章歲乘五星會終，得二百六十二萬六千五百六十，爲五星與日月會之歲。

以日月五星會歲與統法列之：

統法　九　三　五　一

日月五星會歲　〇　六　五　六　二　六　二

求等，得五百一十三，約統法爲三，以乘日月五星會歲，得七百八十七萬九千六百八十，爲日月五星與三統會之歲。

以日月五星三統會歲與元法列之：

元法　七　一　六　四

日月五星三統會歲　〇　八　六　九

七
八
七

求等，得千五百三十九，約元法爲三，以乘日月五星三統會歲，得二千三百六十三萬九千四十，爲復於太極上元之歲。

以五星歲數與元法錐行列之：上星歲數用八百六十四，以從簡易。

熒惑	辰星	元法	太白	歲星	鎮星
四	六	七	六	八	四
二	一	一	五	二	六
八	二	六	四	七	八
三	九	四	三	一	
一					

連環求等：熒惑與辰星得四千六百八，約辰星爲二，與元法得二十七，約元法爲百七十一，與太白得三千四百五十六，約太白爲一。與歲星得千七百二十八，約歲星爲一。與鎮星得八百六十四，約鎮星爲一。次求續等熒惑與辰星得二，約辰星爲一。乘熒惑爲二萬七千六百四十八。四星既皆約爲一，無衍數。元法又無餘，甲子朔旦冬至，故無餘分。可不求衍數。

乃徑以熒惑數與元法本數列之：

七	八三商五		
一	四六	商一七四	三
六	六五	一五	六

四　七四　六　五
二　四　四
一　五　六　五
四　三七商八十四
五　六二
五　商一四七相等　七
四　五二　二
六　五百九　五百一十五　五百九

求得等數爲二十七，乘率爲五百一十五，乃以熒惑數乘元法約數百七十一，得四百七十二萬七千八百八爲衍母，此即日月五星元統會終之歲，而術作二千三百六十三萬九千四十者，術中鎮星歲數多五倍，故太極上元歲亦多五倍也。以乘率乘元法本數，得二百三十七萬七千七百五十五。又以等數二十七，約熒惑入大周歲四千八百八十七，爲百八十一，乘之，得四億三千三百三十七萬三千六百五十五，滿衍母，去之，得十四萬三千一百二十七，爲太初元年距上元歲。

三統術詳説先謙曰：陳氏澧撰。中多倒亂，志文不便分注，亦坿於後。

黃鍾，以其長自乘，故八十一爲日法。

統母　日法八十一。元始黃鍾初九自乘一龠之數，得日法。

命一日爲八十一分，其云黃鍾自乘者，黃鍾九寸，自乘得八十一，此借黃鍾爲説耳。其實則因月行二十九日又八十一分日之四十三，而與日會，故命一日爲八十一分也。

以五乘十，大衍之數也，而道據其一。其餘四十九所當用也，故蓍以爲數以象兩，兩之又以象三，三之又以象四，四之又歸奇，象閏十九，及所據一加之，因以再扐兩之，是爲月法之實。

如日法得一，則一月之日數也。

月法二千三百九十二。推大衍象，得月法。

月行二十九日又八十一分日之四十三，而與日會，爲月朔，以二十九日每日通爲八十一分，得二千三百四十九分，加入分子四十三，共得二千三百九十二分也。其云推大衍象者，借易數以爲說耳。

周天五十六萬二千一百二十。以章月乘月法，得周天。

當時測定三百六十五日又一千五百三十九分日之三百八十五，而日行一周天，以三百六十五日，每日通爲一千五百三十九分，得五十六萬一千七百三十五分，加入分子三百八十五，共得五十六萬二千一百二十分也。其云以章月乘月法得周天者，先有周天之數，然後有章月之數，謂周天數由章月數而得，則先後倒置矣。章月乘月法，適得五十六萬二千一百二十，遂借以爲說耳。

參天九，兩地十，是爲會數。

會數四十七。參天九，兩地十，得會數。

以五位乘會數，而朔旦冬至，是爲章月。

章月二百三十五。五位乘會數，得章月。

閏法十九，因爲章歲。合天地終數，得閏法。

章者，月朔與冬至同日也。一月二十九日又八十一分日之四十三，與一歲三百六十五日又一千五百三十九分日之三百八十五，兩數不齊，故以兩數輾轉相減，皆餘十九，乃以十九乘八十一，得一千五百三十九，則兩分母齊同矣。又以十九乘分子四十三，得八百一十七，是爲一千五百三十九分之八百一十七，每月二十九日，以一千五百三十九分通之，得四萬四千六百三十一分，加入分子八百一十七，得四萬五千四百四十八分爲一月。以三百六十五日，乘一千五百三十九分，得五十六萬一千七百三十五，加入分子三百八十五，得五十六萬二千一百二十分爲一歲。兩數相乘，得二百五十五億四千七百二十二萬九千七百六十分，則歲與月齊同矣。然其數太繁，故以兩數輾轉相減，皆餘二千三百九十二，以除二百五十五億四千七百二十二萬九千七百六十分，得一千零六十八萬零二百八十分，則歲與月已得齊同，是爲一章之分數。乃以一歲五十六萬二千一百二十除之，得十九，則爲章歲。以一月四萬五千四百四十八除之，得二百三十五，則爲章月也。十二箇月爲一年，以十九乘之，得二百二十八，以減章月二百三十五，餘七箇月爲十九歲，有七閏也。十九歲七閏，而月朔與冬至同日，因謂十九爲閏法。其云閏法十九，因爲章歲則倒置矣。云合天地終數得閏法，則假託易數也。其云五位乘會數，說見下。

十九歲有二百三十五月，以十九除二百三十五，每歲得十二箇月又十九分月之七。

參天數二十五，兩地數三十，是爲朔望之會。

朔望之會百三十五。參天數二十五，兩地數三十，得朔望之會。

五月又二十三分月之二十而一食者，白道斜交於黃道，日月同至相交處，則日食。日行至此交，月行至彼交，則月食。每歲十二箇月又十九分月之七日，行黃道一周，必過兩交，是六箇月又三十八分月之七而一過交也。但黃白之交，以漸而移，當時測得五箇月又二十三分月之二十，而日過一交，即以五箇月又二十三分月之二十爲一食之限，其食不食，則不定也。必過交之日，值朔則日食，值望則月食。若日過交不值朔望，則日雖過交，而月不過交，仍不食也。

五箇月又二十三分月之二十而一食，以五箇月乘每月二十三分，爲一百一十五分，加入分子二十，爲一百三十五分而一食，然以每月二十三分除之不盡，乃以二十三乘之，爲三千一百零五分，是爲二十三食，以每月二十三除之，得一百三十五箇月也。

朔望之會，以會數乘之，則周于朔日冬至，是爲會月。

會月六千三百四十五。以會數乘朔望之會，得會月。

一章二百三十五箇月，朔望之會，一百三十五箇月，兩數不齊，以二百三十五與一百三十五相乘，得三萬一千七百二十五箇月，而冬至、朔旦、日食皆齊同矣。然其數太繁，故以兩數輾轉相減，皆餘五，以除三萬一千七百二十五，得六千三百四十五箇月，而冬至、朔旦、日食齊同矣。故六千三百四十五爲會月也。以章月二百三十五除之，得二十七章，以章歲十九乘二十七，得五百一十三歲也。其云以會數乘朔望之會，而得會月者，因章月與朔望之會兩數輾轉相減，得五，遂不以章月二百三十五與朔望之會一百三十五相乘，而但以五除章月二百三十五，得四十七，以乘朔望之會一百三十五，即得會月六千三百四十五，此省乘除之繁也。會數四十七，本由以五除章月而得之。其云參天九、兩地十者，假託易數也。本以二百三十五與一百三十五轉減，而得五。其云五位者，亦假託易數也。本先有章月之數，後乃以五除之，而得會數。其云以五位乘會數得章月，亦倒言之也。

日法乘閏法，是爲統歲。

統法一千五百三十九。以閏法乘日法，得統法。

統月萬九千三十五。參會月，得統月。

一會五百一十三歲，而月朔、冬至、日食同在一日矣。然月朔、冬至、日食不能定在是日之初也，乃以一日八十一分與五百一十三歲相乘，得四萬一千五百五十三歲，則日與會皆盡，然其數太繁，故以兩數轉相減，得二十七，乃以二十七除之，得一千五百三十九歲，以一會五百一十三歲除之，得三，是三會爲一統也。其云以閏法乘日法者，因用日法八十一與會歲五百一十三轉減，得二十七，以除四萬一千五百五十三，而得統法。既得此數，乃以二十七除會歲，得十九，此十九亦可以强立一名，如會數之例，而適有閏法十九，遂曰閏法耳。以十九乘日法，則無四萬一千五百五十三之繁，而已得統歲。然如此反不明白矣。

一統五十六萬二千一百二十日。

元法四千六百一十七。参統法，得元法。

元月五萬七千一百五。参統月，得元月。

一統一千五百三十九歲，而月朔、冬至、日食同在一日，且在是日之初矣。然每統之首日，不能定爲甲子日也。一歲五十六萬二千一百二十分，以一千五百三十九歲乘之，得八億六千五百一十萬零二千六百八十分，爲一統之分。以每日一千五百三十九分除之，得五十六萬二千一百二十日，爲一統之日。乃以甲子六十日乘之，得三千三百七十二萬七千二百日，而統與甲子俱盡矣，然而太繁且久也，兩數轉減，餘二十以除之，得一百六十八萬六千三百六十日爲一元之日，而六十甲子亦終矣。以一統五十六萬二千一百二十日除之，得三，是三統爲一元也。

歲中十二。以三統乘四時，得歲中。

一歲十二中氣，此與三統無涉，乃附會耳。

章中二百二十八。以閏法乘歲中，得章中。

一歲十二中，以十九歲乘之，得二百(八)〔二〕十八中也。

統中萬八千四百六十八。以日法乘章中，得統中。

八十一章爲一統，故以八十一乘章中，得統中也。此八十一者，八十一章也，非一日八十一分也，云日法者假借耳。

元中五萬五千四百四。参統中，得元中。

三統爲一元，故三乘統中，得元中。

月周二百五十四。以章月加閏法，得月周。

月行白道周，與至朔同日也。一月二千三百九十二分，以一章二百三十五箇月乘之，得五十六萬二千一百二十分，是爲一章之分，以月行二百五十四周除之，得每一周二千二百一十三分又二百五十四分分之十八，乃以二百五十四周乘二千二百一十三分，得五十六萬二千一百零二分，加入十八分，爲五十六萬二千一百二十分，是爲白道一周之二百五十四倍也。此數既爲一章之分，是一章二百三十五箇月，一章二百五十四箇白道周也。

四分月法，以其一乘章月，是爲中法。參閏法爲周至，以乘月法，以減中法而約之，則六扐之數爲一月之閏法，其餘七分，此中朔相求之術也。

通法五百九十八。四分月法，得通法。

中法十四萬五百三十。以章月乘通法，得中法。

周至五十七。參閏法，得周至。

此爲中月相求之定率也。月法二千三百九十二，以章月二百三十五乘之，得五十六萬二千一百二十，爲一章之分。以章中二百二十八除之，則得一中之分。然除之不盡，故不除，即以五十六萬二千一百二十分，爲一中之分之二百二十八倍也。一中之分既加二百二十八倍，則一月之分亦加二百二十八倍，以二百二十八乘月法二千三百九十二，爲五十四萬五千三百七十六也。然以兩數皆太繁，算法約分，可半者半之，五十六萬二千一百二十，可半而又半，故四分之，爲十四萬零五百三十也。月法乘章月，既可四分，則先四分月法，而乘章月，省其數之繁也。五十四萬五千三百七十六，亦可半而又半，故亦四分之，爲十三萬六千三百四十四也。既可四分，故亦先四分章中得五十七，而名之曰周至。則月法加二百二十八倍者，止加五十七倍耳。周至五十七，實由四分章中而得之，其云參閏法得周至者，閏法十九參之，適得五十七，遂以爲參閏法，其實非由於參閏法也。十四萬零五百三十，與十三萬六千三百四十四，可以爲月與中相求之率，然其數猶繁，又以兩數轉相減，餘五百九十八而約之，故曰以減中法而約之也。以五百九十八除十四萬零五百三十，得二百三十五，爲中之定率，又以除十三萬六千三百四十四，得二百二十八，爲一月之定率，中多於月者七，故曰其餘七分也。云六扐之數爲一月之閏法，錢氏云當作七扐，非也。上文云，歸奇象閏十九，以再扐兩之，是三十八也，六倍之，則爲二百二十八也。

中法十四萬零五百三十，此以元法爲日法也。以元法四千六百一十七，除十四萬零五百三十，得三十日又四千六百一十七分日之二千零二十，爲一箇中氣之日數及分數也。

中法十四萬零五百三十分者，每日爲一千五百三十九分，一歲五十六萬二千一百二十分，以十二除之則不盡，若以十二乘一歲五十六萬二千一百二十分，爲六百七十四萬五千四百四十分爲一歲，則每一中爲五十六萬二千一百二十分，每日一千五百三十九分，亦以十二乘之，爲一萬八千四百六十八分，如此則太繁，乃以約分半之又半之，每一歲爲一百六十八萬六千三百六十分，每一中爲十四萬零五百三十分，每一日爲四千六百一十七分。置一中一十四萬零五百三十爲實，以每日四千六百一十七分除之，得三十日又四千六百一十七分日之二千零二十。

策餘八千八十。什乘元中，以減周天，得策餘。

一歲三百六十五日有奇，其三百六十日爲甲子六周，餘五日有奇，謂之策餘也。

周天五十六萬二千一百二十分，即一歲之分，每日一千五百三十九分，共五十五萬四千零四十分，以減周天，餘八千零八十爲策餘之分。三統術不言每日一千五百三十九分，故於此假託於元中也。三百六十日五十五萬四千零四十分，適爲元中五萬五千四百零四之十倍，故假託什乘元中而得之也。

策餘本爲六甲子之餘，謂之策餘者，六甲子三百六十，易乾坤之策亦三百六十，此假託易數也。

三微而成著，三著而成象，二象十有八變而成卦，四營而成易，爲七十二，參三統兩四時相乘之數也。參之則得乾之策，兩之則得坤之策，以陽九九之，爲六百四十八，以陰六六之，爲四百三十二，凡一千八十，陰陽各一卦之微算策也。八之，爲八千六百四十，而八卦小成，引而信之，又八之，爲六萬九千一百二十，天地再之爲十三萬八千二百四十，然後大成，五星會終。

歲星一千七百二十八歲而一周，太白三千四百五十六歲而一周。太白一周，適爲歲星之再周也。

鎮星四千三百二十歲而一周，與太白一周三千四百五十六歲相乘，得一千四百九十二萬九千九百二十歲，其數太繁，乃以鎮星歲數、太白歲數輾轉相減，得八百六十四，以除一千四百九十二萬九千九百二十歲，得一萬七千二百八十歲，而歲星、太白、鎮星皆周而齊同矣。

熒惑一萬三千八百二十四歲而一周，與歲星、太白、鎮星皆周一萬七千二百八十歲相乘，得二億三千八百八十七萬八千七百二十。其數太繁，乃以一萬三千八百二十四與一萬七千二百八十兩數轉減，餘三千四百五十六，以除二億三千八百八十七萬八千七百二十，得六萬九千一百二十歲，而歲星、太白、鎮星、熒惑皆周而齊同矣。辰星九千二百一十六歲而一周，與上四星皆周之六萬九千一百二十歲相乘，得六億三千七百萬零零九千九百二十。其數太繁，乃以九千二百一十六歲與六萬九千一百二十歲兩數轉減，得四千六百零八，以除六億三千七百萬零零九千九百二十，得一十三萬八千二百四十，五星會終也，其所言易，則皆假託也。

觸類而長之，以乘章歲，爲二百六十二萬六千五百六十，而與日月會。

十九歲日月會爲一章，置五星會終一十三萬八千二百四十歲，以章歲十九除之不盡，乃以章歲十九乘之，得二百六十二萬六千五百六十歲，爲一十三萬八千二百四十章，故五星與日月會也。

以一會二十七章除之，得五千一百二十會。

三會，爲七百八十七萬九千六百八十，而與三統會。

二百六十二萬六千五百六十歲，爲五千一百二十會，以一統三會除之不盡，乃以三乘之，得七百八十七萬九千六百八十歲，以統法一千五百三十九歲除之，得五千一百二十統，是五星與日月三會也。

三統二千三百六十三萬九千四十，而復于太極上元。

七百八十七萬九千六百八十歲，爲五千一百二十統，以一元三統除之不盡，乃以三乘之，得二千三百六十三萬九千零四十歲，以元法四千六百一十七歲除之，得五千一百二十元，而五星與元法齊同矣。

統母　木、金相乘爲十二，是爲歲星小周。小周乘巛策，爲千七百二十八，是爲歲星歲數。

歲星一千七百二十八歲，行天一百四十五周，此由於當時測定，於是以一周天命爲一千七百二十八分，以一百四十五周乘之，得二十五萬零五百六十分，以一千七百二十八歲除之，每一歲行一百四十五分也。乃以一周一千七百二十八分爲實，以每一歲一百四十五分除之，得十一歲有奇，故定爲十二歲，以十二乘一百四十五分，得一千七百四十分，較一周止多十二分，故以十二歲爲一小周也。日一歲一周天，一千七百二十八歲，則日行一千七百二十八周天。日行一千七百二十八周天，而歲星行一百四十五周天，乃命周天爲一千七百二十八分，則日行一周天，而歲星行一百四十五分也。一千七百二十八分，分爲十二次，每一次一百四十四分，歲星一歲行一百四十五分，是行一次又過一分也。一歲過一分，則一百四十四歲，過一百四十四分而過一次，一百四十四歲，行一百四十五次也。一百四十四歲過一次，則一千七百二十八歲過十二次，而多一周，復於故處也。

以歲中乘歲數，是爲星見中分。

見中分二萬七百三十六。

一歲十二箇中氣，以一千七百二十八歲乘之，得二萬零七百三十六箇中氣。以此爲實，以見中法除之，則得一見內有若干箇中氣之數。故此總中氣之數，謂之見中分也。

星見數，是爲見中法。

見中法一千五百八十三。

以星行率減歲數，餘則見數也。

積中十三，中餘百五十七。

見者，歲星與日會則伏，伏後復見也。星行率者，歲星一千七百二十八歲，行天一百四十五周爲歲星行率也。日一歲一周天，與歲星一會，而歲星伏，伏而復見。但一歲日行一周，歲星亦行一次又一千七百二十八分之一，每歲伏見遞遲，至十一歲有奇，一周天則少一伏一見矣。一千七百二十八歲，行一百四十五周，少一百四十五伏見，故以星行率一百四十五，減歲數一千七百二十八，餘一千五百八十三，爲一千五百八十三伏見，謂之見數，又謂之見中法也。一千七百二十八歲，有二萬零七百三十六箇中氣，以一千五百八十三爲法，除之，得一十三又一千五百八十三分之一百五十七，其一十三爲一十三箇中氣，謂之積中。其一百五十七，謂之中餘也。

以歲閏乘歲數，是爲星見閏分。

見閏分萬二千九十六。

一千七百二十八歲，有二萬零七百三十六中氣，即有二萬零七百三十六箇月矣。又每十九歲有七閏，以七閏乘一千七百二十八，得一萬二千零九十六，謂之見閏分，以十九歲除之，則得閏月之數。但十九除之不盡，故不除，而但以一萬二千零九十六爲閏月之分，謂之見閏分也。一萬二千零九十六，未以十九歲除之，則爲閏月之十九倍，其二萬零七百三十六箇月，亦當乘爲十九倍，得三十九萬三千九百八十四箇月，加入一萬二千零九十六箇閏月，共四十萬零六千零八十箇月，是爲一千七百二十八歲内月數之十九倍也。

以章歲乘見數，是爲見月法。

見月法三萬七十七。

一千七百二十八歲，歲星一千五百八十三見。欲求一見若干月，當以一千五百八十三見，除一千七百二十八歲内之月數，但月數已加十九倍，故見數亦當加十九倍。其云以章歲乘見數者，章歲十九也。以十九乘一千五百八十三，得三萬零零七十七，以此爲法，除月數，故謂之見月法也。

積月十三，餘一萬五千七十九。

以見月法三萬零零七十七，除月數四十萬零六千零八十，得十三箇月，謂之積月。又三萬零零七十七分月之一萬五千零七十九，謂之月餘也。

以統法乘見數，是爲見月日法。

見月日法二百四十三萬六千二百三十七。

一見十三箇月又三萬零零七十七分之一萬五千零七十九，以三萬零零七十七，乘十三箇月，得三十九萬一千零零一，加入分子一萬五千零七十九，得四十萬零六千零八十，是爲一見之月數之三萬零零七十七倍。

每月二十九日又八十一分日之四十三，以二十九日乘每日八十一分，加入分子四十三，得二千三百九十二，是爲每月日數之八十一倍，乃以四十萬零六千零八十箇月，乘每月二千三百九十二日，得九億七千一百三十四萬三千三百六十日，以三萬零零七十七倍與八十一倍相乘，爲二百四十三萬六千二百三十七倍，謂之見月法。以此除之，得一見三百九十八日又二百四十三萬六千二百三十七分日之一百七十二萬一千零三十四。

術云，以統法乘見數，得見月日法者，本以見數與閏法相乘爲見月法，又與日法相乘，爲見月日法，是見數、閏法、日法三者連乘也。日法與閏法相乘得統法，又與見數相乘，亦是日法、閏法、見數三者連乘也，故得數無異。然此與統法無涉也，見月日法所求得一見之日數分數，即見中日法所求得一見之日數分數也。見月日法二百四十三萬六千二百三十七，比見中日法七百三十萬零八千七百一十一，爲三分之一，其分子一百七十二萬一千零三十四，比五百一十六萬三千一百零二，亦爲三分之一也。金、土、火、水四星皆仿此。

以元法乘見數，是爲見中日法。

見中日法七百三十萬八千七百一十一。

一見十三箇中氣，此積中也。又一千五百八十三分，此見中法也。中之一百五十七，此中餘也。以十三箇中氣，乘每箇中氣一千五百八十三分，得二萬零五百七十九，加入分子一百五十七，得二萬零七百三十六，是爲一見之中數之一千五百八十三倍，歲五十六萬二千一百二十分，十二除之，爲每箇中氣之分數，但除之不盡，即以五十六萬二千一百二十分爲一箇中氣之十二倍。

求一中日數，　一統則中與日俱盡。

一統，一萬八千四百六十八箇中氣，五十六萬二千一百二十日，以統中除統日，一箇中氣得三十日又一萬八千四百六十八分日之八千零八十，以分母、一萬八千四百六十八分。分子八千零八十。兩數轉減，得四，乃以四除分母、分子，得四千六百一十七分日之二千零二十，是爲一箇中氣三十日又四千六百一十七分日之二千零二十也。乃以分母四千六百一十七分乘三十日，得一十三萬八千五百一十，加入分子二千零二十，得一十四萬零五百三十，是爲一箇中氣日數之四千六百一十七倍。凡五星見中日法皆同用。

乃以二萬零七百三十六箇中氣，此積中乘見中法，加入中餘之數。乘每箇中氣日數一十四萬零五百三十，此一箇中氣日數之四千六百一十七倍。得二十九億一千四百零三萬零零八十，乃以一千五百八十三倍，乘四千六百一十七倍，得七百三十萬零八千七百一十一倍，爲見中日法，以除二十九億一千四百零三萬零零八十日，得每一見三百九十八日又七百三十萬零八千七百一十一分日之五百一十六萬三千一百零二。

術文云，元法乘見數，爲見中日法者，本以統中一萬八千四百六十八，約爲四分之一，適得四千六百一十七，與元法數同。與見數相乘，而得見中日法，實與元法無涉，其數偶合耳。

土木相乘而合經緯爲三十，是爲鎮星小周。小周乘巛策，爲四千三百二十，是爲鎮星歲數。

星行率減歲數，餘則見數也。鎮星見數四千一百七十五，以減歲數，餘一百四十五，爲行天一百四十五周。此亦由於實測也。於是以一周天，命爲四千三百二十分，以一百四十五乘之，得六萬二千六百四十爲總分，以四千三百二十歲除之，每歲行一百四十五分也。以三十歲乘之，得四千三百五十分，較一周四千三百二十分多三十分，故以三十歲爲一小周也。

見中分五萬一千八百四十。

一歲十二中，以四千三百二十歲乘之，得五萬一千八百四十箇中氣也。

積中十二，中餘千七百四十。

見中法四千一百七十五。

日一歲行一周，與鎮星一會，但鎮星一歲亦行一百四十五分，每歲伏見遞遲，至將及三十歲一周天，則少一伏一見矣。四千三百二十歲，行一百四十五周，少一百四十五伏見，故減一百四十五伏見，餘四千一百七十五伏見，爲見數，謂之見中法也。四千三百二十歲有五萬一千八百四十箇中氣，以四千一百七十五爲法除之，得積中十二又四千一百七十五分之一千七百四十，爲中餘。

見閏分三萬二百四十。

四千三百二十歲，有五萬一千八百四十箇中氣，即有五萬一千八百四十箇月矣。又每十九歲有七閏，以七閏乘四千三百二十歲，得三萬零二百四十，以十九歲一閏除之，則得閏月之數，但十九除之不盡，故不除，而但以三萬零二百四十爲閏月之分，謂之見閏分也，是爲閏月數之十九倍。其五萬一千八百四十箇月，亦當加十九倍，得九十八萬四千九百六十箇月，加入三萬零二百四十，共一百零一萬五千二百，是爲鎮星歲數之月數之十九倍也。

見月法七萬九千三百二十五。

積月十二，月餘六萬三千三百。

四千三百二十歲，鎮星四千一百七十五伏見，欲求一見若干月，當以四千一百七十五除四千三百二十歲之月數，但月數已加十九倍，故見數亦加十九倍，爲七萬九千三百二十五，以此爲法，除月數，得十二箇月又七萬九千三百二十五分之六萬三千三百，爲月餘也。

見中日法千九百二十七萬五千九百七十五。

一見十二箇中氣又四千一百七十五分中之一千七百四十，以十二箇中氣，乘每箇中氣四千一百七十五分，得五萬零一百分，加入分子一千七百四十，得五萬一千八百四十，是爲一見之中數之四千一百七十五倍。

一十四萬零五百三十日爲一箇中氣日數之四千六百一十七倍，見前歲星下。乃以五萬一千八百四十箇中氣，乘每箇中氣日數一十四萬零五百三十，得七十二億八千五百零七萬五千二百日，乃以四千一百七十五倍乘四千六百一十七倍，得一千九百二十七萬五千九百七十五，爲見中日法，以除七十二億八千五百零七萬五千二百，得每一見三百七十七日又一千九百二十七萬五千九百七十五分日之一千八百零三萬二千六百二十五。

見月日法六百四十二萬五千三百二十五。

一見十二箇月又七萬九千三百二十五分之六萬三千三百，以七萬九千三百二十五乘十二箇月，得九十五萬一千九百，加入分子六萬三千三百，得一百零一萬五千二百，是爲一見之月數之七萬九千三百二十五倍。每月之日數八十一倍，爲二千三百九十二。見前歲星下。乃以一百零一萬五千二百箇月，乘每月二千三百九十二日，得二十四億二千八百三十五萬八千四百爲實，以七萬九千三百二十五倍與八十一倍相乘，得六百四十二萬五千三百二十五倍，謂之見月日法。以此除實，得一見三百七十七日又六百四十二萬五千三百二十五分日之六百零一萬零八百七十五。

火經特成，故二歲而過初，三十二過初爲六十四歲而小周。小周乘乾策，則太陽大周，爲萬三千八百二十四歲，是爲熒惑歲數。

熒惑見數六千四百六十九，以減歲數，得七千三百五十五，爲行天七千三百五十五周也。以七千三百五十五，除一萬三千八百二十四，得一歲又七千三百五十五分歲之六千四百六十九，是不及二歲而一周，二歲則一周而過初也。於是以一周天命爲一萬三千八百二十四分，以七千三百五十五周乘之，得一億零一百六十七萬五千五百二十分，以一萬三千八百二十四歲除之，每歲行七千三百五十五分也。以六十四歲乘之，得四十七萬零七百二十分，以一周一萬三千八百二十四分除之，得三十四周又一萬三千八百二十四分周之七百零四，所差甚微，故爲一小周也。

見中分十六萬五千八百八十八。

一歲十二中，以一萬三千八百二十四歲乘之，得十六萬五千八百八十八箇中氣也。

見中法六千四百六十九。

積中二十五，中餘四千一百六十三。

熒惑，一萬三千八百二十四歲，行天七千三百五十五周，乃命周天爲一萬三千八百二十四分，則熒惑每歲行七千三百五十五分也。以減一周一萬三千八百二十四分，餘六千四百六十九分，爲次年所行，是爲一歲又一萬三千八百二十四分歲之六千四百六十九，而熒惑一周，而與日一會，則一伏見，則一萬三千八百二十四歲，得六千四百六十九伏見，是爲見數，即爲見中法也。以除十六萬五千八百八十八箇中氣，得積中二十五又六千四百六十九分中之四千一百六十三，爲中餘也。

見閏分九萬六千七百六十八。

一萬三千八百二十四歲有十六萬五千八百八十八箇中氣，即有十六萬五千八百八十八箇月矣。又每十九歲七閏，以七乘一萬三千八百二十四歲，得九萬六千七百六十八，以十九除之，則得閏月之數，除之不盡，故不除，即以爲閏月之數之十九倍也。閏月數既爲十九倍，則十六萬五千八百八十八箇月亦爲十九倍，得三百一十五萬一千八百七十二箇月，加入十九倍閏月數九萬六千七百六十八，共三百二十四萬八千六百四十箇月，爲歲數之月數，并閏十九倍也。

見月法十二萬二千九百一十一。

積月二十六，月餘五萬二千九百五十四。

一萬三千八百二十四歲，熒惑六千四百六十九見，當以見數六千四百六十九，除一萬三千八百二十四歲之月數，但月數已加十九倍，故見數亦加十九倍爲一十二萬二千九百一十一，以此爲法，除三百二十四萬八千六百四十箇月，得二十六箇月又一十二萬二千九百一十一分月之五萬二千九百五十四也。

見中日法二千九百八十六萬七千三百七十三。

一見二十五箇中氣又六千四百六十九分中之四千一百六十三，以二十五箇中氣乘每箇中氣六千四百六十九，得一十六萬一千七百二十五，加入分子四千一百六十三，得一十六萬五千八百八十八，是爲一見之中數之六千四百六十九倍。一十四萬零五百三十日，爲一箇中氣日數之四千六百一十七倍。

乃以一十六萬五千八百八十八箇中氣，乘每箇中氣日數一十四萬零五百三十，得二百三十三億一千二百一十四萬零六百四十爲實，以六千四百六十九倍與四千六百一十七倍相乘，得二千九百八十六萬七千三百七十三倍，謂之見中日法。以法除實，得每一見七百八十日又二千九百八十六萬七千三百七十三分日之一千五百六十八萬九千七百。

見月日法九百九十五萬五千七百九十一。

一見二十六箇月又一十二萬二千九百一十一分月之五萬二千九百五十四，以一十二萬二千九百一十一乘二十六箇月，得三百一十九萬五千六百八十六，加入分子五萬二千九百五十四，得三百二十四萬八千六百四十，是爲一見之月數之一十二萬二千九百一十一倍。

每月之日數八十一倍，爲二千三百九十二，與歲星同。

乃以三百二十四萬八千六百四十箇月，乘每月二千三百九十二日，得七十七億七千零七十四萬六千八百八十爲實，以一十二萬二千九百一十一倍與八十一倍相乘，得九百九十五萬五千七百九十一倍，謂之見月日法。以法除實，得一見七百八十日又九百九十五萬五千七百九十一分日之五百二十一萬九千九百。

金、火相乘爲八，又以火乘之爲十六而小復。小復乘乾策，爲三千四百五十六，是爲太白歲數。

見與復，其名不同，其理則一耳。近代所謂金、水二星繞日而行，即此理也。太白三千四百五十六歲，復數二千一百六十一，以二千一百六十一除三千四百五十六歲，得一歲又二千一百六十一分歲之一千二百九十五，爲一復之數。乃命一歲爲二千一百六十一分加入分子一千二百九十五分，共三千四百五十六分爲一復之分，乃置一歲二千一百六十一分，以十六歲乘之，得三萬四千五百七十六分，以一復之分三千四百五十六分除之，得十復又三千四百五十六分復之十六，是十復爲小復，即小周也。

見中分四萬一千四百七十二。

見中法二千一百六十一。

積中十九，中餘四百一十三。

一歲十二中，以三千四百五十六歲乘之，得四萬一千四百七十二箇中氣也。

此所謂見者，一晨見，一夕見，合而謂之一見也。三千四百五十六歲而太白二千一百六十一見，以除四萬一千四百七十二箇中氣，每一見得十九箇中氣又二千一百六十一分中之四百一十三也。

見閏分二萬四千一百九十二。

見月法四萬一千五十九。

積月十九，月餘三萬二千三十九。

三千四百五十六歲有四萬一千四百七十二箇中氣，即有四萬一千四百七十二箇月矣。又每十九歲七閏，以七乘三千四百五十六歲，得二萬四千一百九十二，以十九除之，則得閏月之數，除之不盡，故不除，即以爲閏月之數之十九倍。閏月數既爲十九倍，則四萬一千四百七十二箇月亦爲十九倍，得七十八萬七千九百六十八，加入十九倍閏月二萬四千一百九十二，得八十一萬二千一百六十箇月，爲三千四百五十六歲之月數之十九倍。

三千四百五十六歲，太白二千一百六十一見，當以見數除三千四百五十六歲之月數，而得每見之月數。但月數已加十九倍，故見數亦加十九倍，爲四萬一千零五十九，以此爲法，除八十一萬二千一百六十箇月，得十九箇月又四萬一千零五十九分月之三萬二千零三十九，爲月餘也。

東九西七，乘歲數，併九七爲法，得一金水晨夕歲數。

晨中分二萬三千三百二十八。

積中十，中餘千七百一十八。

晨見者，星在日西，日未出，星先出也。夕見者，星在日東，日已没，星未没也。晨見十六分之九，夕見十六分之七者，即後世所謂金、水二星繞日而行，而不以日爲心也。

三千四百五十六歲，乘十六分之九，爲晨見歲數。乃先以九乘之，得三萬一千一百零四歲，後以十六除之，得一千九百四十四歲，爲晨見歲數。以每歲十二中氣乘之，得二萬三千三百二十八箇中氣，爲晨見中氣之數，謂之晨中分。以見中法二千一百六十一見除之，每一見得十箇中氣又二千一百六十一分中氣之一千七百一十八，爲中餘也。

夕中分萬八千一百四十四。

積中八，中餘八百六十五。

三千四百五十六歲，乘十六分之七，爲夕見歲數。先以七乘三千四百五十六，得二萬四千一百九十二，後以十六除之，得一千五百一十二歲，爲夕見歲數。以每歲十二中氣乘之，得一萬八千一百四十四箇中氣，爲夕見中氣，謂之夕中分。以見中法二千一百六十一除之，每一見得八箇中氣又二千一百六十一分中之八百五十六。

晨閏分萬三千六百八。

積月十一，月餘五千一百九十一。

晨見一千九百四十四歲，有二萬三千三百二十八箇中氣，即有二萬三千三百二十八箇月矣。又每十九歲有七閏，當以十九除一千九百四十四，乃以七乘之，得晨見歲數之閏數。乃先以七乘之，得一萬三千六百零八，以十九除之不盡，乃即以一萬三千六百零八爲閏月數之十九倍，閏月數既爲十九倍，則二萬三千三百二十八箇月亦以十九乘之，得四十四萬三千二百三十二，加入十九倍閏月一萬三千六百零八，得四十五萬六千八百四十箇月，爲一千九百四十四歲月數之十九倍。月數既加十九倍，則見數亦加十九倍，爲四萬一千零五十九爲法，除之，得十一箇月又四萬一千零五十九分月之五千一百九十一，爲月餘也。

夕閏分萬五百八十四。

積月八，月餘二萬六千八百四十八。

夕見一千五百一十二歲，有一萬八千一百四十四箇中氣，即有一萬八千一百四十四箇月矣。又每十九歲有七閏，以七乘一千五百一十二歲，得一萬零五百八十四，當以十九除之，得閏月之數，除之不盡，故不除，即以爲閏月數之十九倍，閏月既爲十九倍，則一萬八千一百四十四箇月亦以十九乘之，得三十四萬四千七百三十六，加入十九倍閏月數，共三十五萬五千三百二十箇月，爲一千五百一十二歲月數之十九倍。乃以見數加十九倍，爲四萬一千零五十九爲法，除之，得八箇月又四萬一千零五十九分月之二萬六千八百四十八爲月餘也。

見月日法三百三十二萬五千七百七十九。

一見十九箇月又四萬一千零五十九分此見月法也。之三萬二千零三十九，此月餘也。以四萬一千零五十九，乘十九箇月，得七十八萬零一百二十一，加入分子三萬二千零三十九，得八十一萬二千一百六十，是爲一見之月數之四萬一千零五十九倍。

每月日數八十一倍，爲二千三百九十二日，與歲星同。

乃以八十一萬二千一百六十箇月，乘二千三百九十二日，得一十九億四千二百六十八萬六千七百二十爲實，以八十一倍與四萬一千零五十九倍相乘，爲三百三十二萬五千七百七十九倍，爲見月法。以除之，得五百八十四日又三百三十二萬五千七百七十九分日之四十三萬一千七百八十四。

見中日法九百九十七萬七千三百三十七。

一見十九箇中氣又二千一百六十一分中之四百一十三，以十九箇中氣乘每一箇中氣二千一百六十一分，得四萬一千零五十九，加入分子四百一十三，共得四萬一千四百七十二，是爲一見之中數之二千一百六十一倍。

一十四萬零五百三十日爲一箇中氣日數之四千六百一十七倍，乃以四萬一千四百七十二箇中氣乘每箇中氣日數一十四萬零五百三十，得五十八億二千八百零六萬零一百六十爲實，以二千一百六十一倍與四千六百一十七倍相乘，得九百九十七萬七千三百三十七倍，爲見中日法。以法除實，得每一見五百八十四日又九百九十七萬七千三百三十七分日之一百二十九萬五千三百五十二。

水經特成，故一歲而及初，六十四及初而小復。小復乘巛策，則太陰大周，爲九千二百一十六歲，是爲辰星歲數。

辰星九千二百一十六歲，復數二萬九千四十一，本以二萬九千零四十一除九千二百一十六，得一復歲數，惟法大於實，則不必除，而但命爲二萬九千四十一分歲之九千二百一十六，爲一復之分。乃置一歲二萬九千零四十一分，以六十四歲乘之，得一百八十五萬八千六百二十四，以一復之分九千二百一十六除之，得二百零一復又九千二百一十六分復之六千二百零八，是爲小復，即小周也。

見中分十一萬五百九十二。

九千二百一十六歲，一歲十二箇中氣，共十一萬零五百九十二箇中氣也。

見中法二萬九千四十一。

積中三，中餘二萬三千四百六十九。

九千二百一十六歲，而辰星二萬九千四十一見，以除十一萬零五百九十二箇中氣，每一見，得三箇中氣又二萬九千零四十一分中之二萬三千四百六十九也。

見閏分六萬四千五百一十二。

見月法五十五萬一千七百七十九。

積月三，月餘五十一萬四百二十三。

九千二百一十六歲，有一十一萬零五百九十二箇中氣，即有一十一萬零五百九十二箇月矣。又每十九歲七閏，以七乘九千二百一十六，得六萬四千五百一十二，以十九除之，則得閏月之數，除之不盡，故不除，即以爲閏月之數之十九倍。閏月數既爲十九倍，則一十一萬零五百九十二箇月亦以十九乘之，得二百一十萬零一千二百四十八，爲月數之十九倍，加入閏月十九倍六萬四千五百一十二，得二百一十六萬五千七百六十，爲九千二百一十六歲之月數之十九倍也。

九千二百一十六歲，辰星二萬九千零四十一見，當以見數除九千二百一十六歲之月數，而得每見之月數。但月數已加十九倍，故見數亦加十九倍，爲五十五萬一千七百七十九，以此爲法，除二百一十六萬五千七百六十箇月，得三箇月又五十五萬一千七百七十九分月之五十一萬零四百二十三，爲月餘也。

晨中分六萬二千二百八。

積中二，中餘四千一百二十六。

九千二百一十六歲，乘十六分之九，爲晨見歲數。以九乘之，得八萬二千九百四十四，以十六除之，得五千一百八十四歲，爲晨見歲數。以每歲十二中氣乘之，得六萬二千二百零八箇中氣，爲晨見中氣之數，謂之晨中分。以見中法二萬九千零四十一除之，每一見得二箇中氣又二萬九千零四十一分中之四千一百二十六，爲中餘也。

夕中分四萬八千三百八十四。

積中一，中餘萬九千三百四十三。

九千二百一十六歲乘十六分之七，爲夕見歲數。先以七乘九千二百一十六，得六萬四千五百一十二，後以十六除之，得四千零三十二歲，爲夕見歲數。以每歲十二中氣乘之，得四萬八千三百八十四箇中氣，謂之夕中分。以見中法二萬九千零四十一除之，每一見得一箇中氣又二萬九千零四十一分中之一萬九千三百四十三，爲中餘也。

晨閏分三萬六千二百八十八。

積月二，月餘十一萬四千六百八十二。

晨見五千一百八十四歲，有六萬二千二百零八箇中氣，即有六萬二千二百零八箇月矣。又每十九歲有七閏，當以十九除五千一百八十四歲，乃以七乘之，得晨見之閏數。先以七乘得三萬六千二百八十八，以十九除之不盡，乃即以三萬六千二百八十八爲閏月數之十九倍。閏月數既爲十九倍，則六萬二千二百零八箇月亦以十九乘之，得一百十八萬一千九百五十二，加入十九倍閏月數，得一百二十一萬八千二百四十，爲五千一百八十四歲之月數之十九倍。月數既加十九倍，則見數亦加十九倍，得五十五萬一千七百七十九，爲法，除之，得二月又五十五萬一千七百七十九分月之十一萬四千六百八十二，爲月餘也。

夕閏分二萬八千二百二十四。

積月一，月餘三十九萬五千七百四十一。

夕見四千零三十二歲，有四萬八千三百八十四箇中氣，即有四萬八千三百八十四箇月矣。又每十九歲有七閏，以七乘四千零三十二歲，得二萬八千二百二十四，以十九除之不盡，故不除，而即以爲閏月之數之十九倍。其四萬八千三百八十四箇月，亦以十九乘之，得九十一萬九千二百九十六，加入十九倍閏月二萬八千二百二十四，共九十四萬七千五百二十，爲四千零三十二歲之月數之十九倍。其見數亦加十九倍，得五十五萬一千七百七十九，爲法，除之，得一月又五十五萬一千七百七十九分月之三十九萬五千七百四十一，爲月餘也。

見中日法一億三千四百八萬二千二百九十七。

一見，三箇中氣又二萬九千零四十一分中之二萬三千四百六十九，以三箇中氣乘每一箇中氣二萬九千零四十一分，得八萬七千一百二十三，加入分子二萬三千四百六十九，得一十一萬零五百九十二，是爲一見之中數之二萬九千零四十一倍。

一十四萬零五百三十日，爲一箇中氣日數之四千六百一十七倍。

乃以一十一萬零五百九十二箇中氣，乘每箇中氣日數一十四萬零五百三十日，得一百五十五億四千一百四十九萬三千七百六十爲實，以二萬九千零四十一倍乘四千六百一十七倍，得一億三千四百零八萬二千二百九十七，爲見中日法。以法除實，得每一見一百一十五日又一億三千四百零八萬二千二百九十七分日之一億二千二百零二萬九千六百零五。

見月日法四千四百六十九萬四千九十九。

一見，三箇月又五十五萬一千七百七十九分月之五十一萬零四百二十三，以五十五萬一千七百七十九乘三箇月，得一百六十五萬五千三百三十七，加入分子五十一萬零四百二十三，得二百一十六萬五千七百六十，是爲一見月數之五十五萬一千七百七十九倍。

每月之日數八十一倍，爲二千三百九十二日，乃以二百一十六萬五千七百六十箇月乘每月二千三百九十二日，得五十一億八千零四十九萬七千九百二十爲實，以五十五萬一千七百七十九倍乘八十一倍，得四千四百六十九萬四千零九十九倍，謂之見月日法。以法除實，得一見一百一十五日又四千四百六十九萬四千零九十九分日之四千零六十七萬六千五百三十五。

五步。

木，晨始見，去日半次。順，日行十一分度二，百二十一日。始留，二十五日而旋。逆，日行七分度一，八十四日。復留，二十四日三分而旋。復順，日行十一分度二，百一十一日有百八十二萬八千三百六十二分而伏。凡見三百六十五日有百八十二萬八千三百六十五分，除逆，定行星三十度百六十六萬一千二百八十六分。凡見一歲，行一次而後伏。日行不盈十一分度一。伏三十三日三百三十三萬四千七百三十七分，行星三度百六十七萬三千四百五十一分。一見，三百九十八日五百一十六萬三千一百二分。行星三十三度三百三十三萬四千七百三十七分。通其率，故曰日行千七百二十八分度之百四十五。

周天分爲十二次，日與歲星合，而歲星伏，木星行遲，日行速，日行在歲星東半次，則木星見，木星在日西，故曰未出，木星先出，而晨見也。周天爲十二次，其半次則周天二十四分之一也。十一分度二者，十一分度之二也，下仿此。百八十二萬八千三百六十二分者，錢氏云，以見中日法爲分母，五星仿此，是也。見中日法七百三十萬零八千七百一十一，此七百三十萬零八千七百一十一分日之一百八十二萬八千三百六十二也。

始見，順行一百二十一日，留二十五日，逆行八十四日，復留二十四日又七百三十萬八千七百一十一分日之三，復順行一百一十一日又七百三十萬零八千七百一十一分日之一百八十二萬八千三百六十二，共三百六十五日又七百三十萬零八千七百一十一分日之一百八十二萬八千三百六十五也。

始順行一百二十一日，每日行十一分度之二，以一百二十一日乘每日二分，得二百四十二分，以每度十一分除之，得二十二度也。

逆行，每日七分度之一，八十四日得八十四分，以每度七分除之，得十二度，與前順行二十二度相減，餘十度也。復順行一百一十一日又七百三十萬零八千七百一十一分日之一百八十二萬八千三百六十二，以一百一十一日與七百三十萬零八千七百一十一相乘，得八億一千一百二十六萬六千九百二十一，加入分子，得八億一千三百零九萬五千二百八十三分，爲順行日數之七百三十萬零八千七百一十一倍，以二分乘之，得十六億二千六百一十九萬零五百六十六。當以每度十一分除之，又以每日七百三十萬零八千七百一十一除之，乃以十一與七百三十萬零八千七百一十一相乘，得八千零三十九萬五千八百二十一，以除之，得二十度又八千零三十九萬五千八百二十一分度之一千八百二十七萬四千一百四十六。乃命一度爲七百三十萬零八千七百一十一分，乃以八千零三十九萬五千八百二十一分爲一率，一千八百二十七萬四千一百四十六爲二率，七百三十萬零八千七百一十一分爲三率，求得四率爲一百六十六萬一千二百八十六分，併前順十度，爲三十度又七百三十萬零八千七百一十一分度之一百六十六萬一千二百八十六分。

歲星一見三百九十八日又七百三十萬零八千七百一十一分日之五百一十六萬三千一百零二，除順逆與留三百六十五日又七百三十萬零八千七百一十一分日之一百八十二萬八千三百六十五，餘三十三日又七百三十萬零八千七百一十一分之三百三十三萬四千七百三十七分，爲伏行之日也。

一見，行三十三度又七百三十萬零八千七百一十一分度之三百三十三萬四千七百三十七，除順行三十度又七百三十萬零八千七百一十一分度之一百六十六萬一千二百八十六分，餘三度又七百三十萬零八千七百一十一分度之一百六十七萬三千四百五十一分，爲伏行之度分也。

通其率云云者，以見中日法命一度爲七百三十萬零八千七百一十一分，取其入算之細密耳。然其數太繁，故又爲簡數也。算木星歲數，本以周天爲一千七百二十八分，日一歲行一周，木星一歲行一百四十五分，以此比例，則日一日行一度，木星一日行一千七百二十八分度之一百四十五矣。

伏行每日不盈十一分度之一者，伏行三十三日又七百三十萬零八千七百一十一分日之三百三十三萬四千七百三十七，以分母乘三十三日，得二億四千一百一十八萬七千四百六十三，加入分子，共二億四千四百五十二萬二千二百，是爲伏行日之七百三十萬零八千七百一十一倍。

伏行三度又七百三十萬零八千七百一十一分度之一百六十七萬三千四百五十一，以分母乘三度，得二千一百九十二萬六千一百三十三，加入分子，共二千三百五十九萬九千五百八十四度，是爲伏行度之七百三十萬零八千七百一十一倍。以伏行日除伏行度，得零零九六五有奇。若盈十一分度之一，則以十一除一度，得零零九九九有奇。此僅得九六五有奇，故不盈十一分度之一也。

土，晨始見，去日半次。順，日行十五分度一，八十七日，始留，三十四日而旋。逆，日行八十一分度五，百一日。復留，三十三日八十六萬二千四百五十五分而旋。復順，日行十五分度一，八十五日而伏。

凡見三百四十日八十六萬二千四百五十五分，除逆，定行星五度四百四十七萬三千九百三十分。

伏，日行不盈十五分度三。三十七日千七百一十七萬一百七十分。

行星七度八百七十三萬六千五百七十分。

一見，三百七十七日千八百三萬二千六百二十五分。

行星十二度千三百二十一萬五百分。

通其率，故曰日行四千三百二十分度之百四十五。

此以見中日法一千九百二十七萬五千九百七十五爲分母，順行八十七日，留三十四日，逆行一百零一日，復留三十三日又一千九百二十七萬五千九百七十五分日之八十六萬二千四百五十五分而旋，復順行八十五日，共三百四十日又一千九百二十七萬五千九百七十五分日之八十六萬二千四百五十五分也。始順行八十七日，每日行十五分度之一，八十七日得八十七分，以每度十五分除之，得五度又十五分度之十二也。

逆行一百零一日，每日行八十一分度之五，以一百零一日乘每日五分，得五百零五分，以每度八十一分除之，得六度又八十一分度之一十九也。乃以逆行度之分母八十一與順行度之分母十五相乘，爲每度一千二百一十五分，順行度之分子一十二，以八十一乘之，爲九百七十二分。逆行度之分子一十九，以十五乘之，爲二百八十五分。是爲順行五度又一千二百一十五分度之九百七十二，逆行六度又一千二百一十五分度之二百八十五。每度以一千二百一十五分通之，順行五度，通爲六千零七十五分，加入分子九百七十二分，共得七千零四十七分。逆行六度，通爲七千二百九十分，加入分子二百八十五分，共得七千五百七十五分。相減，得逆行五百二十八分。復順行八十五日，每日行十五分度之一，八十五日得八十五分，以每度十五分除之，得五度又十五分度之十，以逆行分母八十一乘之，爲一千二百一十五分度之八百一十也。減去逆行五百二十八分，得五度又一千二百一十五分度之二百八十二也。乃以分母一千二百一十五爲一率，分子二百八十二爲二率，見中日法一千九百二十七萬五千九百七十五爲三率，求得四率四百四十七萬三千九百三十分。故云行星五度四百四十七萬三千九百三十也。

下文云，一見，三百七十七日又一千九百二十七萬五千九百七十五分日之一千八百零三萬二千六百二十五，除順逆與留三百四十日又一千九百二十七萬五千九百七十五分日之八十六萬二千四百五十五分，餘三十七日又一千九百二十七萬五千九百七十五分日之一千七百一十七萬零一百七十也。

一見，行星十二度又一千九百二十七萬五千九百七十五分度之一千三百二十一萬零五百分，除順行五度又一千九百二十七萬五千九百七十五分度之四百四十七萬三千九百三十分，得七度又一千九百二十七萬五千九百七十五分度之八百七十三萬六千五百七十分也。

伏行，每日不盈十五分度之二者，伏行三十七日又一千九百二十七萬五千九百七十五分日之一千七百一十七萬零一百七十，以分母通三十七日，得七億一千三百二十一萬一千零七十五，加入分子，得七億三千零三十八萬一千二百四十五，是爲伏行日之一千九百二十七萬五千九百七十五倍。伏行七度又一千九百二十七萬五千九百七十五分度之八百七十三萬六千五百七十，以分母通七度，得一億三千四百九十三萬一千八百二十五，加入分子，共得一億四千三百六十六萬八千三百九十五，是爲伏行度之一千九百二十七萬五千九百七十五倍。以伏行日除伏行度，得零一九有奇。若盈十五分度之三，則以三乘一度，以十五除之，得零二。此僅得零一九有奇，故不盈十五分度之三也。通其率云云者，以見中日法，命一度爲一千九百二十七萬五千九百七十五分，取其入算細密耳。此又爲簡數也。算土星歲數，本以周天爲四千三百二十分，見上。日一歲行一周，土星一歲行一百四十五分，以此比例，則日一日行一度，土星一日行四千三百二十分度之一百四十五矣。

火，晨始見，去日半次。順，日行九十二分度五十三，二百七十六日，始留，十日而旋。逆，日行六十二分度十七，六十二日。復留，十日而旋。復順，日行九十二分度五十三，二百七十六日而(復)〔伏〕。

凡見六百三十四日，除逆，定行星三百一度。

順行二百七十六日，留十日，逆行六十二日，復留十日，復順二百七十六日，共見六百三十四日也。

順行二百七十六日，每日行九十二分度之五十三，以二百七十六日乘每日五十三分，得一萬四千六百二十八分，以每一度九十二分除之，得一百五十九度。

逆行六十二日，每日六十二分度之一十七，以六十二日乘每日一十七分，得一千零五十四分，以每度六十二分除之，得十七度，與順行相減，得順行一百四十二度。

復順行二百七十六日，每日九十二分度之五十三，與始見順行，同得一百五十九度，與前一百四十二度相加，得三百零一度也。

伏，日行不盈九十二分度七十三，伏百四十六日千五百六十八萬九千七百分，行星百一十四度八百二十一萬八千五分。

一見，七百八十日千五百六十八萬九千七百分。凡行星四百一十五度八百二十一萬八千五分。

一見，七百八十日又一千五百六十八萬九千七百分，此亦以見中日法二千九百八十六萬七千三百七十三爲分母也。

除順逆與留六百三十四日，餘一百四十六日又二千九百八十六萬七千三百七十三分日之一千五百六十八萬九千七百分，爲伏行日數分數也。

一見，行星四百一十五度又二千九百八十六萬七千三百七十三分度之八百二十一萬八千零零五分，除見行三百零一度，餘一百一十四度又二千九百八十六萬七千三百七十三分度之八百二十一萬八千零零五分，爲伏行度分也。

伏，日行不盈九十二分度之七十三者，每一度以七十三乘之，以九十二除之，得零七九有奇。伏行一百四十六日又二千九百八十六萬七千三百七十三分日之一千五百六十八萬九千七百分，以分母乘日數，得四十三億六千零六十三萬六千四百五十八，加入分子，共得四十三億七千六百三十二萬六千一百五十八日，是爲伏行日之二千九百八十六萬七千三百七十三倍。

伏行，一百一十四度又二千九百八十六萬七千三百七十三分度之八百二十一萬八千零零五，以分母乘度數，得三十四億零四百八十八萬零五百二十二，加入分子，共得三十四億一千三百零九萬八千五百二十七度，是爲伏行度之二千九百八十六萬七千三百七十三倍。以四十三億七千六百三十二萬六千一百五十八日，除三十四億一千三百零九萬八千五百二十七度，得零七七有奇。若盈九十二分度之七十三，則以七十三乘一度，以九十二除之，得零七九有奇。此僅得零七七有奇，故不盈九十二分度之七十三也。

通其率，故曰日行萬三千八百二十四分度之七千三百五十五。

通其率云云者，算火星歲數，本以周天爲一萬三千八百二十四分，日一歲行一周，火星一歲行七千三百五十五分，以此比例，則日一日行一度，火星一日行七千三百五十五分矣。

金，晨始見，去日半次。逆，日行二分度一，六日。始留，八日而旋。始順，日行四十六分度三十三，四十六日。順，疾，日行一度九十二分度十五，百八十四日而伏。

凡見二百四十四日，除逆，定行星二百四十四度。

始見，逆六日，留八日，順四十六日，順疾一百八十四日，共二百四十四日也。

逆行每日二分度之一，六日則逆三度。

順每日行四十六分度之三十三，以四十六日乘三十三分，得一千五百一十八分，以每度四十六分除之，得三十三度，減前逆行三度，得三十度。順疾每日行一度又九十二分度之一十五，以一度通爲九十二分，加入一十五分，爲每日行一百零七分，以一百八十四日乘之，得一萬九千六百八十八分，以每度九十二分除之，得二百一十四度，與前三十度相加，得二百四十四度也。

伏，日行一度九十二分度三十三有奇，伏八十三日，行星百一十三度四百三十六萬五千二百二十分。

凡晨見、伏三百二十七日，行星三百五十七度四百三十六萬五千二百二十分。

分子四百三十六萬五千二百二十分，亦以見中日法九百九十七萬七千三百三十七爲分母也。一百一十三度，以分母通之，得一十一億二千七百四十三萬九千零八十一，加入分子，共得一十一億三千一百八十萬零四千三百零一分，以八十三日除之，每日行一千三百六十三萬六千一百九十六分有奇。以分母九百九十七萬七千三百三十七除之，得一度又九百九十七萬七千三百三十七分度之三百六十五萬八千八百五十九有奇。乃以分母九百九十七萬七千三百三十七爲一率，以分子三百六十五萬八千八百五十九爲二率，以每度九十二分爲三率，求得四率，三十三有奇也。見二百四十四日，伏八十三日，共三百二十七日也。見行二百四十四度，伏行一百一十三度四百三十六萬五千二百二十分，共三百五十七度四百三十六萬五千二百二十分也。

夕始見，去日半次。順，日行一度九十二分度十五，百八十一日百七分日四十五。順，遲，日行四十六分度三十三，四十六日。始留，七日百七分日六十二分而旋。逆，日行二分度一，六日而伏。

凡見二百四十一日，除逆，定行星二百四十一度。

順遲四十六日，逆行六日，相加得五十二日。始順行一百八十一日又一百零七分日之四十五，以分母通一百八十一日，爲一萬九千三百六十七分，加入分子，得一萬九千四百一十二分。

留七日又一百零七分日之六十二，以分母通七日，爲七百四十九分，加入分子，得八百一十一分，與順行一萬九千四百一十二分相加，得二萬零二百二十三分，以每日一百零七分除之，得一百八十九日，與順遲及逆行五十二日相加，得二百四十一日也。

始見，順行每日一度又九十二分度之一十五，順遲每日四十六分度之三十三，乃以兩分母相乘，得四千二百三十二爲分母，以順遲分母四十六，乘順行分子一十五，得六百九十，以順行分母九十二，乘順遲分子三十三，得三千零三十六，於是順行爲每日一度又四千二百三十二分度之六百九十，以一度通爲四千二百三十二分，加入分子，得四千九百二十二分。順遲爲每日四千二百三十二分之三千零三十六，順行一百八十一日又一百零七分日之四十五，以一百零七乘一百八十一日，得一萬九千三百六十七日，加入分子，得一萬九千四百一十二日，是爲順行日之一百零七倍。順遲四十六日，亦以一百零七乘之，得四千九百二十二日。乃以一萬九千四百一十二日乘每日四千九百二十二分，得九千五百五十四萬五千八百六十四分，以四千九百二十二日乘每日三千零三十六，得一千四百九十四萬三千一百九十二分，相加得一億一千零四十八萬九千零五十六爲總分。本當以分母四千二百三十二除之，但日數加一百零七倍，乃以一百零七乘分母，得四十五萬二千八百二十四，以除總分，得二百四十四度。

逆行，每日二分度之一，行六日，得三度，以減二百四十四度，得二百四十一度也。

伏，逆，日行八分度七有奇，伏十六日百二十九萬五千三百五十二分，行星十四度三百六萬九千八百六十八分。

此亦以見中日法九百九十七萬七千三百三十七爲分母也。伏行十六日又九百九十七萬七千三百三十七分日之一百二十九萬五千三百五十二，以分母通十六日，爲一億五千九百六十三萬七千三百九十二日，加入分子，得一億六千零九十三萬二千七百四十四，是爲伏行日之九百九十七萬七千三百三十七倍。伏行十四度又九百九十七萬七千三百三十七分度之三百零六萬九千八百六十八分，以分母通十四度，爲一億三千九百六十八萬二千七百一十八，加入分子，得一億四千二百七十五萬二千五百八十六，是爲伏行度之九百九十七萬七千三百三十七倍。乃以一億六千零九十三萬二千七百四十四日，除一億四千二百七十五萬二千五百八十六度，得每日行零八八有奇。若日行八分度之七，以八除七，得零八七有奇，尚不及八八，故爲八分度之七有奇也。

凡夕見伏，二百五十七日百二十九萬五千三百五十二分，行星二百二十六度六百九十萬七千四百六十九分。

二百四十一日，伏十六日又一百二十九萬五千三百五十二分，共二百五十七日又一百二十九萬五千三百五十二分也。見行星二百四十度，伏逆行十四度又三百六萬九千八百六十八分，以十四度減二百四十度，得二百二十六度，以三百零六萬九千八百六十六分，減九百九十七萬七千三百三十七分，得六百九十萬零七千四百六十九分也。

一復，五百八十四日百二十九萬五千三百五十二分。行星亦如之，故曰日行一度。

晨見伏，三百二十七日，夕見伏，二百五十七日又一百二十九萬五千三百五十二分，相加得五百八十四日又一百二十九萬五千三百五十二分也。

晨見伏，行星三百五十七度四百三十六萬五千二百二十分，夕見伏，行星二百二十六度又六百九十萬零七千四百六十九分，相加得五百八十三度又一千一百二十七萬六千八百九十分，以九百九十七萬七千三百三十七分收爲一度，得五百八十四度又一百二十九萬五千三百五十二分也。

水，晨始見，去日半次。逆，日行二度，一日。始留，二日而旋。順，日行七分度六，七日。順，疾，日行一度三分度一，十八日而伏。

凡見二十八日，除逆，定行星二十八度。

始見，逆行一日，留二日，順七日，順疾十八日，相併得二十八日也。

逆行一日二度，順行七日，每日行七分度之六，順疾行十八日，每日行一度又三分度之一。以兩分母七與三相乘，得二十一爲總分母，以順疾分母三，乘順行分子六，得一十八，是爲順行每日二十一分度之十八，以順行分母七，乘順疾分子一，得七，又以一度通爲二十一分，加入分子七，得二十八，是爲順疾行每日二十八分。以順行七日乘一十八分，得一百二十六分，以順疾行十八日，乘每日二十八分，得五百零四分，相加得六百三十分，以分母二十一除之，得三十度，減逆行二度，得二十八度也。

伏，日行一度九分度七有奇，三十七日一億二千二百二萬九千六百五分，行星六十八度四千六百六十一萬一百二十八分。

此以見中日法一億三千四百零八萬二千二百九十七爲分母也，以分母通三十七日，爲四十九億六千一百零四萬四千九百八十九，加入分子，得五十億零八千三百零七萬四千五百九十四，爲日數之一億三千四百零八萬二千二百九十七倍爲法，以分母通六十八度，爲九十一億一千七百五十九萬六千一百九十六，加入分子，得九十一億六千四百二十萬零六千三百二十四，爲度數之一億三千四百零八萬二千二百九十七倍爲實，以法除實，得一度又五十億零八千三百零七萬四千五百九十四分度之四十億零八千一百一十三萬一千七百三十。乃以五十億零八千三百零七萬四千五百九十四爲一率，四十億零八千一百一十三萬一千七百三十爲二率，以九爲三率，求得四率七有奇，故爲九分度之七有奇也。

凡晨見、伏，六十五日一億二千二百二萬九千六百五分。

見二十八日，伏三十七日又一億二千二百零二萬九千六百零五分，相併得此數。

行星九十六度四千六百六十一萬一百二十八分。

見行二十八度，伏行六十八度又四千六百六十一萬零一百二十八分，相併得此數。

夕始見，去日半次。順，疾，日行一度三分度一，十六日二分日一。順，遲，日行七分度六，七日。始留，一日二分日一而旋。逆，日行二度，一日而伏。凡見二十六日，除逆，定行星二十六度。

順疾十六日又二分日之一，順遲七日，留一日又二分日之一，逆行一日，相併得二十六日也。

順疾，每日行一度又三分度之一，順遲，每日行七分度之六，以兩分母三分、七分相乘，得二十一，爲總分母。以順遲分母七乘順疾分子一，得七分。以順疾分母三乘順遲分子六，得一十八。則順疾爲每日行一度又二十一分度之七，以一度通爲二十一分，加入分子七，爲每日行二十八分。順遲每日行二十一分度之一十八，順疾十六日又二分日之一，以二分通十六日，得三十二，加入分子一，得三十三，是爲順疾行日數之二倍。順遲七日亦爲二倍，得十四日，乃以三十三日乘每日二十八分，得九百二十四分，以十四日乘每日一十八分，得二百五十二分，相加得一千一百七十六分，以二乘分母二十一，得四十二爲法，除之得二十八度，減逆行二度，得二十六度也。

伏，逆，日行十五分度四有奇，二十四日，行星六度五千八百六十六萬二千八百二十分。

伏逆二十四日，行星六度又一億三千四百零八萬二千二百九十七分度之五千八百六十六萬二千八百二十分，以分母通六度，爲八億四千四百九十三萬七千八百二十，加入分子，共得八億六千三百一十五萬六千六百零二爲總分，當以二十四日除之，又當以分母除之。乃以二十四日與分母相乘，得三十二億一千七百九十七萬五千一百二十八，以除總分，得零二六八有奇。若行十五分度之四，以十五除四，得零二六六有奇，不及零二六八，故曰十五分度之四有奇也。

凡夕見伏，五十日，行星十九度七千五百四十一萬九千四百七十七分。一復，百一十五日一億二千二百二萬九千六百五分。行星亦如之，故曰日行一度。

見二十六日，伏二十四日，相併得五十日也。見行星二十六度，伏逆行六度又五千八百六十六萬二千八百二十分，以六度減二十六度，得二十度，又以一度爲一億三千四百零八萬二千二百九十七分，減五千八百六十六萬二千八百二十分，餘七千五百四十一萬九千四百七十七分，故得十九度七千五百四十一萬九千四百七十七分也。

晨見伏，六十五日又一億二千二百零二萬九千六百零五分，夕見伏，五十日，相併爲一百一十五日又一億二千二百零二萬九千六百零五分。

晨見伏，行星九十六度又四千六百六十一萬零一百二十八分，夕見伏，行星十九度七千五百四十一萬九千四百七十七分九十六度，與十九度相併，得一百一十五度四千六百六十一萬零一百二十八分，與七千五百四十一萬九千四百七十七分相併，得一億二千二百零二萬九千六百零五分也。

推日月元統，置太極上元以來，外所求年，盈元法除之，餘不盈元者，則天統甲子以來年數也。盈統除之，餘則地統甲辰以來年數也。又盈統除之，餘則人統甲申以來年數也。各以其統首爲紀。

此推所求之年，在天統、在地統、在人統也。太極上元至後之太極上元，二千三百六十三萬九千零四十歲，其間有五千一百二十元，所求之年爲太極上元以來若干年，乃減去所求之年不算，而算以前之年數，故曰外所求年也。必算以前之年，乃可得所求之年也。以前年數滿四千六百一十七年爲一元，則天正之月、甲子朔、夜半冬至、日食，同於太極上元之年，可以不算，故滿一元則除去之，滿若干元皆除去不算也。除去之餘若干年，是入今之元若干年矣。一元三統，天統之首日甲子，地統之首日甲辰，人統之首日甲申，三統之不同，惟首日干支不同耳，其餘天正、月朔、夜半冬至、日食並同也。一統一千五百三十九年，若入今之元，不盈此數，則入天統之內。若滿一統年數而有餘，則入地統之內。若滿二統年數而有餘，則入人統之內也。

推天正，以章月乘入統歲數，盈章歲得一，名曰積月。不盈者，名曰閏餘。閏餘十二以上，歲有閏。求地正，加積月一，求人正，加二。

此推入統以來至所求前一歲止得若干月，因而知所求歲有閏無閏也。前已得積歲，此欲得積月，以歲求月，當用歲月並盡之率。十九歲爲一章，有二百三十五月，而歲月並盡矣。故以十九歲爲一率，二百三十五月爲二率，入統以來若干歲爲三率，二三率相乘，一率除之，得四率，則爲入統以來至所求前一年止之月數，名曰積月也。一率除之不盡，則除至月數而止，其餘爲十九分月之若干分，名曰閏餘也。一章十九歲，内有七閏，欲求一歲之閏分，以十九歲除七閏，不盡，即以一歲之閏爲七，而以一閏月爲十九分，而所除不盡之數，亦以一月爲十九分，正相合也。故所求年以前閏餘，不盈十九分，但在十二分以上，即以所求年之閏餘七分相加，得十九，則所求年十二箇月之外，復有十九分爲一月，而有閏。若閏餘更在十九分以上，除十九分爲一閏，其餘又爲後一閏之分矣。若所求年之閏餘不及十二分，則與所求年之七分相加，亦不及十九分，則所求年無閏矣。天正者，建子之月。地正者，建丑之月。人正者，建寅之月。每一統以統本天正爲首，若求地正之月，則當於積月數內加一月。若求人正之月，則當於積月數內加兩月也。

推正月朔，以月法乘積月，盈日法得一，名曰積日。不盈者名曰小餘。小餘三十八以上，其月大。積日盈六十，除之，不盈者曰大餘。數從統首日起，算外，則朔日也。

此推入統以來至所求前一歲止得若干日，及所求年天正月朔之干支。前已得積月，此欲得積日，當用月日並盡之率，一月二十九日又八十一分日之四十三，以分母通二十九日，加入分子，得二千三百九十二分，則八十一月有二千三百九十二日，而月日並盡矣。故以八十一月爲一率，二千三百九十二日爲二率，以入統至所求前一年止之月數爲三率，求得四率，則爲入統至所求前一年止之日數，名曰積日也。本以八十一月爲一率，其云日法者，日法八十一之數同也。本以二千三百九十二日爲二率，其云月法者，月法二千三百九十二之數同也。然算數雖同，算理則不合矣。一率除之不盡，則除至日數而止，其餘爲八十一分日之若干分，名曰小餘也。每月既爲二十九日又八十一分日之四十三，所求年天正月之前一月，既有小餘未盡，但在三十八分以上，併入所求年天正月之四十三分，得八十一分，而天正月大矣。若更在八十一分以上，除八十一分，爲月大之三十日，其餘又爲後一月之分矣。若小餘不及三十八分，則併入所求年天正月之四十三分，亦不及八十一分爲一日，而是月止有二十九日，而爲月小矣。

又欲知所求天正月朔之干支，於入統至所求前一年之積日數內盈六十日，則干支一周，除去之。除去之餘，不盈六十，謂之大餘者，餘分謂之小餘，故餘日謂之大餘也。大餘第一日與入統第一日之干支同。若入天統，天統第一日甲子，則大餘第一日亦甲子也。若入地統，地統第一日甲辰，則大餘第一日亦甲辰也。如入人統，人統第一日甲申，則大餘第一日亦甲申也。數盡大餘之日，其外一日，即所求年天正月朔之干支也。

求其次月，加大餘二十九，小餘四十三。小餘盈日法得一，從大餘，數除如法。
一月二十九日四十三分，求次月合朔，則二十九日四十三分也。但加小餘四十三，與前月小餘相併，或盈八十一分爲一日，則加大餘一，其餘乃爲小餘也。其盈六十日，除去如上法，則得日之干支也。

求弦，加大餘七，小餘三十一。求望，倍弦。
自朔至上弦，爲四分月之一。一月二十九日四十三分，以二十九日四分之，得七日，餘一日爲八十一分，加四十三分，共一百二十四，四分之，得三十一分，故加七日又三十一分也。自朔至望，爲月之半，爲弦之倍。求望加大餘十四日，小餘六十二分也。

推閏餘所在，以十二乘閏餘，加七得一。盈章中數所得，起冬至，算外，則中至終閏盈。中氣在朔若二日，則前月閏也。
此推所求年閏在何月也。前一年之閏餘在十二分以上，與本年閏餘七分，盈十九分而有閏矣。但必以無中氣之月爲閏，一歲有閏餘七分，有十二中氣，以十二除七不盡，故以十二乘七得八十四，以每歲之閏餘爲八十四分，每一箇中氣閏餘七分也。每歲閏餘本爲十九分之七，此分子七，既以十二乘之，則分母十九，亦當以十二乘之，爲二百二十八，則每歲閏餘爲二百二十八分之八十四矣。章歲十九，每歲十二中，故十二乘十九爲二百二十八，章中二百二十八，正與同數，故借章中爲分母也。本年閏餘七分，既以十二乘之，爲八十四，則前年閏餘亦當以十二乘之，皆以一分化爲十二分也。本年天正冬至以前有若干分，至本年第一箇中氣冬至，則多七分，第二箇中氣小寒，則又多七分，如是遞加一箇中氣，即加七分，故曰加七得一也，加至二百二十八分，則滿一閏之分。其中氣在月終，後一月無中氣而爲閏月矣。故曰中至終閏盈也。月之定率爲二百二十八，中之定率爲二百三十五，中多於月者七，閏月合朔之後，二百二十八分，而爲後月合朔閏前之中氣，後二百三十五分，而爲閏後之中氣，故中氣與合朔或同日，或在二日也。

推冬至，以策餘乘入統歲數，盈統法得一，名曰大餘。不盈者名曰小餘。除數如法，則所求冬至日也。
此推所求年天正冬至之干支及時刻也。每一歲三百六十五日又一千五百三十九分日之三百八十五，其三百六十日滿六甲子，餘五日又一千五百三十九分日之三百八十五，以分母通五日，加入分子，得八千零八十分爲策餘，以入統歲數乘之，則入統以來策餘也。盈一千五百三十九分，則得一日。云盈統法者，統歲亦一千五百三十九，故假借其名也。既得入統以來策餘若干日，其餘分數不盈一日者，名曰小餘，其日數仍當盈六十日，甲子一周則除之，其不盈六十者，乃名曰大餘，故曰除數如法，謂如上推正月朔法，盈六十除之也。大餘第一日干支，與統首日干支同。大餘外一日爲冬至，從大餘第一日干支，數至冬至，得冬至日之干支也。其小餘，則是日夜半至冬至之時刻也。

一歲五十六萬二千一百二十分，不全用者，以其數太繁，故除去六箇甲子三百六十日，而但用五日有奇也。

此法本當以入統以來積日，以每日一千五百三十九分乘之，然後以每歲五十六萬二千一百二十分除之，除不盡者，以每日一千五百三十九分除之，而得冬至之日。除不盡者爲冬至時刻，但其數太繁，故不用每歲五十六萬二千一百二十分，而但用策餘也。

求八節，加大餘四十五，小餘千一十。

一歲三百六十日，分爲八節，每節四十五日。一歲策餘八千零八十分，分爲八節，每節一千零一十，故從冬至求立春，則四十五日又一千五百三十九分日之一千零一十也。

求二十四氣，三其小餘，加大餘十五，小餘千一十。

推中節二十四氣，皆以元爲法。

八節，每一節分爲三氣，其大餘四十五，可分爲三，每節一十五，其小餘一千零一十不可分爲三，即以一千零一十爲小餘，則小餘每一分化爲三分，故曰三其小餘也。此分子既以三乘之，則分母一千五百三十九分亦當以三乘之，爲四千六百一十七，與元法四千六百一十七正同，故曰以元爲法，亦假借之數也。

推五行，其四行各七十三日，統歲分之七十七。

中央各十八日，統法分之四百四。冬至後，中央二十七日六百六分。

一歲五十六萬二千一百二十分，以五行除之，得一十一萬二千四百二十四，以每日一千五百三十九分除之，得七十三日又一千五百三十九分日之七十七也。云統歲者，統歲亦一千五百三十九，與一日一千五百三十九同數。三統曆本以一日爲一千五百三十九分，既以八十一爲日法，則凡遇一日爲一千五百三十九者，皆假統歲言之矣。中央土一十一萬二千四百二十四分，寄王於四時，以四除之，得二萬八千一百零六分，以每日一千五百三十九分除之，得一十八日又一千五百三十九分日之四百零四也。冬至至立春，四十五日又一千零一十分，內減後十八日又四百零四分，爲土王，餘二十七日又六百零六分，爲水王。自冬至上至立冬，四十五日又一千零一十分，皆水王，相加爲七十三日又七十七分也。春、夏、秋皆如之。

推合晨所在星，置積日，以統法乘之，以十九乘小餘而并之。盈周天，除去之；不盈者，令盈統法得一度。數起牽牛，算外，則合晨所入星度也。

此推所求年天正合朔時日月所在星度也。周天五十六萬二千一百二十分，每一度一千五百三十九分日，一日行一度，置積日以統法乘之者，每日以一千五百三十九分通之也。其小餘本爲八十一分內之若干分，以十九乘小餘者，欲以小餘與積日之分相併。但積日之分，每日一千五百三十九分，小餘之分母，則八十一，以十九乘八十一，則得一千五百三十九，以十九乘分子，即爲一千五百三十九分內之若干分，與積日之分齊同，可相併也。一歲五十六萬二千一百二十分，日行一周天，故除去之，其餘不盈周天者，每一千五百三十九分爲一度，得若干度，則從牽牛數起，至數盡，則爲合朔前一日，日所在之星度，此外一度，即合朔之日，日所在星度也。日月合朔，日所在即月所在也。

推其日夜半所在星，以章歲乘月小餘，以減合晨度。小餘不足者，破全度。

前推合晨所在星，而合朔不必在夜半，此推夜半未合朔時日所在星度也。推合朔以積日，積日有月之小餘，此小餘乃積日之數之小餘，謂之月小餘者，計日得本無小餘，此小餘實由月法而來也。本爲前年之餘分，日法已盡而月法未盡者，遂入於所求年天正朔旦夜半以後，故減去月小餘，即得夜半日所在也。但推合晨以一日爲一千五百三十九分，而月小餘以一日爲八十一分，故以十九乘月小餘，即爲一千五百三十九分之分子，與推合晨之分母齊同，故可以減合晨之小餘也。若月小餘數多，合晨小餘數少，則取合晨之一度，破爲一千五百三十九分，乃減之也。

推其月夜半所在星，以月周乘月小餘，盈統法得一度，以減合晨度。

此推夜半未合朔時月所在星度也。一章十九年，月行二百五十四周，以十九歲除之，每歲月行十三周又十九分周之七，每歲日行一周，月行十三周又十九分周之七，則每日日行一度，月行十三度又十九分度之七。以十九分通十三度，加入分子七，得二百五十四分也。但此以一度爲十九分，與推合晨以一千五百三十九爲一度，不能齊同，必以八十一乘十九分，得一千五百三十九爲分母，又以八十一乘分子七，得五百六十七，則爲每日月行十三度又一千五百三十九分度之五百六十七，以分母通十三度，加入分子，則爲二萬零零五百七十四分。然則每日日行一千五百三十九分，月行二萬零零五百七十四分也。夫二萬零零五百七十四分者，乃二百五十四與八十一相乘之數也，八十一即月小餘之分母也，以二百五十四與月小餘之分母相乘，爲每日月行之分度，則以二百五十四與月小餘相乘，即爲月小餘月行之分數矣。故一千五百三十九分而得一度，以減合晨度，則得夜半月所在星度也。二百五十四與月周同數，故謂二百五十四爲月周也。

推諸加時，以十二乘小餘爲實，各盈分母爲法，數起於子，算外，則所加辰也。

此推每月合朔、弦望，及冬至、八節、二十四氣諸加時也。推合朔弦望，以八十一分爲一日。推冬至八節，以一千五百三十九分爲一日。推二十四氣，以四千六百一十七分爲一日。皆不可分爲十二時，故各分母皆以十二乘之，則每一時即以分母爲分數也。乃各以十二乘分子，以分母除之，即得一時，除去若干時，其算外除不盡者，即爲所加時矣。

推月食，置會餘歲積月，以二十三乘之，盈百三十五，除之。不盈者，加二十三得一月，盈百三十五，數所得，起其正，算外，則食月也。加時，在望日衝辰。

一百三十五月而有二十三食，一會五百一十三歲，共六千三百四十五月，而冬至朔旦必日食。置入統以來，外所求年，滿五百一十三歲爲一會，除去之，其餘爲會餘歲。然如此必又以歲求月，不如置入統以來積月，滿六千三百四十五爲一會，除去之，其餘即爲會餘歲積月矣。乃以一百三十五月爲一率，二十三食爲二率，會餘歲積若干月爲三率，故以二十三乘會餘積月，而以一(日)〔百〕三十五除之也。除得四率爲若干食，即除去之也，其餘月數本以二十三乘，即爲二十三倍矣。一百三十五月有二十三食，今月數已加二十三倍，故盈一百三十五月，止得一食，今既不盈一百三十五，即不滿一食，必加至一百三十五，乃滿一食矣。餘月爲二十三倍之虛數，故加每一月亦爲二十三虛數以加之，如虛數二十三，乃爲實加一月也。加至一百三十五虛數，則後一月當食也。每一月加二十三，而得一百三十五，則爲日食。若加至一十一有奇，爲半月，而已滿一百三十五，則爲月食也。從天正起，故曰起其正也。加時在望日衝辰者，日當作月，望時月與日衝，月衝之辰，即日所在也。

紀術。

推五星見復，置太極上元以來，盡所求年，乘大統見復數，盈歲數得一，則定見復數也。不盈者名曰見復餘。見復餘盈其見復數，一以上見在往年，倍一以上，又在前往年，不盈者在今年也。

此推五星每一星最後一見，始在今年，抑在前一年、二年也。五星各有若干歲數而一見復，如木星一千七百二十八年有一千五百八十三見復，故以歲數爲一率，見復數爲二率，太極上元以來盡今年爲三率，以三率太極上元以來年數，乘二率見復數，以一率歲數除之，得四率，爲自上元以來至今年共有見復若干、各爲定見復數也。除不盡者，名曰見復餘，此爲最後一見未盡之數也。既以積年乘見復數，即無異每年分爲若干分如見復之數，故每一見復數，即爲一年。若所餘雖不盈歲數，而多於一見復數，則爲一年有奇，減去今年，一年尚不足也，此其初見在前一年也。若又倍於見復數有奇，則爲二年有奇，又減去前一年，此其初見在前二年也。若不盈一見復數者，即是不盈一年，是其始見在今年矣。

推星所見中次，以見中分乘定見復數，盈見中法得一，則積中也。不盈者名曰中餘。以元中除積中，餘則中元餘也。以章中除之，餘則入章中數也。以十二除之，餘則星見中次也。中數從冬至起，次數從星紀起，算外，則星所見中次也。

既得星始見之年，此推始見在其年之某中氣，其始見在何次也。自上元以來，至前一見復，共若干見復，名曰定見復數，乃求自上元至前見復，共有若干中氣，共行若干次。以每星歲數内若干見即見中法。爲一率，以歲數内若干中氣即見中分。爲二率，今有若干見復即定見復數。爲三率，求得四率即上元至前一見復内中氣之數。如不滿法者，即不滿一箇中氣，名曰中餘也。此乃前一見復最後中氣之後之數也。十二箇中氣爲一歲，故以十二除之，其餘若干中氣，自冬至數起，即得某中氣也。星之始見距日十五度，今既推得始見在某中氣，即知日所在矣。日在冬至，則星距日十五度在星紀，故自星紀數起也。數至冬至後第幾中氣，爲前見復之末，故算外得此次始見之中氣也。數至星紀後第幾次爲前見復之末，故算外得此次始見之次也。以元中除積中，以章中除之者，此可以不必如此，因下推星見月如此，故此推見中亦如此耳。既得積中，是自上元以來，至前一見復之末中氣之數，故以一元内五萬五千四百零四中除之，除去若干元，其除不盡者，今之一元未滿，謂之中元餘也。中元餘内有若干章，故以一章二百二十八中除之，除去若干章，其不盡者，今之一章未滿，爲入章中數也，然後以十二中除之，爲一歲也。

推星見月，以閏分乘定見，以章歲乘中餘從之，盈見月法得一，并積中，則積月也。不盈者名曰月餘。以元月除積月餘，名曰月元餘。以章月除月元餘，餘此「餘」字元脱，今補之。則入章月數也。以十二除之，至有閏之歲，除十三入章。三歲一閏，六歲二閏，九歲三閏，十一歲四閏，十四歲五閏，十七歲六閏，十九歲七閏。不盈者數起於天正，算外，則星所見月也。既得星始見之中氣，此推星始見之月也。前所得積中爲自上元至前一見復所積中氣之數，夫有一中氣，必有一月矣，惟閏月無中氣，故但推上元至前一見復有閏月若干，與積中相併，即得月數也。此當以每星歲數内若干見爲一率，以歲數内若干閏爲二率，今有若干見即定見。爲三率，求得四率爲定見内若干閏也。歲數内若干見，以章歲十九乘之，所謂見月法也。歲數内若干閏，以章歲十九乘之，所謂見閏分也。皆加十九倍，則其率亦同，故以見月法爲一率，見閏分爲二率，定見爲三率，求得四率即定見内之閏數，併入積中，即爲月數也。但積中尚有中餘，中餘不滿一中，而或滿一月，故更當以中餘求月。夫五星統母，以見中分求月，當以十九乘見中分，而以見月法除之，故此中餘亦以十九即章歲。乘之，乃以見月法除之也。前之閏分乘定見，爲實見閏分，本是十九倍，此中餘亦加十九倍，則實數齊同。前以見月法除之，此亦以見月法除，則法亦同，故可併而除之，即得積月，除不盡則除至月數而止，其餘名曰月餘也。既得積月，是爲上元以來至前一見復之末之月數，欲知是今之幾月，故以一元五萬七千一百零五箇月除之，除去若干元，除不盡者，是今之一元未滿，故謂之月元餘也。月元餘內有若干章，故以一章二百三十五箇月除之，除不盡者，是今之一章未滿，爲入章月數也，故以入章以來某歲無閏，除十二箇月，某歲有閏，除十三箇月，除不盡者，爲今年天正數起至某月爲星見以前之月，故算外則星見之月也。

推至日，以中法乘中元餘，盈元法得一，名曰積日。不盈者名曰小餘。小餘盈二千五百九十七以上，中大。數除積日如法，算外，則冬至也。

此當以一元五萬五千四百零四中即元中。爲一率，一元一百六十八萬六千三百六十日爲二率，入今元以來若干中即中元餘。爲三率，求得四率爲入今元以來至前見復之末若干日。但一元五萬五千四百零四，中一元一百六十八萬六千三百六十日，其數皆太繁，一元中數十二分之一，得四千六百一十七，即元歲數。一元日數十二分之一，得十四萬零五百三十，即中法之數。故取其簡者，以元法爲一率，中法爲二率，中元餘爲三率，求得四率爲入今元以來至前見復之末之積日，除不盡者四千六百一十七分日之若干分，名曰小餘也。每日四千六百一十七分，則一中爲三十日又四千六百一十七分日之二千零二十，見前統法解。此積日之外尚有小餘若干分，則非次日之首交後中氣，其小餘入於今星見之中氣之首日，今之中氣，自有小餘二千零二十分，若前之小餘在二千五百九十七以上，則相併，得四千六百一十七分以上，而得一日。而今星見之中氣得三十一日，而中大矣，若小餘不及二千五百九十七分，則併入今星見之中氣，小餘二千零二十分，尚不及四千六百一十七分，則不及一日，而此中氣止有三十日，而中小矣。積日後一日，交入此次星見之中氣，故算外則冬至也。云數除積日如法者，以六十甲子除積日，而知冬至日之干支也。

推朔日，以月法乘月元餘，盈日法得一，名曰積日，餘名曰小餘。小餘三十八以上，月大。數除積日如法，算外，則星見月朔日也。

既得星見之年月，此推其月朔日及干支也。當以一元之月朔即元月。五萬七千一百零五箇月爲一率，一元之日數一百六十八萬六千三百六十日爲二率，入今元以來至前見復之末之月爲三率，求得四率爲積日。但一元之月數、日數皆太繁，故不用爲一率、二率也。一月二十九日又八十一分日之四十三，欲求月與日俱盡之率，則八十一箇月得二千三百九十二日，而月與日俱盡，故以八十一箇月爲一率，二千三百九十二日爲二率，取其數之簡捷也。八十一與日法同，故謂之日法。二千三百九十二與月法同，故謂之月法。其餘不盡者八十一分日之若干分，名曰小餘也。每日八十一分，則一月爲二十九日又八十一分之四十三，此積月之外，尚有小餘，則合朔不在次日之首。其小餘入於今星見之月之朔日，而今月自有小餘四十三分，若前小餘在三十八分以上，則相併得八十一分以上，而得一日，而今月得三十日，而月大矣。若前月小餘不及三十八分，而併入今月小餘，不及八十一分，不及一日，而此月止有二十九日，而月小矣。積日之後一日，交入此次星見之月，故算外則月朔也。數除積日如法者，以六十甲子除積日，而得月朔之干支也。

推入中次日度數，以中法乘中餘，以見中法乘其小餘并之，盈見中日法得一，則入中日入次度數也。中以至日數，次以次初數，算外，則星所見日及所在度數也。求夕，在日後十五度。

既得星見在某中氣之後，及見於某次，此推見於某中氣後若干日，及見於某次若干度也。前推至日已推盡積中日數矣，此推中餘及小餘日數。中餘者，本爲見中法除不盡之數，而不除，若除之，則當以中法乘之，以元法除之，而得日數。此以元法爲日法也。中法十四萬零五百三十，以元法四千六百一十七除之，得三十日又四千六百一十七分日之二千零二十。然則以中餘求日數，當以見中法除之，以中法乘之，又以元法除之也，兩除並爲一除，則當以見中法與元法相乘爲法除之。夫見中法與元法相乘，乃見中日法也。故以中法乘之，以見中日法除之，而得日數也。小餘者，本爲元法除不盡之數而不除，然終當以元法除之，故并入中餘而除之。但除小餘，止當以元法爲法，而除中餘者，以見中法乘元法爲法，故先以見中法乘小餘，乃并入中餘而除之也。

除之，則是中餘及小餘之日數，是爲入中日數矣。云中以至日數者，此亦舉冬至爲例，猶云中以中日數耳。日數若干，則從交中氣之日數起，數盡日，數其外，即星見之日也。

推入次度數者，星所見之次之度數，總距日十五度，推中氣則知日所在，即知星所在，故推得入中日數，即得入次度數也。云次以次初數者，以其次之初度數起，數盡日，數其外，即星見之度也。云求夕在日後十五度者，五星晨見者，日未出時星已出，是星在日西，星所在之度，日已行過，謂之日前也。夕見者，日已入，星未入，是星在日東也，星所在之度，日未行至，謂之日後也。晨見在日西十五度，夕見在日東十五度也。

推入月日數，以月法乘月餘，以見月法乘其小餘并之，盈見月日法得一，則入月日數也。并之大餘，數除如法，則見日也。

既得星見在某月朔之後，此推見於朔後某日也。前推朔日，已推盡積月之日數矣。此推月餘及小餘之日數。夫月餘者，見月法除不盡之數而不除者也，若除之，則當以月法乘之，以日法除之，而得日數。然則以月餘求日數，當以見月法除之，以日法乘之，又以日法除之也。兩除并爲一除，則當以見月法與日法相乘爲法除之。夫見月法與日法相乘，乃見月日法也，故以月法乘之，以見月日法除之，而得日數也。小餘者，本爲日法除不盡之數，然終當以日法除之，故并入月餘而除之。但除小餘止當以日法爲法，而除月餘者，以見月法乘日法爲法，故先以見月法乘小餘，乃并入月餘而除之也。除之，則是月餘及小餘之日數，是爲入月日數也。并之大餘數除如法者，前推朔日之積日，是入今元至前星見復之月止之日數，以六十甲子除之，已有不滿六十之大餘若干日，自入今月，又有若干日，故與大餘相并，若滿六十，則除去，其餘從甲子起數，至星見之日，而知其日之干支也。

推後見中，加積中於中元餘，加後中餘於中餘，盈其法得一，從中元餘，數如法，則後見中也。

此推後見之中氣也。推今見中，則自入今元至前見若干中爲中元餘，不滿一中者，爲中餘，推後見中，則今見若干中，亦爲前見之中矣。故以今一見之積中，五星每一見復，積中若干，詳見紀母。加於前中元餘之內，以今一見之中餘五星每一見復，中餘若干，亦見紀母。加於前中餘之內也。中餘者，本爲不滿見中法之數，若滿法則得一中矣。今以前之中餘加入今之中餘，則或滿見中法而爲一中，故加入中元餘之內，其餘乃爲中餘也。其以章中除之，以十二除之，諸法皆與推星所見中次法同。如法求之，則後見之中也。

推後見月，加積月於月元餘，加後月餘於月餘，盈其法得一，從月元餘，除數如法，則後見月也。

此推後見之月也。推今見月，則自入今元至前見若干月爲月元餘，不滿一月者，爲月餘。推後見月，則今見若干月亦爲前見之月矣。故以今一見之積月，五星每一見復，積月若干，詳見紀母。加於前月元餘之內，以今一見之月餘，五星每一見復，月餘若干，詳見紀母。加於前月餘之內也。月餘者，本爲不滿見月法之數，若滿法則得一月矣。今以前之月餘，加入今之月餘，或滿見月法而爲一月，故加入月元餘之內，其餘乃爲月餘也。其以章月除月元餘，以十二除之，諸法皆與推星見月法同。如法求之，則得後見之月也。

歲術。

推歲所在，置上元以來，外所求年，盈歲數，除去之，不盈者以百四十五乘之，以百四十四爲法，〔如法〕得一，名曰積次。不盈者名曰次餘。積次盈十二，除之，不盈者名曰定次。數從星紀起，算盡之外，則所在次也。

歲星一千七百二十八歲行天一百四十五周，而復於故處，故推歲星所在，自上元至所求年前若干歲，凡滿一千七百二十八歲除去之，其不滿者，爲歲星最後所行今若干歲也。歲星一百四十四歲行一百四十五次，今若干歲當行若干次，故以一百四十四歲爲一率，一百四十五次爲二率，今若干歲爲三率，求得四率，得所行若干次，名曰積次。其不滿一次者，則爲一百四十四分次之若干分，名曰次餘也。

十二次一周天，故盈十二次則除去之，不盈者是爲天之第幾次，名曰定次也。星紀爲第一次，故從星紀起算，定次若干，則至第幾次，是爲所求年前一歲歲星所在之次，其外則今歲歲星所在之次也。

欲知太歲，以六十除積次，餘不盈者，數從丙子起，算盡之外，則太歲所在也。

周天十二次：星紀，正北，子。析木，北之東，丑。大火，東北，寅。壽星，正東，卯。鶉尾，東南，辰。鶉火，南東，巳。鶉首，正南，午。實沈，南西，未。大梁，西南，申。降婁，正西，酉。諏訾，西北，戌。玄枵，北西，亥。日行右旋，冬至在星紀、子。大寒在玄枵、亥。雨水在諏訾、戌。春分在降婁、酉。以下仿此。一歲而右旋一周也。

歲星亦右旋，第一歲在星紀、子，第二歲在玄枵、亥，第三歲在諏訾、戌，第四歲在降婁、酉。以下仿此。十二歲而右旋一周也。故古以歲星所在十二次紀年，如左傳所謂歲在諏訾，歲在降婁，是也。而不以干支紀歲。若以十二支紀歲，則子、亥、戌、酉、申、未、午、〔巳〕、辰、卯、寅、丑，倒行矣。後人以干支紀歲，則不用歲星紀歲，而別立太歲之名矣。歲星右旋，自丑而子，太歲左旋，則自子而丑。歲星在丑，則爲子年，明年歲星在子，則爲丑年，又明年歲星在亥，則爲寅年，又明年歲星在戌，則爲卯年。以下仿此。

既用太歲干支紀年，則一歲一名，如名曰甲子，曰乙丑之類。六十歲六十名矣。然太歲本與歲星所在之次左右相應，歲星在丑，乃爲太歲在子，歲星在子，乃爲太歲在丑也。歲星一百四十四歲而行一百四十五次，是超過一次，則太歲亦當一百四十四歲而超過一辰。如第一歲，歲星在子，太歲爲丑，第一百四十四歲，歲星行過酉而在申，則太歲亦超過辰而爲巳年矣，此謂之超辰也。

若無超辰，則欲知所求年太歲干支之名者，當以上元以來至所求年前歲星行若干次，乃以一百四十五次爲一率，一百四十四歲爲二率，今有積次若干爲三率，求得四率爲積年，然後以太歲六十甲子除之，除不盡者若干歲，從太歲丙子起，數盡之，而知所求前一歲之干支。今既有超辰，則太歲十二支與歲星十二次左右相應，但知十二次，即知十二支矣。故置積次，而以六十甲子除去之，除不盡者若干歲，第一歲爲丙子，從此數盡之，即知所求前一歲之干支，而不必以一百四十五次爲一率，一百四十四歲爲二率也。

上元第一歲所以爲丙子者，是歲歲星在星紀丑也，故太歲在子矣。其以爲丙子者，太初元年，太歲在丙子，三統術推得上元至太初前一年，共十四萬三千一百二十七歲，爲法，求得積次一千四百四十，滿六十去之，以六十恰盡，故以上元第一年爲丙子也。故數丙子起算也。

九章歲爲百七十一歲，而九道小終。九終千五百三十九歲而大終。三終而與元終。進退於牽牛之前四度五分。

此推冬至日躔所在也。九章爲一會，謂之小終，九會爲一統，謂之大終，三統爲一元，故曰三終，而與元終。與，爲也，即上文凡四千六百一十七歲與一元終之與。進退牽牛之前四度五分者，歲差密率，七十年餘差一度，每年差五十一秒。續漢志：元和二年，太史令候日行冬至在斗二十一度四分度之一，自元和上推天鳳，劉歆作三統術，時約七十年，歲差將及一度，其時冬至日躔，當在斗二十二度四分度之一稍弱，恰去牽牛前四度稍强，斗分一千五百三十九分之三百八十五，以斗餘分命之，故曰五分也。不言在斗，而言在牽牛者，三統術本乎太初，太初術冬至日起牽牛初，見續漢志賈逵論。而劉歆已測得在斗二十二度四分度之一弱，漢人未識歲差，不敢改太初舊法，故遷就其詞曰進退牽牛前四度五分，以爲若五星之有贏縮云爾。

推章首朔旦冬至日，置大餘三十九，小餘六十一，數除如法，各從其統首起。求其後章，當加大餘三十九，小餘六十一，各盡其八十一章。

此推每一統第一章第一日之干支也。每章六千九百三十九日又八十一分日之六十一，以六十甲子除之，餘三十九日又八十一分日之六十一也。天統第一章首，第一日甲子，則所餘三十九日之第一日亦甲子，第三十九日是壬寅，其明日癸卯，爲第二章之首，故曰一甲子，二癸卯也。但一章尚有餘分六十一未盡，第二章六千九百三十九日又八十一分日之六十一，加第一章未盡餘分之六十一，得一百二十二分，以八十一分除之，得一日又八十一分日之四十一，其一日加入六千九百三十九日爲六千九百四十日，以六十甲子除之，餘四十日，其第一日是癸卯，則第四十日是壬午，其明日癸未爲第三章之首，故曰三癸未也。仍有餘分四十一未盡，又入於第四章矣。第四章以下，皆仿此推之。

地統第一章，首甲辰日，故曰甲辰二統一。人統第一章，首甲申日，故曰甲申三統一。餘皆仿此。

禮樂志第二

六經之道同歸，而禮樂之用爲急。〔一〕治身者斯須忘禮，則暴嫚入之矣；〔二〕爲國者一朝失禮，則荒亂及之矣。人函天地陰陽之氣，有喜怒哀樂之情。〔三〕天稟其性而不能節也，〔四〕聖人能爲之節而不能絶也，故象天地而制禮樂，所以通神明，立人倫，〔五〕正情性，節萬事者也。

〔一〕師古曰：六經謂易、詩、書、春秋、禮、樂也。【補注】先謙曰：官本考證云「監本於此卷脱注尤多，今並從宋本補」。

〔二〕師古曰：斯須，猶須臾。

〔三〕師古曰：函，包容也，讀與含同。它皆類此。

〔四〕師古曰：稟謂給授也。

〔五〕師古曰：倫，理也。

人性有男女之情，妒忌之别，〔一〕爲制婚姻之禮；有交接長幼之序，爲制鄉飲之禮；有哀死思遠之情，爲制喪祭之禮；有尊尊敬上之心，爲制朝覲之禮。哀有哭踴之節，樂有歌舞之容，〔二〕正人足以副其誠，邪人足以防其失。〔三〕故婚姻之禮廢，則夫婦之道苦，而淫辟之罪多；〔四〕鄉飲之禮廢，則長幼之序亂，而爭鬭之獄蕃；〔五〕喪祭之禮廢，則骨肉之恩薄，而背死忘先者衆；〔六〕朝聘之禮廢，則君臣之位失，而侵陵之漸起。〔七〕故孔子曰：「安上治民，莫善於禮；移風易俗，莫善於樂。」〔八〕禮節民心，樂和民聲，政以行之，刑以防之。禮樂政刑四達而不誖，則王道備矣。〔九〕

〔一〕【補注】錢大昭曰：「別」，漢紀作「心」。先謙曰：禮記經解云「昏姻之禮，所以明男女之別也」。其上文言朝覲、喪祭、鄉飲酒，皆志所取裁，則此文當作「男女之別」明矣。妒忌以情言，疑「別」與「情」誤倒。

〔二〕師古曰：踊，跳也。哀甚則踊。

〔三〕師古曰：副，稱也。

〔四〕孟康曰：苦音盬。夫婦之道行盬不固也。師古曰：苦，惡也，不當假借。辟讀曰僻。【補注】王念孫曰：孟說是也。行盬，謂不堅固也。司市「凡治市之貨賄、六畜、珍異，利者使阜，害者使亡」。鄭注曰「利，利於民，謂物實厚者。害，害於民，謂物行苦者」。釋文云「行，遐孟反，又如字。聶，胡剛反。苦音古」。行苦即行盬。唐律雜律曰「諸造器用之物及絹布之屬，有行濫短狹而賣者，杖六十」。注曰「不牢謂之行，不真謂之濫」。潛夫論浮侈篇曰「以完爲破，以牢爲行」，行與牢正相反。今京師人謂貨物不牢曰行貨，與聶氏胡剛反之音合。高郵人言之則下庚反。皆古之遺語也。小雅四牡傳曰「盬，不堅固也」。齊語「辨其功苦」。韋注曰「功，牢也。苦，脃也」。夫婚姻之禮，敬慎重正而後親之，所以成男女之別而立夫婦之義也。婚姻之禮廢，則夫婦之道行盬不固，而淫辟之端以起，故曰「夫婦之道盬，而淫辟之罪多」。作「苦」者，假借字耳。小顔乃云「苦，惡也，不當假借」。不知苦惡之苦，古正讀如盬。食貨志「器苦惡」。如淳曰「苦或作盬，不攻嚴也」，是也。而小顔彼注又讀爲甘苦之苦矣。辨見食貨志。先謙曰：官本孟注無「道」字。

〔五〕師古曰：蕃亦多也，音扶元反。他皆類此。

〔六〕師古曰：先者先人，謂祖考。【補注】宋祁曰：「祖考」下添「也」字。

〔七〕【補注】先謙曰：自「故婚姻」至此，取經解爲文，而略有删易。

〔八〕師古曰：此孝經載孔子之言也。譱，古善字。【補注】錢大昭曰：説文「譱，吉也。从誩、从羊。善，篆文」。

〔九〕師古曰：誖，乖也，音布内反。

樂以治内而爲同，〔一〕禮以修外而爲異；〔二〕同則和親，異則畏敬；和親則無怨，畏敬則不爭。揖讓而天下治者，禮樂之謂也。二者並行，合爲一體。畏敬之意難見，則著之於享獻辭受，登降跪拜；〔三〕和親之説難形，則發之於詩歌詠言，鐘石筦弦。〔四〕蓋嘉其敬意而不及其財賄，美其歡心而不流其聲音。〔五〕故孔子曰：「禮云禮云，玉帛云乎哉？樂云樂云，鐘鼓云乎哉？」〔六〕此禮樂之本也。故曰：「知禮樂之情者能作，識禮樂之文者能述；作者之謂聖，述者之謂明。明聖者，述作之謂也。」〔七〕

〔一〕李奇曰：同於和樂也。

〔二〕李奇曰：尊卑爲異也。

〔三〕師古曰：見謂彰顯也。【補注】沈欽韓曰：儀禮之坐皆跪也。

〔四〕師古曰：説讀曰悦。形亦見也。筦字與管同。

〔五〕師古曰：流，移也。心不移溢於音聲也。

〔六〕師古曰：論語載孔子之言也。謂禮以節人爲貴，樂以和人爲本，玉帛鐘鼓乃其末也。【補注】宋祁曰：「其末」下當添「事」字。先謙曰：官本「鐘」作「鍾」。

〔七〕師古曰：作謂有所興造也。述謂明辨其義而循行也。【補注】宋祁曰：景德本「循行」作「修行」。

王者必因前王之禮，〔一〕順時施宜，有所損益，即民之心，稍稍制作，〔二〕至太平而大備。周監於二代，禮文尤具，〔三〕事爲之制，曲爲之防，〔四〕故稱禮經三百，威儀三千。於是教化浹洽，〔五〕民用和睦，災害不生，禍亂不作，囹圄空虚，四十餘年。〔六〕孔子美之曰：「郁郁乎文哉！吾從周。」〔七〕及其衰也，諸侯踰越法度，惡禮制之害己，去其篇籍，遭秦滅學，遂以亂亡。

〔一〕【補注】先謙曰：官本「王者」下提行。陳浩云，自「六經之道」至「之謂也」統論禮樂，大致自「王者必因前王之禮」以下則禮志本文，自「樂者聖人之所樂也」以下則樂志本文也。自「今海内更始」統論禮樂以結前文。監本畫段不明，今遇起處另提行寫。

〔二〕師古曰：即，就也。

〔三〕師古曰：監，觀也。二代，夏、殷也。言周觀夏、殷之禮而增損之也。

〔四〕師古曰：言每事立制，委曲防閑也。【補注】王念孫曰：大事曰事，小事曰曲。事爲之制，禮儀三百也。曲爲之防，威儀三千也。禮器「曲禮三千」。鄭注曰「曲猶事也」。中庸「其次致曲」。注曰「曲猶小小之事也」。淮南繆稱篇「察一曲者」，高誘注曰「一曲，一事也」。主術篇曰「不偏一曲，不黨一事」。「事爲之制，曲爲之防」，相對爲文。則曲非委曲之謂。

〔五〕師古曰：浹，徹也。洽，霑也。浹音子牒反。

〔六〕應劭曰：囹圄，周獄名也。師古曰：囹，獄也。圄，守也。故總言囹圄，無繫於周。囹音來丁反。圄音牛吕反。【補注】王念孫曰：小顔分囹圄爲二義，非也。鄭注月令曰「囹圄所以禁守繫者，若今別獄矣」。然則囹圄爲獄名，而又取禁守之義，不得訓囹爲獄，訓圄爲守也。囹之言令，圄之言敔也。説文曰「敔，禁也」。廣雅曰「令、敔，禁也」。是囹圄皆禁守之義，或但謂之圄。晏子春秋諫篇曰「拘者滿圄，怨者滿朝」是也。月令正義引蔡邕章句曰「囹，牢也。圄，止也，所以止出入」。釋名曰「囹，領也；圄，禦也；領録囚徒禁禦之也」。皆誤分囹圄爲二義。又案説文曰「囹，獄也」。又曰「囹圉所以拘罪人」。是説文囹圄字本作「圉」。説文又曰「圉，守之也」。此自訓圄爲守，非謂囹圉也。小顔蓋用説文而未考其實。

〔七〕師古曰：論語載孔子之言也。郁郁，文章貌。

漢興，撥亂反正，日不暇給，〔一〕猶命叔孫通制禮儀，以正君臣之位。〔二〕高祖説而歎曰：〔三〕「吾乃今日知爲天子之貴也！」以通爲奉常，遂定儀法，〔四〕未盡備而通終。〔五〕

〔一〕師古曰：撥去亂俗而還之於正道也。給，足也。言事務殷多，日日修造尚不能足，故無暇也。

〔二〕【補注】先謙曰：事詳通傳。

〔三〕師古曰：説讀曰悦。

〔四〕師古曰：奉常，則太常也。解在百官公卿表。【補注】先謙曰：通傳「定宗廟儀法，及稍定漢諸儀法，皆通所論著也」。事在惠帝立，復爲奉常時。官本「則」作「即」。即、則字同。

〔五〕【補注】王應麟曰：叔孫通禮儀，藝文志不載。曹褒傳云「章和元年正月，召褒詣嘉德門，令小黄門持班固所上漢儀十二篇」。又王充論衡曰「高祖詔叔孫通制作儀品十六篇」。齊召南曰：案通定朝儀及宗廟儀法，具載本傳。史記禮書「叔孫通頗有增損，大抵皆襲秦故，自天子稱號，下至佐僚及宫室、官名，少所變改」，爲得其實。賈公彦周禮疏乃謂「通作漢禮器制度，取法於周」，不知何所據也。通所撰禮制，後世罕見，惟陳書沈文阿云「叔孫定禮，尤失前憲。奠贄不珪，致享無帛，王公同璧，鴻臚奏賀，若此數事，未聞於古」。又孔穎達禮記疏曰「高祖時，皇太子納妃，叔孫制禮，以爲天子無親迎」。似其書尚有傳者，不可解也。

至文帝時，賈誼以爲「漢承秦之敗俗，廢禮義，捐廉恥，今其甚者殺父兄，盜者取廟器，而大臣特以簿書不報期會爲故，〔一〕至於風俗流溢，〔二〕恬而不怪，〔三〕以爲是適然耳。〔四〕夫移風易俗，使天下回心而鄉道，〔五〕類非俗吏之所能爲也。夫立君臣，等上下，使綱紀有序，六親和睦，〔六〕此非天之所爲，人之所設也。人之所設，不爲不立，不修則壞。〔七〕漢興至今二十餘年，宜定制度，興禮樂，然後諸侯軌道，百姓素樸，獄訟衰息」。〔八〕乃草具其儀，〔九〕天子説焉。〔一〇〕而大臣絳灌之屬害之，故其議遂寢。〔一一〕

〔一〕師古曰：特，但也。簿，文簿也。故，謂大事也。言公卿但以文案簿書報答爲事也。簿音步户反。【補注】先謙曰：誼傳作「而大臣特以簿書不報，期會之閒，以爲大故」。此刪節其文耳。廣雅釋詁「故，事也」。顏訓「故」爲「大事」則非。

〔二〕【補注】先謙曰：誼傳作「俗流失」。案「流溢」即「淫泆」也。流與淫、溢與泆字訓並通。失則泆省文耳。

〔三〕師古曰：恬，安也，謂心以爲安。

〔四〕師古曰：言正當如此，非失道也。

〔五〕師古曰：鄉讀曰嚮。

〔六〕如淳曰：六親，賈誼書以爲父也，子也，從父昆弟也，從祖昆弟也，曾祖昆弟也，族昆弟也。【補注】先謙曰：六親，辨見誼傳。

〔七〕師古曰：爲，作也。

〔八〕師古曰：軌道，言遵道，猶車行之依軌轍也。

〔九〕師古曰：草謂創立其事也。它皆類此。

〔一〇〕師古曰：說讀曰悅。

〔一一〕師古曰：舊說以爲絳謂絳侯周勃也，灌謂灌嬰也。而楚漢春秋「高祖之臣别有絳灌」。疑昧之文，不可明也。此既言大臣，則當謂周勃、灌嬰也。【補注】先謙曰：案「不修則壞」以上，皆誼爲梁太傅後所上治安策中語。「漢興」以下，則誼爲太中大夫時事。志因其前後意議相同而統括之。

至武帝即位，進用英雋，議立明堂，制禮服，以興太平。〔一〕會竇太后好黄老言，不說儒術，〔二〕其事又廢。後董仲舒對策言：〔三〕「王者欲有所爲，宜求其端於天。天道大者，在於陰陽。陽爲德，陰爲刑。天使陽常居大夏而以生育長養爲事，陰常居大冬而積於空虚不用之處，以此見天之任德不任刑也。陽出布施於上而主歲功，陰入伏藏於下而時出佐陽。〔四〕陽不得陰之助，亦不能獨成歲功。王者承天意以從事，故務德教而省刑罰。刑罰不可任以治世，猶陰之不可任以成歲也。今廢先王之德教，獨用執法之吏治民，而欲德化被四海，故難成也。是故古之王者莫不以教化爲大務，立大學以教於國，設庠序以化於邑。〔五〕教化已明，習俗已成，〔六〕天下嘗無一人之獄矣。〔七〕至周末世，大爲無道，以失天下。秦繼其後，又益甚之。自古以來，未嘗以亂濟亂，大敗天下如秦者也。〔八〕習俗薄惡，民人抵冒。〔九〕今漢繼秦之後，雖欲治之，無可柰何。法出而姦生，令下而詐起，一歲之獄以萬千數，如以湯止沸，沸俞甚而無益。〔一〇〕辟之琴瑟〔一一〕不調，甚者必解而更張之，乃可鼓也。爲政而不行，甚者必變而更化之，乃可理也。故漢得天下以來，常欲善治，而至今不能勝殘去殺者，失之當更化而不能更化也。古人有言：『臨淵羡魚，不如歸而結網。』今臨政而願治七十餘歲矣，不如退而更化。更化則可善治，而災害日去，福禄日來矣。」是時，上方征討四夷，鋭志武功，〔一二〕不暇留意禮文之事。

〔一〕師古曰：服謂衣服之色也。【補注】周壽昌曰：英雋，趙綰、王臧也，事見武紀。禮書云「孝文即位，有司議欲定儀禮。孝文好道家之學，以爲繁禮飾貌，無益於治，躬化謂何耳，故罷去之。孝景時，官者養交安禄而已，莫敢復議。今上即位，招致儒術之士，令共定儀」云。

〔二〕師古曰：説讀曰悦。

〔三〕【補注】錢大昕曰：案仲舒對策已見本傳，而志復載其文至四百言。王吉疏已見本傳，而志復載其文至百五十餘言。司馬遷言李陵事已見遷傳，而陵傳又載其文百五十言。元帝初元二年地震下詔，已見本紀，而翼奉傳又載其全文。

〔四〕【補注】先謙曰：官本「藏」作「臧」。

〔五〕師古曰：庠序，行禮養老之處也。

〔六〕【補注】先謙曰：兩「已」字，官本皆作「以」，以、已字同。

〔七〕【補注】先謙曰：此與下「一歲之獄以萬千數」，乃三策對中語，餘皆初對文也。

〔八〕師古曰：濟，益也。【補注】王念孫曰：案「未嘗」下脱「有」字，則文義不明，當依仲舒傳補。

〔九〕師古曰：抵，忤也。冒，犯也。言無廉恥、不畏懼也。抵音丁禮反。

〔一〇〕師古曰：俞，進也，音踰，又音愈。它皆類此。【補注】錢大昕曰：俞，古愈字。

〔一一〕師古曰：辟讀曰譬。

〔二〕師古曰：鋭，利也。言一意進求，若兵刃之鋭利。

至宣帝時，琅邪王吉爲諫大夫，又上疏言：「欲治之主不世出，〔一〕公卿幸得遭遇其時，未有建萬世之長策，舉明主於三代之隆者也。其務在於簿書、斷獄、聽訟而已，此非太平之基也。今俗吏所以牧民者，非有禮義科指可世世通行者也，以意穿鑿，各取一切。〔二〕是以詐僞萌生，刑罰無極，質樸日消，恩愛寖薄。〔三〕孔子曰『安上治民，莫善於禮』，非空言也。願與大臣延及儒生，述舊禮，明王制，驅一世之民，濟之仁壽之域，〔四〕則俗何以不若成、康？壽何以不若高宗？」〔五〕上不納其言，吉以病去。

〔一〕師古曰：言時時而一出，難常遇也。

〔二〕師古曰：苟順一時，非正道。

〔三〕師古曰：寖，古浸字。浸，漸也。

〔四〕師古曰：言以仁道治之，皆得其性，則壽考也。域，界也。【補注】王鳴盛曰：「濟」字，本傳同。詩「朝隮于西」，又「南山朝隮」，濟與隮通也。監本改躋，非。先謙曰：官本作「躋」，隮、躋同。濟不通隮，王説非。濟義較長。

〔五〕師古曰：成、康，周之二王，太平之時也。高宗，殷王武丁也。有德可尊，故曰高宗。享國五十九年，故云壽。【補注】王念孫曰：案，古文尚書「肆高宗之享國五十有九年」，今文尚書作「百年」。漢書所引皆今文，此云壽若高宗，正謂享國百年也。漢石經正作「百年」。五行志曰「高宗致百年之壽」。劉向、杜欽傳亦云「百年」。論衡氣壽篇曰「高宗享國百年，周穆王享國百年，並未享國之時，皆出百三四十歲矣」，皆與漢石經同。則皆用今文尚書也。小顏不見今文，又未參考他書，故引古文「五十九年」以釋之，實與王吉所引不合。上文言中宗享國七十五年，若高宗享國五十九年，則年數不及中宗矣。吉何以不言中宗而言高宗乎？又王吉傳「壽何以不若高宗」，小顔云「高宗享國百年」。此則承用漢書舊注，是以不誤也。

至成帝時，犍爲郡於水濱得古磬十六枚，〔一〕議者以爲譱祥。劉向因是説上：「宜興辟雍，設庠序，陳禮樂，隆雅頌之聲，盛揖攘之容，〔二〕以風化天下。如此而不治者，未之有也。或曰，不能具禮。〔三〕禮以養人爲本，如有過差，是過而養人也。〔四〕刑罰之過，或至死傷。今之刑非皋陶之法也，而有司請定法，削則削，筆則筆，〔五〕救時務也。至於禮樂，則曰不敢，是敢於殺人不敢於養人也。爲其俎豆筦弦之間小不備，因是絶而不爲，是去小不備而就大不備，大不備或莫甚焉。〔六〕夫教化之比於刑法，刑法輕，是舍所重而急所輕也。〔七〕且教化，所恃以爲治也，刑法所以助治也。今廢所恃而獨立其所助，非所以致太平也。自京師有誖逆不順之子孫，〔八〕至於陷大辟受刑戮者不絶，繇不習五常之道也。〔九〕夫承千歲之衰周，繼暴秦之餘敝，民漸漬惡俗，貪饕險詖，不閑義理，〔一〇〕不示以大化，而獨敺以刑罰，終已不改。〔一一〕故曰：『導之以禮樂，而民和睦。』〔一二〕初，叔孫通將制定禮儀，見非於齊魯之士，然卒爲漢儒宗，業垂後嗣，斯成法也。」成帝以向言下公卿議，會向病卒，丞相、大司空奏請立辟雍。〔一三〕案行長安城南，〔一四〕營表未作，遭成帝崩，羣臣引以定謚。〔一五〕

〔一〕師古曰：濱，水涯也，音賓。

〔二〕師古曰：攘，古讓字。【補注】錢大昭曰：説文「攘，推也。讓，相責讓也。纕，援臂也」。曲禮云「左右攘辟」。鄭注

「攘，古讓字」。然則揖讓字古作「攘」，譙讓字古作「讓」，攘臂、攘羊字古作「纕」歟？

〔三〕師古曰：或曰者，劉向設爲難者之言，而後答釋也。

〔四〕師古曰：過差，猶失錯也。

〔五〕服虔曰：言隨君意也。師古曰：削者，謂有所删去，以刀削簡牘也。筆者，謂有所增益，以筆就而書也。【補注】沈欽韓曰：孔子世家文。

〔六〕師古曰：大不備者，事之虧失，莫甚於此。【補注】先謙曰：下「大不備」三字誤衍。「或」，古「惑」字。通鑑不重三字，「或」作「惑」，是所見本不誤。漢紀删「或莫甚焉」，「備」下加「也」字，亦不重三字。

〔七〕師古曰：舍，廢也。

〔八〕師古曰：誖，乖也，音布内（及）〔反〕。

〔九〕師古曰：繇與由同。五常，仁、義、禮、智、信，人性所常行之也。【補注】宋祁曰：宋本無「之」字，邵本有「之」。

〔一〇〕師古曰：貪甚曰饕。言行險曰詖。饕音吐高反。詖音彼義反。

〔一一〕師古曰：歐與驅同。

〔一二〕師古曰：孝經載孔子之言也。

〔一三〕【補注】先謙曰：官本「雍」作「廱」。

〔一四〕師古曰：行音下更反。

〔一五〕孟康曰：謚法曰「安民立政曰成」。帝欲立辟廱，未就而崩。羣臣議謚，引爲美，謂之「成」。

及王莽爲宰衡，欲燿衆庶，遂興辟廱，因以篡位，海内畔之。世祖受命中興，撥亂反正，〔一〕改定京師于土中。〔二〕即位三十年，四夷賓服，百姓家給，政教清明，〔三〕乃營立明堂、辟廱。顯宗即位，〔四〕躬行其禮，宗祀光武皇帝于明堂，養三老五更於辟廱，〔五〕威儀既盛美矣。然德化未流洽者，禮樂未具，羣下無所誦説，而庠序尚未設之故也。孔子曰：「辟如爲山，未成一匱，止，吾止也。」〔六〕今叔孫通所撰禮儀，與律令同録，臧於理官，〔七〕法家又復不傳。〔八〕漢典寢而不著，民臣莫有言者。〔九〕又通没之後，河間獻王采禮樂古事，稍稍增輯至五百餘篇。〔一〇〕今學者不能昭見，但推士禮以及天子，説義又頗謬異，〔一一〕故君臣長幼交接之道寖以不章。〔一二〕

〔一〕師古曰：謂後漢光武帝也。

〔二〕師古曰：謂都洛陽。

〔三〕師古曰：給，足也。言家家皆足。

〔四〕李奇曰：明帝曰顯宗。

〔五〕李奇曰：王者父事三老，兄事五更。詩云「三壽作朋」。鄧展曰：漢直以一公爲三老，用大夫爲五更，毋常人，行禮乃置。師古曰：鄭玄説云，三老五更，謂老人更知三德五事者也。更音工衡反。蔡邕以爲「更」當爲「叟」。叟，老人之稱也。【補注】周壽昌曰：案，説在獨斷内，且謂俗書「嫂」作「㛐」，證「更」與「叟」互通。説甚陋，不足據，疑非邕言。先謙曰：「毋常人行禮」，官本作「每當大行禮」。

〔六〕師古曰：論語載孔子之言。匱者，織草爲器，所以盛土也。言爲山欲成，尚少一匱之土，止而不爲，則其功終已不就。如斯之人，吾所不能教喻也。辟讀曰譬。

〔七〕師古曰：古書懷藏之字本皆作臧，漢書例爲臧耳。理官，即法官也。

〔八〕【補注】劉攽曰：「法家」當屬上句。先謙曰：劉説非也。藝文志「法家者流，蓋出於理官」。理官者，掌刑法之官。

法家者，習刑法之家也。官書無臧於私家之理，特禮儀以臧在理官，而法家又無講習之者，故不傳耳。

〔九〕師古曰：寢，息也。【補注】王先慎曰：「民臣」疑本作「人臣」。唐避諱改「民」爲「人」，此又回改之誤耳。先謙曰：後書曹褒傳「章和元年，召褒詣嘉德門，令小黄門持班固所上叔孫通漢儀十二篇」。蓋固後乃得之。衛宏撰舊儀亦在班氏前，是民臣非無言者，作志時並未見耳。

〔一〇〕師古曰：輯與集同。【補注】沈欽韓曰：藝文志「河間獻王所輯，合樂記共二百三十餘篇」耳。疑五百誤也。

〔一一〕【補注】先謙曰：藝文志言「禮古經及明堂陰陽、王史氏記，多天子諸侯卿大夫之制，猶愈后倉等推士禮而致於天子之説」，與志文相證合。

〔一二〕師古曰：寖，漸也。

樂者，聖人之所樂也，〔一〕而可以善民心。其感人深，其移風易俗易，〔二〕故先王著其教焉。〔三〕

〔一〕【補注】先謙曰：官本「樂者」下提行。

〔二〕師古曰：易音弋豉反。【補注】宋祁曰：邵本於「感人深」上無「其」字。

〔三〕師古曰：著，明也。

夫民有血氣心知之性，而無哀樂喜怒之常，應感而動，然後心術形焉。〔一〕是以纖微癄瘁〔二〕之音作，而民思憂；〔三〕嘽諧嫚易之音作，而民康樂；〔四〕麤厲猛奮之音作，而民剛毅；〔五〕廉直正誠之音作，而民肅敬；寬裕和順之音作，而民慈愛；〔六〕流辟邪散之音作，而民淫亂。〔七〕先王恥其亂也，故制雅頌之聲，本之情性，稽之度數，制之禮儀，〔八〕合生氣之和，導五常之行，〔九〕使之陽而不散，陰而不集，〔一〇〕剛氣不怒，柔氣不懾，〔一一〕四暢交於中，而發作於外，〔一二〕皆安其位而不相奪也，〔一三〕足以感動人之善心而不使邪氣得接焉，〔一四〕是先王立樂之方也。〔一五〕

〔一〕師古曰：言人之性感物則動也。術，道徑也。心術，心之所由也。形，見也。

〔二〕一作「衰」。

〔三〕師古曰：㸔瘁，謂減縮也。音子笑反。【補注】劉攽曰：樂聲無㸔瘁，當依禮讀爲噍殺。錢大昕曰：樂記作「志微噍殺之音」。鄭氏解「志微」爲「意細」，似曲，當依此文作「纖」。纖與識字形相涉，而志又識之古文，遂譌爲志耳。衰、殺聲相近，較之「瘁」字爲長。

〔四〕師古曰：闡，廣也。諧，和也。嫚易，言不急刻也。易音弋豉反。

〔五〕師古曰：麤厲，抗厲也。猛奮，發揚也。麤，古麄字。【補注】先謙曰：官本「古」下有「作」字，引宋祁曰：姚本改「古」作「作」字。若云麤，古麄字，非是。先謙案：宋説有誤文，當是姚本改「古」作「或」字耳。

〔六〕師古曰：裕，饒也。

〔七〕師古曰：辟讀曰僻。【補注】先謙曰：官本注在「亂也」下。

〔八〕師古曰：稽，考也。

〔九〕師古曰：生氣，陰陽之氣也。導，引也。

〔一〇〕師古曰：集謂聚滯也。

〔一一〕師古曰：懾，恐也，音之涉反。

〔一二〕師古曰：暢，通達也。

〔一三〕【補注】宋祁曰：景本舊無「也」字。

〔一四〕【補注】宋祁曰：「善心而」當作「善心也」。

〔一五〕【補注】先謙曰：自「樂者，先王之所樂也」至此，皆用樂記而微删易其文。

王者未作樂之時，因先王之樂以教化百姓，説樂其俗，〔一〕然後改作，以章功德。易曰：「先王以作樂崇德，殷薦之上帝，以配祖考。」〔二〕昔黄帝作咸池，〔三〕顓頊作六莖，帝嚳作五英，〔四〕堯作大章，舜作招，〔五〕禹作夏，湯作濩，〔六〕武王作武，〔七〕周公作勺。〔八〕勺，言能勺先祖之道也。〔九〕武，言以功定天下也。〔一〇〕濩，言救民也。〔一一〕夏，大承二帝也。〔一二〕招，繼堯也。〔一三〕大章，章之也。〔一四〕五英，英華茂也。〔一五〕六莖，及根莖也。〔一六〕咸池，備矣。〔一七〕自夏以往，其流不可聞已，〔一八〕殷頌猶有存者。〔一九〕周詩既備，〔二〇〕而其器用張陳，〔二一〕周官具焉。〔二二〕典者自卿大夫師瞽以下，皆選有道德之人，〔二三〕朝夕習業，以教國子。國子者，卿大夫之子弟也，皆學歌九德，〔二四〕誦六詩，〔二五〕習六舞、五聲、八音之和。〔二六〕故帝舜命夔曰：「女典樂，教胄子，〔二七〕直而温，〔二八〕寬而栗，〔二九〕剛而無虐，〔三〇〕簡而無敖。〔三一〕詩言志，歌咏言，〔三二〕聲依咏，律和聲，〔三三〕八音克諧。」〔三四〕此之謂也。又以外賞諸侯德盛而教尊者。其威儀足以充目，音聲足以動耳，詩語足以感心，〔三五〕故聞其音而德和，省其詩而志正，〔三六〕論其數而法立。是以薦之郊廟則鬼神饗，作之朝廷則羣臣和，立之學官則萬民協。聽者無不虚己竦神，説而承流，〔三七〕是以海内徧知上德，被服其風，〔三八〕光煇日新，化上遷善，而不知所以然，至於萬物不夭，天地順而嘉應降。故詩曰：「鐘鼓鍠鍠，磬管鏘鏘，降福穰穰。」〔三九〕書云：「擊石拊石，百獸率舞。」〔四〇〕鳥獸且猶感應，而況於人乎？況於鬼神乎？故樂者，聖人之所以感天地，通神明，安萬民，成性類者也。然自雅頌之興，而所承衰亂之音猶在，〔四一〕是謂淫過凶嫚之聲，爲設禁焉。世衰民散，小人乘君子，〔四二〕心耳淺薄，則邪勝正。故書序「殷紂斷棄先祖之樂，乃作淫聲，用變亂正聲，以説婦人」。〔四三〕樂官師瞽抱其器而犇散，或適諸侯，或入河海。〔四四〕夫樂本情性，浹肌膚而臧骨髓，雖經乎千載，其遺風餘烈尚猶不絶。至春秋時，陳公子完犇齊。〔四五〕陳，舜之後，招樂存焉。故孔子適齊聞招，〔四六〕三月不知肉味，曰「不圖爲樂之至於斯！」美之甚也。〔四七〕

〔一〕師古曰：説樂其俗，使和説而安樂也。説讀曰悦。樂音來各反。

〔二〕師古曰：此豫卦象辭也。殷，盛大也。上帝，天也。言王者作樂，崇表其德，大薦於天，而以祖考配饗之也。

〔三〕【補注】先謙曰：呂覽古樂篇「黄帝命伶倫與榮將鑄十二鐘，以和五音，以施英韶，以仲春之月，乙卯之日，日在奎，始奏之，命之曰咸池」。

〔四〕師古曰：嚳音酷。【補注】齊召南曰：案六莖、五英，此與白虎通同。又有稱五莖、六英者，周禮疏引樂緯曰「顓頊之樂曰五莖，帝嚳之樂曰六英」。又元結補古樂歌亦作五莖、六英。先謙曰：廣雅釋樂「莖」作「䪫」，「英」作「韺」。

〔五〕師古曰：招讀曰韶。下皆類此。【補注】先謙曰：古樂篇「帝堯立，命質爲樂，乃拌五弦之瑟，作以爲十五弦之瑟，命之曰大章，以祭上帝。舜令質修九招、六列、六英，以明帝德」。案大司樂注，黄帝曰雲門、大卷。又云，大章、咸池，堯樂也。樂記注，大章，堯樂名也，周禮闕之，或作大卷。二注不同。據孔、賈疏云「咸池，黄帝之樂，堯增修之，至周謂之大咸。大章，堯樂，至周謂之大卷。更加以雲門之號，是雲門、大卷一也」。夏本紀「於是禹乃興九招之樂」，蓋舜樂，禹復修之。

〔六〕師古曰：濩音護。【補注】先謙曰：古樂篇「禹命皋陶作爲夏籥、九成以昭其功。湯命伊尹作爲大濩，歌晨露，修九招、六列以見其善」。

〔七〕【補注】先謙曰：白虎通「武王曰象者，象太平而作樂，示已太平也。合曰大武者，天下始樂周之征伐行武，故詩人歌之曰：『王赫斯怒，爰整其旅。』當此之時，樂文王之怒以定天下，故樂其武也」。文王世子下「管象」注「象，周武王伐紂之樂」。明堂位注「象謂周頌武也」。獨斷云「武一章七句，奏大武，周武所定，一代之樂所歌也」。維清亦稱象者，以其同爲象功德，故亦有象名也。案，毛傳「維清，奏象舞也」。箋「象舞，象用兵時刺伐之舞，武王制焉」。似武王時但有舞，周公作維清之詩，歌以奏之，美文王之樂也。傳又云「武，奏大武也」。箋「大武，周公作樂所爲舞也」。此則樂歌、樂舞，並周公所作以美武王，詩詞可證。然則歌維清之詩以祀文王，則用武王所作之象舞，歌武詩以祀武王，則用周公所作之大武舞。故舊説謂象即武，並屬武王，不與周公之大武溷也。必云武王作者，舞是武制，歌又美武，故以歸焉。左傳「武王克商作武」，與班、蔡義同。

〔八〕【補注】先謙曰：「勺」，詩作「酌」，左傳作「汋」。繁露質文篇「周公輔成王，成文武之制，作礿樂以奉天」。又作「礿」。毛傳「酌，告成大武也」。白虎通「周公之樂曰酌，合曰大武」。然則歌勺詩、舞大武，不疑也。儀禮、禮記皆言舞勺，明勺有舞。周禮、禮記、左傳言舞大武，蓋勺舞即大武舞耳。

〔九〕師古曰：勺讀曰酌。酌，取也。【補注】錢大昭曰：勺，漢紀作「酌」。先謙曰：白虎通「周公曰酌者，言周公輔成王，能斟酌文武之道而成之也」。初學記引宋均云「周承衰而起，斟酌文武之道，故曰勺」。獨斷云「勺一章九句，告成大武，言能酌文武之道以養天下也」。董仲舒傳云「於周莫盛於勺」。

〔一〇〕【補注】王念孫曰：「功」上脱「武」字，則文義不明。白帖六十一引此，正作「以武功定天下」。漢紀及風俗通義聲音篇、今本無「武」字，乃後人依漢書删之。意林引有。通典樂一並同。

〔一一〕【補注】先謙曰：白虎通「湯曰大濩者，言湯承衰，能護民之急也」。初學記引宋均云「殷承衰而起，護先王之道，故曰大濩」。御覽引元命苞云「湯之時，民大樂其救之於患害，故樂名大濩」。

〔一二〕師古曰：夏，大也。二帝謂堯、舜也。【補注】先謙曰：白虎通「禹曰大夏者，言禹能順二聖之道而行之，故曰大夏也」。初學記引宋均云「禹承二帝之後，道重太平，故曰大夏，其德能大諸夏也」。御覽引元命苞云「禹之時，民大樂其駢，三聖相繼。故夏者，大也」。

〔一三〕師古曰：韶之言紹，故曰繼堯也。【補注】先謙曰：樂記「韶，繼也」。白虎通「舜曰簫韶者，舜能繼堯之道也」。初學記引宋均云「舜繼堯之後，循行其道，故曰簫韶」。論語疏引元命苞云「舜之時，民樂其紹堯業」。大司樂作「大磬」，注「大磬，舜樂也，言其德能紹堯之道也」。韶、磬、招同字，並以紹繼爲義。

〔一四〕師古曰：章，明也。【補注】先謙曰：白虎通「堯曰大章者，大明天地人之道也」。初學記引宋均云「堯時仁義大行，法度章明，故曰大章也」。

〔一五〕【補注】宋祁曰：邵本「英華」無「華」字。先謙曰：白虎通「帝嚳曰五英者，言能調和五聲以養萬物，調其英華也」。御覽引樂緯注云「道有英華，故曰五英」。

〔一六〕師古曰：澤及下也。【補注】先謙曰：白虎通「顓頊曰六莖者，言和律呂以調陰陽，莖著萬物也」。義與志同。律呂皆六，故以調律呂言之。御覽引樂緯注云「道有根莖，故曰六莖」。

〔一七〕師古曰：咸，皆也。池，言其包容浸潤也。故云備矣。【補注】先謙曰：白虎通「黄帝曰咸池者，言大施天下之道而行之。天之所生，地之所載，咸蒙德施也」。北堂書鈔引劉向通義云「咸，皆也。池，施也。黄帝時，道皆施於民也」。初學記引宋均樂緯注云「咸，皆也。池音施。道施於民，故曰咸池也。取無不浸潤萬物，故定以爲樂名」。此顔注所本。

〔一八〕師古曰：言歌頌皆亡也。已，語終辭。

〔一九〕師古曰：謂正考甫所得那以下是。

〔二〇〕師古曰：謂雅頌皆得其所。

〔二一〕【補注】先謙曰：張、陳一義。左隱五年傳杜注：陳，張設也。

〔二二〕師古曰：謂大司樂以下諸官所掌。

〔二三〕師古曰：師，樂工。瞽，無目者。

〔二四〕師古曰：水、火、金、木、土、穀謂之六府。正德、利用、厚生謂之三事。六府、三事謂之九功。九功之德皆可歌也，故言九德也。

〔二五〕應劭曰：六詩者，詩有六義，一曰風，二曰賦，三曰比，四曰興，五曰雅，六曰頌。

〔二六〕師古曰：六舞謂帗舞、羽舞、翌舞、旄舞、干舞、人舞也。五聲，宮、商、角、徵、羽也。八音，金、石、絲、竹、匏、土、革、木。帗音弗。翌音皇。

〔二七〕師古曰：虞書舜典所載也。夔，舜臣名。胄子，即國子也。

〔二八〕師古曰：正直、温和也。

〔二九〕師古曰：寬大而敬栗。

〔三〇〕師古曰：剛毅而不害虐也。

〔三一〕師古曰：簡約而無傲慢也。敖讀曰傲。【補注】宋祁曰：簡約而無敖慢也。「無」字當作「不」字。

〔三二〕師古曰：咏，古詠字也。在心爲志，發言爲詩。咏，永也。永，長也，歌所以長言之。

〔三三〕師古曰：依，助也。五聲所以助歌也，六律所以和聲也。

〔三四〕師古曰：諧亦和也。自此以上，皆帝舜之言。

〔三五〕【補注】王念孫曰：自漢以前，無以「詩語」二字連文者，詩語當爲「詩謌」字之誤也。說文「歌」或作「謌」。五行志：怨謗之氣發於謌謠。上文「和親之說難行，則發之於詩歌詠言，鍾石筦絃」。又引堯典「詩言志，歌詠言」云云。此文「音聲足以動耳」，承上聲律、八音而言。「詩謌足以感心」，承上詩謌而言。則「語」爲「謌」字之誤明矣。漢紀孝惠紀正作「詩謌足以感心」。上文詩歌詠言，漢紀亦作「謌」，蓋此篇內「歌」字本皆作「謌」，後人多見歌，少見謌，故皆改爲「歌」也。此「謌」字若不誤爲「語」，則後人亦必改爲「歌」矣。

〔三六〕師古曰：省，視也。

〔三七〕師古曰：竦，敬也。說讀曰悅。

〔三八〕師古曰：被音皮義反。言蒙其風化，若被而服之。

〔三九〕師古曰：此周頌執競之詩也。鍠鍠，和也。鏘鏘，盛也。穰穰，多也。言周王祭祖考之廟，奏樂而八音和盛，則神降之福至多也。鍠音皇。穰音人羊反。【補注】錢大昭曰：今詩「鍠」作「喤」，「鏘」作「將」，古字也。「鏘」字，說文所無。

〔四〇〕師古曰：虞書舜典也。石謂磬也，言樂之和諧也。至於擊拊磬石，則百獸相率而舞也。【補注】宋祁曰：和諧也，應刪去「也」字。

〔四一〕師古曰：言若周時尚有殷紂之餘聲。

〔四二〕師古曰：乘，陵也。

〔四三〕師古曰：今文周書泰誓之辭也。說讀曰悅。

〔四四〕師古曰：犇，古奔字。論語云：「太師摯適齊，亞飯干適楚，三飯繚適蔡，四飯缺適秦，鼓方叔入於河，播鞉武入于漢，少師陽、擊磬襄入于海」。此志所云及古今人表所敘，皆謂是也。云「諸侯」者，追繫其地，非爲當時已有國名。而說論語者乃以爲追魯哀公時禮壞樂崩，樂人皆去，斯亦未允也。夫六經殘缺，學者異師，文義競馳，各守所見，而馬、鄭羣儒，皆在班、楊之後，向、歆博學，又居王、杜之前，校其是非，不可偏據。其漢書所引經文，與近代儒家往往乖別。既自成義指，即就而通之，庶免守株。以申賢達之意，非苟越異，理固然也。它皆類此。【補注】宋祁曰：「文義競馳」，姚本作「文義舛駮」。劉攽曰：顏云「追繫其地」，是謂周以前未有齊、楚、秦、蔡也，不亦謬乎？吳仁傑曰：案地名齊、楚、秦、蔡，雖商紂世固已有之，但未爲國號耳。然摯、干、繚、缺等實非商人。史記禮書言「仲尼没後，受業之徒沈湮而不舉，或適齊、楚，或入河海」。用是考之，此八人者，蓋魯樂師，嘗以雅樂受業於孔子者也。故稱「師摯之始，洋洋盈耳」。又語「魯太師樂」，此太師摯也。「學琴於師襄」，此擊磬襄也。案商本紀，紂世固嘗有太師、少師抱樂器而犇者矣。然非摯與陽，蓋太師疵、少師彊也。人表亦列此二人於師摯八人之後。然則志文言樂師犇散，未爲失之。第誤合兩事爲一，不當又云「或適諸侯，或入河海」耳。齊召南曰：案此志本史記殷本紀言，紂時太師、少師持其祭樂器奔周，班氏遂以論語實其事耳。先謙曰：官本注「鞉」作「鼗」，「魯」上無「追」字。

〔四五〕師古曰：完，陳厲公子，即敬仲也，莊二十二年遇難出奔齊也。

〔四六〕【補注】先謙曰：官本作「韶」。

〔四七〕師古曰：事見論語。

周道始缺，怨刺之詩起。〔一〕王澤既竭，而詩不能作。王官失業，雅頌相錯，〔二〕孔子論而定之，故曰：「吾自衛反魯，然後樂正，雅頌各得其所。」〔三〕是時，周室大壞，諸侯恣行，設兩觀，乘大路。〔四〕陪臣管仲、季氏之屬，〔五〕三歸雍徹，八佾舞廷。〔六〕制度遂壞，陵夷而不反，〔七〕桑間、濮上，鄭、衛、宋、趙之聲竝出，〔八〕内則致疾損壽，外則亂政傷民。巧僞因而飾之，以營亂富貴之耳目。〔九〕庶人以求利，列國以相間。〔一〇〕故秦穆遺戎而由余去，〔一一〕齊人餽魯而孔子行。〔一二〕至於六國，魏文侯最爲好古，〔一三〕而謂子夏曰：「寡人聽古樂則欲寐，及聞鄭、衛，余不知倦焉。」子夏辭而辨之，終不見納。〔一四〕自此禮樂喪矣。

〔一〕【補注】何焯曰：怨刺起，人表注以爲懿王時。

〔二〕師古曰：錯，雜也。

〔三〕師古曰：事亦見論語。

〔四〕應劭曰：觀，闕門邊兩觀也。禮，諸侯一觀。大路，天子之車。

〔五〕師古曰：陪，重也。諸侯者，天子之臣，故其臣稱重臣也。季氏，魯桓公子季友之後，專執國政而奢僭也。

〔六〕師古曰：三歸，取三姓女也。婦人謂嫁曰歸，故曰三歸。蓋謂管仲耳。雍，樂詩也。徹饌奏之。八佾，八列之舞，皆僭天子禮也。此謂季氏耳。【補注】先謙曰：顏解「三歸」本論語包注。案韓非外儲說「管仲相齊，曰：『臣貴矣，然而臣貧。』桓公曰：『使子有三歸之家。』曰：『臣富矣，然而臣卑。』孔子聞之，曰：『泰侈偪上。』」是三歸爲富侈之事，論語所謂不儉也。韓非又云「管仲父出，朱蓋青表，置鼓而歸，家有三歸」。晏子春秋「桓公有管仲，身老，賞之以三歸，澤及子孫」。是仲自朝歸家，有三處桓公之賜，永爲世業。又在老時，知非取三姓女矣。周策「桓公宮中女市、女閭七百，仲故爲三歸之家，以掩桓公非」。説苑善説篇「仲築三歸之臺，以自傷於民」。是仲意在爲公分謗，未得正君之道。三歸之家，臺榭侍女，情事所有。訓三歸爲臺名及取女，則謬也。説苑又云「桓公以管仲爲上卿，管仲曰：『貧不能使富。』桓公賜之齊市租，管仲曰：『疏不能制近。』」與韓非文異事同。市租，即三歸之家所資給耳。

〔七〕師古曰：陵夷，漸積替也。解在成帝紀及諸侯王表。

〔八〕應劭曰：桑間，衛地。濮上，濮水之上。皆好新聲。師古曰：鄭、衛、宋、趙諸國，亦皆有淫聲。【補注】王念孫曰：

漢紀「趙」作「楚」，是也。自「設兩觀，乘大路」以下，皆述春秋時事，春秋時未有趙也。下文「至於六國」以下，乃及六國時事耳。此以「楚」從足，「趙」從走，二形相似而誤。先謙曰：樂記「鄭音好濫淫志，宋音燕女溺志，衛音趨數煩志，齊音敖辟驕志。此四者，皆淫於色而害於德」。是鄭、衛、宋、趙當爲鄭、衛、宋、齊。桑間、濮上亦本樂記，志並采其文也。北魏志「鄭、宋、齊、衛流宕不反，於是正樂虧矣」。詳其語氣，取裁志文，足證唐以前本尚不誤。王據誤本漢紀改「趙」爲「楚」，失之。呂覽「楚衰作巫音」，是侈樂非淫聲也。

〔九〕師古曰：營，猶回繞也。【補注】王念孫曰：此顏氏望文生義也。營者，惑也，言惑亂富貴之耳目也。營字本作「營」。說文曰：「營，惑也，從目，熒省聲。」玉篇「唯并」、「胡亭」二切，或作「熒」，通作「營」，又通作「榮」。漢紀作「榮亂富貴之耳目」。否象傳「不可榮以祿」，虞翻本「榮」作「營」，言不可惑以祿也。莊子人間世篇「而目將熒之」。向崔本「熒」作「營」。大戴禮文王官人篇曰「煩亂以事而志不營」。又曰「臨之以貨色而不可營」。楚策曰「好利可營也」。荀子宥坐篇曰「言談足以飾邪營衆」。是「營」與「惑」同義。呂氏春秋尊師篇「心則無營」，淮南原道篇「精神亂營」，高注竝曰「營，惑也」。亂營猶營亂耳。李尋傳「爲妻妾役使所營」，亦謂爲其所惑也。顏注訓「營」爲「繞」，誤與此同。「營」訓爲「惑」，故或謂之「營惑」。

〔一〇〕師古曰：閒音居莧反。

〔一一〕應劭曰：戎，西戎也。由余，其賢臣也。秦欲兼之，遺以女樂。由余諫而不聽，遂去入秦。

〔一二〕師古曰：餽亦饋字。論語云「齊人餽女樂，季桓子受之，三日不朝，孔子行」也。

〔一三〕師古曰：魏文侯本晉大夫畢萬之後，僭諸侯者。

〔一四〕師古曰：事見禮之樂記。

漢興，樂家有制氏，〔一〕以雅樂聲律世世在大樂官，但能紀其鏗鎗鼓舞，而不能言其義。〔二〕高祖時，叔孫通因秦樂人制宗廟樂。大祝迎神于廟門，奏嘉至，〔三〕猶古降神之樂也。皇帝入廟門，奏永至，〔四〕以爲行步之節，猶古采薺、肆夏也。〔五〕乾豆上，奏登歌，〔六〕獨上歌，不以筦絃亂人聲，欲在位者徧聞之，猶古清廟之歌也。登歌再終，下奏休成之樂，〔七〕美神明既饗也。皇帝就酒東廂，坐定，奏永安之樂，美禮已成也。又有房中祠樂，高祖唐山夫人所作也。〔八〕周有房中樂，〔九〕至秦名曰壽人。凡樂，樂其所生，禮不忘本。高祖樂楚聲，故房中樂楚聲也。孝惠二年，使樂府令夏侯寬備其簫管，〔一〇〕更名曰安世樂。

〔一〕服虔曰：魯人也，善樂事也。【補注】宋祁曰：當删「也」字。何焯曰：周樂在魯，故制氏猶傳其聲律。

〔二〕師古曰：鏗鎗，金石之聲也。鏗音丘耕反。鎗音初庚反。其下亦同。【補注】先謙曰：官本「丘」作「立」。

〔三〕李奇曰：嘉，善也，善神之至也。【補注】錢大昭曰：嘉至、永至、登歌、休成、永安皆樂章篇名。

〔四〕【補注】王念孫曰：案永至通典樂一同。二字，於義無取，漢紀作禮至是也。上言「大祝迎神于廟門，奏嘉至」，嘉神之至也。此言「皇帝入廟門，奏禮至」，謂皇帝以禮至于廟中。故下文云「以爲行步之節，猶古采薺、肆夏也」。禮字古文作礼，永字隸書作𣱵，二形相似，又涉下文永安之樂而誤。先謙曰：永至者，神長至而永享之也。「長至」二字，見下郊祀歌十一。永至樂，宋志一見，南齊志二見，隋志四見。王氏據漢紀孤證，以爲「永」當作「禮」，誤甚。

〔五〕劉德曰：歌樂，在逸詩。師古曰：薺音才私反，禮經或作薋，又作茨，音並同耳。【補注】沈欽韓曰：樂師注「鄭司農云：肆夏、采薺皆樂名，或曰皆逸詩，謂人君行步以肆夏爲節，趨疾於步，則以采薺爲節。若今時行禮於大學中，出以鼓陔爲節」。案此則漢尚有陔夏。玄謂爾雅曰「堂上謂之行，門外謂之趨」。然則王至堂而肆夏作，出路門而采薺作，其反，入至應門、路門亦如之。詳見尚書大傳。

〔六〕師古曰：乾豆，脯羞之屬。

〔七〕服虔曰：叔孫通所奏作也。
〔八〕服虔曰：高帝姬也。韋昭曰：唐山，姓也。【補注】宋祁曰：「又有」當删「又」字。
〔九〕【補注】宋祁曰：「周」上有「曰」字。何焯曰：案有「曰」字爲是，蓋相傳唐山夫人云然，而孟堅所見，非周之舊，特楚聲也。與下「曰本舜招舞也」義同。先謙曰：詳文義，不當有「曰」字。宋、何説非也。「本舜招舞也」，上「曰」字亦衍文，説見下。
〔一〇〕【補注】何焯曰：案武帝始立樂府，此樂府令疑作大樂令。沈欽韓曰：日知録云「下云『武帝始立樂府』，此兩收而未貫通者也」。案樂書亦云「孝惠、孝文、孝景無所增，更於樂府習常肄舊而已」。此以後制追述前事。

高祖廟奏武德、文始、五行之舞，〔一〕孝文廟奏昭德、文始、四時、五行之舞，孝武廟奏盛德、文始、四時、五行之舞。武德舞者，高祖四年作，以象天下樂已行武以除亂也。文始舞者，曰本舜招舞也，〔二〕高祖六年更名曰文始，以示不相襲也。五行舞者，本周舞也，秦始皇二十六年更名曰五行也。四時舞者，孝文所作，以明示天下之安和也。〔三〕蓋樂已所自作，明有制也；〔四〕樂先王之樂，明有法也。〔五〕孝景采武德舞以爲昭德，以尊大宗廟。至孝宣，采昭德舞爲盛德，以尊世宗廟。諸帝廟皆常奏文始、四時、五行舞云。高祖六年又作昭容樂、禮容樂。昭容者，猶古之昭夏也，主出武德舞。〔六〕禮容者，主出文始、五行舞。〔七〕舞人無樂者，將至至尊之前不敢以樂也。出用樂者，言舞不失節，能以樂終也。大氐皆因秦舊事焉。〔八〕

〔一〕【補注】王念孫曰：高祖廟「祖」字涉上下文而衍，景祐本作高廟，是也。高祖廟之但稱高廟，猶孝文帝、孝武帝廟之但稱孝文、孝武廟也。漢書凡稱高祖廟者皆曰高廟。景紀曰「高廟酎奏武德、文始、五行之舞」，文義正與此同。其他不可枚舉。後漢書章帝紀注、鈔本北堂書鈔樂部三、陳禹謨本依俗本漢書增「祖」字。初學記樂部上、通典樂一引此，皆無「祖」字。

〔二〕【補注】王念孫曰：案此不當有「曰」字，蓋涉下文「更名曰」而衍。通典有「曰」字，亦後人依誤本漢書加之。續漢書禮儀志注、後漢書明帝紀注、藝文類聚樂部三、御覽樂部十二引此皆無「曰」字，漢紀同。下文五行舞者，本周舞也，亦無曰字。

〔三〕【補注】宋祁曰：邵本「以明示」無「明」字。王念孫曰：「明」字涉下兩「明」字而衍，上言示，下言明，明亦示也，無庸更加「明」字。景祐本作「以示天下之安和也」，無「明」字。宋所見邵本亦無「明」字。通典所引與二本同。上文云「以示不相襲也」，亦無「明」字。

〔四〕師古曰：言自制作也。

〔五〕師古曰：遵前代之法。

〔六〕蘇林曰：言昭容樂生於武德舞。【補注】劉奉世曰：予謂「主出」者，此舞出則主奏之。故下文云「出用樂者，言舞不(夫)[失]節，能以樂終也」。

〔七〕【補注】齊召南曰：隋志：牛弘曰「禮容生於文始，矯秦之五行」。召南案，言「矯」，非也。蓋禮容樂生於文始、五行二舞也。故本文云「禮容主出文始、五行舞」。

〔八〕師古曰：氐，歸也，音丁禮反。其後字或作抵，音義並同。

初，高祖既定天下，過沛，與故人父老相樂，醉酒歡哀，作「風起」之詩，令沛中僮兒百二十人習而歌之。〔一〕至孝惠時，以沛宮爲原廟，〔二〕皆令歌兒習吹以相和，常以百二十人爲員。文、景之間，禮官肄業而已。〔三〕至武帝定郊祀之禮，祠太一於甘泉，就乾位也；〔四〕祭后土於汾陰，澤中方丘也。〔五〕乃立樂府，〔六〕采詩夜誦，〔七〕有趙、代、秦、楚之謳。以李延年爲協律都尉，〔八〕多舉司馬相如等數十人造爲詩賦，〔九〕略論律吕，以合八音之調，作十九章之歌。〔一〇〕以正月上辛用事甘泉圜丘，〔一一〕使童男女七十人俱歌，昏祠至明。夜常有神光如流星止集于祠壇，天子自竹宫而望拜，〔一二〕百官侍祠者數百人皆肅然動心焉。

〔一〕【補注】沈欽韓曰：樂書「高祖過沛，詩三侯之章，令小兒歌之」。索隱：侯，語辭也。兮亦語辭。沛詩有三兮，故云三侯。

〔二〕師古曰：原，重也。言已有正廟，更重立之。【補注】先謙曰：官本注末「之」作「也」。

〔三〕師古曰：肄，習也，音弋二反。

〔四〕師古曰：言在京師之西北也。

〔五〕師古曰：汾水之旁，土特堆起，是澤中方丘也。祭地以方象地形。【補注】吴仁傑曰：案郊祀志「祠官寬舒議，親祠后土，宜於澤中圜丘，於是立后土祠於汾陰」。然則汾陰之祠，實用「圜丘」。今云「方丘」，傳寫誤也。封禪書曰「天好陰，祠之必於高山之下畤；地貴陽，祭之必於澤中圜丘」。乃知汾陰之議，蓋有所祖。學者但見周官書奏樂於圜丘、方丘以禮神示，謂圜丘以象天圜，方丘以象地方，於是改漢史之文，以從周官之制。不知武帝祠汾陰之日，周官書猶未出也。顔依文解釋，不以寬舒本議及八神之説考訂其誤。通鑑元鼎四年載「立后土祠于澤中圜丘」，此爲不失其實。

〔六〕師古曰：始置之也。樂府之名蓋起於此。哀帝時罷之。

〔七〕師古曰：采詩，依古遒人徇路，采取百姓謳謡，以知政教得失也。夜誦者，其言辭或祕不可宣露，故於夜中歌誦也。【補注】宋祁曰：歌誦下當添「之」字。錢大昭曰：顔説非也。夜誦，官名，員五人。古宫掖之「掖」亦作「夜」。因誦於宫掖之中，故謂之夜誦。下文云「内有掖庭才人，外有上林樂府，皆以鄭聲施於朝廷」是也。後漢馬廖傳「願置章坐側，以當瞽人夜誦之音」。章懷注亦誤。何焯曰：夜誦與祕祝不同，豈爲不可宣露哉？下文云「昏祠至明」，蓋慮臨祭或倦惰，獲罪於天神地祇，故先教之夜誦，以肄習樂章也。周壽昌曰：詩辭爲上所欲祕，則不得使人誦；爲下所欲祕，則不得令官采。且既誦矣，雖夜能終祕乎？蓋夜時清靜，循誦易嫺。志後云「兼給事雅樂用四人，夜誦員五人」，是置官選詩合於雅樂者，夜靜誦之。魯語云「夕省其典刑，夜儆百工，使無慆淫」。又云「夕序其業，夜庀其家事而後即安」。又云「夕而習復，夜而計過無憾，而後即安」。知古人習業，夜亦不輟。先謙曰：周說近是。

〔八〕【補注】沈欽韓曰：御覽五百十二，風俗通曰「張仲春，武帝時人，善雅歌，與李延年同時，每奏新歌，莫不稱善」。又聲音篇云「案樂記，笛，武帝時丘仲所作」。以荀勗十二笛例之，蓋時作此器以協律。

〔九〕【補注】周壽昌曰：郊祀志「其春既滅南越，嬖臣李延年以好音見」，是爲元鼎六年。相如死，當元狩五年。死後七年，延年始得見上，定郊祀之樂，即安得而舉之？延年傳「是時上方興天地諸祠，欲造樂，令司馬相如等作詩頌，延年輒承意弦歌所造詩，爲之新聲曲」。是相如前造詩，延年後爲新聲。「多舉」者，言舉相如等數十人之詩賦，非舉其人也。「多舉」至「詩賦」爲句。爲，猶作也，言昔相如等所造作之詩賦。

〔一〇〕【補注】沈欽韓曰：樂書「通一經之士，不能獨知其辭，皆集會五經家，相與共講習讀之，乃能通知其意，多爾雅之文」。案當日博士之陋如此。

〔一一〕師古曰：用上辛，用周禮郊天日也。辛，取齊戒自新之義也。爲圜丘者，取象天形也。

〔一二〕韋昭曰：以竹爲宮，天子居中。師古曰：漢舊儀云「竹宮去壇三里」。

安世房中歌十七章，〔一〕其詩曰：〔二〕

〔一〕【補注】齊召南曰：案周詩所謂房中樂者，人倫始於夫婦，故首以關雎、鵲巢。漢安世房中歌直是祀神之樂，故曹魏初改名正始之樂。後因繆襲言，又改名享神歌也。先謙曰：官本「安」下提行。陳浩云：案此猶郊祀歌十九章，宜提行寫，不與前文接連。

〔二〕【補注】劉敞曰：案此言房中歌十七章，推尋文理，不見十七章，疑本十二章，誤爲十七章也。此言房中歌十七章，今分別之，大孝備矣一章八句。七始華始一章十句。我定曆數一章八句。王侯秉德一章七句。海内有姦一章八句。「大海蕩水所歸，高賢愉民所懷」，依注當有「蕩蕩愉愉」字。大海蕩蕩一章六句。安其所一章六句。豐草葽一章八句。雷震震一章十句。桂華一章十句。「桂華馮馮翼翼」，此桂華前章之名也。古詩皆有章名，今此獨兩章存。美芳一章八句。磑磑即即一章八句。嘉薦芳矣一章八句。皇皇鴻明一章六句。浚則師德一章四句。孔容之常一章八句。承帝明德一章八句。吴仁傑曰：安世房中歌十七章，刊誤爲區分之，一章多或十句八句，少或六句四句，未有用奇數者。獨王侯秉德章一章七句。仁傑案，既醉詩及下文安其所章，皆用叠句。此章當云「王侯秉德，其鄰翼翼。其鄰翼翼，顯明昭式」。書本脱誤，今改定作八句。又「大海蕩、高賢愉」，刊誤云，依注當有「蕩蕩愉愉」字，故定作大海蕩蕩章，一章六句。仁傑案「大海蕩」與「大山崔」相偶成文。又安其所章亦云「高賢愉，樂民人」，注言「有愉愉之德」。然則解蕩爲蕩蕩，愉爲愉愉，自是文勢如此，恐止當用三字句，讀之亦與下文叶。今改定作八句。杭世駿曰：案舊本、監本，俱以「大孝備矣」爲一段，「粥粥音送」爲一段，「我定曆數」爲一段，「豐草葽」爲一段，「雷震震」爲一段，「都荔遂芳」爲一段，「桂華馮馮翼翼」爲一段，「嘉薦芳矣」爲一段，「皇皇鴻明」至末爲一段。判然九章，與志所云十七章者，數不相應。今從劉敞分十七章，章首俱提行寫。

大孝備矣，休德昭清。〔一〕高張四縣，樂充宮庭。〔二〕芬樹羽林，雲景杳冥。〔三〕金支秀華，庶旄翠旌。〔四〕

〔一〕【補注】先謙曰：釋詁「休，美也」。易象上傳虞注「清，猶明也」。

〔二〕晉灼曰：四縣，樂四縣也，天子宮縣。師古曰：謂設宮縣而高張之。縣，古懸字。【補注】先謙曰：小胥「正樂縣之位。王宮縣」。注「樂縣，謂鐘磬之屬縣於筍簴者。宮縣，四面皆縣，如宮有墻也。四面縣，故曰四縣」。廣雅釋詁「充，滿也」。

〔三〕師古曰：言所樹羽葆，其盛若林，芬然衆多。仰視高遠，如雲日之杳冥也。【補注】先謙曰：說文「芬，草初生，其香分布」，引伸爲衆多意。與下「羽旄殷盛，芬哉芒芒」義同。下章言「神來宴娭」，此及下二語，狀神來羽葆衆盛，非謂樂上之飾也。司馬相如子虛賦言「上拂羽蓋，錯翡翠之葳蕤，繆繞玉綏，眇眇忽忽，若神之髣髴」。唐杜甫渼陂行「湘妃漢女出歌舞，金支翠旗光有無」，並本此文爲義。

〔四〕張晏曰：金支，百二十支。秀華，中主有華豔也。旄，鍾之旄也。文穎曰：析羽爲旌，翠羽爲之也。臣瓚曰：樂上衆飾，有流遡羽葆，以黄金爲支，其首敷散，若草木之秀華也。師古曰：「金支秀華」，瓚說是也。庶，衆也。「庶旄翠旌」，謂析五采羽，注翠旄之首而爲旌耳。【補注】先謙曰：續漢輿服志「羽蓋華蚤」，注引徐廣云：「翠羽，蓋金華施橑末，有二十八枚」。薛綜云「金作華形，莖皆低曲」。支與枝古字通，薛所謂莖也。秀華，其華秀出也。樂記注「旄旄，牛尾也」。後書東平憲王蒼傳注云「旄謂注旄於竿首」。司常云「析羽爲旌」。釋天孫炎注云「旌，析五采羽注旄上也」。旄非一，故言「庶」。旄羽是翠，故曰「翠旌」。瓚注，流遡即流蘇，遡、蘇音轉字變。流蘇施於車上，見輿服志。鍾簴亦有之，用綵翠絲紱垂兩旁，見舊唐音樂志及樂府雜録。張注「百二十」，疑「二十八」之誤。旄施鍾上，於古未聞。此一章八句。

七始華始，肅倡和聲。〔一〕神來宴娭，庶幾是聽。〔二〕粥粥音送，細亝人情。〔三〕忽乘青玄，熙事備成。〔四〕清思眑眑，經緯冥冥。〔五〕

〔一〕孟康曰：七始，天地、四時、人之始。華始，萬物英華之始也。以爲樂名，如六英也。師古曰：肅，敬也。言歌者敬而倡諧和之聲。【補注】錢大昭曰：七始，律曆志引書曰「予欲聞六律、五聲、八音、七始詠」是也。先謙曰：官本「七」下提行。注「倡」作「唱」。七始說見律曆志。肅倡和聲，相對爲文，敬而和也。樂記注「倡，發歌句也」。

〔二〕師古曰：娭，戲也。言庶幾神來宴戲聽此樂也。娭音許其反。【補注】先謙曰：招魂「娭光眇視」，王逸注「娭，戲也」。此顏所本。廣韻引蒼頡云，「娭，婦人賤稱，訓作戲」者，以娭爲嬉借字。一切經音義三引蒼頡云，「嬉，戲笑也」。方言「江沅之間，戲或謂之嬉」。廣雅釋詁「嬉，戲也」。皆其證矣。嬉又與喜通，人表「末嬉」，晉語作「妹喜」是也。娭、嬉、喜轉相通假。然則此歌之宴娭，與詩燕喜同耳。魏志、舊唐志引作「神來宴饗」，此不明假借之誼，以爲其語不莊，不當施於祀神而改之也。官本與下連文。

〔三〕晉灼曰：粥粥，敬懼貌也。細，微也。以樂送神，微感人情，使之齊肅也。師古曰：粥音弋六反。【補注】先謙曰：月令注「送，猶畢也」。

〔四〕師古曰：言還神禮畢，忽登青天而去，福熙之事皆備成也。熙與禧同。【補注】先謙曰：青玄謂天。文選謝元暉始出尚書省詩，李注「青即蒼也」。梁書朱异傳「聖明御宇，上感蒼玄」。蒼玄，又青玄變文。熙事猶言盛美之事。後書竇武傳注「熙，盛也」。尚書「庶績咸熙」，律曆志作「衆功皆美」，並其證。

〔五〕蘇林曰：昒音窈。師古曰：昒昒，幽靜也。經緯，謂經緯天地。【補注】先謙曰：素問注「窈窈、冥冥，言玄遠也」。言己之清思上達於冥漠之表，祀禮咸秩，各得理緒，故曰「經緯冥冥」。顏云經緯天地，非也。此一章十句。

我定曆數，人告其心。〔一〕敕身齊戒，施教申申。〔二〕乃立祖廟，敬明尊親。大矣孝熙，四極爰轃。〔三〕

〔一〕師古曰：言臣下各竭其心，致誠慤也。【補注】先謙曰：釋名「上敕下曰告。告，覺也，使覺悟知己意也」。顏注與下意隔。

〔二〕應劭曰：敕，謹敬之貌。師古曰：齊讀曰齋。【補注】先謙曰：案官本考證云，監本訛「甲申」，今從宋本改正。

〔三〕師古曰：熙亦福也。四極，四方極遠之處也。爾雅曰「東至於泰遠，西至於邠國，南至於濮鉛，北至於祝栗，謂之四極」。邠音彬。轃字與臻同。【補注】先謙曰：此一章八句。

王侯秉德，〔一〕其鄰翼翼，〔二〕顯明昭式。清明鬯矣，皇帝孝德。〔三〕竟全大功，撫安四極。〔四〕

〔一〕【補注】先謙曰：官本「王」下提行。

〔二〕師古曰：鄰，言德不孤必有鄰也。翼翼，恭敬也。【補注】劉敞曰：鄰謂近臣也。先謙曰：劉說是。吴氏謂此當叠一句。

〔三〕師古曰：鬯，古暢字。暢，通也。

〔四〕【補注】先謙曰：此一章七句。

海内有姦，紛亂東北。〔一〕詔撫成師，武臣承悳。〔二〕行樂交逆，簫勺羣慝。〔三〕肅爲濟哉，〔四〕蓋定燕國。〔五〕

〔一〕師古曰：謂匈奴。

〔二〕師古曰：成師，言各置郊校，師出以律也。春秋左氏傳曰「成師以出」。【補注】先謙曰：顔說非也。廣雅釋詁「撫，安也」。小司徒注「成猶定也。師，民衆也」。左桓二年傳「命之曰成師」，杜注謂「能成其衆」。此成師已定之民，高祖慮用兵擾之，故詔以撫安已定之民，而武臣能奉承德意也。注，官本「郊」作「部」，是。

〔三〕晉灼曰：籥，舜樂也。勺，周樂也。言以樂征伐也。師古曰：言制定新樂，教化流行，則逆亂之徒盡交歡也。慝，惡也。勺讀曰酌。【補注】劉敞曰：予謂逆，迎也。樂音洛。言師行而和樂，遠邇皆迎也。李光地曰：籥勺即銷鑠也。注謬。先謙曰：「交逆」，劉説是。「籥勺」，李説是。楚辭「質銷鑠以汋約兮」，王注「銷鑠，化其渣滓也」。戰國策「秦劫韓包周，則趙自銷鑠」，與此同意也。籥勺與銷鑠同聲字，故取相代。又籥，取肅清之義。釋名「籥，肅也。肅，肅然清也」。勺，取挹取之義。説文「勺，挹取也」。訓亦相近。唐韓愈詩「恩澤誠布濩，嚚頑已籥勺」，則已直用爲銷鑠意，不作樂名解矣。

〔四〕【補注】先謙曰：行師以嚴肅取濟。

〔五〕師古曰：匈奴服從，則燕國安靜無寇難也。【補注】沈欽韓曰：燕國謂臧荼也。五年臧荼反，又利幾反於潁川。六年人告楚王信謀反，又韓王信降匈奴。上文所謂「紛亂東北」也。顏但指匈奴，北則然矣，何有於東？先謙曰：此一章八句。

大海蕩蕩水所歸，高賢愉愉民所懷。〔一〕大山崔，百卉殖。民何貴？貴有德。〔二〕

〔一〕李奇曰：愉愉，懌也。師古曰：蕩蕩，廣大貌也。愉愉，和樂貌也。懷，思也。言海以廣大之故，衆水歸之。王者有和樂之德，則人皆思附也。【補注】先謙曰：官本「大」下提行。案劉氏所見本是「大海蕩，高賢愉」，不重字，與今本異。故吴氏以爲當作八句。

〔二〕師古曰：言大山以崔嵬之故，能生養百卉；明君以崇高其德，故爲萬姓所尊也。崔音才回反。【補注】先謙曰：此一章六句。

安其所，樂終産。〔一〕樂終産，世繼緒。〔二〕飛龍秋，游上天。〔三〕高賢愉，樂民人。〔四〕

〔一〕師古曰：萬物各安其所，而樂終其生也。【補注】先謙曰：官本「安」下提行。注「生」作「産」。

〔二〕師古曰：言傳祚無窮。

〔三〕蘇林曰：秋，飛貌也。師古曰：莊子有秋駕之法者，亦言駕馬騰驤，秋秋然也。楊雄賦曰「秋秋蹌蹌入西園」，其義亦同。讀者不曉秋義，或改此秋字爲穌稷之穌，失之遠矣。

〔四〕師古曰：言王者有愉愉之德，故使衆人皆安樂。【補注】先謙曰：此一章八句。

豐草葽，女羅施。〔一〕善何如，誰能回！〔二〕大莫大，成教德；〔三〕長莫長，被無極。〔四〕

〔一〕孟康曰：葽音「四月秀葽」。葽，盛貌也。應劭曰：女羅，兔絲也，延於松柏之上。異類而猶載之，況同姓，言族親不可不覆遇也。【補注】先謙曰：官本「秀葽」下有「之」字，是。

〔二〕師古曰：回，亂也。言至德之善，上古帝皇皆不如之，而不可干亂。

〔三〕【補注】先謙曰：以德道民，而成教於天下。

〔四〕師古曰：被音皮義反。次下亦同。【補注】先謙曰：此一章八句。

靁震震，電燿燿。明德鄉，治本約。〔一〕治本約，澤弘大。〔二〕加被寵，咸相保。〔三〕德施大，世曼壽。〔四〕

〔一〕服虔曰：與臣民之約。師古曰：鄉，方也。言王者之威，取象靁電，明示德義之方，而治政本之約。約讀曰要。【補注】先謙曰：二説皆非也。荀子儒效篇楊注「鄉讀曰向」。廣雅釋詁「約，少也」。上有明德，則爲衆所向。圖治之本，所操不在多也。

〔二〕師古曰：政教有常，則恩惠溥洽。【補注】李光地曰：「大」恐「久」之訛。德施大者，弘也。世曼壽者，久也。蓋久字則與保、壽叶。

〔三〕師古曰：言德政所加，人被寵渥，則室家老幼皆相保也。

〔四〕師古曰：曼，延也。【補注】先謙曰：此一章十句。

都荔遂芳，窅窊桂華。〔一〕孝奏天儀，若日月光。〔二〕乘玄四龍，回馳北行。〔三〕羽旄殷盛，芬哉芒芒。〔四〕孝道隨世，〔五〕我署文章。〔六〕 桂華。〔七〕

〔一〕蘇林曰：窅音窅眹之窅。窊音窊下之窊。孟康曰：窅，出；窊，入。都良薜荔之香鼓動桂華也。晉灼曰：桂華似殿名，次下言「桂華馮馮翼翼，承天之則」。言樹此香草以絜齊其芳氣，乃達於宮殿也。臣瓚曰：茂陵中書歌都孋、桂英、美芳、鼓行，如此復不得爲殿名。師古曰：諸家説皆未盡也。此言都良薜荔俱有芬芳，桂華之形窅窊然也。皆謂神宮所有耳。窅音一校反。窊音一瓜反。【補注】宋祁曰：「諸家」下添「之」字。先謙曰：官本「眹」作「眰」，「校」作「交」。

〔二〕師古曰：言以孝道進承於天，天神下降，故有光。【補注】宋祁曰：「有光」下添「也」字。先謙曰：釋詁「儀，善也」。言天善之，故神來下降，光若日月。

〔三〕【補注】先謙曰：左昭二十九年傳「有夏孔甲擾於有帝，帝賜之乘龍，河漢各二」。杜注云「合爲四」。此乘四龍也。張衡應閒「玄龍，迎夏則陵雲而奮鱗」，故舉玄言之。北行，背行，與回馳同義。北，古背字。見高紀注。

〔四〕師古曰：芬亦謂衆多。芒芒，廣遠之貌。【補注】先謙曰：説文「芒，艸耑」。引伸爲芒昧、芒遠意。芒芒，言羽旄馳行愈遠而不可見。非謂廣遠也。

〔五〕【補注】先謙曰：隨世，言相承不替。漢代諸帝廟號，並冠以孝，是其義也。

〔六〕師古曰：署猶分部也，一曰表也。【補注】先謙曰：此一章十句。

〔七〕【補注】錢大昭曰：此二字是練時日、帝臨、青陽之類，所以記章數也。但存桂華、美若二章之名，其餘俱脱去耳。

馮馮翼翼，承天之則。〔一〕吾易久遠，燭明四極。〔二〕慈惠所愛，美若休德。〔三〕杳杳冥冥，克綽永福。〔四〕美芳。〔五〕

〔一〕師古曰：馮馮，盛滿也。翼翼，衆貌也。【補注】先謙曰：此説非也。「馮馮翼翼」，用詩卷阿「有馮有翼」文，與孟子「輔之翼之」同義。百官表張注「馮，輔也」。惟天愛民，輔翼百姓，所以承天。易「乾元用九，乃見天則」。

〔二〕晉灼曰：易，疆易也。久，固也。武帝自言拓境廣遠安固也。師古曰：此説非也。久，猶長也。自言疆易遠大耳。非武帝時也，不得云拓境。【補注】先謙曰：燭明四極，謂周知民情。官本與下連文。

〔三〕師古曰：若，順也。休亦美也。【補注】先謙曰：上有慈惠之休德，民皆美而順之也。

〔四〕師古曰：綽，緩也，亦謂延長也。【補注】先謙曰：詩角弓傳「綽綽，寬也」。克綽猶克寬。居上寬仁，則杳冥之中永福祐之。顔説非。此一章八句。

〔五〕【補注】劉奉世曰：桂華、美芳皆二詩章名，本側注在前篇之末。傳寫之誤，遂以冠後。後詞無「美芳」，亦當作「美若」矣。

磑磑即即，師象山則。〔一〕烏呼孝哉，案撫戎國。〔二〕蠻夷竭歡，象來致福。〔三〕兼臨是愛，終無兵革。〔四〕

〔一〕孟康曰：磑磑，崇積也。即即，充實也。師，衆也。則，法也。積實之盛衆類於山也。師古曰：磑音五回反。【補注】先謙曰：文選魯靈光殿賦注「磑磑，高貌」。即，無充實義，古即、就同字，即即猶就就也。呂覽（權勳）〔下賢〕篇「就就乎其不肯自是」。磑磑即即，蓋居高思謙之義。故衆之來附，其象若山基永固也。

〔二〕【補注】先謙曰：「案」即「安」也。荀子書安、案同字。王制「西方曰戎」。高帝西都，先安撫之。官本「烏」作「嗚」。

〔三〕李奇曰：象，譯也。蠻夷遣擇致福貢也。【補注】先謙曰：王制「南方曰蠻，東方曰夷」。不言北狄者，匈奴方爲邊患。秋官序，官象胥注「通夷狄之言者曰象」。蠻夷通使，民免兵禍，是致福也。祭祀歸胙曰致福。貢無福義，李說非。官本注「擇」作「譯」，是。

〔四〕師古曰：兼臨，言在上位者普包容也。【補注】先謙曰：言匈奴雖彊橫，宜施德惠，不尚武力。此一章八句。

嘉薦芳矣，告靈饗矣。告靈既饗，德音孔臧。〔一〕惟德之臧，建侯之常。承保天休，令問不忘。〔二〕

〔一〕師古曰：饗字合韻皆音鄉。孔，甚也。臧，善也。

〔二〕師古曰：建侯，封建諸侯也。易屯卦曰「利建侯」。休，美也。令，善也。問，名也。【補注】先謙曰：此一章八句。

皇皇鴻明，蕩侯休德。〔一〕嘉承天和，伊樂厥福。〔二〕在樂不荒，惟民之則。〔三〕

〔一〕服虔曰：侯，惟也。臣瓚曰：天下蕩平，惟帝之休德。【補注】先謙曰：論語泰伯集解引包注「蕩蕩，廣遠之稱」。侯與兮同義。見上注。蕩兮猶蕩蕩。大明皇皇然美盛，休德蕩蕩然廣遠，相耦爲文。以蕩爲天下蕩平，增文成義。又訓侯爲惟，意不相屬。非也。

〔二〕師古曰：伊，是也。

〔三〕師古曰：則，法也。【補注】先謙曰：此一章六句。

浚則師德，下民咸殖。令問在舊，孔容翼翼。〔一〕

〔一〕師古曰：浚，深也。師，衆也。則，法也。殖，生也。舊，久也。翼翼，敬也。言有深法衆德，故能生育羣黎，久有善名，其容甚敬也。【補注】先謙曰：詩噫嘻「浚發爾私」。釋文「浚」本作「駿」，浚、駿字同。故書皋陶謨馬注訓浚爲大，浚則即大法也。高祖約法，蕭何造律，義主寬仁，惟德是師，民以生殖。老子「孔德之容」，注「孔，大也，有容乃大」。廣雅釋詁「翼翼，盛也」。訓敬與上文不屬。官本「浚」下(題)〔提〕行。此一章四句。

孔容之常，承帝之明。〔一〕下民之樂，子孫保光。〔二〕承順溫良，受帝之光。嘉薦令芳，壽考不忘。〔三〕

〔一〕師古曰：帝謂天也。下皆類此。【補注】先謙曰：官本「孔」下提行。

〔二〕師古曰：言永保其光寵也。

〔三〕師古曰：不忘，言長久也。【補注】先謙曰：此一章八句。

承帝明德，師象山則。〔一〕雲施稱民，永受厥福。〔二〕承容之常，〔三〕承帝之明。下民安樂，受福無疆。〔四〕

〔一〕師古曰：衆象山而爲法，言不騫不崩。

〔二〕師古曰：言稱物平施，其澤如雲也。稱音尺孕反。

〔三〕【補注】先謙曰：此下就後嗣言，承有容之常德而無改也。

〔四〕師古曰：疆，竟也。下皆類此。【補注】先謙曰：此一章八句。

郊祀歌十九章，其詩曰：

練時日，矦有望，〔一〕焫膋蕭，延四方。〔二〕九重開，靈之斿，〔三〕垂惠恩，鴻祜休。〔四〕靈之車，結玄雲，駕飛龍，羽旄紛。〔五〕靈之下，若風馬，〔六〕左倉龍，右白虎。〔七〕靈之來，神哉沛，〔八〕先以雨，般裔裔。〔九〕靈之至，慶陰陰，〔一〇〕相放悊，震澹心。〔一一〕靈已坐，五音飭，〔一二〕虞至旦，承靈億。〔一三〕牲繭栗，粢盛香，尊桂酒，賓八鄉。〔一四〕靈安留，吟青黃，〔一五〕徧觀此，眺瑤堂。〔一六〕衆嫭竝，綽奇麗，〔一七〕顏如荼，兆逐靡。〔一八〕被華文，廁霧縠，曳阿錫，佩珠玉。〔一九〕俠嘉夜，茝蘭芳，〔二〇〕澹容與，獻嘉觴。〔二一〕

練時日一

〔一〕師古曰：練，選也。【補注】先謙曰：釋訓「矦，乃也」。宋志「漢郊祀迎神三言，四句一轉韻」。案「牲繭栗」以下，八句一轉韻也。

〔二〕李奇曰：膋，腸間脂也。蕭，香蒿也。師古曰：以蕭焫脂合馨香也。四方，四方之神也。膋音來彫反。焫音人説反。【補注】先謙曰：説文「膫，牛腸脂也。或作膋，从勞，省聲」。焫與爇同。郊特牲「然後焫蕭，合羶薌」。鄭注「蕭、薌，蒿也，染以脂，合黍稷燒之」。詩曰「取蕭祭脂」。「羶」當爲「馨」，聲之誤也。顏注所本。

〔三〕師古曰：天有九重，言皆開門而來降厥福。

〔四〕師古曰：鴻，大也。祜，福也。休，美也。祜音怙。

〔五〕師古曰：紛紛，言其多。

〔六〕師古曰：言速疾也。

〔七〕師古曰：以爲衞。

〔八〕師古曰：沛，疾貌，音補蓋反。【補注】先謙曰：溝洫志：武帝瓠子歌「歸舊川兮神哉沛」，蓋流行意。

〔九〕師古曰：先以雨，言神欲行，令雨先驅也。般讀與班同。班，布也。裔裔，飛流之貌。【補注】先謙曰：乘雲駕龍，故先雨。史記司馬相如傳「班乎裔裔」。本書「班」作「般」。郭璞注：「裔裔，羣行貌也。」顏屬雨言，恐非。

〔一〇〕師古曰：言垂陰覆偏於下。【補注】王念孫曰：案「慶」讀爲「羌」，發聲也。先謙曰：説文「陰，闇也」。

〔一一〕師古曰：放悲猶髣髴也。澹，動也。放音昉。悲音沸。澹音大濫反。【補注】先謙曰：官本「沸」作「弗」。

〔一二〕師古曰：飭讀與敕字同，謂整也。

〔一三〕師古曰：虞，樂也。億，安也。

〔一四〕應劭曰：桂酒，切桂置酒中也。晉灼曰：尊，大尊也。元帝時大宰丞李元記云「以水漬桂，爲大尊酒」。師古曰：繭栗，言角之小如繭及栗之形也。八鄉，八方之神。【補注】先謙曰：楚辭「奠桂酒兮椒漿」，王注與應同。蓋鬱鬯之齊，戰國已不用矣。

〔一五〕服虔曰：吟音含。師古曰：服説非也。吟謂歌誦也。青黃，謂四時之樂也。

〔一六〕應劭曰：眺，望也。瑶，石而似玉者也。師古曰：以瑶飾堂。瑶音遥。

〔一七〕孟康曰：嫭音互。嫭，好也。如淳曰：嫭，美目貌。晉灼曰：嫭音坼罅之罅。師古曰：孟説是也。謂供神女樂並好麗也。【補注】先謙曰：揚雄傳「知衆嫭之嫉妒兮」，本此。楚辭「滂心綽態」，王注「綽猶多也」。

〔一八〕應劭曰：荼，野菅白華也。言此奇麗白如荼也。孟康曰：兆逐靡者，兆民逐觀而猗靡也。師古曰：菅，茅也。言美女顏貌如茅荼之柔也。荼者，今俗所謂蒹錐也。荼音塗。菅音姦。靡，合韻音武義反。【補注】洪亮吉曰：詩鄭箋「荼，茅秀，物之輕者，飛行無常」。玩「兆逐靡」句，當取飛行爲義，不以柔爲義。師古似誤。先謙曰：此以顏言況其白耳。當如應説。

〔一九〕如淳曰：阿，細繒。錫，細布也。師古曰：廁，雜也。霧縠，言其輕細若雲霧也。【補注】錢大昭曰：説文「緆，細布也」，其字从「糸」，古亦通用「錫」。燕禮云「冪用綌若錫」。鄭注，今文「錫」爲「緆」。先謙曰：阿、錫互詳司馬相如傳。

〔二〇〕如淳曰：佳、俠，皆美人之稱也。嘉夜，芳草也。師古曰：俠與挾同，言懷挾芳草也。茝即今白芷。茝音昌改反。【補注】先謙曰：叔孫通傳「殿下郎中俠陛」，即夾侍意。嘉夜，猶言良夜，上云「昏祠至明」，是其義也。茝蘭乃芳草耳。自「衆嫭」至此，言供神女樂之容飾。

〔二一〕師古曰：澹，安也。容與，言閑舒也。澹音大濫反。

帝臨中壇，四方承宇，〔一〕繩繩意變，備得其所。〔二〕清和六合，制數以五。〔三〕海内安寧，興文匽武。〔四〕后土富媼，昭明三光。〔五〕穆穆優游，嘉服上黄。〔六〕

帝臨二

〔一〕師古曰：言天神尊者來降中壇，四方之神各承四宇也。壇字或作禮，讀亦曰壇。字加示者，神靈之耳。下言紫壇、嘉壇，其義並同。【補注】劉攽曰：予謂此帝指天子耳。吴仁傑曰：此章言帝臨中壇，繼之以青陽、朱明、西顥、玄冥四章，蓋祠五方帝所歌也。師古以帝爲天神，刊誤以爲天子，皆與志不合。此帝謂下方之帝，月令「中央土」是也。王念孫曰：郊祀志云「具泰一祠壇，五帝壇環居其下」，猶此歌之言「帝臨中壇」也。又云「其下四方地，爲醊食」，猶此歌之言「四方承宇」也。若如劉説，以帝爲天子，則與「四方承宇」句義不相屬。第十五章云「神之揄，臨壇宇」，此云「帝臨中壇，四方承宇」，文義相同。

〔二〕應劭曰：繩繩，謹敬更正意也。孟康曰：衆多也。臣瓚曰：爾雅曰「繩繩，戒也」。師古曰：瓚説是也。

〔三〕張晏曰：此后土之歌也。土數五。【補注】劉攽曰：「制數以五」，即謂武帝改服色而上黄，數用五也。王念孫曰：此即月令所云「其神后土，其數五」。張以爲祭后土之歌，是也。劉説亦非。

〔四〕師古曰：匽，古偃字。

〔五〕張晏曰：媪，老母稱也。坤爲母，故稱媪。海内安定，富媪之功耳。【補注】劉攽曰：言「后土富媪」者，由漢以土德也。顔緣「中壇」，故疑是祠祭，但以堂壇諭中央中。吴仁傑曰：「媪」當爲「熅」字之誤也，見賈誼新書。案字書，熅有兩義：一曰烟熅，天地合氣也；一曰鬱煙也。富媪以烟熅爲義。「后土富媪，昭明三光」，即新書「天清澈、地富熅，物時孰」之意，晏説謬矣。沈欽韓曰：媪、熅形近而誤。新書道術篇又云「欣懽可安謂之熅，反熅爲鷙」。則熅乃坤厚載物之義。釋爲媪母，其俗同於小説之后土夫人也。王念孫曰：郊祀志「有司議曰：陛下親祠后土，宜於澤中圜丘爲五壇，而從祠衣上黄」。又云「禪泰山下阯東北肅然山，如祭后土禮，衣上黄」。故此歌云「后土富媪，昭明三光，穆穆優游，嘉服上黄」也。劉謂漢以土德，故言「后土富媪」，亦非是。信如劉説，則非祭后土之歌矣，何以列於郊祀之二章乎？

〔六〕孟康曰：土色上黄也。【補注】先謙曰：此祀中央黄帝歌。

青陽開動，根荄以遂，〔一〕膏潤并愛，跂行畢逮。〔二〕霆聲發榮，壛處頃聽，〔三〕枯槀復產，乃成厥命。〔四〕衆庶熙熙，施及夭胎，〔五〕羣生啿啿，惟春之祺。〔六〕

青陽三〔七〕　鄒子樂。〔八〕

〔一〕臣瓚曰：春爲青陽。師古曰：草根曰荄。遂者，言皆生出也。荄音該。

〔二〕孟康曰：跂音岐。師古曰：并，兼也。逮，及也。凡有足而行者，稱跂行也。

〔三〕晉灼曰：壥，穴也。謂蟄蟲驚聽也。師古曰：壥與巖同，言靁霆始發，草木舒榮，則蟄蟲處巖崖者莫不頃聽而起。頃讀曰傾。【補注】王念孫曰：晉説是也。古書多以巖穴連文。故説文𡨄字注、楚辭七諫注竝云「巖，穴也」。蟄蟲皆穴處，故曰「霆聲發榮，壥處頃聽」。顔以壥爲巖崖，非也。蟄蟲處處皆有，不當獨指山崖言之。先謙曰：釋草「草謂之榮」，推言之，爲凡物滋長之稱。發榮者，植物將榮，更得雷霆以發動之。顔以發字上屬，非。

〔四〕師古曰：枯槀謂草木經冬零落者也。槀音口老反。

〔五〕師古曰：熙熙，和樂貌也。施，延也。少長曰夭，在孕曰胎。施音弋豉反。夭音烏老反。

〔六〕服虔曰：嗿音「湛湛露斯」。如淳曰：祺，福也。師古曰：嗿嗿，豐厚之貌也，音徒感反。祺音其。

〔七〕【補注】先謙曰：宋志「光武平隴蜀，增廣郊祀，高皇帝配食，樂奏青陽、朱明、西皓、玄冥、雲翹、育命之舞迎時氣。五郊：春哥青陽，夏哥朱明，並舞雲翹之舞，秋哥西皓，冬哥玄冥，並舞育命之舞，季夏哥朱明，兼舞二舞」。據此，四哥乃迎時氣之樂歌。

〔八〕【補注】先謙曰：官本上空七格，下同。

朱明盛長，旉與萬物，〔一〕桐生茂豫，靡有所詘。〔二〕敷華就實，既阜既昌，〔三〕登成甫田，百鬼迪嘗。〔四〕廣大建祀，肅雍不忘，神若宥之，傳世無疆。〔五〕

朱明四　鄒子樂。

〔一〕臣瓚曰：夏爲朱明。師古曰：旉，古敷字也。旉與，言開舒也。與音弋於反。【補注】先謙曰：顔説非也。與當如字讀。與、施同義，旉與猶敷施。書皋陶謨「翕受敷施」，夏紀作「翕受普施」。此謂陽氣盛長，普施萬物耳。

〔二〕師古曰：桐讀爲通。茂豫，美盛而光悦也，言草木皆通達而生美悦光澤，各無所詘，皆申遂也。詘音丘物反。【補

注】劉攽曰：桐，幼稚也。揚子云「師哉師哉，桐子之命」。沈欽韓曰：桐、侗通。法言學行篇注「桐，侗也，侗然未有所知」。孔安國云「侗，未成器之人」。皇侃謂「籠侗」亦與「籠東」通。與此義同。

〔三〕師古曰：敷，布也。就，成也。阜，大也。昌，盛也。

〔四〕師古曰：甫田，大田也。百鬼，百神也。迪，進也。嘗謂歆饗之也。言此粢盛，皆因大田而登成，進於祀所而爲百神所歆饗也。迪音大歷反。【補注】先謙曰：官本「粢」作「迪」。

〔五〕師古曰：若，善也。宥，祐也。

西顥沆碭，秋氣肅殺，〔一〕含秀垂穎，續舊不廢。〔二〕姦僞不萌，祅孽伏息，隅辟越遠，四貉咸服。〔三〕既畏茲威，惟慕純德，附而不驕，正心翊翊。〔四〕

西顥五　鄒子樂。

〔一〕韋昭曰：西方少昊也。師古曰：沆音胡浪反。碭音蕩。沆碭，白氣之貌也。【補注】王念孫曰：韋以顥爲少昊，非也。西顥謂西方顥天也。呂氏春秋有始覽「西方曰顥天」，高注曰「金色白，故曰顥天」。淮南天文篇作「皓天」，高注同。說文「顥，白皃」。楚詞曰「天白顥顥」，故曰「西顥沆碭，秋氣肅殺」。顏以沆碭爲白氣，是也。四時之歌，春青陽、夏朱明、秋西顥、冬玄冥，則顥爲白色明矣。爾雅曰「春爲青陽，夏爲朱明，秋爲白藏，冬爲玄英」。彼言白藏，猶此言「西顥」也。若少昊則對大昊以立名，非白色之義矣。

〔二〕師古曰：五穀百草，秀穎成實，皆因舊苗，無廢絶也。不榮而實曰秀，葉末曰穎。廢合韻音發。【補注】何焯曰：續猶嗣續也。不曰登新，而曰續舊，善言天地生物之心矣。

〔三〕師古曰：四貉，猶言四夷。辟讀曰僻。貉音莫客反。【補注】先謙曰：貉、貊字通。孟子「大貉、小貉」。穀梁疏作

「大貊、小貊」。史記匈奴傳「以臨胡貉」，索隱「貉即濊也」。此以濊爲貉。濊貉即濊貊，漢朝鮮地。「四貉咸服」，武帝平定朝鮮，故云。周禮職方云「九貉」，詩韓奕疏引鄭志「九貊即九夷也」。統言之，四方皆曰夷。析言之，夷是東方專稱。夷言四貉亦可，言四，種類不一，統舉之詞耳。顔説未晰。

〔四〕師古曰：純，大也。言畏威懷德，皆來賓附，無敢驕怠，盡虔敬。【補注】宋祁曰：「虔敬」下當添「也」字。先謙曰：官本注，德下有「者」字。

玄冥陵陰，蟄蟲蓋臧，〔一〕屮木零落，抵冬降霜。〔二〕易亂除邪，革正異俗，〔三〕兆民反本，抱素懷樸。條理信義，望禮五嶽。〔四〕籍斂之時，掩收嘉穀。〔五〕

玄冥六　鄒子樂。

〔一〕師古曰：玄冥，北方之神也。

〔二〕孟康曰：抵，至也。至冬而降霜，音底。師古曰：屮，古草字。【補注】先謙曰：官本無「音底」二字，引宋祁曰：「抵」作「底」。

〔三〕師古曰：易，變；革，改也。【補注】何焯曰：書所謂朔易者，其義如此。

〔四〕師古曰：條，分也，暢也。

〔五〕師古曰：籍斂，謂收籍田也。【補注】先謙曰：南齊志「祠五帝，漢郊祀歌皆四言」，即指以上諸篇。

惟泰元尊，媪神蕃釐，〔一〕經緯天地，作成四時。精建日月，星辰度理，陰陽五行，周而復始。雲風靁電，降甘露雨，百姓蕃滋，咸循厥緒。〔二〕繼統共勤，順皇之德，〔三〕鸞路龍鱗，罔不肸飾。〔四〕嘉籩列陳，庶幾宴享，〔五〕滅除凶災，列騰八荒。〔六〕鐘鼓竽笙，雲舞翔翔，〔七〕招搖靈旗，九夷賓將。〔八〕

惟泰元七　建始元年，丞相匡衡奏罷「鸞路龍鱗」，更定詩曰「涓選休成」。〔九〕

〔一〕李奇曰：元尊，天也。媼神，地也。祭天燔燎，祭地瘞埋也。師古曰：李説非也。泰元，天也。蕃，多也。釐，福也。言天神至尊而地神多福也。蕃音扶元反。釐讀曰禧。【補注】吴仁傑曰：泰元媼神，果如顔説，下文何爲復言經緯天地乎？泰元者，泰一也。泰一與天地並而非天也。志載天子祠三：一天、一地、一泰一。又載其贊饗曰「天增授皇帝泰元神筴，皇帝敬拜泰一」。又爲泰一鋒旗，命曰靈旗。故此章顛末有泰元及靈旗之文。然則媼神字亦當作熅，而以鬱煙爲義可也。熅神者，鬱煙以祀神。東京賦所謂「致高煙乎泰一」是已。禮祭天以煙爲歆神始，祀泰一之禮同於祀天，故燎熏皇天，皐摇泰一，揚子雲以爲並稱云。

〔二〕師古曰：蕃，多也。滋，益也。循，順也。緒，業也。

〔三〕師古曰：共讀曰恭。皇，皇天也。此言天子繼承祖統，恭勤爲心而順天也。

〔四〕蘇林曰：肸音塈塗之塈。塈，飾也。師古曰：罔，無也。肸，振也。謂皆振整而飾之也。肸音許乙反。

〔五〕師古曰：嘉籩，謂祭祀之籩實也。木曰豆，竹曰籩。享字合韻宜因鄉。【補注】先謙曰：官本「因」作「音」，是。

〔六〕師古曰：言威烈之盛，踰於八荒。【補注】先謙曰：官本「列」作「烈」，是。

〔七〕【補注】先謙曰：曲禮「朝廷濟濟翔翔」，此以狀舞之容。

〔八〕師古曰：畫招摇於旗以征伐，故稱靈旗。將，猶從也。【補注】先謙曰：天文志「斗杓端有兩星，一爲招摇」。郊祀志「爲伐南越，告禱泰一，以牡荊畫幡日月北斗登龍，以象太一三星，爲泰一鋒旗，命曰靈旗。爲兵禱，則太史奉以指所伐國」，故有「九夷賓將」之語。賓，導也。將，送也。

〔九〕臣瓚曰：涓，除也。除惡選取美成者也。【補注】錢大昕曰：志云「奏罷」者，謂去「鸞路」句，改爲「涓選休成」也。下章云「奏罷黼繡周張」，更定詩曰「肅若舊典」，亦謂去「黼繡」句，改爲「肅若舊典」也。郊祀志「成帝初即位，丞相衡等奏定南北郊」，又言「甘泉、泰畤，紫壇有文章、采鏤、黼黻之飾，石壇、仙人祠，瘞鸞路、騂駒、寓龍馬，不能得其象於古，宜皆勿修」。故更去「鸞路龍鱗」、「黼繡周張」二語，其餘仍用舊文也。監本以「涓選休成」句屬天地章，以「肅若舊典」屬日出入章，此誤之甚者。然文獻通考載，元豐六年判太常寺陳薦議，引郊祀歌「涓選休成，天地並況」，證天地合祭之説，則北宋本已誤矣。沈欽韓曰：涓與蠲同，詩傳「涓，絜也」。瓚説非。周壽昌曰：案影景祐本、慶元本、淩稚隆本、毛本皆誤，與監本同。又各本雖以「涓選休成，肅若舊典」誤冠兩章，而標題仍作天地、日出入，知當日本不誤，傳刊失之。先謙曰：官本移「建始」以下於「惟泰元七」下。空一格寫。移「涓選休成」四字於「更定詩曰」下。下章同。齊召南云：案監本以「涓選休成」爲下章「天地並況」之首句，又以「肅若舊典」爲下章「日出入安窮」之首句，此大誤也。今改正。

天地並況，惟予有慕，〔一〕爰熙紫壇，思求厥路。〔二〕恭承禋祀，縕豫爲紛，〔三〕黼繡周張，承神至尊。〔四〕千童羅舞成八溢，〔五〕合好効歡虞泰一。〔六〕九歌畢奏斐然殊，鳴琴竽瑟會軒朱。〔七〕璆磬金鼓，靈其有喜。〔八〕百官濟濟，各敬厥事。〔九〕盛牲實俎進聞膏，〔一〇〕神奄留，臨須搖。〔一一〕長麗前掞光耀明，〔一二〕寒暑不忒況皇章。〔一三〕展詩應律鋗玉鳴，〔一四〕函宮吐角激徵清。發梁揚羽申以商，〔一五〕造茲新音永久長。〔一六〕聲氣遠條鳳鳥鶠，〔一七〕神夕奄虞蓋孔享。〔一八〕

天地八　丞相匡衡奏罷「黻繡周張」，更定詩曰「肅若舊典」。〔一九〕

〔一〕師古曰：況，賜也。【補注】先謙曰：郊祀志：並祠天一、地一、泰一，所謂三一。

〔二〕師古曰：熙，興也。紫壇，壇紫色也。思求降神之路也。【補注】先謙曰：郊祀志「甘泉泰畤紫壇，八觚宣通象八方」。案此繆忌所云「開八通之鬼道」，故曰「思求厥路」。

〔三〕孟康曰：積聚脩飾，爲此紛華也。師古曰：緼音於粉反。【補注】先謙曰：緼即絪緼，後書班彪傳注「絪緼，陰陽和一相扶貌也」。劉輔傳注「豫，悦豫也」。緼豫，神享其祀而和悦也。楚辭王注「紛，盛貌」。

〔四〕師古曰：白與黑畫爲斧形謂之黼。【補注】先謙曰：黼繡見上注。周張，謂周徧張設於壇上。

〔五〕師古曰：溢與佾同。佾，列也。【補注】先謙曰：郊祀志「滅南越後始用樂舞，益用歌兒」。千童，盛言之。

〔六〕師古曰：虞與娛同。

〔七〕師古曰：軒朱即朱軒也。言總合音樂會於軒檻之前。【補注】先謙曰：郊祀志「泰帝即黃帝，說見郊祀志。使素女鼓五十絃瑟，悲，帝禁不止，故破其瑟爲二十五絃」。呂覽古樂篇「古朱襄氏之治天下也，多風而陽氣畜積，果實不成，故士達作爲五絃瑟，以來陰氣，以定羣生」。高注，士達，朱襄之臣。是軒朱謂軒轅、朱襄二帝會集也。上言樂器，故下言始制樂器之人。顔謂即朱軒，則文不成理。南齊志「軒朱凝會」，即承用志語。

〔八〕師古曰：璆，美玉名，以爲磬也。喜，合韻音許吏反。

〔九〕【補注】宋祁曰：邵本「厥」作「其」。

〔一〇〕師古曰：言以牲實俎，以蕭焫脂，則其芬馨達於神所，故曰「盛牲實俎進聞膏」。

〔一一〕晉灼曰：須搖，須臾也。師古曰：奄讀曰淹。【補注】錢大昭曰：須搖即須臾，搖臾聲相近。先謙曰：此「留」下當有「兮」字，而班氏删之。即上下文八字、七字句皆有兮字，無則不成一體。此班氏例删之文。下天馬歌及司馬相如傳可互證也。

〔一二〕孟康曰：欲令神宿留，言日雖暮，長更星在前扶助，常有光明也。掞或作扶。晉灼曰：掞即光炎字也。臣瓚曰：

長麗，靈鳥也。故相如賦曰「前長麗而後矞皇」。舊説云「鸞也」。張衡思玄賦亦曰「前長麗使拂羽」。師古曰：晉瓚二説是也。麗音離。掞音豔。【補注】先謙曰：官本「更」作「庚」。下同。

〔一三〕晉灼曰：況，賜也。皇，君也。章，明也。言長更星終始不改其光，神永以此明賜君也。臣瓚曰：忒，差也。寒暑不差，言陰陽和也。以此賜君，章賢德也。師古曰：瓚説是也。

〔一四〕晉灼曰：鋗，鳴玉聲也。師古曰：鋗音火玄反。【補注】先謙曰：展謂展誦之。楚辭「展詩兮會舞」。

〔一五〕晉灼曰：下有「梁黃鼓員四人」，似新造音樂者姓名也。師古曰：晉説非也。自函宮吐角以下，總言五聲之備耳。申，重也。發梁，歌聲繞梁也。函與含同。

〔一六〕【補注】先謙曰：官本「久」作「欠」。引宋祁曰：「欠當作久。」

〔一七〕師古曰：條，達也。鴹，古翔字。

〔一八〕師古曰：虞，樂也。蓋，語辭也。孔，甚也。享合韻音鄉。【補注】先謙曰：南齊志「漢世歌篇多少無定，皆稱事立文，並多八句然後轉韻。時有兩三韻而轉，其例甚寡」。即指此下諸篇而言。隋志「武帝裁音律之響，定郊丘之祭，頗雜謳謡，非全雅什」。亦謂此也。

〔一九〕師古曰：肅，敬也。若，順也。【補注】先謙曰：官本「黻」作「黼」，是。此亦當屬上章。

日出入安窮？〔一〕時世不與人同。〔二〕故春非我春，夏非我夏，秋非我秋，冬非我冬。〔三〕泊如四海之池，徧觀是邪謂何？〔四〕吾知所樂，獨樂六龍，六龍之調，使我心若。〔五〕訾黃其何不徠下！〔六〕

日出入九

〔一〕【補注】先謙曰：郊祀志「朝朝日」，此其祀神歌。

〔二〕晉灼曰：日月無窮，而人命有終，世長而壽短。

〔三〕【補注】先謙曰：言日所歷四時無紀極，而人壽不過百年，無以齊之。

〔四〕晉灼曰：言人壽不能安固如四海。「偏觀是」，乃知命甚促。「謂何」，當如之何也。師古曰：泊，水貌也，音步各反，又音魄。【補注】張照曰：案，言人之壽命較之於日，日如四海，人如池也。日行於天，出東入西，偏觀居此世者，其謂之何？作問之辭，以起下文欲仙之意也。晉灼注未明。先謙曰：日者傳「地不足東南，以海爲池」。枚乘傳「朝夕之池」，謂海中潮汐往來，與此「四海之池」同義。言日出入四海，偏觀此世。諸說皆非。「謂何」當如張說。

〔五〕應劭曰：易曰「時乘六龍以御天」。武帝願乘六龍，仙而升天，曰「吾所樂獨乘六龍然，御六龍得其調，使我心若」。【補注】先謙曰：「吾知所樂，獨樂六龍」，謂日御以六龍行速爲樂也。「六龍之調，使我心若」，謂見日御之調，良使我心善之也。應說未是。廣雅「日御謂之羲和」。魏曹植與吳質書「思欲抑六龍之首，頓羲和之轡」。本志文而反用之。下乃致欲仙意。

〔六〕應劭曰：訾黃一名乘黃，龍翼而馬身，黃帝乘之而仙。武帝意欲得之，曰：「何不來邪？」師古曰：訾，嗟歎之辭也。黃，乘黃也。歎乘黃不來下也。訾音咨。

太一况，天馬下，〔一〕霑赤汗，沫流赭。〔二〕志俶儻，精權奇，〔三〕籋浮雲，晻上馳。〔四〕體容與，迣萬里，〔五〕今安匹，龍爲友。〔六〕　元狩三年，馬生渥洼水中作。〔七〕

〔一〕師古曰：言此天馬乃太一所賜，故來下也。【補注】沈欽韓曰：樂書云：「復次以爲太一之歌。歌曲曰『太一貢兮天馬下，霑赤汗兮沫流赭，騁容與兮跇萬里，今安匹兮龍與友』。」彼歌辭略舉之，非全篇也。

〔二〕應劭曰：大宛馬汗血霑濡也，流沫如赭也。李奇曰：沫音靧面之靧。晉灼曰：沫，古靧字也。師古曰：沬、沫兩通。沬者，言被面如頮也，字从水傍午未之未，音呼内反。沫者，言汗流沫出也，字从水傍本末之末，音亦如之。然今書字多作沬面之沬也。

〔三〕【補注】先謙曰：後書馮衍傳注「俶儻，猶卓異也」。春秋繁露玉英篇「權，譎也」。權奇者，奇譎非常之意。

〔四〕蘇林曰：籋音躡。言天馬上躡浮雲也。師古曰：晻音烏感反。言晻然而上馳。【補注】先謙曰：說文「晻，不明也」。此本義。武班碑「晻忽徂逝」，借晻爲奄。方言「奄，遽也」。二說竝通。

〔五〕孟康曰：泄音逝。如淳曰：泄，超踰也。晉灼曰：古迾字。師古曰：孟音非也。泄讀與厲同，言能厲渡萬里也。【補注】錢大昕曰：晉讀泄爲迾，雖據說文，卻於文義未協。泄當讀如遰，鴻雁之遰，言去之遠也。孟、如二說近之。

〔六〕師古曰：言今更無與匹者，唯龍可爲之友耳。

〔七〕【補注】先謙曰：見武紀，官本接前空一格。

天馬徠，從西極，涉流沙，九夷服。〔一〕天馬徠，出泉水，虎脊兩，化若鬼。〔二〕天馬徠，歷無草，徑千里，循東道。〔三〕天馬徠，執徐時，〔四〕將搖舉，誰與期？〔五〕天馬徠，開遠門，竦予身，逝昆侖。〔六〕天馬徠，龍之媒，〔七〕游閶闔，觀玉臺。〔八〕太初四年，誅宛王，獲宛馬作。〔九〕

天馬十〔一〇〕

〔一〕師古曰：言九夷皆服，故此馬遠來也。徠，古往來字也。【補注】先謙曰：樂書云，後伐大宛得千里馬，馬名蒲梢，次作以爲歌曰「天馬來兮從西極，經萬里兮歸有德，承靈威兮降外國，涉流沙兮四夷服」。中尉汲黯進曰「凡王者作樂，上以承祖宗，下以化兆民。今陛下得馬，詩以爲歌，協於宗廟，先帝百姓，豈能知其音耶？」上默然不説。丞相公孫弘曰「黯誹謗聖制，當族」。案歌詞既異，又弘以元狩二年薨，不及見太初獲宛馬事，則樂書出後人所附益。

〔二〕應劭曰：馬毛色如虎脊有兩也。師古曰：言其變化若鬼神。【補注】先謙曰：官本「有兩」上有「者」字。

〔三〕張晏曰：馬從西而來東也。師古曰：言馬從西來，經行磧鹵之地無草者幾千里而至東道。【補注】先謙曰：官本「幾」作「凡」，是。

〔四〕應劭曰：太歲在辰曰執徐。言得天馬時，歲在辰也。孟康曰：東方震爲龍，又青龍宿。言以其方來也。師古曰：應説是也。【補注】先謙曰：太初四年庚辰。

〔五〕如淳曰：遥，遠也。摇或作遥。師古曰：如説非也。言當奮摇高舉，不可與期也。

〔六〕應劭曰：言天馬雖去人遠，當豫開門以待之也。文穎曰：言武帝好仙，常庶幾天馬來，當乘之往登昆侖也。師古曰：文説是也。【補注】先謙曰：水經河水注「廣武城之西南二十許里，水西有馬蹏谷，漢武帝得大宛天馬，有角。故歌曰：『天馬來兮曆無草，徑千里兮循東道。』胡馬感北風之思，遂頓羈絶絆，驤首而馳，晨發京城，夕至敦煌北塞外，長鳴而去。因名其處曰候馬亭」。又因此歌而附會也。

〔七〕應劭曰：言天馬者，乃神龍之類，今天馬已來，此龍必至之效也。

〔八〕應劭曰：閶闔，天門。玉臺，上帝之所居。

〔九〕【補注】先謙曰：武紀云，西極天馬之歌。官本此行接「觀玉臺」注下，空一格。

〔一〇〕【補注】先謙曰：官本三字在太初四年後一行。案馬生渥注及獲宛馬二事不同時，今二章統爲天馬十，則三字應在後行，官本是也。

天門開，詄蕩蕩。〔一〕穆並騁，以臨饗。〔二〕光夜燭，德信著，〔三〕靈寖平而鴻，長生豫。〔四〕大朱涂廣，夷石爲堂。〔五〕飾玉梢以舞歌，體招搖若永望。〔六〕星留俞，塞隕光。〔七〕照紫幄，珠熉黄。〔八〕幡比翄回集，貳雙飛常羊。〔九〕月穆穆以金波，日華燿以宣明。〔一〇〕假清風軋忽，激長至重觴。〔一一〕神裴回若留放，殣冀親以肆章。〔一二〕函蒙祉福常若期，〔一三〕寂漻上天知厥時。〔一四〕泛泛滇滇從高斿，〔一五〕殷勤此路臚所求。〔一六〕佻正嘉吉弘以昌，〔一七〕休嘉砰隱溢四方。〔一八〕專精厲意逝九閡，〔一九〕紛云六幕浮大海。〔二〇〕

天門十一

〔一〕如淳曰：詄讀如迭。詄蕩蕩，天體堅清之狀也。師古曰：詄音大結反。【補注】先謙曰：説文「詄，忘也」。論語皇疏「蕩蕩，無形無名之稱也」。天體廣遠，言象俱忘，故曰詄蕩蕩。

〔二〕師古曰：言衆神穆然方駕，馳騁而臨祠祭。

〔三〕師古曰：神光夜照，應誠而來，是德信著明。【補注】先謙曰：郊祀志「封禪祠，其夜若有光」。所謂光夜燭也」。又云「已封泰山，方士更言蓬萊諸神若將可得。上欣然庶幾遇之，復東至海上望焉」。故末云「專精厲意逝九閡，紛云六幕浮大海」也。

〔四〕師古曰：神靈德澤所浸，溥博無私，其福甚大，故我得長生之道而安豫也。【補注】先謙曰：八字不成句義。「平而」二字當衍。顔注亦未爲「平」字釋義，衍文明矣。刑法志注「寖，益也」。靈寖鴻者，靈益大也。郊祀志「封禪者，古不死之名也」。長生豫，言長生可樂。

〔五〕師古曰：涂，道路也。夷，平也。言通神之路，飾以朱丹，又甚廣大。平夷密石，累以爲堂。【補注】先謙曰：宋范鎮大報天賦「涂大朱以洞闢」，承用志文，明祀天神用此禮也。山地多石，須平夷之。堂，明堂也。古明堂處險不敞，上欲治之，故云「夷石爲堂」。

〔六〕師古曰：梢，竿也，舞者所持玉梢，以玉飾之也。招搖，申動之貌。永，長也。梢音所交反。招音韶，望合韻音亡。【補注】先謙曰：郊祀志禱祠泰一、后土，用樂舞歌兒，封泰山如祠泰一禮，禪肅然如祭后土禮，盡用樂，故有舞歌也。爲伐南越告禱泰一，爲泰一鋒旗，上畫北斗。上云「招搖」，靈旗是也。封禪蓋亦用此旗，故云「體招搖」。體之爲言貌也，即圖畫意。永望者，常得望見之。此上句中皆有「兮」字，此二句歌下有「兮」字，班氏删之。下「月穆穆、神裴回」四句例同。

〔七〕師古曰：俞，答也。言衆星留神，答我饗薦，降其光燿，四面充塞也。俞音踰。【補注】先謙曰：郊祀志：「望氣王朔言『見填星出如瓜』。有司曰『建封禪，天報德星』。」此所謂「星留俞」也。塞讀如塞，南越之塞，謂賽祭神而星光下照也。

〔八〕如淳曰：熉音殞，黄，貌也。師古曰：紫幄，饗神之幄也。帳上四下而覆曰幄。言光照紫幄，故其珠色熉然而黄也。熉音云。

〔九〕文穎曰：舞者骨騰肉飛，如鳥之回翅而雙集也。師古曰：常羊，猶逍遥也。【補注】先謙曰：郊祀志「封禪時縱遠方飛禽及白雉諸物」，故此云然。説文「翍，翼也」。釋獸、釋文「翍」本或作「翅」。韋玄成傳注「貳謂不一也」。翍、飛下皆有「兮」字。「假清風」三句同。

〔一〇〕師古曰：言月光穆穆，若金之波流也。宣，徧也。【補注】先謙曰：言自夜達旦光景。

〔一一〕師古曰：軋忽，長遠之貌也。重觴，謂累獻也。【補注】先謙曰：假，借也。觴，饗也。神借清風而來，其至激疾而長，若重疊觴饗也。

〔一二〕孟康曰：殣音覲。師古曰：言神靈裴回，留而不去。故我得覲見，冀以親附而陳誠意，遂章明之。【補注】先謙曰：淮南兵略訓高注「放，寄也」。言神靈裴回若留寄於此。

〔一三〕師古曰：函，包也。蒙，被也。言爲神所饗，故能包函蒙被祉福，應誠而至，有常期也。

〔一四〕應劭曰：言天雖寂漻高遠，而知我饗薦之時也。漻音來朝反。

〔一五〕應劭曰：泛泛，上浮之意也。滇滇，盛貌也。晉灼曰：滇音「振旅闐闐」。師古曰：音徒千反。

〔一六〕應劭曰：臚，陳也。言所以殷勤此路，乃欲陳所求也。師古曰：臚音力於反。【補注】先謙曰：所求長生不死。

〔一七〕如淳曰：佻讀曰肇。肇，始也。【補注】先謙曰：説文「佻，愉也」。言所愉悦嘉美者，至正且吉，故大以昌也。

〔一八〕師古曰：休，美也。嘉，慶也。砰音普萌反。砰隱，盛意。【補注】先謙曰：文選藉田賦注引字書云「砰，大聲也」。隱與殷同，亦聲之大也。帝封禪後，休嘉衆盛，洪聲遠聞，溢於四方也。官本無「音」字。

〔一九〕如淳曰：閡亦陔也。淮南子曰：「若士者謂盧敖曰『吾與汗漫期乎九陔之上』。」陔，重也。謂九天之上也。師古曰：閡，合韻音改，又音亥。

〔二〇〕師古曰：紛云，興作之貌。六幕，猶言六合也。【補注】先謙曰：九閡謂天，六幕謂地，游徧天地，浮乎大海，與蓬萊諸仙爲徒也。自「（永）〔函〕蒙」至此，每四字下有「兮」字。

景星顯見，信星彪列，〔一〕象載昭庭，日親以察。〔二〕參侔開闔，爰推本紀，〔三〕汾脽出鼎，皇祐元始。〔四〕五音六律，依韋饗昭，〔五〕雜變竝會，雅聲遠姚。〔六〕空桑琴瑟結信成，〔七〕四興遞代八風生。〔八〕殷殷鐘石羽籥鳴。〔九〕河龍供鯉醇犧牲。〔一〇〕百末旨酒布蘭生。〔一一〕泰尊柘漿析朝酲。〔一二〕微感心攸通修名，〔一三〕周流常羊思所并。〔一四〕穰穰復正直往甯，〔一五〕馮蠵切和疏寫平。〔一六〕上天布施后土成，穰穰豐年四時榮。〔一七〕

景星十一　元鼎五年得鼎汾陰作。〔一八〕

〔一〕如淳曰：景星者，德星也，見無常，常出有道之國。鎮星爲信星，居國益地。師古曰：謂彰著而爲行列也。【補注】先謙曰：郊祀志上，拜祝祠泰一，贊饗曰「德星昭衍，厥維休祥，壽星仍出，淵燿光明。信星昭見，皇帝敬拜泰祝之享」。是時填星見，有司以爲天報德星。德星即景星也，詳見天文志。開元占經引五行傳云「填星於五常爲信，故又謂之信星」。天文志亦云「填星曰中央季夏土信也」。廣雅釋詁「彪，文也」。

〔二〕師古曰：象謂縣象也。載，事也。縣象祕事，昭顯於庭，日來親近，甚明察也。【補注】劉攽曰：象載則瑞應車也。先謙曰：象載當如顔説。劉望文生義，非也。

〔三〕應劭曰：參，三也。言景星光明開闔，乃三於日月也。晉灼曰：侔，等也。開闔，猶開闢也。言今之鼎瑞，參等於上世。師古曰：晉説是。【補注】先謙曰：開闔不得謂之開闢，晉説亦非也。易繫辭「闔户謂之坤，闢户謂之乾」。阮籍通易論「乾以一爲開，坤以二爲闔」。楚詞天問王逸注「陰闔而晦，陽開而明」。然則開闔者，乾坤陰陽之謂，即天地也。參侔開闔，即謂與天地參。爰推本紀，推本瑞應以紀元也。

〔四〕師古曰：皇，大也。祜，福也。脽音誰。祜音怙。【補注】先謙曰：汾脽出鼎，在元鼎四年。景星見，在元封元年秋。武紀、郊祀志可互證。此當在元封二年湛祠時，追作是歌，故下有「河龍供鯉，馮蠵切和」之語。

〔五〕師古曰：依韋，諧和不相乖離也。饗讀曰響。昭，明也，言聲響之明也。【補注】周壽昌曰：依韋，即依違也。韋、違通用。先謙曰：此下言湛祠用樂。

〔六〕師古曰：姚，僄姚，言飛揚也。【補注】王念孫曰：姚讀爲遥，遥亦遠也。古人自有複語耳。昭二十五年左傳「遠哉遥遥」。荀子榮辱篇「其功盛姚遠矣」。楊倞云「姚與遥同」，是其證。注非。

〔七〕張晏曰：傳曰「空桑爲瑟，一彈三歎」，祭天質故也。師古曰：空桑，地名也，出善木，可爲琴瑟也。【補注】何焯曰：空桑琴瑟，見周禮大司樂，夏至祀地祇所奏也。

〔八〕應劭曰：四時遞代成陰陽，八風以生也。臣瓚曰：舞者四縣代奏也。左氏傳曰「夫舞者，所以節八音而行八風」

也。師古曰：瓚説是也。八方之風謂東北曰條風，東方曰明庶風，東南曰清明風，南方曰景風，西南曰涼風，西方曰閶闔風，西北曰不周風，北方曰廣莫風。

〔九〕師古曰：殷殷，聲盛也。石謂磬也。羽籥，韶舞所持者也。殷音隱。

〔一〇〕晉灼曰：河龍，夏之所賜者也。供鯉，給廚祭也。師古曰：醇謂色不雜也。犧牲，牛羊全體者也。【補注】沈欽韓曰：謂河龍出鯉以供祀。古豔歌「天公出美酒，河伯出鯉魚」，注以爲夏所賜之龍，非。

〔一一〕張晏曰：百末，末作之末也。晉灼曰：百日之末酒也，芬香布列，若蘭之生也。師古曰：百末，百草華之末也。旨，美也。以百草華末雜酒，故香且美也。事見春秋繁露。【補注】沈欽韓曰：繁露執贄篇「天子用暢，同鬯。積美陽芬香，以通之天。暢，亦取百香之心，獨末之，疑脱一字。合之爲一，而達其臭氣」。顔説蓋本此。説文「鬱鬯，百草之華。遠方鬱人所貢芳草，合釀之以降神」。與此合。先謙曰：官本「列」作「刻」。引宋祁曰「百末」作「百米」，「布刻」作「布列」。

〔一二〕應劭曰：柘漿，取甘柘汁以爲飲也。酲，病酒也。析，解也。言柘漿可以解朝酲也。【補注】沈欽韓曰：司尊彝注「太尊，太古之瓦尊也」。楚詞「胹鼈炮羔有柘漿」。

〔一三〕師古曰：言精微所應，其心攸遠，故得通達成長久之名。【補注】先謙曰：管子「修名而督實，按實而定名」。帝欲使精修之名上通冥漠也。攸與悠同。

〔一四〕師古曰：周流，猶周行也。常羊，猶逍遥也。思所并，思與神道合也。下言合所思是也。

〔一五〕師古曰：穰穰，多也。復猶歸也。直，當也。甯，願也。言獲福既多，歸於正道，克當往日所願也。復音扶目反。甯，合韻音寧。

〔一六〕晉灼曰：馮，馮夷，河伯也。蠵，觜蠵，龜屬也。師古曰：言馮夷命靈蠵，使切厲諧和水神，令之疏導川潦，寫散平均，無災害也。蠵音弋隨反，又音攜。【補注】先謙曰：釋魚「二曰靈龜」。郭注「即今觜蠵龜，一名靈蠵」。揚雄傳所云「抾靈蠵」也，一作蠵蠵。孫綽望海賦「蠵蠵焕爛以映漲」。唐劉恂嶺表録異云「蠵蠵俗謂之茲夷，乃山黿之巨者」。蓋其物能穴土潰隄，故必馮夷與靈蠵相切厲以諧和，庶疏瀉得平也。武紀元封二年，「上至瓠子，臨決河，使從臣皆負薪塞河隄」。郊祀志「留二日，湛祠而去」。

〔一七〕【補注】先謙曰：此歌亦每四字下有「兮」字。

〔一八〕【補注】先謙曰：武紀得鼎在四年，「五」當作「四」。官本此行連上空一格。

齊房産草，九莖連葉，〔一〕宮童效異，披圖案諜。〔二〕玄氣之精，回復此都，〔三〕蔓蔓日茂，芝成靈華。〔四〕

齊房十三　元封二年，芝生甘泉齊房作。〔五〕

〔一〕師古曰：齊讀曰齋。其下並同。

〔二〕臣瓚曰：宮之童豎致此異瑞也。蘇林曰：諜，譜弟之也。【補注】宋祁曰：「第之」，衍「之」字。先謙曰：官本「弟」作「第」。

〔三〕師古曰：玄，天也。言天氣之精，回旋反復於此雲陽之都，謂甘泉也。【補注】先謙曰：武紀「賜雲陽都百户牛酒，作芝房之歌」。

〔四〕師古曰：蔓蔓，言其長久，日以茂盛也。

〔五〕【補注】先謙曰：官本連上空一格。

后皇嘉壇，立玄黄服，〔一〕物發冀州，兆蒙祉福。〔二〕沇沇四塞，假狄合處，〔三〕經營萬億，咸遂厥宇。〔四〕

后皇十四

〔一〕師古曰：壇，祭壇也。服，祭服也。【補注】先謙曰：武紀「元鼎四年，立后土祠於汾陰脽上」。

〔二〕晉灼曰：得寶鼎於汾陰也。臣瓚曰：汾陰屬冀州。【補注】先謙曰：武紀詔中亦有祭地冀州之語。

〔三〕孟康曰：沇音兗。師古曰：沇沇，流行之貌也。假狄，遠夷也。合處，內附也。假即遐字耳。其字从彳，彳音丑益反。【補注】先謙曰：狄即逖之省，詩「舍爾介狄」，說文狄作逖。毛傳「狄，遠也」。注作遠夷解，非。

〔四〕師古曰：宇，居也。言我經營萬方，億兆故得咸遂其居。【補注】先謙曰：此得鼎汾陰時作。

華爗爗，固靈根。〔一〕神之斿，過天門，車千乘，敦昆侖。〔二〕神之出，排玉房，周流雜，拔蘭堂。〔三〕神之行，旌容容，騎沓沓，般縱縱。〔四〕神之徠，泛翊翊，甘露降，慶雲集。〔五〕神之揄，臨壇宇，〔六〕九疑賓，夔龍舞。〔七〕神安坐，鴹吉時，〔八〕共翊翊，合所思。〔九〕神嘉虞，申貳觴，〔一〇〕福滂洋，邁延長。〔一一〕沛施祐，汾之阿，〔一二〕揚金光，橫泰河，〔一三〕莽若雲，增陽波。〔一四〕徧臚驩，騰天歌。〔一五〕

華爗爗十五

〔一〕【補注】先謙曰：此謂靈之車也。「華」與上「金支秀華」同義。金華下有根莖，故云「固靈根」。後書輿服志「金根車重翟羽蓋」者也。

〔二〕師古曰：敦讀曰屯。屯，聚也。

〔三〕師古曰：拔。舍止也，音步曷反。【補注】先謙曰：官本考證云，案如顏注，則本文拔字應作「召伯所茇」之「茇」。

先謙案：刑法志「秋拔舍以苗」，亦作拔。茇，正字。拔，借字。

〔四〕孟康曰：縱音總。晉灼曰：音人相從勇作惡。師古曰：容容，飛揚之貌。沓沓，疾行也。般，相連也。縱縱，衆也。容音勇。縱音總。一曰容讀如本字，從音才公反。【補注】先謙曰：文選東京賦「紛焱悠以容裔」。薛注「容裔，高低之貌」。重言之則曰「容容裔裔」。上云裔裔，此云容容，其義同也。官本「縱縱」作「從從」，注全同。「貌」下有「也」字。

〔五〕如淳曰：天文志云「若烟非烟，若雲非雲，郁郁紛紛，是謂慶雲」。師古曰：翊音弋入反。又音立。【補注】先謙曰：説文「翊，飛皃」。

〔六〕師古曰：揄，引也。壇宇謂祭祠壇場及宮室。言神引來降臨之也。揄音踰。

〔七〕如淳曰：九疑，舜所葬。言以舜爲賓客也。夔典樂，龍管納言，皆隨舜而來，舞以樂神。

〔八〕師古曰：鴹，古翔字也。言神安坐回翔，皆趣吉時也。

〔九〕師古曰：共讀曰恭。翊翊，敬也。

〔一〇〕師古曰：虞，樂也。貳觴，猶重觴也。

〔一一〕師古曰：滂洋，饒廣也。滂音普郎反。洋音羊，又音祥。

〔一二〕師古曰：沛音普大反。沛然，泛貌也。阿，水之曲隅。

〔一三〕師古曰：橫，充滿也。泰河，大河也。

〔一四〕師古曰：莽，雲貌。言光明之盛，莽莽然如雲也。【補注】先謙曰：此所謂「汎樓船兮濟汾河，橫中流兮揚素波」也。莽若雲，言波如雲興。魏文帝臨渦賦「微風起兮水增波」本此。陽、揚古通。

〔一五〕師古曰：臚，陳也。騰，升也。言陳其歡慶，令歌上升於天。【補注】先謙曰：帝自作秋風詞，故曰天歌。此禮后土祠畢，濟汾河作。

五神相，包四鄰，〔一〕土地廣，揚浮雲。扢嘉壇，椒蘭芳，〔二〕璧玉精，垂華光。〔三〕益億年，美始興，〔四〕交於神，若有承。〔五〕廣宣延，咸畢觴，〔六〕靈輿位，偃蹇驤。〔七〕卉汩臚，析奚道。〔八〕淫渌澤，泩然歸。〔九〕

五神十六

〔一〕如淳曰：五帝爲太一相也。師古曰：包，含也。四鄰，四方。【補注】先謙曰：此雲陽始郊見泰一作。五神者，五帝壇環居其下也。四鄰者，其下四方地爲腏也。官本四方下有「也」字。

〔二〕孟康曰：扢，摩也。師古曰：音公忽反。謂摩拭其壇，加以椒蘭之芳。

〔三〕師古曰：言禮神之璧乃玉之精英，故有光華也。【補注】先謙曰：郊祀志「有司奉瑄玉」，又云「祠上有光」。

〔四〕師古曰：言福慶方興起也。

〔五〕師古曰：言神來降臨，故盡其肅恭。【補注】先謙曰：郊祀志「祭夜有美光，及晝，黄氣上屬天。有司云，神靈之休，祐福兆祥」。此所謂「若有承」也。

〔六〕師古曰：言徧延諸神，咸歆祭祀，畢盡觴爵也。

〔七〕師古曰：神既畢饗，則嚴駕靈輿，引其侍從之位。偃蹇，高驤也。蹇音居偃反。【補注】先謙曰：位，各就其列也。訓如中庸「天地位焉」之「位」，下「六龍位」義同。注非。

〔八〕師古曰：卉汩，疾意也。臚，陳也。析，分也。奚，何也。言速自陳列分散而歸，無所留也。汩音于筆反。【補注】錢大昭曰：「道」，監本、閩本皆作「遺」。先謙曰：官本作「遺」，是。

〔九〕師古曰：淫，久也。渌澤，澤名。言我饗神之後，久在渌澤，乃泩然而歸也。渌音緑。泩音烏黄反。【補注】宋祁曰：案「淫渌澤，泩然歸」，師古注義似取未安。渌，當是福禄之禄。淫，溢也。言神之賜禄，泩然廣溢，然後歸而上天也。先謙曰：説文「洼，深廣也。从水，圭聲。消作汪」。

朝隴首，覽西垠，〔一〕雷電尞，獲白麟。〔二〕爰五止，顯黄德，〔三〕圖匈虐，熏鬻殛。〔四〕闢流離，抑不詳，〔五〕賓百僚，山河饗。〔六〕掩回轅，鬗長馳，〔七〕騰雨師，洒路陂。〔八〕流星隕，感惟風，籋歸雲，撫懷心。〔九〕

朝隴首十七　元狩元年，行幸雍獲白麟作。〔一〇〕

〔一〕臣瓚曰：謂朝於隴首而覽西北也。師古曰：隴坻之首也。垠，厓也。坻音丁禮反。【補注】先謙曰：武紀太始二年詔云「往者朕郊見上帝，西登隴首，獲白麟以饋宗廟」。

〔二〕臣瓚曰：尞祭五時，皆有報應，聲若靁，光若電也。師古曰：尞，古燎字。

〔三〕師古曰：爰，曰也，發語辭也。止，足也。時白麟足有五蹏。

〔四〕應劭曰：熏鬻，匈奴本號也。師古曰：殛，窮也。一曰，殛，誅也，音居力反。

〔五〕師古曰：流離不得其所者，爲開道路，使之安集。違道不詳善者，則抑黜之，以申懲勸也。【補注】王念孫曰：顔以「闢」爲開，以「流離」爲不得其所者，則「闢流離」三字義不相屬，故增數字以釋之曰，爲開道路使之安集。其失也迂矣。余謂流離者，梟也。所以喻惡人。邶風旄邱篇「流離之子」。陸璣曰：「流離，梟也，自關而西謂梟爲流離。」闢之，言屏除，謂屏除惡人也。荀子解蔽篇「闢耳目之欲」。楊注「闢，屏除也」。字亦作「辟」。周官小司寇「前王而辟」。先鄭司農注「辟，除姦人」。闢流離，抑不詳，兩句同義，皆承上文「圖匈虐，熏鬻殛」而言。周壽昌曰：詳即祥也，詳、祥古通。

〔六〕師古曰：百僚，百神之官也。饗，合韻音鄉。

〔七〕如淳曰：鬗音樠。鬗鬗，長貌也。師古曰：音武元反。【補注】錢大昭曰：説文「鬗，髮長皃」。讀若曼。先謙曰：

掩與奄同，謂超忽也。

〔八〕師古曰：洒，灑也。路陂，路傍也。言使雨師灑道也。洒音灑，又音山豉反。【補注】先謙曰：官本「豉」作「跂」。

〔九〕師古曰：懷心，懷柔之心也。籥音躡。【補注】先謙曰：見流星之隕，興好風之感，歸塗撫此，懷集四夷之心，不能忘也。蓋即所見言之。

〔一〇〕【補注】先謙曰：官本連上，空一格。

象載瑜，白集西，〔一〕食甘露，飲榮泉。〔二〕赤鴈集，六紛員，〔三〕殊翁雜，五采文。〔四〕神所見，施祉福，登蓬萊，結無極。〔五〕

象載瑜十八　太始三年行幸東海獲赤鴈作。〔六〕

〔一〕服虔曰：象載，鳥名也。師古曰：此説非也。象載，象輿也。山出象輿，瑞應車也。瑜，美貌也。言此瑞車瑜然色白而出西方也。西，合韻音先。【補注】先謙曰：官本「山」作「出」。

〔二〕師古曰：駕輿者之所飲食也。榮泉，言泉有光華。【補注】劉攽曰：此詩四句先敘所見祥瑞之物也。「象載瑜」，黑車也。「白集西」，雍之麟也。甘露、榮泉，天之所降，地之所出也。注非。

〔三〕師古曰：言六者所獲赤鴈之數也。紛員，多貌也。言西獲象輿，東獲赤鴈，祥瑞多也。員音云。【補注】錢大昭曰：紛員即紛紜。員、云古字通。

〔四〕孟康曰：翁，鴈頸也。言其文采殊異也。【補注】沈欽韓曰：説文「翁，頸毛也」。頸上毛易雜色。荀子樂論「塤篪翁博」，翁亦有雜義。墨子節葬篇「翁，縗絰」，亦謂縗之垂如鳥頸毛。

〔五〕師古曰：見，顯示也。蓬萊，神山也，在海中。結，成也。【補注】先謙曰：武紀所謂朱雁之歌也。上自此遂幸琅邪，禮日成山，登之罘，浮大海，故末云然。

〔六〕【補注】先謙曰：官本連上，空一格。宋志：漢武帝雖頗造新哥，然不以光揚祖考，崇述正德爲先，但多詠祭祀見事及其祥瑞而已，商周雅頌之體闕焉。

赤蛟綏，黄華蓋，〔一〕露夜零，晝晻濭。〔二〕百君禮，六龍位，〔三〕勺椒漿，靈已醉。〔四〕靈既享，錫吉祥，芒芒極，降嘉觴。〔五〕靈殷殷，爛揚光，〔六〕延壽命，永未央。杳冥冥，塞六合，澤汪濊，輯萬國。〔七〕靈禗禗，象輿轙，〔八〕票然逝，旗逶蛇。〔九〕禮樂成，靈將歸，託玄德，長無衰。〔一〇〕

赤蛟十九

〔一〕師古曰：綏綏，赤蛟貌。黄華蓋，言其上有黄氣，狀若蓋也。【補注】先謙曰：「綏」與「蓋」對文，皆靈車所有也。説文「綏，車中把也」。繆繞車上，其色赤，故以赤蛟爲比。其蓋弓金華黄色，故云「黄華蓋」。

〔二〕師古曰：晻音烏感反。濭音藹。晻濭，雲氣之貌。【補注】先謙曰：官本「藹」作「靄」。離騷「揚雲霓之晻靄兮」，晻濭即晻靄之變文。故音與靄同，而訓爲雲氣貌。

〔三〕師古曰：百君，亦謂百神也。

〔四〕師古曰：勺讀曰酌。

〔五〕師古曰：芒芒，廣大貌，音莫郎反。

〔六〕師古曰：殷殷，盛也。爛，光貌。殷音隱。

〔七〕師古曰：塞，滿也。輯，和也。天地四方謂之六合。汪濊，言饒多也。濊音於廢反，又音烏外反。輯與集同。

〔八〕孟康曰：禩音近臬，不安欲去也。轙，待也。如淳曰：轙，僕人嚴駕待發之意也。師古曰：禩，孟音是也。轙，如説是也。轙音儀。【補注】宋祁曰：原本「儀」作「蟻」。洪亮吉曰：爾雅「載轡謂之轙」。郭注「車軛上環，轡所貫也」。則轙是載轡之環，宜從本訓爲是。淮南説山訓高注「轙，所以縛衡也」。先謙曰：官本「如淳曰」下無「轙」字。「轙音儀」三字在「師古曰」下。

〔九〕師古曰：票然，輕舉意也。逶蛇，旗貌也。票音匹遥反。蛇音移。

〔一〇〕師古曰：言託恃天德，冀獲長生，無衰竭也。【補注】先謙曰：宋志「漢郊祀送神亦三言」，謂此。

其餘巡狩福應之事，不序郊廟，故弗論。〔一〕

〔一〕【補注】齊召南曰：案藝文志有泰一雜甘泉壽宮歌十四篇，宗廟歌詩五篇，是亦郊廟樂章也，不知何以遺之。沈欽韓曰：巡狩之事，武帝也。福應之事，宣帝也。武帝巡狩詩歌，若瓠子、盛唐樅陽、秋風辭之類。宣帝福應，若中和、樂職、宣布之詩。又云，上頗作歌詩，欲興協律之事是也。先謙曰：藝文志所載，即此十九章也。十四加五共十九，齊未悟耳。

是時，河間獻王有雅材，亦以爲治道非禮樂不成，因獻所集雅樂。天子下大樂官，〔一〕常存肆之，〔二〕歲時以備數，然不常御，常御及郊廟皆非雅聲。然詩樂施於後嗣，猶得有所祖述。昔殷周之雅頌，乃上本有娀、姜原，〔三〕卨、稷始生，玄王、公劉、古公、大伯、王季、姜女、大任、太姒之德，〔四〕乃及成湯、文、武受命，武丁、成、康、宣王中興，〔五〕下及輔佐阿衡、周、召、太公、申伯、召虎、仲山甫之屬，〔六〕君臣男女有功德者，靡不褒揚。功德既信美矣，褒揚之聲盈乎天地之間，是以光名著於當世，遺譽垂於無窮也。今漢郊廟詩歌，未有祖宗之事，八音調均，又不拹於鐘律，〔七〕而內有掖庭材人，外有上林樂府，皆以鄭聲施於朝廷。

〔一〕【補注】先謙曰：宋志，所司之官皆曰太樂，所以總領諸物，不可以一物名。太樂，漢舊名，後漢依讖改太子樂官。

〔二〕師古曰：肄，習也，音弋二反。

〔三〕應劭曰：簡狄，有娀之女，吞燕卵而生契。師古曰：姜嫄，后稷之母也。

〔四〕師古曰：卨，殷之始祖。稷，周之始祖。玄王亦殷之先祖，承黑帝之後，故曰玄王。公劉，后稷之曾孫也。古公亶父，即豳公也。大伯，大王之子，王季之兄也。王季，文王之父也。姜女，亶甫之妃也。大任，文王之母也。太姒，文王之妃，武王之母也。毛、鄭説詩，以玄王即卨也。此志既言卨，又有玄王，則玄王非卨一人矣。【補注】先謙曰：官本注，上「亶父」亦作「亶甫」。

〔五〕師古曰：武丁，殷王高宗也。周成王，武王之子也。康王，成王之子也。宣王，厲王之子。【補注】先謙曰：官本注末有「也」字。

〔六〕師古曰：阿衡，伊尹職號也。周，周公旦也。召，召公奭也。太公，師尚父也。申伯、召武、仲山甫皆周宣王臣也。【補注】先謙曰：官本「武」作「虎」，後人回改。

〔七〕【補注】先謙曰：官本「拹」作「協」。

至成帝時，謁者常山王禹世受河閒樂，〔一〕能説其義，其弟子宋曅等上書言之，〔二〕下大夫博士平當等考試。當以爲「漢承秦滅道之後，賴先帝聖德，博受兼聽，修廢官，立大學，河間獻王聘求幽隱，修興雅樂以助化。時，大儒公孫弘、董仲舒等皆以爲音中正雅，立之大樂。春秋鄉射，作於學官，希闊不講。〔三〕故自公卿大夫觀聽者，但聞鏗鎗，〔四〕不曉其意，而欲以風諭衆庶，其道無由。〔五〕是以行之百有餘年，德化至今未成。今曅等守習孤學，大指歸於興助教化。衰微之學，興廢在人。宜領屬雅樂，以繼絶表微。〔六〕孔子曰：『人能弘道，非道弘人。』〔七〕河間區區，不國藩臣，〔八〕以好學修古，能有所存。〔九〕民到于今稱之，況於聖主廣被之資，〔一〇〕修起舊文，放鄭近雅，述而不作，信而好古，於以風示海内，揚名後世，誠非小功小美也」。事下公卿，以爲久遠難分明，當議復寢。

〔一〕【補注】錢大昭曰：「可」當作「河」，藝文志「河間獻王與毛生等共采諸子言樂事者，以作樂記，其内史丞王定傳之，以授常山王禹」，是其事也。先謙曰：官本作「河」。

〔二〕師古曰：曅音于輒反。

〔三〕師古曰：講謂論習也。【補注】先謙曰：官本無「論」字。

〔四〕【補注】先謙曰：官本「鑑」作「鏗」，是。

〔五〕師古曰：風，化也。

〔六〕師古曰：表，顯也。

〔七〕師古曰：論語載孔子之言。

〔八〕師古曰：區區，小貌也。【補注】錢大昭曰：「不」，疑「下」字之譌。先謙曰：官本「不」作「小」。

〔九〕師古曰：存意於禮樂。【補注】先謙曰：謂訪求遺書，存其篇籍。注非。

〔一〇〕師古曰：被，猶覆也。音皮義反。【補注】宋祁曰：「況於」當作「況以」。

是時，鄭聲尤甚，黄門名倡丙彊、景武之屬富顯於世，貴戚五侯定陵、富平外戚之家〔一〕，淫侈過度，至與人主爭女樂。〔二〕哀帝自爲定陶王時疾之，又性不好音，及即位，下詔曰：「惟世俗奢泰文巧，而鄭衛之聲興。夫奢泰則下不孫而國貧，〔三〕文巧則趨末背本者衆，〔四〕鄭衛之聲興則淫辟之化流，〔五〕而欲黎庶敦朴家給，猶濁其源而求其清流，〔六〕豈不難哉！孔子不云乎？『放鄭聲，鄭聲淫。』〔七〕其罷樂府官。郊祭樂及古兵法武樂，在經非鄭衛之樂者，條奏，別屬他官。」丞相孔光、大司空何武奏：「郊祭樂人員六十二人，給祠南北郊。大樂鼓員六人，嘉至鼓員十人，〔八〕邯鄲鼓員二人，騎吹鼓員三人，〔九〕江南鼓員二人，〔一〇〕淮南鼓員四人，〔一一〕巴俞鼓員三十六人，〔一二〕歌鼓員二十四人，楚嚴鼓員一人，梁皇鼓員四人，〔一三〕臨淮鼓員三十五人，茲邡鼓員三人，〔一四〕凡鼓十二，員百二十八人，朝賀置酒陳殿下，應古兵法。外郊祭員十三人，諸族樂人〔一五〕兼雲招給祠南郊用六十七人，〔一六〕兼給事雅樂用四人，夜誦員五人，剛、別柎員二人，給盛德〔一七〕主調篪員二人，〔一八〕聽工以律知日冬夏至一人，〔一九〕鐘工、磬工、簫工員各一人，僕射二人主領諸樂人，皆不可罷。竽工員三人，一人可罷。〔二〇〕琴工員五人，三人可罷。柱工員二人，一人可罷。〔二一〕繩弦工員六人，四人可罷。〔二二〕鄭四會員六十二人，一人給事雅樂，六十一人可罷。張瑟員八人，七人可罷。安世樂鼓員二十人，十九人可罷。沛吹鼓員十二人，〔二三〕族歌鼓員二十七人，陳吹鼓員十三人，商樂鼓員十四人，〔二四〕東海鼓員十六人，長樂鼓員十三人，縵樂鼓員十三人，〔二五〕凡鼓八，員百二十八人，朝賀置酒，陳前殿房中，不應經法。治竽員五人，楚鼓員六人，常從倡三十人，常從象人四人，〔二六〕詔隨常從倡十六人，秦倡員二十九人，秦倡象人員三人，詔隨秦倡一人，雅大人員九人，朝賀置酒爲樂。楚四會員十七人，巴四會員十二人，銚四會員十二人，〔二七〕齊四會員十九人，蔡謳員三人，齊謳員六人，〔二八〕竽瑟鐘磬員五人，皆鄭聲，可罷。師學百四十二人，其七十二人給大官挏馬酒，〔二九〕其七十人可罷。大凡八百二十九人，其三百八十八人不可罷，可領屬大樂，其四百四十一人不應經法，或鄭衛之聲，皆可罷。」奏可。然百姓漸漬日久，又不制雅樂有以相變，豪富吏民湛沔自若，〔三〇〕陵夷壞于王莽。

〔一〕師古曰：五侯，王鳳以下也。定陵，淳于長也。富平，張放。

〔二〕【補注】先謙曰：事見元后傳。

〔三〕師古曰：孫讀曰遜。

〔四〕師古曰：趨讀曰趣。趣，嚮也。【補注】先謙曰：官本「趨」並作「趍」。

〔五〕師古曰：辟讀曰僻也。

〔六〕師古曰：源，水泉之本。【補注】王念孫曰：當作「猶濁其源而求清其流」。今本「清其」二字倒轉，則文義不順。

〔七〕師古曰：論語載孔子之言。

〔八〕【補注】錢大昭曰：嘉至，樂章名。迎神廟門所奏。

〔九〕【補注】沈欽韓曰：宋志建初録云「務成、黃爵、玄雲、遠期皆騎吹曲，非鼓吹曲。此則列於殿庭者爲鼓吹，今之從行鼓吹爲騎吹，二曲異也」。

〔一〇〕【補注】先謙曰：晉志「凡樂章古詞今之存者，並漢世街陌謳謠江南可采蓮之屬也。吳歌雜曲並出江南」。

〔一一〕【補注】先謙曰：司馬相如傳上林賦云「淮南干遮」。

〔一二〕師古曰：巴，巴人也。俞，俞人也。當高祖初爲漢王，得巴俞人，並趫捷善鬬，與之定三秦、滅楚，因存其武樂也。巴俞之樂因此始也。巴即今之巴州，俞即今之俞州，各其本地。【補注】沈欽韓曰：晉志「漢高祖自蜀漢將定三秦，閬中范因率賨人以從帝爲前鋒。高祖樂其猛鋭，數觀其舞，後使樂人習之。閬中有渝水，因其所居，故名曰巴渝舞」。先謙曰：官本注「俞州」作「渝州」，是。

〔一三〕【補注】沈欽韓曰：「皇」當作「王」。唐志「梁孝王築睢城，擊鼓爲下杵之節，睢陽操用舂牘」。

〔一四〕晉灼曰：邡音方。【補注】先謙曰：茲邡蓋即汁邡，茲、汁雙聲。

〔一五〕【補注】先謙曰：莊子養生主，釋文引司馬注「族，雜也」。下族歌同。

〔一六〕師古曰：招讀與翹同。【補注】錢大昭曰：魏志「繆襲議云：『漢有雲翹、育命之舞，不知所出，舊以祀天。』」

〔一七〕師古曰：剛及別柎皆鼓名也。柎音膚。【補注】錢大昭曰：盛德即孝武廟所奏盛德、文始、四時、五行之舞。沈欽韓曰：隋志「掆鼓一曲十二變」。「剛」與「掆」同。「別拊」疑即「搏拊」也。書大傳以韋爲鼓，謂之搏拊，亦鼓類。先謙曰：「給盛德」三字當下屬。

〔一八〕師古曰：篪以竹爲之，七孔，亦笛之類也。音池。

〔一九〕【補注】先謙曰：此漢世候氣法，詳後書律曆志上。

〔二〇〕師古曰：竽，笙類也，三十六簧，音于。

〔二一〕師古曰：柱工，主箏瑟之柱者。

〔二二〕師古曰：弦，琴瑟之弦。繩，言主糾合作之也。

〔二三〕【補注】先謙曰：上文所云「沛中僮兒習歌風起之詩，吹以相和」者也。

〔二四〕【補注】沈欽韓曰：晉職官志「光祿勳統清商令」。魏少帝紀注「每見九親婦女有美色，或留以付清商」。隋百官志「太樂署、清商署各有樂師員」。然則商樂蓋倡優之樂也。

〔二五〕師古曰：縵樂，雜樂也，音漫。【補注】沈欽韓曰：磬師職教縵樂。注「雜聲之和樂者」。

〔二六〕孟康曰：象人，若今戲蝦魚師子者也。韋昭曰：著假面者也。師古曰：孟説是。【補注】沈欽韓曰：御覽引梁元帝纂要「魚龍曼延，復有象人」。則非戲蝦魚師子者矣。通典窟礧子亦云「魁礧子即傀儡之戲。作偶人以戲，善歌舞，本喪家樂也。漢末始用之於嘉會」。觀此則不始漢末。周壽昌曰：象人蓋楚優孟著衣冠爲孫叔敖之比。如孟説，象物非象人矣。先謙曰：沈、周説竝通。

〔二七〕李奇曰：疑是鼗。韋昭曰：銚，國名，音繇。師古曰：韋説是也。銚音姚。【補注】吴仁傑曰：韋以銚爲國名，偏考諸書，不知所出。説文但謂銚爲田器，世本「垂」作「銚」。莊周書「銚鎒於是乎始脩」。詩「庤乃錢鎛」，又「其鎛斯趙」。毛傳謂錢爲銚，銚與鎛相須爲用者。故詩人言鎛，必以是兼之。疑古銚、趙通。時所罷四會員，楚、巴、齊、蔡皆國名，則銚之爲趙，理或近之。或謂前已言邯鄲鼓員，此不應駢出。案前有淮南鼓員，後有楚四會員，淮南故楚地，其比也。沈欽韓曰：漢無銚國，云鼗得之。案多稱四會者，通典引漢故事上壽四會曲注，言「但有鐘鼓而無歌詩，魏初作四會，有琴筑，但無詩。雅樂郎郭瓊云：『明帝青龍二年，以長笛食舉第十二古置酒曲代四會。又易古詩名曰羽觴行，爲上壽曲，施用最在前。鹿鳴以下十二曲名食舉樂，而四會之曲遂廢。』」

〔二八〕【補注】沈欽韓曰：陸士衡集有齊謳行。

〔二九〕李奇曰：以馬乳爲酒，撞挏乃成也。師古曰：挏音動，馬酪味如酒，而飲之亦可醉，故呼馬酒也。

〔三〇〕師古曰：湛，讀曰沈，又讀曰耽。自若，言自如故也。【補注】錢大昭曰：「湛沔」與「沈湎」同。

今海内更始，〔一〕民人歸本，户口歲息，〔二〕平其刑辟，牧以賢良，至於家給，既庶且富，則須庠序禮樂之教化矣。〔三〕今幸有前聖遺制之威儀，〔四〕誠可法象而補備之，經紀可因緣而存著也。孔子曰：「殷因於夏禮，所損益，可知也；周因於殷禮，所損益，可知也；其或繼周者，雖百世可知也。」〔五〕今大漢繼周，久曠大儀，未有立禮成樂，此賈宜、仲舒、王吉、劉向之徒〔六〕所爲發憤而增嘆也。〔七〕

〔一〕【補注】先謙曰：官本「今」下提行。

〔二〕師古曰：今謂班氏撰書時也。息，生也。【補注】先謙曰：歸本，謂還務本業。

〔三〕師古曰：家給，解已在前。庶，衆也。論語云孔子曰：「庶矣哉！」冉有曰：「既庶矣，又何加焉？」曰：「富之。」曰：「既富矣，又何加焉？」曰：「教之。」故班氏引之也。

〔四〕【補注】宋祁曰：「遺制」下應添「禮」字。

〔五〕師古曰：論語載孔子對子張之言也。【補注】先謙曰：官本無「雖」字。引宋祁曰「繼周者」下，當添一「雖」字。先謙案，注「對」作「答」。

〔六〕【補注】先謙曰：官本「宜」作「誼」，是。

〔七〕師古曰：感嘆也。

刑法志第三

夫人宵天地之貌，〔一〕懷五常之性，〔二〕聰明精粹，〔三〕有生之最靈者也。爪牙不足以供耆欲，趨走不足以避利害，〔四〕無毛羽以禦寒暑，必將役物以爲養，任智而不恃力，此其所以爲貴也。故不仁愛則不能羣，不能羣則不勝物，不勝物則養不足。羣而不足，爭心將作，上聖卓然先行敬讓博愛之德者，〔五〕衆心説而從之。〔六〕從之成羣，是爲君矣；〔七〕歸而往之，是爲王矣。〔八〕洪範曰：「天子作民父母，爲天下王。」〔九〕聖人取類以正名，而謂君爲父母，明仁愛德讓，王道之本也。愛待敬而不敗，德須威而久立，故制禮以崇敬，作刑以明威也。聖人既躬明悊之性，〔一〇〕必通天地之心，制禮作教，立法設刑，動緣民情，而則天象地。〔一一〕故曰先王立禮，「則天之明，因地之性」也。〔一二〕刑罰威獄，以類天之震曜殺戮也；〔一三〕温慈惠和，以效天之生殖長育也。〔一四〕書云「天秩有禮」，「天討有罪」。〔一五〕故聖人因天秩而制五禮，〔一六〕因天討而作五刑。〔一七〕大刑用甲兵，〔一八〕其次用斧鉞；〔一九〕中刑用刀鋸，〔二〇〕其次用鑽鑿；〔二一〕薄刑用鞭扑。〔二二〕大者陳諸原野，〔二三〕小者致之市朝，〔二四〕其所繇來者上矣。〔二五〕

〔一〕應劭曰：宵，類也。頭圜象天，足方象地。孟康曰：宵，化也，言稟天地氣化而生也。師古曰：宵義與肖同，應說是也。故庸妄之人謂之不肖，言其狀䫉無所象似也。䫉，古貌字。【補注】錢大昭曰：說文「皃，頌儀也。皃或作䫉，从頁，豹省聲」。沈欽韓曰：淮南要略「覽取橋掇，浸想宵類」。高注「宵，物似也」。

〔二〕師古曰：五常，仁、義、禮、智、信。

〔三〕師古曰：精，細也。言其識性細密也。粹，淳也，音先遂反。

〔四〕師古曰：耆讀曰嗜。

〔五〕【補注】先謙曰：說文「卓，高也」。

〔六〕師古曰：說讀曰悅。

〔七〕【補注】錢大昭曰：荀子王制篇云「君者，善羣也」。春秋繁露滅國篇云「君者，不失其羣者也」。又曰「君者，羣也」。白虎通云「君，羣也，羣下之所歸心也」。

〔八〕師古曰：言爭往而歸之也。【補注】先謙曰：荀子正論篇「天下歸之謂之王」。韓詩外傳五「王者，往也，天下往之謂之王」。穀梁莊三年傳「其曰王者，民之所歸往也」。文耀鉤、元命苞並有「王者往也」之文。

〔九〕師古曰：洪範，周書也。

〔一〇〕師古曰：躬謂身親有之。【補注】先謙曰：說文悊下云「哲或从心」。

〔一一〕師古曰：則，法也。

〔一二〕師古曰：春秋左氏傳載鄭大夫子太叔之辭也。

〔一三〕師古曰：震謂靁電也。

〔一四〕【補注】先謙曰：四句，後書應劭傳引之，「惠和」作「和惠」。

〔一五〕師古曰：此虞書咎繇謨之辭也。秩，敘也。言有禮者天則進敘之，有罪者天則討治之。

〔一六〕師古曰：五禮，吉、凶、賓、軍、嘉。

〔一七〕師古曰：其説在下也。

〔一八〕張晏曰：以六師誅暴亂。

〔一九〕韋昭曰：斬刑也。【補注】王鳴盛曰：此數語出魯語。班氏據此，故以戰守之兵與墨、劓等刑合爲一志。畢竟刑，平時所用；兵，征討所用，二者不可合。班氏雖有此作，後世諸史無從之者。

〔二〇〕韋昭曰：刀，割刑。鋸，刖刑也。

〔二一〕韋昭曰：鑽，髕刑也。鑿，黥刑也。師古曰：鑽，鑽去其髕骨也。鑽音子端反。髕音頻忍反。【補注】先謙曰：官本「忍」作「刃」。

〔二二〕師古曰：扑，杖也，音普木反。

〔二三〕師古曰：謂征討所殺也。

〔二四〕應劭曰：大夫以上尸諸朝，士以下尸諸市。

〔二五〕師古曰：繇讀與由同。

自黃帝有涿鹿之戰以定火災，〔一〕顓頊有共工之陳以定水害。〔二〕唐虞之際，至治之極，猶流共工，放驩兜，竄三苗，殛鯀，然後天下服。〔三〕夏有甘扈之誓，〔四〕殷、周以兵定天下矣。〔五〕天下既定，戢臧干戈，教以文德，〔六〕而猶立司馬之官，設六軍之衆，〔七〕因井田而制軍賦。地方一里爲井，井十爲通，通十爲成，成方十里；成十爲終，終十爲同，同方百里；〔八〕同十爲封，封十爲畿，畿方千里。有税有租。〔九〕税以足食，賦以足兵。故四井爲邑，四邑爲丘。丘，十六井也，有戎馬一匹，牛三頭。四丘爲甸。甸，六十四井也，有戎馬四匹，兵車一乘，牛十二頭，甲士三人，卒七十二人，干戈備具，是謂乘馬之法。〔一〇〕一同百里，提封萬井，〔一一〕除山川沈斥，城池邑居，園囿術路三千六百井，〔一二〕定出賦六千四百井，戎馬四百匹，兵車百乘，此卿大夫采地之大者也，〔一三〕是謂百乘之家。一封三百一十六里，提封十萬井，定出賦六萬四千井，戎馬四千匹，兵車千乘，此諸侯之大者也，是謂千乘之國。〔一四〕天子畿方千里，提封百萬井，定出賦六十四萬井，戎馬四萬匹，兵車萬乘，故稱萬乘之主。戎馬車徒干戈素具，春振旅以搜，夏拔舍以苗，秋治兵以獮，冬大閱以狩，〔一五〕皆於農隙以講事焉。〔一六〕五國爲屬，屬有長；十國爲連，連有帥；〔一七〕三十國爲卒，卒有正，二百一十國爲州，州有牧。連帥比年簡車，〔一八〕卒正三年簡徒，〔一九〕羣牧五載大簡車徒，此先王爲國立武足兵之大略也。

〔一〕鄭氏曰：涿鹿在彭城南。與炎帝戰，炎帝火行，故云火炎。李奇曰：黄帝與炎帝戰於阪泉，今言涿鹿，地有二名也。文穎曰：國語云「黄帝，炎帝弟也」。炎帝號神農，火行也，後子孫暴虐，黄帝伐之，故言「以定火災」。律曆志云「與炎帝後戰於阪泉」。涿鹿在上谷，今見有阪泉地黄帝祠。師古曰：文説是也。彭城者，上谷北別有彭城，非宋之彭城也。【補注】葉德輝曰：火災與下水害對文。淮南兵略訓「炎帝爲火災，故黄帝擒之。共工爲水害，故顓頊誅之」。先謙曰：官本注「火炎」作「火災」，是。

〔二〕文穎曰：共工，主水官也，少昊氏衰，秉政作害，顓頊伐之。本主水官，因爲水行也。師古曰：共讀曰龔。次下亦同。【補注】先謙曰：官本無「次」下四字。

〔三〕師古曰：舜受堯禪而流共工于幽州，放讙兜于崇山，竄三苗于三危，殛鯀于羽山也。殛，誅也，音居力反。【補注】

先謙曰：官本「讙」並作「驩」。

〔四〕師古曰：謂啟與有扈戰于甘之野，作甘誓，事見夏書。扈國，今鄠縣是也。甘即甘水之上。

〔五〕師古曰：謂湯及武王。

〔六〕師古曰：戢，斂也。

〔七〕師古曰：司馬，夏官卿，掌邦政，軍旅屬焉。萬二千五百人爲軍，王則六軍也。【補注】先謙曰：官本引宋祁曰「萬一千」，邵本作「萬二千」。蓋宋所據本非一也。

〔八〕【補注】錢大昭曰：荀紀「終」作「衆」，古字通。

〔九〕師古曰：税者，田租也。賦謂發斂財也。【補注】王鳴盛曰：案下文即云「税以足食，賦以足兵」，證之顔注，則合作「有税有賦」。又食貨志前一段語意與此正同，亦云「有税有賦」。若作租，租即税也，不可通矣。先謙曰：官本「租」作「賦」。注「發」下多「賦」字，引宋祁曰：邵、姚本云「發賦斂之賦也」。

〔一〇〕鄭氏曰：甲士在車上也。師古曰：乘音食證反。其下並同。【補注】先謙曰：荀紀「卒」上有「步」字。

〔一一〕蘇林曰：提音秖，陳留人謂舉田爲秖。李奇曰：提，舉也，舉四封之内也。師古曰：李説是也。提讀如本字，蘇音非也。説者或以爲積土而封謂之隄封，既改文字，又失義也。【補注】王念孫曰：諸説皆非也。廣雅曰「堤封，都凡也」。都凡者，猶今人言大凡、諸凡也。提與堤古字通。都凡與提封一聲之轉，皆是大數之名。提封萬井，猶言通共萬井耳。食貨志曰「地方百里，提封九萬頃」。地理志曰「提封田一萬萬四千五百一十三萬六千四百五頃」。匡衡傳曰「樂安鄉本田提封三千一百頃」。王莽傳曰「於是遂營長安城南提封百頃」。義並與此同。若訓提爲舉，訓封爲四封，而云舉封若干井，舉封若干頃，則甚爲不詞。又東方朔傳曰「乃使大中大夫吾丘壽王與待詔能用算者二人，舉籍阿城以南、盩厔以東、宜春以西，提封頃畝及其賈直」，亦謂舉籍其頃畝之大數及其賈直耳。若云舉封頃畝，則尤爲不詞。且上言舉籍，下不當復言舉封，以此知諸説之皆非也。提，廣雅作「堤」，蘇林音（祇）

〔秖〕，曹憲音時。集韻音常支切，字作「隄」；引廣雅「隄封，都凡也」。李善本文選西都賦「提封五萬」，五臣本及後漢書班固傳並作「隄封」。提封爲都凡之轉，其字又通作「堤」。隄則亦可讀爲都奚反。凡假借之字，依聲託事，本無定體，古今異讀，未可執一。顏以蘇林音(祇)〔秖〕爲非；匡謬正俗又謂「提封之提不當作隄字，且不當讀爲都奚反」，皆執一之論也。先謙曰：官本注「秖」作「祇」。謂之隄封，「隄」作「提」。

〔一二〕臣瓚曰：沈斥，水田舄鹵也。如淳曰：術，大道也。師古曰：川謂水之通流者也。沈謂居深水之下也。斥，鹹鹵之地。【補注】王念孫曰：「沈」當爲「沆」。胡朗反。沆，大澤也，其字或作⿰田亢，或作坑，或作亢。又爲鹽澤之名，其字或作⿰鹵亢，或作坑。說文「沆，大澤也」。徐鍇傳引博物志曰「渟水，東方曰都，一名沆」。廣雅曰「⿰田亢、斥，澤池也」。玉篇曰「⿰鹵亢，鹽澤也」。太平御覽地部四十引述征記曰「齊人謂湖曰沆」，沆與斥同類，故志以沆斥連文，故薛瓚以爲「水田舄鹵」。漢紀孝文紀作「除山川坑斥」，坑與沆同。斥，今本作塹，非。蓋後人誤以坑爲坑塹字，因改斥爲塹。城池邑居，園囿街路三千六百井」。王制正義引異義「左氏說曰『賦法積四十五井，除山川坑斥斥，今本作岸，非。斥本作㡿，省作斥，因誤而爲岸。三十六井，定出賦九井』」，此皆其明證矣。凡從亢之字，隸或作冘，故沆字或作沈，一誤而爲沉，再誤而爲沈。顏氏不達，乃曰沈謂居深水之下，其失甚矣。沆、坑、亢三字，諸書或誤爲沉，或誤爲沈，或誤爲坑，或誤爲元，而學者莫之能辨也。凡從亢、從元、從冘之字，傳寫易致差謬。爾雅釋木「杬，魚毒」。今本「杬」誤作「杭」。廣雅釋宮「⿰田亢，道也」。今本「⿰田亢」誤作「⿰田几」。齊語「至于石抗」，補音抗，苦浪反。作枕者非。列子黃帝篇「攩拯挨抌」，釋文「抌，一本作抗」。淮南說林篇「在於批伉」。今本「伉」誤作「伔」。楚辭七諫「與麋鹿同坑」。今本「坑」誤作「⿰土冘」。史記仲尼弟子傳「原亢籍」，正義「亢」作「冗」。漢紀孝昭紀「楚亢陽舉兵於外」。今本「亢」誤作「冗」。後漢書光武紀「臧宮與延岑戰於沈水」，注本或作「沆水」及「沅水」者，並非。風俗通曰：謹案傳曰「沆者，莽也」，言其平望莽莽無涯際也。沆澤之無水，斥鹵之類也。今俗語亦曰「沆澤」，數「沆」字皆是「沆」字之誤。沆與莽聲相近，皆大澤之貌，說文所謂「莽沆大水，一曰大澤」者也。

故曰沆者莽也，言其平望莽莽無涯際也。淮南俶真篇「茫茫沈沈，是謂大治」。高注：茫茫沈沈，盛貌也。茫讀王莽之莽，沈讀水出沈沈白之沈。數沈字亦沆字之誤。茫茫沆沆即莽莽沆沆，故高誘以爲盛貌。漢書禮樂志「西顥沆碭」，師古曰：沆碭，白氣之貌也，故曰沆，讀水出沆沆白之沆。若作沈沈，則非其義矣。又兵略篇「天化育而無形象，地生長而無計量，渾渾沉沉，孰知其藏」，沉亦沆之誤。沆與象、量、藏爲韻，渾與沆一聲之轉。渾渾沆沆，猶言茫茫沆沆耳。若作沉沉，則義既不合，而韻又不諧矣。沆又爲鹽澤，故曰斥鹵之類。水經巨馬河注曰「督亢溝水，東逕督亢澤，澤包方城縣」。風俗通曰「沆，漭也。言乎淫淫漭漭無崖際」，是其證也。太平御覽引作「言其平望沆莽無崖際也」。水經河水注曰「濕水東北爲馬常坑，坑東西八十里，南北三十里」。又膠水注曰「膠水北歷土山，注於海。土山以北悉鹽坑」。數坑字皆坑字之誤。北堂書鈔酒食部五引齊地記曰「齊有皮邱坑，民煑坑水爲鹽」，是其證也。淮南地形篇「東南方曰具區，曰元澤」。元者，亢之誤。說見淮南。初學記地部上、太平御覽地部一引淮南並作沆，是其證也。又文選西京賦「游鷮高翬，絕阬踰斥」，阬與斥同類，皆謂澤也。阬即沆字也。故漢書趙充國傳曰「出鹽澤，過長阬」。李善注，阬音剛，失之。後書馬融傳「彌綸阬澤，臯牢陵山」，陵與山同類，阬與澤同類。李賢注以阬爲壑，亦失之。

〔一三〕師古曰：采，官也。因官食地，故曰采地。爾雅曰「采，寮官也」。説者不曉采地之義，因謂菜地，云「以種菜」，非也。

〔一四〕【補注】錢大昭曰：漢舊儀「九夫爲井，四井爲邑，四邑爲丘，四丘爲乘。乘則具車一乘、四馬、步卒三十六人。千乘之國，馬四千匹，步卒三萬六千人，爲三軍大國也。次國二軍。小國一軍」。

〔一五〕師古曰：振旅，整衆也。搜，搜擇不任孕者。拔舍，草止，不妨農也。苗，爲苗除害也。治兵，觀威武也。獮，應殺氣也。大閱，簡車馬也。狩，火田。一曰，狩，守也，圍守而取之。拔音步末反。【補注】先謙曰：官本考證云「搜，周禮及左傳原文俱作蒐」。案荀紀亦作蒐。蒐、搜義同字通，皆閱擇之意。釋天郭注：「搜，索不任者。」注父偃傳注：「蒐，蒐索也。取不孕者，任即孕也。」顏注作「任孕」，明衍一字。拔當爲茇。茇舍，見大司馬。

〔一六〕師古曰：隙，空閑也。講，和習之也。【補注】宋祁曰：邵本「習之也」無「之」字。

〔一七〕師古曰：長音竹兩反。帥音所類反。

〔一八〕師古曰：比年，頻年也。

〔一九〕師古曰：徒，人衆。

周道衰，法度墮，〔一〕至齊桓公任用管仲而國富民安。公問行伯用師之道，〔二〕管仲曰：「公欲定卒伍，修甲兵，大國亦將修之，而小國設備，則難以速得志矣。」於是乃作內政而寓軍令焉，〔三〕故卒伍定虖里，而軍政成虖郊。連其什伍，〔四〕居處同樂，死生同憂，禍福共之，故夜戰則其聲相聞，晝戰則其目相見，緩急足以相死。其教已成，外攘夷狄，內尊天子，以安諸夏。〔五〕齊威既沒，晉文接之，〔六〕亦先定其民，作被廬之法，〔七〕總帥諸侯，迭爲盟主。〔八〕然其禮已頗僭差，又隨時苟合以求欲速之功，故不能充王制。二伯之後，寖以陵夷，〔九〕至魯成公作丘甲，〔一〇〕哀公用田賦，〔一一〕搜狩治兵大閱之事皆失其正。春秋書而譏之，以存王道。於是師旅亟動，百姓罷敝，〔一二〕無伏節死難之誼。孔子傷焉，曰：「以不教民戰，是謂棄之。」〔一三〕故稱子路曰：「由也，千乘之國，可使治其賦也。」而子路亦曰：「千乘之國，攝虖大國之間，加之以師旅，因之以饑饉，由也爲之，比及三年，可使有勇，且知方也。」〔一四〕治其賦兵教以禮誼之謂也。

〔一〕師古曰：墮即隳字，隳，毀也。音火規反。

〔二〕師古曰：伯讀曰霸。

〔三〕師古曰：寓，寄也，寄於內政而修軍令也。

〔四〕師古曰：五人爲伍，二伍爲什。

〔五〕師古曰：攘，卻也。諸夏，中國之諸侯也。夏，大也，言大於四夷也。攘音人羊反。

〔六〕【補注】先謙曰：官本「齊威」作「齊桓」。

〔七〕應劭曰：搜於被廬之地，作執秩以爲六官之法，因以名之也。師古曰：被廬，晉地也。被音皮義反。

〔八〕師古曰：迭，互也，音大結反。

〔九〕師古曰：寖，漸也。陵夷，穨替也。二伯，齊桓公、晉文公也。伯讀曰霸。

〔一〇〕師古曰：丘，十六井也，止出戎馬一匹，牛三頭。四丘爲甸。甸，六十四井也，乃出戎馬四匹，兵車一乘，牛十二頭，甲士三人，卒七十二人耳。今乃使丘出甸賦，違常制也。一說，別令人爲丘作甲也。士農工商四類異業，甲者非凡人所能爲，而令作之，譏不正也。【補注】沈欽韓曰：案顏前說襲杜預，後說本穀梁，何休注同穀梁。皆非也。顧炎武左傳補正云「周制四丘爲甸，旁加一里爲成，共出長轂一乘，步卒七十二人，甲士三人，則丘得十八人，不及一甲。今作丘甲，令丘出二十五人，一甸之中共出百人矣」。解云「丘出甸賦，驟增三倍，恐未必然」。葉德輝曰：詩南山疏引左傳服虔注云「司馬法四邑爲丘，有戎馬一匹，牛三頭，是曰匹馬丘牛。四丘爲甸，甸六十四井，出長轂一乘，馬四匹，牛十二頭，甲士三人，步卒七十二人，戈、楯具備，謂之乘馬」。據此，服引司馬法丘甸之制，以明古者丘無甲，甸始有甲。今丘而作甲，雖所出之數不盡如甸賦，而要爲擾民之事。杜注云「此甸所賦，使丘出之，則一丘而具一甸之賦，是四倍其賦也」。顏注襲杜，失經意矣。

〔一一〕師古曰：田賦者，別計田畝及家財各爲一賦。言不依古制，役煩斂重也。【補注】葉德輝曰：事見左傳哀公十一年。本疏引賈逵注云「欲令一井之間出一丘之税，井别出馬一匹、牛三頭」。案魯語曰：「季康子欲以田賦，仲尼曰『先王制土，其歲收，田一井出稯禾、秉芻、缶米，不是過也』。」仲尼惟言一井所出，則此云田賦者，謂用一井之田賦耳。

〔一二〕師古曰：亟，屢也，音丘吏反。罷讀曰疲。

〔一三〕師古曰：論語載孔子之言也。非其不素習。

〔一四〕師古曰：皆論語所載也。方，道也。比音必寐反。

春秋之後，滅弱吞小，並爲戰國，稍增講武之禮，以爲戲樂，用相夸視。〔一〕而秦更名角抵，〔二〕先王之禮没於淫樂中矣。雄桀之士因勢輔時，作爲權詐以相傾覆，吴有孫武，齊有孫臏，〔三〕魏有吴起，秦有商鞅，皆禽敵立勝，垂著篇籍。〔四〕當此之時，合從連衡，〔五〕轉相攻伐，代爲雌雄。〔六〕齊愍以技擊彊，〔七〕魏惠以武卒奮，〔八〕秦昭以鋭士勝。〔九〕世方爭於功利，而馳説者以孫、吴爲宗。時唯孫卿明於王道，〔一〇〕而非之曰：「彼孫、吴者，上勢利而貴變詐；施於暴亂昏嫚之國，君臣有間，〔一一〕上下離心，政謀不良，故可變而詐也。夫仁人在上，爲下所卬，〔一二〕猶子弟之衛父兄，若手足之扞頭目，何可當也？〔一三〕鄰國望我，歡若親戚，芬若椒蘭，顧視其上，猶焚灼仇讎。人情豈肯爲其所惡而攻其所好哉？故以桀攻桀，猶有巧拙；以桀詐堯，若卵投石，夫何幸之有！〔一四〕詩曰：『武王載旆，有虔秉鉞，如火烈烈，則莫我敢遏。』〔一五〕言以仁誼綏民者，無敵於天下也。若齊之技擊，得一首則受賜金。〔一六〕事小敵脆，則媮可用也；〔一七〕事鉅敵堅，則渙然離矣。〔一八〕是亡國之兵也。魏氏武卒，衣三屬之甲，〔一九〕

操十二石之弩，負矢五十个，置戈其上，冠冑帶劍，贏三日之糧，〔二〇〕日中而趨百里，〔二一〕中試則復其户，利其田宅。〔二二〕如此，則其地雖廣，其税必寡，其氣力數年而衰。是危國之兵也。秦人，其生民也陿阸，其使民也酷烈。〔二三〕劫之以勢，隱之以阸，〔二四〕狃之以賞慶，道之以刑罰，〔二五〕使其民所以要利於上者，非戰無由也。功賞相長，五甲首而隸五家，〔二六〕是最爲有數，〔二七〕故能四世有勝於天下。然皆干賞蹈利之兵，庸徒鬻賣之道耳，〔二八〕未有安制矜節之理也。〔二九〕故雖地廣兵彊，鰓鰓常恐天下之一合而共軋己也。〔三〇〕至乎齊桓、晉文之兵，可謂入其域而有節制矣，〔三一〕然猶未本仁義之統也。故齊之技擊不可以遇魏之武卒，魏之武卒不可以直秦之鋭士，〔三二〕秦之鋭士不可以當桓、文之節制，桓、文之節制不可以敵湯、武之仁義。」

〔一〕師古曰：視讀曰示。

〔二〕師古曰：抵音丁禮反，解在武紀。【補注】先謙曰：南齊樂志「角抵像形雜伎，歷代相承有也。其增損緣起，事不可詳，大略漢世張衡西京賦是其始也」。似未讀此志者。

〔三〕師古曰：臏音頻忍反。

〔四〕【補注】葉德輝曰：四人之書，並見藝文志。

〔五〕師古曰：衡，横也。戰國時，齊、楚、韓、魏、燕、趙爲從，秦國爲衡。從音子容反，謂其地形南北從長也。秦地形東西横長，故爲衡也。

〔六〕師古曰：代亦迭也。【補注】先謙曰：官本無「亦」字。

〔七〕孟康曰：兵家之技巧。技巧者，習手足，便器械，積機關，以立攻守之勝。【補注】先謙曰：孟說本藝文志。

〔八〕師古曰：奮，盛起。

〔九〕師古曰：鋭，勇利。【補注】先謙曰：技擊、武卒、鋭士，並詳見荀子議兵篇。

〔一〇〕師古曰：孫卿楚人也，姓荀字況，避漢宣帝之諱，故改曰孫卿。【補注】先謙曰：官本「字」作「名」，是。無「也」字。孫卿非避諱，詳藝文志。

〔一一〕師古曰：言有間隙不諧和。

〔一二〕師古曰：卬讀曰仰。

〔一三〕師古曰：扞，禦難也，音下旦反。【補注】先謙曰：官本「下」作「卜」。

〔一四〕師古曰：言往必破碎。

〔一五〕師古曰：殷頌長發之詩也。武王謂湯也。虔，敬也。遏，止也。言湯建號興師，本猶仁義，雖執戚鉞，以敬爲先。故得如火之盛，無能止也。【補注】王念孫曰：旆本作發，今作旆者，後人依毛詩改之也。荀子議兵篇、韓詩外傳並引詩「武王載發」，此志上下文所引皆議兵篇文，故其字亦作發。發謂興師伐桀也。豳風七月箋曰「載之言則也，武王載發，武王則發也」。律曆志述周武王伐紂之事曰「癸巳，武王始發」，與此發字同義。毛詩作旆者，借字耳。毛傳訓旆爲旗，非也。說見經義述聞。據顏氏注云「言湯建號興師，本由仁義，雖執戚鉞，以敬爲先」。興師二字正釋發字，而不言載旆，則所見本是發字明矣。先謙曰：官本注無「謂」字，「猶」作「由」。

〔一六〕【補注】先謙曰：荀子「得一首者，則賜贖錙金，無本賞矣」。楊注「斬得一首，則官賜錙金贖之。斬首雖戰敗亦賞，不斬首雖勝亦不賞」。

〔一七〕師古曰：媮與偷同，謂苟且。

〔一八〕師古曰：鉅，大也。渙然，散貌。

〔一九〕服虔曰：作大甲三屬，竟人身也。蘇林曰：兜鍪也，盆領也，髀褌也。如淳曰：上身一，髀褌一，踁繳一，凡三屬也。師古曰：如説是也。屬，聯也，音之欲反。髀音陛。踁即脛字。【補注】先謙曰：官本注「盆」作「盤」，是。

〔二〇〕師古曰：个讀曰箇。箇，枚也。胄，兜鍪也。冠胄帶劍者，著兜鍪而又帶劍也。贏謂擔負也，音盈。【補注】先謙曰：荀子「負」下有「服」字。服，弩矢箙也。此無服字，言「負矢」，則有服可知。

〔二一〕師古曰：中，一日之中。【補注】先謙曰：俞樾云「日中者，自旦至於日中，蓋半日而趨百里也。若謂一日之中，則但云日趨百里足矣」。先謙案，官本注「曰」下有「日」字。

〔二二〕師古曰：中試，試之而中科條也。復，謂免其賦税也。利田宅者，給其便利之處也。中音竹仲反。復音方目反。【補注】先謙曰：試之而中程，則用爲武卒，優之如此。

〔二三〕師古曰：陿，地小也。隘，險固也。酷，重厚也。烈，猛威也。【補注】先謙曰：郝懿行云「陿阸猶狹隘也，謂民生計窮蹙」。荀子王霸篇「生民則致貧隘」，語意正同。案郝説是也。

〔二四〕鄭氏曰：秦地多隘，臧隱其民於隘中也。臣瓚曰：秦政急峻，隱括其民於隘狹之法。師古曰：鄭説是也。【補注】劉台拱曰：隱如「隱民多取食焉」之隱。秦生民之道，陿阸無餘地，使之隱約窮困，不自聊賴，乃重爲殺敵之賞以誘之。故荀子又曰「阸而用之，得而後功之」，亦此意。

〔二五〕師古曰：狃，串習也。音女九反。道讀曰導。【補注】先謙曰：荀子「道」作「鰌」，蓋即「遒」之借字。説文「遒，迫也」。或作「遒」。遒之以刑罰，迫之以刑罰也。彊國篇云「大燕鰌吾後」，亦謂迫吾後也。班改鰌爲遒，傳寫者遂譌爲道耳。顔讀道爲導，不思刑不可言導也。官本「九」作「救」。

〔二六〕服虔曰：能得著甲者五人首，使得隸役五家也。如淳曰：役隸五家，是爲相君長。

〔二七〕【補注】先謙曰：比之齊魏，最爲有術數也。

〔二八〕師古曰：鬻音育。

〔二九〕師古曰：矜，特也。【補注】先謙曰：官本「特」作「持」。安制，安習制度。矜節，矜尚節義。荀子「矜」作「綦」。

〔三〇〕蘇林曰：鰓音「慎而無禮則葸」之葸。鰓，懼貌也。張晏曰：軋，踐轢也。師古曰：鰓音先祀反。軋音於黠反。

〔三一〕孟康曰：入王兵之域而未盡善也。

〔三二〕師古曰：直亦當也。

故曰：「善師者不陳，〔一〕善陳者不戰，善戰者不敗，善敗者不亡。」若夫舜修百僚，咎繇作士，〔二〕命以「蠻夷猾夏，寇賊姦軌」，〔三〕而刑無所用，所謂善師不陳者也。湯、武征伐，陳師誓衆，而放禽桀、紂，〔四〕所謂善陳不戰者也。齊桓南服彊楚，使貢周室，〔五〕北伐山戎，爲燕開路，〔六〕存亡繼絶，功爲伯首，〔七〕所謂善戰不敗者也。楚昭王遭闔廬之禍，國滅出亡，〔八〕父老送之。王曰：「父老反矣！何患無君？」父老曰：「有君如是其賢也！」〔九〕相與從之。或犇走赴秦，號哭請救，〔一〇〕秦人憐之，謂之出兵。〔一一〕二國并力，遂走吳師，〔一二〕昭王返國，〔一三〕所謂善敗不亡者也。若秦因四世之勝，據河山之阻，任用白起、王翦豺狼之徒，奮其爪牙，禽獵六國，以并天下。〔一四〕窮武極詐，士民不附，卒隸之徒，還爲敵讎，〔一五〕猋起雲合，果共軋之。〔一六〕斯爲下矣。凡兵，所以存亡繼絶，救亂除害也。故伊、呂之將，子孫有國，與商周並。〔一七〕至於末世，苟任詐力，以快貪殘，爭城殺人盈城，爭地殺人滿野。孫、吳、商、白之徒，皆身誅戮於前，而功滅亡於後。〔一八〕報應之勢，各以類至，其道然矣。

〔一〕師古曰：戰陳之義，本因陳列爲名而音變耳。字則作陳，更無別體。而末代學者輒改其字旁從車，非經史之本文也。今宜依古，不從流俗也。

〔二〕師古曰：士師理官，謂司寇之職也。【補注】先謙曰：官本注末無「也」字。

〔三〕師古曰：虞書舜典舜命咎繇之文也。猾，亂也。夏，諸夏也。寇謂攻剽，賊謂殺人。在外爲姦，在内爲軌。

〔四〕師古曰：謂湯誓、泰誓、牧誓是也。

〔五〕師古曰：謂僖四年伐楚，次于陘，責包茅不入，王祭不供也。

〔六〕師古曰：謂莊三十年伐山戎，以其病燕故也。

〔七〕師古曰：謂存三亡國衞、邢、魯也。伯讀曰霸。

〔八〕師古曰：謂定四年吴入郢，楚子出，涉睢濟江，入于雲中也。

〔九〕師古曰：言無有如此君者。

〔一〇〕師古曰：謂申包胥如秦乞師也。犇，古奔字。

〔一一〕師古曰：謂秦子蒲、子武帥車五百乘以救楚也。【補注】王念孫曰：景祐本無「憐之」二字。通典兵一亦無，疑後人所加。先謙曰：官本「謂」作「爲」，謂、爲同字。

〔一二〕師古曰：謂子蒲大敗夫槩王于沂，遂射之子從子西敗吴師于軍祥。【補注】先謙曰：「遂」當爲「薳」，各本皆誤。

〔一三〕師古曰：吴師已歸，楚子入郢。

〔一四〕師古曰：言如獵之取獸。

〔一五〕師古曰：謂陳勝、吴廣、英布之徒也。

〔一六〕師古曰：猋，疾風也。如猋之起，言其速也。如雲之合，言其盛也。猋音必遥反。

〔一七〕師古曰：言其同盛衰也。

〔一八〕師古曰：孫武、孫臏、吳起、商鞅、白起也。【補注】錢大昭曰：「功」，監本、閩本作「國」。先謙曰：官本作「國」，是。

漢興，高祖躬神武之材，行寬仁之厚，總擥英雄，以誅秦、項。任蕭、曹之文，用良、平之謀，騁陸、酈之辯，明叔孫通之儀，文武相配，大略舉焉。天下既定，踵秦而置材官於郡國，〔一〕京師有南北軍之屯。至武帝平百粵，內增七校，〔二〕外有樓船，皆歲時講肄，修武備云。〔三〕至元帝時，以貢禹議，始罷角抵，〔四〕而未正治兵振旅之事也。

〔一〕師古曰：踵，因也。【補注】沈欽韓曰：漢官儀「民年二十三爲正，一歲以爲衞士，一歲爲材官騎士，習射御、騎馳、戰陣。八月，太守、都尉、令長、相、丞、尉，會都試，課殿最。水家爲樓船，亦習戰射行船。邊郡太守各將萬騎，行鄣塞、烽火、追虜。材官、樓船年五十六衰老，乃得免爲民」。

〔二〕晉灼曰：百官表「中壘、屯騎、步兵、越騎、長水、胡騎、射聲、虎賁」凡八校尉，胡騎不常置。故此言七也。【補注】沈欽韓曰：中壘校尉掌北軍壘門，又掌西域，不領兵，故但云七校。晉灼言胡騎不常置，故七。此是在後之制，非武帝制也。

〔三〕師古曰：肄，習也。音弋二反。

〔四〕【補注】先謙曰：初元五年事。

古人有言：「天生五材，民並用之，〔一〕廢一不可，誰能去兵？」〔二〕鞭朴不可弛於家，〔三〕刑罰不可廢於國，征伐不可偃於天下；〔四〕用之有本末，行之有逆順耳。孔子曰：「工欲善其事，必先利其器。」〔五〕文德者，帝王之利器；威武者，文德之輔助也。夫文之所加者深，則

武之所服者大，德之所施者博，則威之所制者廣。〔六〕三代之盛，至於刑錯兵寢者，其本末有序，帝王之極功也。〔七〕

〔一〕師古曰：五材，金、木、水、火、土也。

〔二〕【補注】先謙曰：左傳襄二十七年宋子罕之言也。

〔三〕師古曰：弛，放也，音式爾反。

〔四〕【補注】沈欽韓曰：語見吕覽蕩兵篇。

〔五〕師古曰：論語載孔子之言。

〔六〕【補注】沈欽韓曰：以上語出文子。

〔七〕師古曰：刑錯兵寢，皆謂置而弗用也。【補注】何焯曰：此兼爲建武以還，悉罷郡國都尉之官，罷材官、樓船士，歲時不講肄武備言之。

昔周之法，建三典以刑邦國，詰四方：〔一〕一曰，刑新邦用輕典；〔二〕二曰，刑平邦用中典；〔三〕三曰，刑亂邦用重典。〔四〕五刑，墨罪五百，劓罪五百，宮罪五百，刖罪五百，殺罪五百，所謂刑平邦用中典者也。〔五〕凡殺人者踣諸市，〔六〕墨者使守門，〔七〕劓者使守關，〔八〕宮者使守內，〔九〕刖者使守囿，〔一〇〕完者使守積。〔一一〕其奴，男子入于罪隸，〔一二〕女子入舂槁。〔一三〕凡有爵者，與七十者，與未齔者，皆不爲奴。〔一四〕

〔一〕師古曰：詰，責也，音口一反。字或作誥，音工到反。誥，謹也，以刑治之令謹敕也。

〔二〕師古曰：新闢地立君之國，其人未習於教，故用輕法。

〔三〕師古曰：承平守成之國，則用中典常行之法也。

〔四〕師古曰：篡殺畔逆之國，化惡難移，則用重法誅殺之也。自此以上，皆司寇所職也。【補注】周壽昌曰：漢避「邦」爲「國」。此出周禮秋官，本作新國，平國，亂國，此志引之皆云邦，蓋因避邦作國之故，後人回改顛倒，皆誤作邦。下文「善人爲國百年」，避「邦」字，與論語異，可證。先謙曰：官本「皆」作「大」。

〔五〕師古曰：墨，黥也，鑿其面以墨涅之。劓，截鼻也。宫，淫刑也，男子割腐，婦人幽閉。刖，斷足也。殺，死刑也。自此以上司刑所職也。劓音牛冀反。刖音五刮反，又音月。

〔六〕師古曰：踣謂斃之也，音妨付反。

〔七〕師古曰：黥面之人不妨禁衛也。

〔八〕師古曰：以其貌毁，故遠之。

〔九〕師古曰：人道既絶，於事便也。

〔一〇〕師古曰：驅御禽獸，無足可也。

〔一一〕師古曰：完謂不虧其體，但居作也。積，積聚之物也。自此以上掌戮所職也。

〔一二〕李奇曰：男女徒總名爲奴。

〔一三〕孟康曰：主暴燥舂之也。韋昭曰：舂，舂人；槁，槁人也。給此二官之役。師古曰：槁音古老反。【補注】王念孫曰：「女子入」下亦有「于」字，而今本脱之，當依周官司厲補。

〔一四〕師古曰：有爵，謂命士以上也。齔，毁齒，男子八歲，女子七歲而毁齒矣。自此以上，司厲所職也。

周道既衰，穆王眊荒，命甫侯度時作刑，以詰四方。〔一〕墨罰之屬千，劓罰之屬千，髕罰之屬五百，宫罰之屬三百，大辟之罰其屬二百。〔二〕五刑之屬三千，〔三〕蓋多於平邦中典五百章，

所謂刑亂邦用重典者也。〔四〕

〔一〕師古曰：穆王，昭王之子也，享國既百年，而王眊亂荒忽，乃命甫侯爲司寇，商度時宜，而作刑之制以治四方也。甫，國名也。眊音莫報反。度音大各反。【補注】先謙曰：官本考證云，「眊」古文尚書作「耄」，「甫侯」作「吕侯」。

〔二〕師古曰：髕，罰去膝頭骨。大辟，死刑也。髕音頻忍反。【補注】齊召南曰：案「髕」，吕刑作「剕」，周禮司刑亦作「剕」。先謙曰：荀紀作「剕」。

〔三〕師古曰：五者之刑凡三千。

〔四〕【補注】何焯曰：志中雖序甫刑，而無一言及於金贖，蓋以唐虞之法止於官府、學校，鞭朴輕刑而又情法可議者。穆王則五刑皆得罰鍰，以見衰世敝法，不可以訓，故從削略。而於蕭望之傳中駁難張敞之議，致其意焉。

春秋之時，王道寖壞，教化不行，〔一〕子產相鄭而鑄刑書。〔二〕晉叔嚮非之曰：〔三〕「昔先王議事以制，不爲刑辟。〔四〕懼民之有爭心也，〔五〕猶不可禁禦，是故閑之以誼，糾之以政，〔六〕行之以禮，守之以信，奉之以仁；〔七〕制爲禄位以勸其從，〔八〕嚴斷刑罰以威其淫。〔九〕懼其未也，故誨之以忠，𢥠之以行，〔一〇〕教之以務，〔一一〕使之以和，〔一二〕臨之以敬，莅之以彊，〔一三〕斷之以剛，〔一四〕猶求聖哲之上，明察之官，忠信之長，慈惠之師。〔一五〕民於是乎可任使也，而不生禍亂。民知有辟，則不忌於上，並有爭心，以徵於書，而徼幸以成之，弗可爲矣。〔一六〕夏有亂政而作禹刑，商有亂政而作湯刑，周有亂政而作九刑。〔一七〕三辟之興，皆叔世也。〔一八〕今吾子相鄭國，制參辟，鑄刑書，〔一九〕將以靖民，不亦難乎！〔二〇〕詩曰：『儀式刑文王之德，日靖四方。』〔二一〕又曰：『儀刑文王，萬邦作孚。』〔二二〕如是，何辟之有？〔二三〕民知爭端矣，將棄禮而徵於書。〔二四〕錐刀之末，將盡爭之，〔二五〕亂獄滋豐，貨賂並行。〔二六〕終子之世，鄭其敗虖！」子產報曰：「若吾子之言，僑不材，不能及子孫，吾以救世也。」〔二七〕媮薄之政，自是滋矣。孔子傷之，曰：「導之以德，齊之以禮，有恥且格；導之以政，齊之以刑，民免而無恥。」〔二八〕「禮樂不興，則刑罰不中；刑罰不中，則民無所錯手足。」〔二九〕孟氏使陽膚爲士師，〔三〇〕問於曾子，〔三一〕亦曰：「上失其道，民散久矣。如得其情，則哀矜而勿喜。」〔三二〕

〔一〕師古曰：寖，漸也。

〔二〕師古曰：子產，鄭大夫公孫僑也。鑄刑法於鼎，事在昭六年。

〔三〕師古曰：叔嚮，晉大夫羊舌肸也。遺其書以非之。嚮音許兩反。

〔四〕李奇曰：先議其犯事，議定然後乃斷其罪，不爲一成之刑著於鼎也。師古曰：虞舜則象以典刑，流宥五刑。周禮則三典五刑，以詰邦國。非不豫設，但弗宣露使人知之。【補注】王引之曰：議讀爲儀。儀，度也，謂度事之輕重以斷其罪，不豫設爲定法也。古字多以議爲儀，説見經義述聞左傳。

〔五〕【補注】先謙曰：杜注「法豫設，則民知爭端」。

〔六〕師古曰：閑，防也。糾，舉也。

〔七〕師古曰：奉，養也。

〔八〕師古曰：勸其從教之心也。

〔九〕師古曰：淫，放也。

〔一〇〕晉灼曰：雙，古竦字也。師古曰：雙謂㩳也，又音所項反。【補注】錢大昭曰：説文「愯，懼也。从心，雙省聲」。

春秋傳曰「駟氏愯」，愯即愯也。顏訓愯爲𢜔，非。先謙曰：官本考證云，左傳作「聳之以行」。

〔一一〕師古曰：時所急。

〔一二〕師古曰：悦以使人也。

〔一三〕師古曰：莅謂監視也。

〔一四〕【補注】先謙曰：杜注「義斷恩」。

〔一五〕師古曰：上謂公侯也。官，卿佐也。長、師，皆列職之首也。

〔一六〕師古曰：辟，法也。爲，治也。權移於法，故人不畏上，因危文以生詐妄，徼幸而成巧，則弗可治也。【補注】先謙曰：杜注「因危文以生爭，緣徼幸以成其巧僞」，於義爲晰。

〔一七〕韋昭曰：謂正刑五，及流、贖、鞭、扑也。【補注】沈欽韓曰：案此肉刑之制，非始於禹，乃後王之法耳。紀年帝芬三十六年作圜土。墨子非樂篇「湯之官刑有之。曰，其恆舞於宮，是謂巫風」。呂覽孝行篇「商書曰，刑三百，罪莫重於不孝」。紀年「祖甲二十四年重作湯刑」。周書嘗麥解「四年孟夏，王命大正正刑書。太史筴刑書九篇，以升授大正」。先謙曰：晉志「夏后氏之王天下也，則五刑之屬三千。殷因於夏，有所損益」。又云「傳曰：『殷周之質，不勝其文。』及昭后徂征，穆王斯耄，爰制刑辟，以詔四方。奸宄宏多，亂離斯永，則所謂『夏有亂政而作禹刑，商有亂政而作湯刑，周有亂政而作九刑』者也」。案叔向所云，總以作刑爲非治世之政耳。下叔世對上世言也。

〔一八〕師古曰：叔世言晚時也。【補注】沈欽韓曰：晏子諫篇「三辟著於國」。左傳正義服虔云「政衰爲叔世，叔世踰於季世，季世不能作辟也」。

〔一九〕孟康曰：謂夏、殷、周亂政所制三辟也。

〔二〇〕師古曰：靖，安也，一曰治也。

〔二一〕師古曰：周頌我將之詩也。言法象文王之德，以爲儀式，則四方日以安靖也。【補注】錢大昭曰：左傳同。今

「詩」作「典」。

〔二二〕師古曰：大雅文王詩也。孚，信也。又言法象文王，則萬國皆信順也。

〔二三〕師古曰：若詩所言，不宜制刑辟。

〔二四〕師古曰：取證於刑書。

〔二五〕師古曰：喻微細。

〔二六〕師古曰：滋，益也。

〔二七〕師古曰：言雖非長久之法，且救當時之敝。【補注】先謙曰：唐志「古之爲國者，議事以制，不爲刑辟，懼民知爭端也。後世作爲刑書，惟恐不備，俾民之知所避也。其爲法雖殊，而用心則一，皆欲民之無犯也」。

〔二八〕師古曰：論語載孔子之言也。格，正也，言用德禮，則人有恥而自正，尚政刑則下苟免而無恥。

〔二九〕師古曰：亦論語所載孔子之言也。禮以治人，樂以易俗，二者不興，則刑罰濫矣。錯，置矣。【補注】先謙曰：官本注無「所」字，末作「也」，是。

〔三〇〕師古曰：亦論語所載，陽膚，曾子弟子也。士師，獄官。

〔三一〕師古曰：問何以居此職也。

〔三二〕師古曰：此曾子對辭，前萌俗澆離，輕犯於法，乃由上失其道，非下之過。今汝雖得獄情，當哀矜之，勿自喜也。【補注】宋祁曰：「自喜」，姚本刪「自」字。先謙曰：官本「對」作「答」，「前萌」作「言民」。

陵夷至於戰國，韓任申子，〔一〕秦用商鞅，〔二〕連相坐之法，〔三〕造參夷之誅；〔四〕增加肉刑、大辟，有鑿顛、抽脅、鑊亨之刑。〔五〕

〔一〕【補注】先謙曰：藝文志「法家有申子六篇」。

〔二〕【補注】沈欽韓曰：魏志「商君以法經六篇入説于秦」。唐律疏議「商鞅傳授，改法爲律」。

〔三〕【補注】沈欽韓曰：史記「衛鞅令民爲什伍，相收司連坐，不告姦者腰斬」。

〔四〕師古曰：參夷，夷三族。

〔五〕師古曰：鼎大而無足曰鑊，以鬵人也。【補注】先謙曰：晉志「秦文初造參夷，始皇加之抽脅」。説又不同。

至於秦始皇，兼吞戰國，遂毀先王之法，滅禮誼之官，專任刑罰，躬操文墨，〔一〕晝斷獄，夜理書，自程決事，日縣石之一。〔二〕而姦邪竝生，赭衣塞路，囹圄成市，天下愁怨，潰而叛之。

〔一〕師古曰：躬，身也。操，執持也，音千高反。

〔二〕服虔曰：縣，稱也。石百二十斤也。始皇省讀文書，日以百二十斤爲程。【補注】先謙曰：始皇紀「上至以衡石量書，日夜有呈，不中呈不得休息」。「呈」與「程」同。

漢興，高祖初入關，約法三章曰：「殺人者死，傷人及盗抵罪。」蠲削煩苛，兆民大説。〔一〕其後四夷未附，兵革未息，三章之法不足以禦姦，〔二〕於是相國蕭何攈摭秦法，〔三〕取其宜於時者，作律九章。〔四〕

〔一〕師古曰：説讀曰悦。

〔二〕師古曰：禦，止也。

〔三〕師古曰：攈摭，謂收拾也。攈音九問反。摭音之石反。

〔四〕【補注】沈欽韓曰：晉志「蕭何定律，除參夷、連坐之罪，增部主見知之條，益事律興、廏、户三篇，合爲九篇」。

當孝惠、高后時，百姓新免毒蠚，人欲長幼養老。〔一〕蕭曹爲相，填以無爲，〔二〕從民之欲，而不擾亂，是以衣食滋殖，刑罰用稀。

〔一〕師古曰：蠚音呼各反。【補注】先謙曰：説文「䖃，螫也。从虫，若省聲」。今作蠚，同。

〔二〕師古曰：言以無爲之法填安百姓也。填音竹刃反。

及孝文即位，躬脩玄默，勸趣農桑，減省租賦。〔一〕而將相皆舊功臣，少文多質，懲惡亡秦之政，論議務在寬厚，恥言人之過失。化行天下，告訐之俗易。〔二〕吏安其官，民樂其業，畜積歲增，户口寖息。〔三〕風流篤厚，禁罔疏闊。選張釋之爲廷尉，罪疑者予民，〔四〕是以刑罰大省，至於斷獄四百，〔五〕有刑錯之風。

〔一〕【補注】何焯曰：此平刑之本。

〔二〕師古曰：訐，面相斥罪也，音居謁反。【補注】沈欽韓曰：論語集解包咸曰「訐謂攻發人之陰私」。顔解本説文。先謙曰：官本注作「（許而）〔訐面〕相斥罪也」。

〔三〕師古曰：畜讀曰蓄。寖，益也。息，生也。

〔四〕師古曰：從輕斷。

〔五〕師古曰：謂普天之下重罪者也。

即位十三年，齊太倉令淳于公〔一〕有罪當刑，詔獄逮繫長安。〔二〕淳于公無男，有五女，當行會逮，罵其女曰：「生子不生男，緩急非有益也！」〔三〕其少女緹縈，自傷悲泣，〔四〕乃隨其父至長安，上書曰：「妾父爲吏，齊中皆稱其廉平，今坐法當刑。妾傷夫死者不可復生，刑者不可復屬，〔五〕雖後欲改過自新，其道亡繇也。〔六〕妾願没入爲官婢，以贖父刑罪，使得自新。」書奏天子，〔七〕天子憐悲其意，〔八〕遂下令曰：「制詔御史，蓋聞有虞氏之時，畫衣冠異章服以爲戮，而民弗犯，〔九〕何治之至也！今法有肉刑三，〔一〇〕而姦不止，其咎安在？非乃朕德之薄，而教不明與！〔一一〕吾甚自愧。故夫訓道不純而愚民陷焉。〔一二〕詩曰：『愷弟君子，民之父母。』〔一三〕今人有過，教未施而刑已加焉，或欲改行爲善，而道亡繇至，〔一四〕朕甚憐之。夫刑至斷支體，刻肌膚，終身不息，〔一五〕何其刑之痛而不德也！豈稱爲民父母之意哉？其除肉刑，〔一六〕有以易之；及令罪人各以輕重，不亡逃，有年而免。〔一七〕具爲令。」〔一八〕

〔一〕【補注】沈欽韓曰：史記「太倉公者，齊太倉長，臨淄人，姓淳于名意」。

〔二〕師古曰：逮，及也。辭之所及則追捕之，故謂之逮。一曰，逮者在道將送，防禦不絕，若今之傳送囚也。【補注】先謙曰：一説是。官本「詔」作「防」。

〔三〕【補注】宋祁曰：姚本「益也」删去「也」字。先謙曰：倉公傳作「緩急無可使者」。文紀與此同。

〔四〕師古曰：緹縈，女名也。緹音他弟反。【補注】先謙曰：索隱「緹音啼」，鄒氏音體也。

〔五〕師古曰：屬，聯也。音之欲反。

〔六〕師古曰：繇讀與由同。由，從也。

〔七〕【補注】朱子文曰：於文「書奏」下多「天子」二字。前曰上書，非上於天子而何？後曰書奏，非奏于天子而何？若曰「書奏，天子憐悲其意」，文字直而美。先謙曰：此即用史記文紀文，朱强作解事，多此類。

〔八〕【補注】先謙曰：倉公傳贊「緹縈通尺牘，父得以後寧」。

〔九〕【補注】先謙曰：注詳武紀。

〔一〇〕孟康曰：黥、劓二，則左右趾合一，凡三也。【補注】宋祁曰：姚本「二則」删去「則」字。先謙曰：二則，「則」乃「刖」之誤。

〔一一〕師古曰：與讀曰歟。

〔一二〕師古曰：道讀曰導。【補注】先謙曰：史記文紀「訓」作「馴」，馴、訓古通。

〔一三〕師古曰：大雅泂酌之詩也。言君子有和樂簡易之德，則其下尊之如父，親之如母也。【補注】先謙曰：官本「簡易」作「易簡」。

〔一四〕師古曰：繇讀與由同。

〔一五〕師古曰：息，生也。

〔一六〕【補注】先謙曰：文紀十三年。

〔一七〕孟康曰：其不亡逃者，滿其年數，得免爲庶人。

〔一八〕師古曰：使更爲條制。

丞相張蒼、御史大夫馮敬奏言：「肉刑所以禁姦，所由來者久矣。陛下下明詔，憐萬民之一有過被刑者終身不息，及罪人欲改行爲善而道亡繇至，於盛德，臣等所不及也。〔一〕臣謹議請定律曰：諸當完者，完爲城旦舂；〔二〕當黥者，髡鉗爲城旦舂；當劓者，笞三百；當斬左止者，笞五百；當斬右止，及殺人先自告，及吏坐受賕枉法，守縣官財物而即盜之，已論命復有笞罪者，皆棄市。〔三〕罪人獄已決，完爲城旦舂，滿三歲爲鬼薪白粲。〔四〕鬼薪白粲一歲，爲隸臣妾。隸臣妾一歲，免爲庶人。〔五〕隸臣妾滿二歲，爲司寇。〔六〕司寇一歲，及作如司寇二歲，皆免爲庶人。〔七〕其亡逃及有罪耐以上，不用此令。〔八〕前令之刑城旦舂歲而非禁錮者，如完爲城旦舂歲數以免。〔九〕臣昧死請。」制曰：「可。」〔一〇〕是後，外有輕刑之名，內實殺人。斬右止者又當死。斬左止者笞五百，當劓者笞三百，率多死。〔一一〕

〔一〕【補注】先謙曰：詳語氣「至」字下屬，則「至於」二字間文。上云「或欲改行爲善，而道亡繇至」，是「至」字當上屬明矣。下引平勃奏云「甚盛德，臣等所不及也」，與此文法一例。「於」疑「甚」之譌。

〔二〕臣瓚曰：文帝除肉刑，皆有以易之，故以完易髡，以笞代劓，以釱左右止代刖。今既曰完矣，不復云以完代完也。此當言髡者完也。【補注】先謙曰：官本「代刖」作「代刑」。引宋祁曰「代刑」，姚本改作「代刖」。先謙案，注「此當言髡者完也」，「言」字應在「當」字上。不加髡鬄則謂之完。男子城旦，婦人舂，以釱左右趾代刖，尋志文定律實不然。說文「釱，脛鉗也」。

〔三〕李奇曰：命，逃亡也。復於論命中有罪也。晉灼曰：命者，名也，成其罪也。師古曰：止，足也。當斬右足者，以其辠次重，故從棄市也。殺人先自告，謂殺人而自首，得免罪者也。吏受賕枉法，謂曲公法而受賂者也。守縣官財物而即盜之，即今律所謂主守自盜者也。殺人害重，受賕盜物，贓汙之身，故此三罪已被論名而又犯笞，亦皆棄市也。今流俗書本「笞三百」、「笞五百」之上及「劓者」之下有「籍笞」字，「復有笞罪」亦云「復有籍笞罪」，皆後人妄加耳，舊本無也。

〔四〕【補注】先謙曰：鬼薪白粲，三歲刑，解見惠紀。此下並就已論決者言之。鬼薪白粲，輕於城旦舂，已滿三歲，得減此刑。是鬼薪白粲三歲，當城旦舂一歲也。

〔五〕師古曰：男子爲隸臣，女子爲隸妾。鬼薪白粲滿三歲爲隸臣，隸臣一歲免爲庶人。隸妾亦然也。【補注】先謙曰：

此自鬼薪、白粲遞減，故隸臣妾一歲，即免爲庶人。與下本罪爲隸臣妾者不同。注「三歲」誤，當爲「一歲」。

〔六〕【補注】先謙曰：此本罪爲隸臣妾者，功臣表「戚侯李信(臣)〔成〕，坐縱丞相侵道爲隸臣」是也。

〔七〕如淳曰：罪降爲司寇，故一歲，正司寇，故二歲也。【補注】先謙曰：漢舊儀「司寇，男備守，女爲作。如司寇，皆作二歲」。

〔八〕師古曰：於本罪中又重犯者也。【補注】宋祁曰：「罪耐」，姚本作「耐罪」。

〔九〕李奇曰：謂文帝作此令之前有刑者。【補注】宋祁曰：「如完」，姚本删「如」字。先謙曰：但非須加禁錮，並依四歲例免之。

〔一〇〕【補注】先謙曰：據景紀，文帝並除宮刑。

〔一一〕師古曰：斬右止者棄市，故入於死。以笞五百代斬左止，笞三百代劓，笞數既多，亦不活也。【補注】宋祁曰：姚本改「入於」作「人多」。先謙曰：後書崔寔傳「右趾者既殞其命，笞撻者往往至死，雖有輕刑之名，其實殺也。當此之時，民皆思復肉刑」。官本「右」作「若」。

景帝元年，下詔曰：「加笞與重罪無異，〔一〕幸而不死，不可爲人。〔二〕其定律：笞五百曰三百，笞三百曰二百。」猶尚不全。至中六年，又下詔曰：「加笞者，或至死而笞未畢，朕甚憐之。其減笞三百曰二百，〔三〕笞二百曰一百。」又曰：「笞者，所以教之也，其定箠令。」〔四〕丞相劉舍、御史大夫衞綰請：「笞者，箠長五尺，其本大一寸，其竹也，末薄半寸，皆平其節。〔五〕當笞者笞臀。〔六〕毋得更人，〔七〕畢一罪乃更人。」自是笞者得全，然酷吏猶以爲威。死刑既重，而生刑又輕，民易犯之。

〔一〕孟康曰：重罪謂死刑。

〔二〕師古曰：謂不能自起居也。

〔三〕【補注】沈欽韓曰：唐律疏議今律云「累決笞杖者不得過二百」，蓋循漢制。

〔四〕師古曰：箠，策也，所以擊者也，音止蘂反。

〔五〕【補注】先謙曰：唐志「漢用竹，後世更以楚」。

〔六〕如淳曰：然則先時笞背也。師古曰：臀音徒門反。【補注】周壽昌曰：案漢法先或笞背，後但鞭背耳。書「鞭作官刑」，鞭也；「扑作教刑」，杖笞也。自是以來，鞭、杖、笞兼用。梁天監時尚有制鞭、法鞭、常鞭三等之差，載在令典。鞭以皮爲之，有生革、熟靻之分。至隋始除鞭刑。唐太宗覽明堂鍼灸圖，見人之五臟皆近背，鍼灸失所，則其害致死。歎曰：「夫箠者五刑之輕，死者人之所重，安得犯至輕之刑而或至死！」乃詔罪人毋鞭背。自是鞭刑永除。知當日是鞭背，非笞背也。

〔七〕師古曰：謂行笞者不更易人也。【補注】周壽昌曰：謂更人則力紓，行笞者重。北齊刑律，笞者笞臀而不中易人，皆承漢法也。

及至孝武即位，外事四夷之功，內盛耳目之好，徵發煩數，百姓貧耗，〔一〕窮民犯法，酷吏擊斷，姦軌不勝。於是招進張湯、趙禹之屬，條定法令，作見知故縱、監臨部主之法，〔二〕緩深故之罪，〔三〕急縱出之誅。〔四〕其後姦猾巧法，轉相比況，禁罔寖密〔五〕。律令凡三百五十九章，〔六〕大辟四百九條，千八百八十二事，死罪決事比萬三千四百七十二事。〔七〕文書盈於几閣，典者不能徧睹。是以郡國承用者駮，〔八〕或罪同而論異。姦吏因緣爲市，〔九〕所欲活則傅生議，所欲陷則予死比，〔一〇〕議者咸冤傷之。

〔一〕師古曰：耗，損也，音呼到反。

〔二〕師古曰：見知人犯法不舉告爲故縱，而所監臨部主有罪并連坐也。【補注】先謙曰：食貨志「自公孫弘以春秋之義繩下，張湯以峻文決理，於是見知之法生，而廢格沮誹窮治之獄用矣」。咸宣傳：「帝作沈命法，曰：『羣盜起不發覺，發覺而弗捕滿品者，二千石以下至小吏，主者皆死。』」

〔三〕孟康曰：孝武欲急刑，吏深害及故入人罪者，皆寬緩。

〔四〕師古曰：吏釋罪人，疑以爲縱出，則急誅之。亦言尚酷。

〔五〕師古曰：寖，漸也。其下亦同。

〔六〕【補注】先謙曰：晉志「叔孫通益律所不及，旁章十八篇，張湯越宮律二十七篇，趙禹朝律六篇，合六十篇。又漢（事）〔時〕決事，集爲令甲以下三百餘篇」。

〔七〕師古曰：比，以例相比況也。

〔八〕師古曰：不曉其指，用意不同也。

〔九〕師古曰：弄法而受財，若市買之交易。【補注】先謙曰：官本「交」作「文」。

〔一〇〕師古曰：傅讀曰附。

宣帝自在閭閻而知其若此，及即尊位，廷史路溫舒上疏，言秦有十失，其一尚存，治獄之吏是也。語在溫舒傳。上深愍焉，乃下詔曰：「間者吏用法，巧文寖深，是朕之不德也。夫決獄不當，使有罪興邪，不辜蒙戮，〔一〕父子悲恨，朕甚傷之。今遣廷史與郡鞠獄，任輕祿薄，〔二〕其爲置廷平，秩六百石，員四人。其務平之，以稱朕意。」於是選于定國爲廷尉，〔三〕求明察寬恕黃霸等以爲廷平，季秋後請讞。時上常幸宣室，齋居而決事，〔四〕獄刑號爲平矣。時涿郡太守鄭昌上疏言：「聖王置諫爭之臣者，非以崇德，防逸豫之生也；立法明刑者，非以爲治，救衰亂之起也。今明主躬垂明聽，雖不置廷平，獄將自正；若開後嗣，〔五〕不若删定律令。〔六〕律令一定，愚民知所避，姦吏無所弄矣。今不正其本，而置廷平以理其末也，政衰聽怠，則廷平將招權而爲亂首矣。」〔七〕宣帝未及修正。〔八〕

〔一〕晉灼曰：當重而輕，使有罪者起邪惡之心也。師古曰：有罪者更興邪惡，無辜者反陷重刑，是決獄不平故。

〔二〕如淳曰：廷史，廷尉史也。以囚辭決獄事爲鞠，謂疑獄也。李奇曰：鞠，窮也，獄事窮竟也。師古曰：李説是也。

〔三〕【補注】先謙曰：百官表定國爲廷尉在地節元年，前一歲本始四年，詔「律令有可蠲除以安百姓，條奏」，見宣紀。北魏志「定國爲廷尉，集諸法律合二萬六千二百七十二條」。

〔四〕如淳曰：宣室，布政教之室也。重用刑，故齋戒以決事。晉灼曰：未央宮中有宣室殿。師古曰：晉説是也。賈誼傳亦云「受釐坐宣室」，蓋其殿在前殿之側也，齋則居之。【補注】先謙曰：官本無「晉説是也」四字。

〔五〕【補注】先謙曰：開，啓導之意。

〔六〕師古曰：删，刊也。有不便者，則刊而除之。

〔七〕蘇林曰：招音翹。翹，舉也，猶賣弄也。孟康曰：招，求也，招致權著己也。師古曰：孟説是也。

〔八〕【補注】先謙曰：官本考證云：「正」，監本訛「政」，今改。

至元帝初立，乃下詔曰：「夫法令者，所以抑暴扶弱，欲其難犯而易避也。今律令煩多而不約，自典文者不能分明，而欲羅元元之不逮，〔一〕斯豈刑中之意哉！〔二〕其議律令可蠲除輕減者，條奏，惟在便安萬姓而已。」〔三〕

〔一〕師古曰：羅，網也。不逮，言意識所不及。
〔二〕師古曰：中，當也。
〔三〕【補注】先謙曰：初元五年，省刑法七十餘事，除光禄大夫以下至郎中保父母同産之令。見元紀。

至成帝河平中，復下詔曰：「甫刑云『五刑之屬三千，大辟之罰其屬二百』，〔一〕今大辟之刑千有餘條，律令煩多，百有餘萬言，奇請它比，日以益滋，〔二〕自明習者不知所由，〔三〕欲以曉喻衆庶，不亦難乎！於以羅元元之民，夭絶亡辜，豈不哀哉！其與中二千石、二千石、博士及明習律令者議減死刑及可蠲除約省者，令較然易知，條奏。書不云乎：『惟刑之恤哉！』〔四〕其審核之，務準古法，〔五〕朕將盡心覽焉。」有司無仲山父將明之材，〔六〕不能因時廣宣主恩，建立明制，爲一代之法，而徒鉤摭微細，毛舉數事，以塞詔而已。〔七〕是以大議不立，遂以至今。議者或曰，法難數變，此庸人不達，疑塞治道，聖智之所常患者也。〔八〕故略舉漢興以來，法令稍定而合古便今者。

〔一〕師古曰：甫刑即周書吕刑，初爲吕侯，號曰吕刑，後爲甫侯，故又稱甫刑。
〔二〕師古曰：奇請，謂常文之外，主者别有所請以定罪也。它比，謂引它類以比附之，稍增律條也。奇音居宜反。
〔三〕師古曰：由，從也。

〔四〕師古曰：虞書舜典之辭。恤，憂也，言當憂刑也。

〔五〕師古曰：核，究其實也。

〔六〕師古曰：「有司」以下，史家之言也。大雅蒸人之詩曰「肅肅王命，仲山父將之；邦國若否，仲山父明之」。將，行也。否，不善也。言王有誥命，則仲山父行之；邦國有不善之事，則仲山父明之。故引以爲美，傷今不能然也。

〔七〕師古曰：毛舉，言舉豪毛之事，輕小之甚。塞猶當者也。【補注】先謙曰：注「者」當在「甚」字下。後書梁統傳疏云「元、哀二帝輕殊死之刑一百二十三事，手殺人者減死一等，自是以後著爲常準，故人輕犯法，吏易殺人」。又言「丞相王嘉輕爲穿鑿，虧除先帝舊約成律，數年之間，百有餘事」。東觀記云「元帝法律少所改更，孝成、孝哀即位日淺，聽斷尙寡。丞相王嘉等猥以數年之間，虧除先帝舊約」。據此，統奏不專斥嘉也。班云「有司毛舉塞詔」，蓋亦即指嘉等。但統以輕減爲非，班以毛舉爲非，用意各别，亦足見當日有司去取失宜，無所逃責矣。

〔八〕師古曰：塞謂不通也。

漢興之初，雖有約法三章，網漏吞舟之魚，〔一〕然其大辟，尙有夷三族之令。令曰：「當三族者，皆先黥，劓，斬左右止，〔二〕笞殺之，梟其首，菹其骨肉於市。〔三〕其誹謗詈詛者，又先斷舌。」故謂之具五刑。彭越、韓信之屬皆受此誅。至高后元年，乃除三族罪、祅言令。孝文二年，又詔丞相、太尉、御史：「法者，治之正，所以禁暴而衞善人也。今犯法者已論，而使無罪之父母妻子同產坐之及收，〔四〕朕甚弗取，其議。」左右丞相周勃、陳平奏言：〔五〕「父母妻子同產相坐及收，所以累其心，使重犯法也。〔六〕收之之道，所由來久矣。臣之愚計，以爲如其故便。」文帝復曰：「朕聞之，法正則民慤，罪當則民從。〔七〕且夫牧民而道之以善者，吏也；〔八〕既不能道，又以不正之法罪之，是法反害於民，爲暴者也。〔九〕朕未見其便，宜孰計之。」平、勃乃曰：「陛下幸加大惠於天下，使有罪不收，無罪不相坐，甚盛德，臣等所不及也。臣等謹奉詔，盡除收律、相坐法。」其後，新垣平謀爲逆，復行三族之誅。由是言之，風俗移易，人性相近而習相遠，信矣。〔一〇〕夫以孝文之仁，平、勃之知，猶有過刑謬論如此甚也，而況庸材溺於末流者乎？

〔一〕師古曰：言疏闊。吞舟，謂大魚也。

〔二〕【補注】先謙曰：官本「止」作「趾」。

〔三〕師古曰：菹謂醢也。菹音側於反。【補注】李光地曰：菹醢，殷紂之刑。楚詞「后辛之菹醢兮，殷宗用之不長」。

〔四〕【補注】沈欽韓曰：坐者，核其輕重，減本人一等二等也。收者，無少長皆棄市也。

〔五〕【補注】錢大昕曰：公卿表「孝文元年十月，右丞相陳平爲左丞相，太尉周勃爲右丞相。八月，勃免，平獨爲丞相。二年十月，丞相平薨。十一月，勃復爲丞相」。是平、勃同爲丞相在元年，非二年也。文帝紀「元年十二月，除收帑相坐律」，正平、勃竝相之時。志云二年，誤。

〔六〕師古曰：重，難也。累音力瑞反。【補注】先謙曰：淮南氾論「故因太祖以累其心」。高注「累，恐也」。

〔七〕師古曰：慤，謹也，音丘角反。

〔八〕師古曰：道讀曰導，以善導之也。

〔九〕師古曰：法害於人，是法爲暴。

〔一〇〕師古曰：論語云孔子曰「性相近習相遠」也。言人同稟五常之性，其所取舍本相近也，但所習各異，漸漬而移，則相遠矣。【補注】先謙曰：官本注末「矣」作「也」。

周官有五聽、八議、三刺、三宥、三赦之法。〔一〕五聽：一曰辭聽，〔二〕二曰色聽，〔三〕三曰氣聽，〔四〕四曰耳聽，〔五〕五曰目聽。〔六〕八議：一曰議親，〔七〕二曰議故，〔八〕三曰議賢，〔九〕四曰議能，〔一〇〕五曰議功，〔一一〕六曰議貴，〔一二〕七曰議勤，〔一三〕八曰議賓。〔一四〕三刺：一曰訊羣臣，二曰訊羣吏，三曰訊萬民。〔一五〕三宥：一曰弗識，二曰過失，三曰遺忘。〔一六〕三赦：一曰幼弱，二曰老旄，三曰惷愚。〔一七〕凡囚，上罪梏拲而桎，中罪梏桎，下罪梏；王之同族拲，有爵者桎，以待弊。〔一八〕高皇帝七年，〔一九〕制詔御史：「獄之疑者，吏或不敢決，有罪者久而不論，無罪者久繫不決。〔二〇〕自今以來，縣道官獄疑者，各讞所屬二千石官，〔二一〕二千石官以其罪名當報之。〔二二〕所不能決者，皆移廷尉，廷尉亦當報之。廷尉所不能決，謹具爲奏，傅所當比律令以聞。」〔二三〕上恩如此，吏猶不能奉宣。故孝景中五年復下詔曰：「諸獄疑，雖文致於法而於人心不厭者，輒讞之。」〔二四〕其後獄吏復避微文，遂其愚心。至後元年，又下詔曰：「獄，重事也。人有愚智，官有上下，獄疑者讞，有令〔二五〕讞者已報讞而後不當，讞者不爲失。」〔二六〕自此之後，獄刑益詳，近於五聽三宥之意。三年復下詔曰：「高年老長，人所尊敬也；鰥寡不屬逮者，人所哀憐也。〔二七〕其著令：年八十以上，八歲以下，及孕者未乳，〔二八〕師、朱儒〔二九〕當鞠繫者，頌繫之。」〔三〇〕至孝宣元康四年，又下詔曰：「朕念夫耆老之人，髮齒墮落，血氣既衰，亦無暴逆之心，今或羅于文法，〔三一〕執于囹圄，不得終其年命，朕甚憐之。自今以來，諸年八十非誣告殺傷人，它皆勿坐。」至成帝鴻嘉元年，定令：「年未滿七歲，賊鬭殺人及犯殊死者，上請廷尉以聞，得減死。」合於三赦幼弱老眊之人。此皆法令稍定，近古而便民者也。〔二二〕

〔一〕師古曰：刺，殺也。訊而有罪則殺之也。宥，寬也。赦，舍也，謂釋置也。

〔二〕師古曰：觀其出言，不直則煩。

〔三〕師古曰：觀其顔色，不直則變。

〔四〕師古曰：觀其氣息，不直則喘。

〔五〕師古曰：觀其聽聆，不直則惑。

〔六〕師古曰：觀其瞻視，不直則亂。

〔七〕師古曰：王之親族也。【補注】沈欽韓曰：唐律注，謂皇帝袒免以上親，及太皇太后、皇太后緦麻以上親，皇后小功以上親。

〔八〕師古曰：王之故舊也。【補注】沈欽韓曰：唐律疏議謂「宿得侍見，特蒙接遇歷久者」。

〔九〕師古曰：有德行者也。【補注】沈欽韓曰：周官注，鄭司農云「若今時廉吏有罪先請是也」。

〔一〇〕師古曰：有道藝者。【補注】沈欽韓曰：説文「罷，遣有罪也，從网」。能，言有賢能而入网，即貰遣之。

〔一一〕師古曰：有大勳力者。【補注】沈欽韓曰：疏議謂「能斬將搴旗，摧鋒萬里，或率衆歸化，寧濟一時，匡救艱難，銘功太常者」。

〔一二〕師古曰：爵位高者也。【補注】沈欽韓曰：鄭司農云「若今時吏墨綬有罪先請是也」。

〔一三〕師古曰：謂盡悴事國者也。【補注】沈欽韓曰：疏議謂「大將吏恪居官次，夙夜在公，若遠使絶域，經涉險難者」。

〔一四〕師古曰：謂前代之後，王所不臣者也。自五聽以下至此，皆小司寇所職也。

〔一五〕師古曰：訊，問也，音信。

〔一六〕師古曰：弗識，不審也。過失，非意也。遺忘，勿忘也。【補注】先謙曰：官本「勿」作「忽」，是。

〔一七〕師古曰：幼弱謂七歲以下，老眊謂八十以上，惷愚生而癡騃者。自三刺以下至此，皆司刺所職也。眊讀與耄同，惷音丑江反，又音貞巷反。【補注】先謙曰：官本「又」作「一」。

〔一八〕師古曰：械在手曰梏，兩手同械曰拲，在足曰桎。弊，斷罪也。自此以上掌囚所職也。梏音古篤反。拲即拱字也。桎音之日反。弊音蔽。【補注】周壽昌曰：鄭司農注「拲者，兩手共一木也。桎梏者，兩手各一木也」。顏從後鄭說爲長。

〔一九〕【補注】先謙曰：據高紀「是年令郎中有罪耐以上，請之」。

〔二〇〕【補注】先謙曰：官本「無罪」下少一「者」字。

〔二一〕【補注】先謙曰：讞者，平議其罪而上之。

〔二二〕師古曰：當謂處斷也。

〔二三〕師古曰：傅讀曰附。

〔二四〕【補注】先謙曰：此止摘詔末語，餘見景紀。

〔二五〕【補注】先謙曰：謂先已著令。

〔二六〕師古曰：解並在景紀。

〔二七〕師古曰：屬音之欲反。

〔二八〕師古曰：乳，產也，音人喻反。

〔二九〕如淳曰：師，樂師盲瞽者。朱儒，短人不能走者。

〔三〇〕師古曰：頌讀曰容。容，寬容之不桎梏。

〔三一〕【補注】先謙曰：官本「羅」作「罹」，是。

〔三二〕師古曰：近音其靳反。

孔子曰：「如有王者，必世而後仁；善人爲國百年，可以勝殘去殺矣。」〔一〕言聖王承衰撥亂而起，被民以德教，〔二〕變而化之，必世然後仁道成焉；至於善人，不入於室，然猶百年勝殘去殺矣。〔三〕此爲國者之程式也。今漢道至盛，歷世二百餘載，〔四〕考自昭、宣、元、成、哀、平六世之間，斷獄殊死，率歲千餘口而一人，〔五〕耐罪上至右止，三倍有餘。〔六〕古人有言：「滿堂而飲酒，有一人鄉隅而悲泣，〔七〕則一堂皆爲之不樂。」王者之於天下，譬猶一堂之上也，〔八〕故一人不得其平，爲之悽愴於心。今郡國被刑而死者歲以萬數，天下獄二千餘所，〔九〕其冤死者多少相覆，獄不減一人，此和氣所以未洽者也。

〔一〕師古曰：論語載孔子之言。此謂若有受命之王，必三十年仁政乃成也。勝殘，謂勝殘暴之人，使不爲惡。去殺，不行殺戮也。

〔二〕師古曰：被，加也，音皮義反。

〔三〕師古曰：論語稱子張問善人之道，子曰「不踐迹，亦不入于室也」。言善人不但修踐舊迹而已，固少自創制，然亦不能入聖人之室。【補注】先謙曰：官本注無「也」字。

〔四〕師古曰：今謂撰志時。

〔五〕如淳曰：率天下犯罪者千口而有一人死。

〔六〕李奇曰：耐從司寇以上至右止，爲千口三人刑。

〔七〕師古曰：鄉讀曰嚮。

〔八〕【補注】葉德輝曰：文選笙賦注引説苑曰「古人于天下，譬一堂之上。今有滿堂飲酒，有一人獨索然向隅泣，則一堂之人皆不樂」。韓詩外傳曰「衆或滿堂而飲酒，有人向隅悲泣，則一堂爲之不樂」。

〔九〕【補注】先謙曰：地理志：縣邑、道、侯國一千五百八十七。續志注「孝武帝置中都官獄二十六所」。此二千餘所，「二」蓋「一」字之誤。

原獄刑所以蕃若此者，〔一〕禮教不立，刑法不明，民多貧窮，豪桀務私，姦不輒得，獄犴不平之所致也。〔二〕書云「伯夷降典，悊民惟刑」，〔三〕言制禮以止刑，猶隄之防溢水也。今隄防淩遲，禮制未立；死刑過制，生刑易犯；饑寒並至，窮斯濫溢；豪桀擅私，爲之囊橐，〔四〕姦有所隱，則狃而寖廣：〔五〕此刑之所以蕃也。孔子曰：「古之知法者能省刑，本也；今之知法者不失有罪，末矣。」〔六〕又曰：「今之聽獄者，求所以殺之；古之聽獄者，求所以生之。」〔七〕與其殺不辜，寧失有罪。今之獄吏，上下相驅，以刻爲明，深者獲功名，平者多後患。諺曰：「鬻棺者欲歲之疫。」〔八〕非憎人欲殺之，利在於人死也。今治獄吏欲陷害人，亦猶此矣。凡此五疾，〔九〕獄刑所以尤多者也。

〔一〕師古曰：蕃，多也，音扶元反。

〔二〕服虔曰：鄉亭之獄曰犴。臣瓚曰：獄岸，獄訟也。師古曰：小雅小宛之詩云「宜岸宜獄」。瓚説是也。【補注】沈欽韓曰：服虔説本韓詩。釋文云「岸，韓詩作犴，云鄉亭之繫曰犴，朝廷曰獄」。風俗通「犴，司空也」。案司空即圜土之類。説文一説「豻，野犬」。犬所以守，故謂獄爲犴。

〔三〕師古曰：周書甫刑之辭也。悊，知也。言伯夷下禮法以道人，人習知禮，然後用刑也。【補注】先謙曰：世本「伯夷作五刑」。此典禮兼作刑之證。大傳引書曰「折民以刑」。則今文作「折」，班用今文。據下文意，志文作「折」無疑，後人用馬本改「悊」。顔注未審。

〔四〕師古曰：有底曰囊，無底曰橐。言容隱姦邪，若囊橐之盛物。

〔五〕師古曰：狃，串習也。寖，漸也。狃音女救反。

〔六〕師古曰：省謂減除之，絶於未然，故曰本也。不失有罪，事止聽訟，所以爲末。【補注】沈欽韓曰：孔叢論列篇：「子張曰：『古之知法者與今之知法者異乎？』孔子曰：『古之知法者能遠，今之知法者不失有罪。不失有罪，其於怨寡矣；能遠則於獄其防深矣。寡怨近乎濫，防深治乎本。』」

〔七〕【補注】沈欽韓曰：孔叢子：「孔子曰：『古之聽訟者，惡其意不惡其人，求所以生之。不得其所以生，乃刑之。今之聽訟者，不惡其意而惡其人，求所以殺。是反古之道也。』」

〔八〕師古曰：鬻，賣也。疫，癘病也。鬻音育。疫音役。【補注】葉德輝曰：淮南説林訓「鬻棺者，欲民之疾病也」。據此，則諺語相承久矣。先謙曰：官本「癘」作「厲」。

〔九〕【補注】先謙曰：禮教不立，一也。刑法不明，二也。民多貧窮，三也。豪桀務私，姦不輒得，四也。獄豻不平，五也。上又分承言之。

自建武、永平，民亦新免兵革之禍，人有樂生之慮，〔一〕與高、惠之間同，而政在抑彊扶弱，朝無威福之臣，邑無豪桀之俠。以口率計，斷獄少於成、哀之間什八，可謂清矣。〔二〕然而未能稱意比隆於古者，以其疾未盡除，而刑本不正。

〔一〕【補注】朱子文曰：既云新免兵革之禍，當曰人有樂生之意。意、慮字相去不遠，此傳寫之誤也。

〔二〕師古曰：十少其八也。

善乎，孫卿之論刑也！〔一〕曰：「世俗之爲説者，以爲治古者無肉刑，〔二〕有象刑墨黥之屬，菲履赭衣而不純，〔三〕是不然矣。以爲治古則人莫觸罪邪，豈獨無肉刑哉，亦不待象刑矣。〔四〕以爲人或觸罪矣，而直輕其刑，是殺人者不死，而傷人者不刑也。罪至重而刑至輕，民無所畏，亂莫大焉。凡制刑之本，將以禁暴惡，且懲其末也。〔五〕殺人者不死，傷人者不刑，是惠暴而寬惡也。故象刑非生治古，方起於亂今也。〔六〕凡爵列官職，賞慶刑罰，皆以類相從者也。一物失稱，亂之端也。〔七〕德不稱位，能不稱官，賞不當功，刑不當罪，不祥莫大焉。〔八〕夫征暴誅悖，治之威也。〔九〕殺人者死，傷人者刑，是百王之所同也，未有知其所由來者也。故治則刑重，亂則刑輕，〔一〇〕犯治之罪固重，犯亂之罪固輕也。〔一一〕書云『刑罰世重世輕』，此之謂也。」〔一二〕所謂「象刑惟明」者，〔一三〕言象天道而作刑，〔一四〕安有菲屨赭衣者哉？

〔一〕【補注】先謙曰：語見正論篇。

〔二〕師古曰：治古，謂上古至治之時也。治音丈吏反。

〔三〕師古曰：菲，草履也。純，緣也。衣不加緣，示有恥也。菲音扶味反。純音之允反。【補注】先謙曰：墨一名黥。

此墨黥，謂以墨畫當黥，不加刻涅也。荀子楊倞注引愼子曰「有虞氏之誅，以畫跪當黥，以草纓當劓，以履紂當刖，以艾畢當宮」。又尚書大傳曰「唐虞之象刑，上刑赭衣不純，中刑雜屨，下刑墨幪」。幪，巾也。案「菲履」與「履紂」同，或草、或紂爲履。紂，枲也。

〔四〕師古曰：人不犯法，則象刑無所施也。

〔五〕師古曰：懲，止也。【補注】錢大昭曰：荀子作「徵其未」。楊倞注曰「徵讀爲懲。未謂將來」。案「徵」，古「懲」字。魯頌「荆舒是懲」，史記建元以來侯者表引作「荆荼是徵」。

〔六〕如淳曰：古無象刑也，所有象刑之言者，近起今人惡刑之重，故遂推言古之聖君但以象刑，天下自治。【補注】先謙曰：官本「生」下有「於」字，是。荀子亦有。

〔七〕師古曰：稱，宜也，音尺孕反。【補注】先謙曰：稱，權稱也，失稱謂失其平。

〔八〕【補注】錢大昭曰：「矣」字衍。荀子及漢紀皆無。先謙曰：官本無「矣」字。

〔九〕【補注】先謙曰：荀子「悖」作「悍」，「威」作「盛」，並形近字。

〔一〇〕李奇曰：世所以治者，乃刑重也；所以亂者，乃刑輕也。【補注】錢大昭曰：李説非也，楊倞以爲「治世刑必行，則不敢犯，故重；亂世刑不行，則人易犯，故輕」。其説得之。

〔一一〕【補注】先謙曰：郝懿行云「治期無刑，故重；亂用哀矜，故輕」。

〔一二〕師古曰：周書甫刑之辭也。言刑罰輕重，各隨其時。

〔一三〕【補注】先謙曰：官本考證云「象刑」，監本訛「蒙刑」，今改正。

〔一四〕師古曰：虞書益稷曰「咎繇方祗厥敘，方施象刑惟明」，言敬其次敘，施其法刑皆明白也。

孫卿之言既然，又因俗説而論之曰：〔一〕禹承堯舜之後，自以德衰而制肉刑，湯武順而行之者，以俗薄於唐虞故也。〔二〕今漢承衰周暴秦極敝之流，俗已薄於三代，而行堯舜之刑，是猶以鞿而御駻突，〔三〕違救時之宜矣。且除肉刑者，本欲以全民也，今去髡鉗一等，轉而入於大辟。以死罔民，失本惠矣。〔四〕故死者歲以萬數，刑重之所致也。至乎穿窬之盜，忿怒傷人，男女淫佚，吏爲姦臧，〔五〕若此之惡，髡鉗之罰又不足以懲也。故刑者歲十萬數，民既不畏，又曾不恥，刑輕之所生也。故俗之能吏，公以殺盜爲威，專殺者勝任，奉法者不治，亂名傷制，不可勝條。是以罔密而姦不塞，刑蕃而民愈嫚。〔六〕必世而未仁，百年而不勝殘，誠以禮樂闕而刑不正也。豈宜惟思所以清原正本之論，〔七〕删定律令，籑二百章，以應大辟。〔八〕其餘罪次，於古當生，今觸死者，皆可募行肉刑。〔九〕及傷人與盜，吏受賕枉法，男女淫亂，皆復古刑，爲三千章。詆欺文致微細之法，悉蠲除。〔一〇〕如此，則刑可畏而禁易避，吏不專殺，法無二門，輕重當罪，民命得全，合刑罰之中，殷天人之和，〔一一〕順稽古之制，成時雍之化。成康刑錯，雖未可致，孝文斷獄，庶幾可及。詩云：「宜民宜人，受禄于天。」〔一二〕書曰「立功立事，可以永年」。〔一三〕言爲政而宜於民者，功成事立，則受天禄而永年命，所謂「一人有慶，萬民賴之」者也。〔一四〕

〔一〕【補注】先謙曰：自此以下班氏之言。

〔二〕【補注】沈欽韓曰：通典丁謐論曰：「堯典『象以典刑，流宥五刑』。吕刑『苗民作五虐之刑，爰始淫爲劓、刵、椓、黥』。案此肉刑在於蚩尤之代，而堯舜以流放代之，故黥劓之文，不載唐虞之籍。禹承舜禪，與堯同治，必不釋二聖而遠則兇頑，固可知矣。湯武之王，獨將奚取於吕侯？故叔向云『三辟之興皆叔世也』。此則近君子有徵之言矣。」先謙曰：據此文知班以肉刑始於夏禹，而叔向所云叔世，對上世言之，尤其明證。丁説雖辨，臆測之詞耳。

〔三〕孟康曰：以繩縛馬口之謂鞿。晉灼曰：鞿，古羈字也。如淳曰：駻音捍。突，惡馬也。師古曰：馬絡頭曰羈也。【補注】先謙曰：説文「駻，馬突也」。淮南氾論作「馯馬」。高注「馯馬，突馬也」。馯即駻之省。官本「羈」作「羇」，「絡」作「駱」。

〔四〕師古曰：罔謂羅網也。【補注】王念孫曰：「本惠」當爲「本意」，字之誤也。除肉刑以全民，文帝之本意也。今以死罔民，則失其本意。「本意」二字承上，本欲以全民而言。若作「本惠」，則非其指矣。漢紀孝成紀作「非其本意矣」，是其證。唐魏徵羣書治要所引已誤。

〔五〕師古曰：佚讀與逸同。

〔六〕師古曰：塞，止也。蕃，多也，音扶元反。嫚與慢同。

〔七〕【補注】先謙曰：豈宜，宜也。周語「豈緊多寵」，韋注「豈，辭也」。

〔八〕孟康曰：籑音撰。【補注】錢大昕曰：説文「籑，具食也，从食，算聲。或作饌，从巽」。今人撰述字从手，乃後人增加。

〔九〕李奇曰：欲死邪？欲腐邪？【補注】王鳴盛曰：魏志陳羣議云「漢除肉刑而增加笞，本興仁惻而死更衆，所謂名輕實重也。名輕則易犯，實重則傷民。且殺人償死，合於古制；至於傷人或殘毀其體，而裁翦毛髮，非其理也。若用古制，使淫者下於蠶室，盜者刖其足，永無淫放穿窬之患矣。夫三千之屬雖未可卒復，若斯數者，時之所患，宜先施用。漢律所設殊死之罪，仁所不及也。其餘逮死者可以刑代，如此則所刑與所生足以相貿矣。今以笞死之法，易不殺之刑，是重人肢體，輕人軀命也」。其旨本班氏。

〔一〇〕師古曰：詆謂誣也，音丁禮反。【補注】先謙曰：後書陳寵傳，寵請「令三公廷尉平定律令，應經合義者，可使大辟二百，而耐罪、贖罪二千八百，并爲三千，悉刪除其餘令」。與班同旨。

〔一一〕李奇曰：殷亦中。

〔一二〕師古曰：大雅假樂之詩也。蓋嘉成王之德云。

〔一三〕師古曰：今文泰誓之辭也。永，長也。

〔一四〕師古曰：吕刑之辭也。一人，天子也。言天子用刑詳審，有福慶之惠，則衆庶咸賴之也。

食貨志第四上

洪範八政，一曰食，二曰貨。食謂農殖嘉穀可食之物，〔一〕貨謂布帛可衣，〔二〕及金刀龜貝，所以分財布利通有無者也。〔三〕二者，生民之本，〔四〕興自神農之世。「斲木爲耜，煣木爲耒，耒耨之利以教天下」，而食足；〔五〕「日中爲市，致天下之民，聚天下之貨，交易而退，各得其所」，而貨通。〔六〕食足貨通，然後國實民富，而教化成。黄帝以下「通其變，使民不倦」。〔七〕堯命四子以「敬授民時」，〔八〕舜命后稷以「黎民祖飢」，〔九〕是爲政首。禹平洪水，定九州，〔一〇〕制土田，各因所生遠近，賦入貢棐，〔一一〕楙遷有無，萬國作乂。〔一二〕殷周之盛，詩書所述，要在安民，富而教之。故易稱「天地之大德曰生，聖人之大寶曰位；何以守位曰仁，何以聚人曰財」。〔一三〕財者，帝王所以聚人守位，養成羣生，奉順天德，治國安民之本也。故曰：「不患寡而患不均，不患貧而患不安；〔一四〕蓋均亡貧，和亡寡，安亡傾。」〔一五〕是以聖王域民，〔一六〕築城郭以居之，制廬井以均之，〔一七〕開市肆以通之，〔一八〕設庠序以教之；〔一九〕士農工商，四民有業。〔二〇〕學以居位曰士，闢土殖穀曰農，作巧成器曰工，通財鬻貨曰商。〔二一〕聖王量能授事，

四民陳力受職，故朝亡廢官，邑亡敖民，地亡曠土。〔一三〕

〔一〕師古曰：殖，生也。嘉，善也。

〔二〕師古曰：衣音於既反。

〔三〕師古曰：金謂五色之金也。黄者曰金，白者曰銀，赤者曰銅，青者曰鉛，黑者曰鐵。刀謂錢幣也。龜以卜占，貝以表飾，故皆爲寶貨也。

〔四〕【補注】先謙曰：日本影唐寫卷子本食貨志，「民」字、「治」字皆缺末筆，見黎刻古逸叢書。

〔五〕師古曰：斲，斫也。煣，屈也。耒，手耕曲木也。耜，耒端木所以施金也。耨，耘田也。耜音似。煣音人九反。耒音來内反。耨音乃搆反。【補注】宋祁曰：煣木當爲揉木。煣，玉篇曰「而九切，以火屈木曲」。案易作「揉」。張照曰：案揉者必以火熨，則其字從火，亦未爲非。古字不傳于今者甚多，他書引經與本文異者具有，當存之以爲經文古今異同之攷，不得據今經而駁古史也。宋説未必然。又案宋本，宋祁語至「當爲揉木」而止，無玉篇以下云云。今據淩本添。錢大昕曰：説文「煣，屈申木也」。「揉」字説文不收，當以「煣」爲正。史漢多古字，率爲校書人妄改。子京猶不免爾，何況餘子？錢大昭曰：「耒以」南雍本、閩本作「耒耨」。先謙曰：官本「以」作「耨」，據顔注，作「耨」是。

〔六〕師古曰：自「斲木爲耜」以至於此，事見易（上）〔下〕繫辭。

〔七〕李奇曰：器幣有不便於時，則變更通利之，使民樂其業而不倦也。

〔八〕師古曰：四子謂羲仲、羲叔、和仲、和叔也。事見虞書堯典也。【補注】宋祁曰：「堯典也」姚本删去「也」字。先謙曰：唐寫本無「也」字。

〔九〕孟康曰：祖，始也。黎民始飢，命棄爲稷官也。古文言阻。師古曰：事見舜典。【補注】宋祁曰：「祖饑」，古文言「阻」。先謙曰：五帝紀作「黎民始飢」。徐廣注，今文尚書作「祖飢」。孟康本馬融説也。宋説與注複出，唐寫本

「事見」下有「虞書」二字。

〔一〇〕師古曰：九州謂冀、沇、青、徐、揚、荆、豫、梁、雍。【補注】先謙曰：謂禹復九州之舊，説詳地理志。

〔一一〕應劭曰：棐，竹器也，所以盛。方曰筐，隋曰棐。師古曰：棐讀與匪同。禹貢所謂「厥貢漆絲，厥篚織文」之類是也。隋，圜而長也。隋音他果反。【補注】先謙曰：注「禹貢所謂」，唐寫本作「貢篚謂若」。

〔一二〕師古曰：楙與茂同，勉也。言勸勉天下遷易有無，使之交足，則萬國皆治。

〔一三〕師古曰：下繫之辭。

〔一四〕【補注】先謙曰：唐寫本無兩「而」字。

〔一五〕師古曰：論語載孔子之言。

〔一六〕師古曰：爲邦域。

〔一七〕師古曰：井田之中爲屋廬。

〔一八〕師古曰：肆，列也。

〔一九〕師古曰：庠序，禮官養老之處。

〔二〇〕【補注】宋祁曰：姚本「民」作「人」。

〔二一〕師古曰：鬻，賣也。鬻音弋六反。【補注】葉德輝曰：公羊成元年傳「作丘甲」，注云「古者有四民，一曰德能居位曰士，二曰闢土殖穀曰農，三曰巧心勞手以成器物曰工，四曰通財粥貨曰商」。疏云「四民之言出齊語也」。即彼云「處士就閒宴，處農就田野，處工就官府，處商就市井」是也。

〔二二〕師古曰：敖謂逸游也。曠，空也。

理民之道，地著爲本。〔一〕故必建步立畮，正其經界。〔二〕六尺爲步，〔三〕步百爲畮，畮百爲夫，夫三爲屋，屋三爲井，井方一里，是爲九夫。八家共之，各受私田百晦，公田十晦，是爲八百八十晦，餘二十晦以爲廬舍。〔四〕出入相友，守望相助，疾病則救，〔五〕民是以和睦，而教化齊同，力役生産可得而平也。

〔一〕師古曰：地著，謂安土也，音直略反。【補注】周壽昌曰：地著，劉宋時謂之土著。孝武帝大明初，公卿博議有云「土著之人，習翫日久」。通攷田賦二云「自東晉寓居江左，百姓南奔者竝謂之僑人，往往散居，無有土著」。南齊時亦稱土斷，皆地著二字變文也。

〔二〕師古曰：晦，古畝字也。【補注】先謙曰：官本注在上句下。

〔三〕【補注】先謙曰：司馬法云「六尺爲步」。釋宮疏引白虎通云「人踐三尺，法天地人。」人一舉足爲跬，再舉足爲步。踐三尺者半步。然則六尺爲步，蓋通義也。

〔四〕師古曰：廬，田中屋也。春夏居之，秋冬則去。【補注】宋祁曰：「則去」當作「即去」。齊召南曰：井田晦數，何休注公羊，趙岐注孟子，范甯注穀梁，皆本此志之説。惟鄭康成毛詩箋稍爲不同，詳見甫田孔疏。先謙曰：古「即」、「則」字同，宋説非。

〔五〕【補注】先謙曰：官本「則」作「相」，是。

民受田，上田夫百晦，中田夫二百晦，下田夫三百晦。歲耕種者爲不易上田，休一歲者爲一易中田；休二歲者爲再易下田；三歲更耕之，自爰其處。〔一〕農民户人〔二〕己受田，其家衆男爲餘夫，亦以口受田如比。〔三〕士工商家受田，五口乃當農夫一人。此謂平土可以爲法者也。若山林藪澤原陵淳鹵之地，〔四〕各以肥磽多少爲差。〔五〕有賦有稅。稅謂公田什一及工商衡虞之入也。〔六〕賦共車馬甲兵士徒之役，〔七〕充實府庫賜予之用。税給郊社宗廟百神之祀，天子奉養百官禄食庶事之費。民年二十受田，六十歸田。〔八〕七十以上，上所養也；十歲以下，上所長也；十一以上，上所强也。〔九〕種穀必雜五種，以備災害。〔一〇〕田中不得有樹，用妨五穀。〔一一〕力耕數耘，收穫如寇盜之至。〔一二〕還廬樹桑，〔一三〕菜茹有畦，瓜瓠果蓏，〔一四〕殖於疆易。〔一五〕雞豚狗彘，毋失其時，〔一六〕女修蠶織，則五十可以衣帛，七十可以食肉。

〔一〕孟康曰：爰，於也。師古曰：更，互也，音工衡反。【補注】錢大昕曰：春秋左傳「晉於是乎作爰田」。服虔、孔晁皆云「爰，易也」。説文「爰」作「趄」。趄田，易居也。張湯傳「傳爰書」，師古訓爰爲換，與易同義。先謙曰：大司徒「不易之地家百晦，一易之地家二百晦，再易之地家三百晦」。先鄭注「不易之地，歲種之，地美。一易之地，休一歲乃復種。再易之地，休二歲乃復種」。賈疏「家百晦者，此謂上地，年年佃之。家二百晦者，謂年別佃百晦，廢百晦。家三百晦者，以其地薄，年年佃百晦，廢二百晦，三年再易，乃徧」。據此，則「爰」訓「易」甚明。

〔二〕【補注】王念孫曰：案「農民户人」本作「農民户一人」。「一人」二字，對下衆男爲餘夫言之。下文「士工商家受田，五口乃當農夫一人」，又承此「農民户一人」言之。今本脱「一」字，則文義不明。通典食貨一無「一」字，亦後人依誤本漢志删之。周官載師注及疏引此，竝作「農民户一人」。陳氏禮書引同。則北宋本尚未誤。

〔三〕師古曰：比，例也，音必寐反。【補注】先謙曰：馬端臨文獻通考云「志言受田之法，與大司徒遂人所言略同，但言餘夫受田如比。孟子言『餘夫二十五畝』，朱子注『俟其壯有室，然後更受百畝之地』。則此二十五畝者，十六以後、十九以前所受田也」。

〔四〕晉灼曰：淳，盡也。舄鹵之田不生五穀也。

〔五〕師古曰：磽，磽确也，謂瘠薄之田也，音口交反。【補注】沈欽韓曰：左襄二十五年傳正義賈逵云「山林之地，九夫爲度，九度而當一井。藪澤之地，九夫爲鳩，八鳩而當一井。京陵之地，九夫爲辨，七辨而當一井。淳鹵之地，淳，鹹也。九夫爲表，六表而當一井。彊潦之地，稻人職彊檃用蕡。鄭云「彊，堅也」。此彊字亦同，謂非彊即潦。杜云彊界，謬。九夫爲藪，五藪而當一井。偃豬之地，九夫爲規，四規而當一井。原防之地，九夫爲町，三町而當一井。隰皋之地，九夫爲牧，二牧而當一井」。先謙曰：官本顏注「磽」字不重。

〔六〕師古曰：賦謂計口發財，税謂收其田入也。什一，謂十取其一也。工、商、衡、虞雖不墾殖，亦取其税者，工有技巧之作，商有行販之利，衡虞取山澤之材産也。

〔七〕師古曰：徒，衆也。共讀曰供。

〔八〕【補注】沈欽韓曰：案志言六十歸田，疑非也。一夫受田，其長男則爲永業矣。苟非户絶與遷徙，不得還於公家。餘夫壯有室，猶受百畝之田，豈老者不得還授其子，而官更追入之乎？魏、齊以下有還受之限者，原以墾荒招亡，使定土著之籍。公田有限，既集其事，則任其營生意，非主乎養民也。葉德輝曰：六十歸田，謂歸公田，非歸私田也。故下文云「七十以上，上所養也」，正謂六十歸田以後，則上養之。十歲以下，十一以上，正謂二十以内，此時未授田，故爲上所長、所强。沈説非。

〔九〕師古曰：勉强勸之，令習事也。强音其兩反。

〔一〇〕師古曰：歲月有宜及水旱之利也。種即五穀，謂黍、稷、麻、麥、豆也。【補注】先謙曰：唐寫本注「種」上有兩「五」字。當衍一字，存一字。各本無「五」字，非也。

〔一一〕【補注】錢大昭曰：齊民要術注云「五穀之田不宜樹果」。諺曰「桃李不言，下自成蹊」，匪直妨耕種損禾苗，抑亦惰夫之所休息，豎子之所嬉游。沈欽韓曰：管子國軌篇「田中有木者，謂之穀賊」。

〔一二〕師古曰：力謂勤作之也。如寇盗之至，謂促遽之甚，恐爲風雨所損。

〔一三〕師古曰：還，繞也。【補注】錢大昕曰：「還」與「環」同。錢大昭曰：説文「廬，寄也，秋冬去，春夏居」。釋名「寄止曰廬。廬，處也，取自覆處也」。廬在田中，故詩曰「中田有廬，農功已畢，乃居於里」。

〔一四〕應劭曰：木實曰果，草實曰蓏。張晏曰：有核曰果，無核曰蓏。臣瓚曰：案木上曰果，地上曰蓏也。師古曰：茹，所食之菜也。畦，區也。茹音人豫反。畦音胡圭反。蓏音來果反。【補注】葉德輝曰：齊民要術引氾勝之書，有種桑、種芋、區種瓜瓠諸法。尹都尉書有種芥、種葵、種薤、種蔥諸法。二書藝文志入農家，知以上爲農家本業也。

〔一五〕張晏曰：至此易主，故曰易。師古曰：詩小雅信南山云「中田有廬，疆場有瓜」，即謂此也。【補注】先謙曰：注「場」當作「埸」，「易」古字。

〔一六〕師古曰：堯即冢。

在壄曰廬，在邑曰里。〔一〕五家爲鄰，五鄰爲里，四里爲族，五族爲黨，五黨爲州，五州爲鄉。鄉萬二千五百户也。鄰長位下士，自此以上，稍登一級，至鄉而爲卿也。〔二〕於里有序而鄉有庠。〔三〕序以明教，〔四〕庠則行禮而視化焉。〔五〕春令民畢出在壄，冬則畢入於邑。其詩曰：「四之日舉止，同我婦子，饁彼南畮。」〔六〕又曰：「十月蟋蟀，入我牀下，嗟我婦子，聿爲改歲，入此室處。」〔七〕所以順陰陽，備寇賊，習禮文也。春秋出民，〔八〕里胥平旦坐於右塾，鄰長坐於右塾，〔九〕畢出然後歸，夕亦如之。〔一〇〕入者必持薪樵，輕重相分，斑白不提挈。〔一一〕冬民既入，婦人同巷，相從夜績，〔一二〕女工一月得四十五日。〔一三〕必相從者，所以省費燎火，同巧拙而合習俗也。〔一四〕男女有不得其所者，因相與歌詠，各言其傷。〔一五〕

〔一〕師古曰：廬各在其田中，而里聚居也。

〔二〕【補注】先謙曰：地官序官云「里宰，每里下士一人。鄰長，五家則一人。族師，每族上士一人。黨正，每黨下大夫一人。州長，每州中大夫一人。鄉大夫，每鄉卿一人。鄉老，二鄉則公一人」。鄭注「王置六鄉，則公有三人也」。賈疏「六鄉則卿六人，各主一鄉之事」。又鄉大夫下云「各掌其鄉之政教禁令。正月之吉，受教灋于司徒，退而頒之于其鄉吏，使各以教其所治」。

〔三〕【補注】宋祁曰：「於里有序」，「於」字下當添「是」字。先謙曰：御覽五百三十五引五經通義云「殷曰庠，周曰序。周家又兼用之，鄉爲庠，里爲序，家爲塾」。

〔四〕【補注】先謙曰：白虎通云「序者，序長幼也」。又云「古之教民者，里皆有師，里中之老有道德者爲里右師，其次爲左師，教里中之子弟以道藝、孝悌、仁義」。

〔五〕師古曰：視讀爲示也。【補注】宋祁曰：注末「也」字當刪。先謙曰：説文「庠，禮官養老也」。白虎通「庠者，庠禮義」。盧文弨云：下「庠」當作「詳」。

〔六〕師古曰：此豳詩七月之章也。饁，饋也。四之日，周之四月，夏之二月也。農人無不舉足而耕也，則其婦與子同以食來至南晦治田之處而饋之也。饁音于輒反。【補注】錢大昭曰：詩七月篇作「舉趾」，士昏禮「皆有枕，北止」。鄭注「止，足也」。古文「止」作「趾」。説文「止，下基也，象艸木出有址」。故以止爲足。周壽昌曰：本書刑法志「趾」皆作「止」。

〔七〕師古曰：亦七月之章也。蟋蟀，蛬也。今謂之促織。聿，曰也，言寒氣既至，蟋蟀漸來，則婦子皆曰歲將改矣，而去田中入室處也。蛬音拱。【補注】錢大昭曰：詩七月篇「聿」作「曰」，「曰」、「聿」古通。

〔八〕【補注】張文虎曰：粵本「秋」作「將」，是。荀紀作「春則出民」。先謙曰：官本作「將」。

〔九〕孟康曰：里胥，如今里吏也。師古曰：門側之堂曰塾。坐於門側者，督促勸之，知其早晏，防怠惰也。塾音孰。【補注】沈欽韓曰：里宰職「以歲時合耦於耡」。注云「耡者，里宰治處，若今街彈之室。疏云，漢時在街置室，檢彈一里之民於此。金石録有都鄉正街彈碑。右塾、左塾，即漢街彈室也。公羊傳注，其耆老有高德者名曰父老，有辨護伉健者爲里正，皆受倍田，得乘馬。田作之時，春，父老及里正旦開門坐塾上，晏出後時者不得出，莫不持樵者不得入。先謙曰：官本下「右塾」作「左塾」，是。

〔一〇〕師古曰：言里胥鄰長亦待入畢，然後歸也。【補注】先謙曰：通考引書大傳云「距冬至四十五日，始出學傅農事。上老平明坐於右塾，庶老坐於左塾，餘子畢出，然後皆歸。夕亦如之，餘子皆入，父之齒隨行，兄之齒雁行」。白虎通云「立春而就事，朝則坐於里之門，餘子皆出就農而後罷。夕亦如之，皆入而後罷」。

〔一一〕師古曰：班白者謂髮雜色也。不提挈者，所以優老人也。【補注】先謙曰：官本「斑」作「班」，通用字。大傳又云「輕任並，重任分，斑白者不提挈，出入皆如之。此之謂造士」。

〔一二〕【補注】葉德輝曰：説文「巷，里中道。从䣕，从共」。同巷謂同里耳。

〔一三〕服虔曰：一月之中，又得夜半爲十五日，凡四十五日也。

〔一四〕師古曰：省費燎火，省燎火之費也。燎所以爲明，火所以爲温也。燎音力召反。【補注】王念孫曰：案景祐本「燎」作「尞」，毛晃增脩禮部韻略，黄公紹古今韻會所引，竝與景祐本同。又引顔注「尞以爲明，火以爲温」。今則正文、注文皆改爲「燎」矣。

〔一五〕師古曰：怨刺之詩也。【補注】周壽昌曰：公羊宣十四年傳何注「男女有所怨恨，相從而歌，饑者歌其食，勞者歌其事」。此顔注意所本。又案爾雅「悠傷，憂思也」。詩卷耳傳、澤陂箋「傷，思也」。各言其傷，蓋各述其憂勞之思，所謂歌也有思。田家作苦，歌詠寫懷，雖不得所，亦未必皆怨刺。輶軒美刺并録，似不容過泥爲刺詩。

是月，餘子亦在于序室。〔一〕八歲入小學，學六甲五方書計之事，〔二〕始知室家長幼之節。十五入大學，學先聖禮樂，而知朝廷君臣之禮。〔三〕其有秀異者，移鄉學于庠序；庠序之異者，移國學于少學。〔四〕諸侯歲貢少學之異者於天子，〔五〕學于大學，命曰造士。〔六〕行同能偶，則別之以射，〔七〕然後爵命焉。

〔一〕蘇林曰：餘子，庶子也。或曰，未任役爲餘子。師古曰：未任役者是也。幼童皆當受業，豈論嫡庶乎？【補注】先謙曰：大傳又云「耰耡已藏，新穀已入，歲時事已畢，餘子皆入學」。白虎通云「若既收藏，皆入教學」。

〔二〕蘇林曰：五方之異書，如今祕書學外國書也。臣瓚曰：辨五方之名及書藝也。師古曰：瓚説是也。【補注】顧炎武曰：六甲者，四時六十甲子之類。五方者，九州嶽瀆列國之名。書者，六書。計者，九數。瓚説未盡。周壽昌曰：此禮記內則之言。禮「九年教之數日」。鄭注「朔望與六甲也」。猶言學數干支也。六年教之數與方名。鄭注「方名東西，即所云五方也，以東西該南北中也」。十年出就外傅，居宿於外。學書記，即書計也。書，文字。計，籌算也。六書九數，皆古人小學之所有事也。

〔三〕【補注】先謙曰：黨正注「三時務農，將闕於禮，至此農隙而教之尊長養老，見孝弟之道也」。白虎通云「其有賢才美質知學者，足以開其心，頑鈍之民，亦足以別於禽獸而知人倫，故無不教之民」。

〔四〕【補注】何焯曰：諸侯之國學爲少學，不敢儗天子之大學也。先謙曰：官本攷證云，案「少學」即「小學」也。下文「諸侯歲貢少學之異者」亦然。

〔五〕【補注】先謙曰：白虎通「諸侯三年一貢士者，治道三年有成也。諸侯所以貢士於天子者，進賢勸善者也」。

〔六〕李奇曰：造，成也。

〔七〕師古曰：以射試之。【補注】先謙曰：射義，天子將祭，必先習射于澤。澤者，所以擇士也。白虎通云「二人爭勝，樂以德養也。勝負俱降，以崇禮讓，故可以選士」。

孟春之月，〔一〕羣居者將散，〔二〕行人振木鐸徇于路，以采詩，〔三〕獻之大師，比其音律，以聞於天子。〔四〕故曰王者不窺牖户而知天下。

〔一〕【補注】先謙曰：官本「孟春」作「春秋」。

〔二〕師古曰：謂各趣農畮也。

〔三〕師古曰：行人，遒人也，主號令之官。鐸，大鈴也，以木爲舌，謂之木鐸。徇，巡也。采詩，采取怨刺之詩也。【補注】周壽昌曰：公羊宣十四年傳何注「男年六十，女年五十無子者，官衣食之，使之民間求詩。鄉移於邑，邑移於國，國以聞於天子。故王者不出户牖，而知天下所苦」。

〔四〕師古曰：大師，掌音律之官，教六詩以六律爲之音者。比謂次之也。比音頻二反。【補注】宋祁曰：「比謂」下當添「調」字。先謙曰：宋説是也。唐寫本有「調」字。

此先王制土處民富而教之之大略也。故孔子曰：「道千乘之國，敬事而信，節用而愛人，使民以時。」〔一〕故民皆勸功樂業，先公而後私。其詩曰：「有渰淒淒，興雲祁祁，雨我公田，遂及我私。」〔二〕民三年耕，則餘一年之畜。〔三〕衣食足而知榮辱，廉讓生而爭訟息，故三載考績。〔四〕孔子曰「苟有用我者，期月而已可也，三年有成」，成此功也。〔五〕三考黜陟，餘三年食，進業曰登，〔六〕再登曰平，餘六年食；三登曰泰平，二十七歲，遺九年食。然後巨德流洽，禮樂成焉。〔七〕故曰「如有王者，必世而後仁」，〔八〕繇此道也。〔九〕

〔一〕師古曰：論語載孔子之言。道，治也。舉事必敬，施令必信，不爲奢侈，愛養其民，無奪農時。【補注】先謙曰：官本注「民」作「萌」，是。唐寫本竝同。

〔二〕師古曰：小雅大田之詩也。渰，陰雲也。淒淒，雲起貌也。祁祁，徐也。言陰陽和，風雨時，民庶慶悦，喜其先雨公田，乃及私也。【補注】宋祁曰：「興雲」當改「興雨」。錢大昕曰：韓詩外傳引詩亦作「興雲」。祁祁，漢無極山碑亦有「興雲祁祁，雨我公田，遂及我私」之文，蓋漢世經師傳授皆然。顔之推家訓云「詩『有渰淒淒，興雲祁祁』，毛傳『渰，陰雲貌。淒淒，雲行貌』。渰已是陰雲，何勞復云興雲？雲當爲雨，俗寫誤爾。班固靈臺詩云『習習祥風，祁祁甘雨』，此其證也」。之推仕南北朝，雖疑「雲」爲誤字，不聞據他本以正之，則六朝本亦皆作「興雲」矣。大雅韓奕篇云「祁祁如雲」，可證。祁祁爲雲行貌，非轉寫之誤。後書左雄傳作「興雨祁祁」，或後人校改。先謙曰：官本「民」作「萌」。

〔三〕師古曰：畜讀曰蓄，其下並同。

〔四〕師古曰：績，功也。言主治民者，三年一考其功也。【補注】先謙曰：官本「民」作「萌」。

〔五〕師古曰：論語載孔子之言也。用謂使爲政，期月可以易俗，三年乃得成功也。【補注】先謙曰：白虎通論「三考黜陟」義云「所以三載一考績何？三年有成，故於是賞有功，黜不肖」。

〔六〕鄭氏曰：進上百工之業也。或曰進上農工諸事業，名曰登。【補注】沈欽韓曰：此謂農功畢上場。論語「新穀既升」。喪服注「升」字當爲「登」。登，成也。此專言五穀成熟耳，注非。

〔七〕【補注】先謙曰：官本「旨德」作「王德」，引宋祁曰，邵本「王德」作「至德」。先謙案：「至德」是也。

〔八〕師古曰：亦孔子之言也。解在刑法志。

〔九〕師古曰：繇讀與由同。由，用也，從也。

周室既衰，暴君污吏慢其經界，〔一〕繇役横作，〔二〕政令不信，上下相詐，公田不治。故魯宣公「初税畮」，〔三〕春秋譏焉。〔四〕於是上貪民怨，災害生而禍亂作。

〔一〕師古曰：污，謂貪穢也。

〔二〕師古曰：繇讀曰傜。橫音胡孟反。

〔三〕【補注】劉攽曰：稅畮，所謂二也。

〔四〕孟康曰：春秋謂之履畮。履，踐民所種，好者而取之，譏其貪也。

陵夷至於戰國，貴詐力而賤仁誼，先富有而後禮讓。是時李悝爲魏文侯作盡地力之教，〔一〕以爲地方百里，提封九萬頃，〔二〕除山澤邑居參分去一，爲田六百萬畮，治田勤謹則畮益三升，〔三〕不勤則損亦如之。地方百里之增減，輒爲粟百八十萬石矣。〔四〕又曰糴甚貴傷民，〔五〕甚賤傷農；民傷則離散，農傷則國貧。故甚貴與甚賤，其傷一也。善爲國者，使民毋傷而農益勸。今一夫挾五口，治田百畮，歲收畮一石半，爲粟百五十石，除十一之稅十五石，餘百三十五石。食，人月一石半，五人終歲爲粟九十石。餘有四十五石。石三十，爲錢千三百五十。〔六〕除社閭嘗新春秋之祠，用錢三百，〔七〕餘千五十。衣，人率用錢三百，五人終歲用千五百，不足四百五十。〔八〕不幸疾病死喪之費，及上賦斂，又未與此。〔九〕此農夫所以常困，有不勸耕之心，而令糴至於甚貴者也。是故善平糴者，必謹觀歲有上中下孰。上孰其收自四，餘四百石；〔一〇〕中孰自三，餘三百石；〔一一〕下孰自倍，餘百石。〔一二〕小飢則收百石，〔一三〕中飢七十石，〔一四〕大飢三十石。〔一五〕故大孰則上糴三而舍一，中孰則糴二，下孰則糴一，使民適足，賈平則止。〔一六〕小飢則發小孰之所斂，〔一七〕中飢則發中孰之所斂，大飢則發大孰之所斂，而糴之。故雖遇饑饉水旱，糴不貴而民不散，取有餘以補不足也。行之魏國，國以富彊。

〔一〕師古曰：李悝，文侯臣也。悝音恢。【補注】周壽昌曰：史記作「魏用李克」。藝文志法家有李子三十二篇。注云「名悝，相魏文侯，富國强兵」。儒家有李克七篇。注云「子夏弟子，爲魏文侯相」。此志後云「行之魏國，國以富强」，則作李悝爲是。先謙曰：人表李悝三等，李克四等。

〔二〕【補注】先謙曰：提封解詳刑法志。

〔三〕服虔曰：與之三升也。臣瓚曰：當言三斗，謂治田勤，則畮加三斗也。師古曰：計數而言，字當爲斗，瓚説是也。【補注】宋祁曰：治田勤謹，當作「勸謹」，下「不勤」同。先謙曰：唐寫本作「勸謹」，下作「不勸」。

〔四〕【補注】姚鼐曰：古人大抵計米以石權，此志鼂錯云「百畮之收，不過百石」是也。計粟以斛量，此志趙過「代田一歲之收，常過縵田畮一斛以上」是也。惟李悝法以石計粟云「百畞歲收，畮一石半，爲粟百五十石」。此即鼂錯之百石也。蓋粟百五十石得二百斛，爲米百石矣。

〔五〕韋昭曰：此民謂士、工、商也。【補注】先謙曰：官本「謂士」下多「民」字。

〔六〕【補注】沈欽韓曰：管子國蓄篇「中歲之穀，糶石十錢，大男食四石，月有四十之籍。大女食三石，月有三十之籍。吾子食二石，月有二十之籍」。注云「古之石准今之三斗三升三合」。唐志「三升爲大升，三斗爲大斗，三兩爲(小)〔大〕兩，合湯藥及冠冕則用小升小兩，自餘公私用大升大兩」。以李悝説考之，則戰國公量大已倍半，穀價亦倍於管子時。沈彤云：一石當今二升，此錢乃景王大錢，其重半兩，當今錢二枚。

〔七〕【補注】先謙曰：荀子非十二子注引周禮説「二十五家爲社」。説文「閭，里門也」。周禮『五家爲比，五比爲閭』。閭，侶也。二十五家相羣侶也」。立土神於里門，里人共祀之。嘗新則薦，春則祈，秋則報，皆有祠也。

〔八〕師古曰：少四百五十，不足也。

〔九〕師古曰：與讀曰豫。

〔一〇〕張晏曰：平歲百畮收百五十石，今大孰四倍，收六百石，計民食終歲長四百石，官糴三百石，此爲糴三舍一也。

〔一一〕張晏曰：自三，四百五十石也。終歲長三百石，官糴二百石，此爲糴二而舍一也。

〔一二〕張晏曰：自倍，收三百石，終歲長百石，官糴其五十石，云下孰糴一，謂中分百石之一。

〔一三〕張晏曰：平歲百畮之收，收百五十石，今小飢收百石，收三分之二也。

〔一四〕張晏曰：收二分之一。

〔一五〕張晏曰：收五分之一也。以此準之，大小中飢之率也。【補注】王鳴盛曰：何校，「飢」俱改「饑」。飢、饑不同，穀不熟曰饑，人無食曰飢。亦可通用，但有飢饉，無饑渴。先謙曰：官本竝作「饑」。

〔一六〕師古曰：賈讀曰價。

〔一七〕李奇曰：官以斂臧出糴也。【補注】宋祁曰：「糴也」，姚改「也」作「之」字。先謙曰：唐寫本「也」作「之」。官本「糴」作「糶」。

及秦孝公用商君，壞井田，開仟伯，〔一〕急耕戰之賞，〔二〕雖非古道，猶以務本之故，傾鄰國而雄諸侯。然王制遂滅，僭差亡度。庶人之富者累鉅萬，〔三〕而貧者食糟糠；有國彊者兼州域，而弱者喪社稷。至於始皇，遂并天下，內興功作，外攘夷狄，收泰半之賦，〔四〕發閭左之戍。〔五〕男子力耕不足糧饟，〔六〕女子紡績不足衣服。竭天下之資財以奉其政，猶未足以澹其欲也。〔七〕海內愁怨，遂用潰畔。〔八〕

〔一〕師古曰：仟伯，田間之道也。南北曰仟，東西曰伯。伯音莫白反。【補注】宋祁曰：仟伯，汪本「伯」作「陌」。吳仁傑曰：張晏云「商鞅開立阡陌，令民各有常制」，其說誤也。阡陌開而井田壞，正以無常制耳。董仲舒云「商鞅除井田，民得買賣，富者田連阡陌，貧者無立錐之地」，故欲限民名田，蓋爲是也。案井田之制，受之於公，毋得粥賣，故王制有「田里不粥」之文。一夫所耕，不出百畝，故受田以此爲率。二者之制，所以使民力均一而無貧富之殊。至秦不然，民田既得買賣，又戰得甲首者益田宅，五甲首而隸役五家，兼并之患，自是而起。民田多者至以千畝爲畔，少者乃以百畝爲畔。無復限制，而井田壞矣。先謙曰：據吴説，此處脱張注一條。官本考證云，朱子開阡陌辨曰：説者皆以開爲開置之開，言秦廢井田而始置阡陌，非也。案阡陌，舊説謂田間之道。蓋即周禮所云「遂上之徑，溝上之畛，洫上之涂，澮上之道」也。其水陸占地不爲田者頗多，先王非不惜而虚棄之，所以正疆界，止侵爭，時蓄洩，備水旱，爲永久之計也。商君行苟且之政，但見田爲阡陌所束，而耕者限於百畝，是以奮然開之，以盡人力地利。故秦紀、鞅傳皆云「爲田開阡陌封疆而賦税平」。蔡澤亦曰「決裂阡陌以靜生民之業」也。

〔二〕【補注】沈欽韓曰：商子外内篇「爲國者，邊利盡歸於兵，市利盡歸於農。邊利歸於兵者强，市利歸於農者富」。又慎法篇「民之欲利者，非耕不得；避害者，非戰不免。境内之民，莫不先觸耕戰而後得其所樂」。又刑賞篇「貴富之家必出於兵，是故民聞戰而相賀也」。

〔三〕師古曰：鉅，大也。大萬謂萬萬也。累者兼數，非止一也。言其貲財積累萬萬也。

〔四〕師古曰：泰半，三分取其二。

〔五〕應劭曰：秦時以適發之，名適戍。先發吏有過及贅壻、賈人，後以嘗有市籍者發，又後以大父母、父母嘗有市籍者。戍者曹輩盡，復入閭，取其左發之，未及取右而秦亡。師古曰：閭，里門也。言居在閭門之左者，一切發之。此閭左之釋，應最得之，諸家之義煩穢舛錯，故無所取也。【補注】先謙曰：官本「閭門」作「里門」。

〔六〕師古曰：饟，古餉字也。【補注】先謙曰：官本注無「也」字。

〔七〕師古曰：澹，古贍字也。贍，給也。其下並同。【補注】宋祁曰：「也」字當刪。葉德輝曰：文選謝靈運石壁精舍還湖中詩注引許慎注「澹，猶足也」，知澹、贍古義通。先謙曰：注「其下竝同」，官本作「下同」。

〔八〕師古曰：下逃其上曰潰。

漢興，〔一〕接秦之敝，諸侯並起，民失作業，而大饑饉。凡米石五千，〔二〕人相食，死者過半。高祖乃令民得賣子，就食蜀漢。天下既定，民亡蓋臧，〔三〕自天子不能具醕駟，〔四〕而將相或乘牛車。〔五〕上於是約法省禁，輕田租，什五而税一，量吏禄，度官用，以賦於民。〔六〕而山川園池市肆租税之入，自天子以至封君湯沐邑，皆各爲私奉養，不領於天子之經費。〔七〕漕轉關東粟以給中都官，歲不過數十萬石。〔八〕孝惠、高后之間，衣食滋殖。文帝即位，躬修儉節，思安百姓。時民近戰國，皆背本趨末，賈誼説上曰：

〔一〕【補注】先謙曰：唐寫本此處及宣帝即位、元帝即位、成帝時、哀帝即位、王莽因漢承平之業俱提行，惟「文帝即位」至「武帝之初」二處又不一律，蓋後人轉寫改之。此唐本猶可想見當日班志面目，各卷不異。至桒本改爲首尾相銜，非復舊式。禮樂志「今海内更始」，官本提行，猶其痕迹之未盡泯者也。

〔二〕【補注】周壽昌曰：沈彤云「前石五十者，周景王大錢也，重半兩。此石五千者，莢錢也。視李悝時米價已十六七倍」。壽昌案，志明云「漢興，以爲秦錢重難用，更令民鑄莢錢」，此是接秦之敝，恐尚用秦錢，未鑄莢錢也。

〔三〕蘇林曰：無物可蓋臧。

〔四〕師古曰：醕，不雜也。無醕色之駟，謂四馬雜色也。【補注】宋祁曰：越本「醕」作「醇」。先謙曰：平準書作「鈞駟」，索隱「鈞色之駟馬，漢書作『醇駟』。醇與純，一色也。或作『騂』，非」。案作「騂」者，「醕」之字誤耳。

〔五〕師古曰：以牛駕車也。

〔六〕師古曰：纔取足。

〔七〕師古曰：言各收其所賦税以自供，不入國朝之倉廩府庫也。經，常也。【補注】宋祁曰：「自天子」當作「自天下」。齊召南曰：案，文如作「自天下以至封君湯沐邑」，甚爲不協。宋意因下文言不領於天子之經費，遂疑此作「自天下」耳。又案平準書原文云「自天子以至封君湯沐邑，皆各爲私奉養，不領於天下之經費」，文義甚順。蓋大司農掌天下之經費，若畿輔以内之山川、園池、市肆租税，則盡入少府，爲天子私藏。其封君湯沐邑又各收以自供，俱不領於大司農也。此志作「天子之經費」，「子」字係傳寫之訛。

〔八〕師古曰：中都官，京師諸官府也。【補注】先謙曰：平準書「關東」作「山東」。索隱「説文云『漕，轉穀也』。一曰『車運曰轉，水運曰漕』」。中都，猶都内也。皆天子之倉府，以給中都官者，即今太倉以畜官儲者也」。

筦子曰「倉廩實而知禮節」。〔一〕民不足而可治者，自古及今，未之嘗聞。古之人曰：「一夫不耕，或受之飢；一女不織，或受之寒。」〔二〕生之有時，而用之亡度，則物力必屈。〔三〕古之治天下，至孅至悉也，〔四〕故其畜積足恃。今背本而趨末，食者甚衆，是天下之大殘也；〔五〕淫侈之俗，日日以長，是天下之大賊也。殘賊公行，莫之或止；大命將泛，〔六〕莫之振救。〔七〕生之者甚少而靡之者甚多，〔八〕天下財産何得不蹷！〔九〕漢之爲漢幾四十年矣，〔一〇〕公私之積猶可哀痛。〔一一〕失時不雨，民且狼顧；〔一二〕歲惡不入，請賣爵、子。〔一三〕既聞耳矣，〔一四〕安有爲天下阽危者若是而上不驚者！〔一五〕

〔一〕師古曰：筦與管同。管子，管仲之書也。【補注】先謙曰：賈子無「而」字，下又有「衣食足知榮辱」六字，唐寫本亦無「而」字。

〔二〕【補注】沈欽韓曰：呂覽「神農之教曰『士有當年而不耕者，則天下或受其饑矣；女有當年而不績者，則天下或受其寒矣』」。亦見文子。先謙曰：賈子「受」竝作「爲」。

〔三〕師古曰：屈，盡也。音其勿反。

〔四〕師古曰：孅，細也。悉，盡其事也。孅與纖同。【補注】錢大昭曰：説文「孅，鋭細也」。先謙曰：賈子無「至孅」二字。

〔五〕師古曰：本，農業也。末，工商也。言人已棄農而務工商矣，其食米粟者又甚衆。殘謂傷害也。【補注】先謙曰：官本注無「謂」字。賈子作「今背本而以末食者甚衆」十字爲句。

〔六〕孟康曰：泛音方勇反。泛，覆也。師古曰：字本作覂，此通用也。【補注】宋祁曰：「勇」當作「濫」。錢大昕曰：案「方勇」即「泛」之轉聲。説文「風从凡聲」，而汎亦有馮音，今人呼帆爲篷，亦聲之轉也。宋不知古音，故疑其誤。先謙曰：賈子「將泛」作「泛敗」。案泛者，如舟之隨流欲覆，酒正疏引「泛泛楊舟」，意同，故下文云然。唐寫本「勇」作「腫」。「用也」作「用耳」。

〔七〕師古曰：振，舉也。

〔八〕師古曰：靡，散也，音縻。【補注】先謙曰：唐寫本「縻」作「糜」。

〔九〕應劭曰：蹷，傾竭也。師古曰：蹷音厥。

〔一〇〕師古曰：幾，近也。音鉅衣反。

〔一一〕師古曰：言年載已多而無儲積。【補注】先謙曰：唐寫本「痛」下有「也」字。

〔一二〕鄭氏曰：民欲有畔意，若狼之顧望也。李奇曰：狼性怯，走憙還顧。言民見天不雨，今亦恐也。師古曰：李説是也。【補注】先謙曰：官本「憙」作「喜」。

〔一三〕如淳曰：賣爵級又賣子也。【補注】先謙曰：賈子作「請賣爵鬻子」。

〔一四〕如淳曰：聞於天子之耳。【補注】沈欽韓曰：如説非也。窮匱之狀，毫不動心，僅聞之耳。耳者，且止之辭。曹操謂耳非佳語，即此意。周壽昌曰：聞，自是聞於耳，何煩贅辭？耳是語助，猶云既聞之矣。先謙曰：賈子「既」下有「或」字。

〔一五〕師古曰：阽危，欲墜之意也。音閻，又音丁念反。【補注】先謙曰：注「阽危」，官本作「阽危者」。引宋祁曰：注

「阽危」當删「危者」。案賈子「阽危」下無「者」字，是也。此「者」字當緣下「者」字而誤衍。

世之有飢穰，天之行也，〔一〕禹、湯被之矣。〔二〕即不幸有方二三千里之旱，國胡以相恤？〔三〕卒然邊境有急，數十百萬之衆，國胡以餽之？〔四〕兵旱相乘，天下大屈，〔五〕有勇力者聚徒而衡擊，〔六〕罷夫羸老易子而齩其骨。〔七〕政治未畢通也，遠方之能疑者並舉而爭起矣。〔八〕乃駭而圖之，豈將有及乎？〔九〕

〔一〕李奇曰：天之行氣，不能常孰也。或曰，行，道也。師古曰：穰，豐也，音人常反。【補注】宋祁曰：「人常」當作「人掌」。王念孫曰：或說是也，世猶歲也。史記貨殖傳曰：六歲穰，六歲旱，十二歲一大饑。是歲之有飢穰，乃天之道也。剝象傳曰「君子尚消息盈虛，天行也」。天行即天道，說見經義述聞乾行也下。曲禮「去國三世」。釋文盧王云「世，歲也，萬物以歲爲世」。晏子春秋雜篇曰「以世之不足也，免粟之食飽」，謂歲之不足也。史記淮南王傳曰「萬世之後，吾甯能北面臣事豎子乎」？謂萬歲之後也。楚策曰「寡人萬歲千秋之後」。荀子非相篇「千世之傳」。韓詩外傳「世」作「歲」，是世與歲同義。故漢紀、孝文紀作「歲有飢餓，天之常行」。葉德輝曰：「穰」字平、上兩讀，廣韻一汝湯切，一汝兩切。先謙曰：賈子作「世之有饑荒，天下之常也」。

〔二〕師古曰：謂禹遭水而湯遭旱也。

〔三〕師古曰：胡，何也。

〔四〕師古曰：卒讀曰猝。餽亦饋字也。【補注】先謙曰：官本「十」作「千」。

〔五〕師古曰：屈音其勿反。

〔六〕師古曰：衡，横也。【補注】先謙曰：賈子作「横」。

〔七〕師古曰：罷讀曰疲，齩，齧也，音五巧反。【補注】宋祁曰：姚本「而齩」删「而」字。齩，下狡反。先謙曰：賈子「子」

下有「孫」字。

〔八〕師古曰：疑讀曰擬。擬，僭也，謂與天子相比擬。【補注】先謙曰：賈子無「能」字，文義自明，此「能」字誤衍。顔讀「疑」爲「擬」，能擬二字甚爲不詞。又賈子服疑篇云「衣服疑者是謂爭先，澤厚疑者是謂爭賞，權力疑者是謂爭強。彼人者近則冀幸，疑則比爭」。與此「遠方疑者爭起」，文義相發明。唐寫本注「擬」竝作「儗」。

〔九〕師古曰：圖謂謀也。【補注】先謙曰：賈子作「爲人上者乃試而圖之」。此用無蓄篇校憂民篇語，亦有同者。唐寫本無「謂」字，汪本「謂」作「亦」。

夫積貯者，天下之大命也。苟粟多而財有餘，何爲而不成？〔一〕以攻則取，以守則固，以戰則勝。懷敵附遠，何招而不至？〔二〕今敺民而歸之農，皆著於本，〔三〕使天下各食其力，末技游食之民轉而緣南晦，〔四〕則畜積足而人樂其所矣。〔五〕可以爲富安天下，而直爲此廩廩也，〔六〕竊爲陛下惜之！

〔一〕【補注】先謙曰：賈子作「何嚮而不濟」。

〔二〕師古曰：懷，來也，安也。【補注】先謙曰：賈子「懷敵」作「懷柔」。無蓄篇「夫積貯」至此在篇首，「今」下闕，末三句同。

〔三〕師古曰：敺亦驅字。著音直略反。【補注】先謙曰：官本「敺」作「毆」，字同。

〔四〕師古曰：言皆趨農作也。

〔五〕【補注】先謙曰：「今敺民」下，賈子又在瑰瑋篇。此句作「則民安性勸業，而無縣愆之心，無苟得之志，行恭儉蓄積，而人樂其所矣」。

〔六〕李奇曰：廩廩，危也。師古曰：言務耕農，厚畜積，則天下富安，何乃不爲，而常不足廩廩若此。

於是上感誼言，始開籍田，〔一〕躬耕以勸百姓。〔二〕鼂錯復説上曰：〔三〕

〔一〕【補注】先謙曰：唐寫本「籍」作「藉」，汪本作「耤」。

〔二〕【補注】劉台拱曰：事見前二年春正月丁亥詔書。漢興裁二十九年耳，而誼疏云「漢之爲漢幾四十年」，遠在其後，非由感誼言而然。

〔三〕【補注】先謙曰：錯傳：錯言守邊備塞，勸農力本，當世急務二事。傳止載守邊備塞一事，而以勸農力本之奏，分載於此。

聖王在上而民不凍飢者，非能耕而食之，織而衣之也，〔一〕爲開其資財之道也。故堯、禹有九年之水，湯有七年之旱，〔二〕而國亡捐瘠者，〔三〕以畜積多而備先具也。今海内爲一，土地人民之衆不避湯、禹，〔四〕加以亡天災數年之水旱，而畜積未及者，何也？〔五〕地有遺利，民有餘力，生穀之土未盡墾，山澤之利未盡出也，游食之民未盡歸農也。民貧，則姦邪生。貧生於不足，不足生於不農，不農則不地著，不地著則離鄉輕家，民如鳥獸，雖有高城深池，嚴法重刑，猶不能禁也。

〔一〕師古曰：食讀曰飤。衣音於既反。

〔二〕【補注】沈欽韓曰：墨翟七患篇「夏書曰『禹七年水』，殷書曰『湯五年旱』，然而民不凍飢者，其生財密用之節也」。管子權數篇「湯七年旱，禹五年水，民無饘，賣子」。荀子王霸篇「禹十年水，湯七年旱」。莊子秋水篇「湯之時八年七旱」。皆與此異。賈子新篇「禹有十年之畜，故免九年之水；湯有十年之積，故勝七年之旱」。與此同。

〔三〕孟康曰：肉腐爲瘠。捐，骨不埋者。或曰，捐謂民有飢相棄捐者。或謂貧乞者爲捐。蘇林曰：瘠音漬。師古曰：瘠，瘦病也。言無相棄捐而瘦病者耳。不當音漬也。「貧乞」之釋，尤疏僻焉。【補注】先謙曰：唐寫本「謂民」下無「有」字。「捐者」作「捐也」。

〔四〕【補注】劉奉世曰：不避湯、禹，「避」字未詳。宋祁曰：言土地人民之衆，不讓湯、禹也。

〔五〕【補注】先謙曰：官本「畜」作「蓄」。

夫寒之於衣，不待輕煖；〔一〕飢之於食，不待甘旨；〔二〕飢寒至身，不顧廉恥。人情，一日不再食則飢，終歲不製衣則寒。夫腹飢不得食，〔三〕膚寒不得衣，雖慈母不能保其子，君安能以有其民哉！〔四〕明主知其然也，故務民於農桑，薄賦斂，廣畜積，以實倉廩，備水旱，故民可得而有也。

〔一〕師古曰：以禦風霜，不求靡麗也。煖音乃短反。

〔二〕師古曰：旨，美也。

〔三〕【補注】先謙曰：唐寫本「腹」作「腸」。

〔四〕【補注】王念孫曰：「慈母」當依景祐本作「慈父」，此以父喻君，子喻民，則作慈父者是也。通典食貨一、通鑑漢紀七，竝作「慈父」。

民者，在上所以牧之，趨利如水走下，四方亡擇也。〔一〕夫珠玉金銀，飢不可食，寒不可衣，然而衆貴之者，以上用之故也。其爲物輕微易臧，在於把握，可以周海內而亡飢寒之患。〔二〕此令臣輕背其主，而民易去其鄉，盜賊有所勸，亡逃者得輕資也。〔三〕粟米布帛生於地，長於時，聚於力，〔四〕非可一日成也；數石之重，中人弗勝，〔五〕不爲姦邪所利，一日弗得而飢寒至。是故明君貴五穀而賤金玉。

〔一〕師古曰：走音奏。

〔二〕師古曰：周謂周偏而游行。

〔三〕【補注】先謙曰：輕資即輕齎也。説文「齎，持遺也」。霍去病傳「約輕齎」。古「資」、「齎」字通，見周禮注。

〔四〕【補注】王念孫曰：粟米布帛之生長與聚，皆由人力，不當專以聚言之。「力」當爲「市」，市者，粟米布帛之所聚，故曰「聚於市」。言始而生於地，繼而長於時，終而聚於市，其爲時甚久，故曰非可一日成也。「力」字本作「𠣾」，與「市」相似而誤。太平御覽百穀部一引此，已誤作「力」，漢紀孝文紀正作「市」。

〔五〕師古曰：中人者，處强弱之中也。

今農夫五口之家，其服役者不下二人，〔一〕其能耕者不過百晦，百晦之收〔二〕不過百石。春耕夏耘，秋穫冬臧，伐薪樵，治官府，給繇役；春不得避風塵，夏不得避暑熱，秋不得避陰雨，冬不得避寒凍，四時之間亡日休息；又私自送往迎來，弔死問疾，養孤長幼在其中。勤苦如此，尚復被水旱之災，急政暴虐，〔三〕賦斂不時，朝令而暮改。〔四〕當具有者半賈而賣，〔五〕亡者取倍稱之息，〔六〕於是有賣田宅鬻子孫以償責者矣。而商賈大者積貯倍息，小者坐列販賣，〔七〕操其奇贏，日游都市，〔八〕乘上之急，所賣必倍。〔九〕故其男不耕耘，女不蠶織，衣必文采，食必粱肉；〔一〇〕亡農夫之苦，有仟伯之得。〔一一〕因其富厚，交通王侯，力過吏勢，以利相傾；千里游敖，冠蓋相望，乘堅策肥，履絲曳縞。〔一一〕此商人所以兼并農人，農人所以流亡者也。

〔一〕師古曰：服，事也，給公事之役也。

〔二〕【補注】先謙曰：唐寫本「百晦百晦」四字作「百百晦晦」，古人雙疊之字多如此例。詩「委蛇委蛇」，與「委委佗佗」同也。

〔三〕【補注】王念孫曰：景祐本「暴虐」作「暴賦」。案景祐本是也。「政」讀爲「征」，周官通以政爲征。「征賦斂」其義同，言急其征、暴其賦而斂之，又不以時也。下文賣田宅、鬻子孫，皆承急征暴賦言之，作「政」者借字耳。「政」字，師古無音，則已誤讀爲政令之政。後人不達，而改暴賦爲暴虐，失之遠矣。白帖八十四引此，正作「急政暴賦」。漢紀及通典食貨一、通鑑漢紀七竝同。先謙曰：唐寫本作「暴賦」。

〔四〕【補注】王念孫曰：「改」本作「得」，言急征暴賦，朝出令而暮已得，非謂其朝令而暮改也。今作「改」者，後人不曉文義而妄易之耳。通典已誤作「改」，漢紀正作「朝令暮得」。

〔五〕師古曰：本直千錢者，止得五百也。賈讀曰價。

〔六〕如淳曰：取一償二爲倍稱。師古曰：稱，舉也，今俗所謂舉錢者也。

〔七〕師古曰：行賣曰商，坐販曰賈。列者，若今市中賣物行也。賈音古。

〔八〕師古曰：奇羸，謂有餘財而畜聚奇異之物也。一説，字謂殘餘物也，音居宜反。【補注】先謙曰：官本「字」作「奇」，是。

〔九〕師古曰：上所急求則其價倍貴。

〔一〇〕師古曰：粱，好粟也，即今之粱米。【補注】先謙曰：官本「粱」作「粱」，是。下同。

〔一〕師古曰：仟謂千錢，佰謂百錢也。伯音莫白反。今俗猶謂百錢爲一伯。【補注】吴仁傑曰：此亦田畝之仟佰耳。蓋百畝之收不過百石，千畝之收不過千石，而商賈操奇贏取倍息，其所入豈止百石、千石之得哉！過秦論「起仟佰之中」，言其拔起於隴畝，正前所謂仟佰。而史記索隱乃以爲千人百人之長，亦非也。周壽昌曰：吴説是也。言商賈無農夫之苦，有農夫之利，即下所云「商人兼并農人」也。

〔二〕師古曰：堅謂好車也。縞，皓素也，繒之精白者也。

今法律賤商人，商人已富貴矣；尊農夫，農夫已貧賤矣。故俗之所貴，主之所賤也；吏之所卑，法之所尊也。上下相反，好惡乖迕，〔一〕而欲國富法立，不可得也。方今之務，莫若使民務農而已矣。欲民務農，在於貴粟；貴粟之道，在於使民以粟爲賞罰。今募天下入粟縣官，得以拜爵，得以除罪。如此，富人有爵，農民有錢，粟有所渫。〔二〕夫能入粟以受爵，皆有餘者也；取於有餘，以供上用，則貧民之賦可損，〔三〕所謂損有餘補不足，令出而民利者也。順於民心，所補者三：一曰主用足，二曰民賦少，三曰勸農功。今令民有車騎馬一匹者，復卒三人。〔四〕車騎者，天下武備也，故爲復卒。〔五〕神農之教曰：「有石城十仞，〔六〕湯池百步，〔七〕帶甲百萬，而亡粟，弗能守也。」以是觀之，粟者王者大用，政之本務。令民入粟受爵至五大夫以上，乃復一人耳，〔八〕此其與騎馬之功相去遠矣。爵者，上之所擅，出於口而亡窮；〔九〕粟者，民之所種，生於地而不乏。夫得高爵與免罪，人之所甚欲也。使天下入粟於邊，以受爵免罪，不過三歲，塞下之粟必多矣。

〔一〕師古曰：迕，違也。好音呼到反。惡音烏故反。迕音五故反。

〔二〕師古曰：渫，散也，音先列反。此下亦同也。【補注】宋祁曰：「有所渫」下脱「矣」字。先謙曰：官本作「下同」，無「此、亦、也」三字。

〔三〕師古曰：損，減也。

〔四〕如淳曰：復三卒之算錢也。或曰，除三夫不作甲卒也。師古曰：當爲卒者，免其三人；不爲卒者，復其錢耳。復音方目反。

〔五〕師古曰：爲音于僞反。

〔六〕應劭曰：仞，五尺六寸也。師古曰：此説非也。八尺曰仞，取人申臂之一尋也。

〔七〕師古曰：池，城邊池也。以沸湯爲池，不可輒近，喻嚴固之基。【補注】先謙曰：官本「邊」下脱「池」字；「基」作「甚」，是。唐寫本亦作「甚」。

〔八〕師古曰：五大夫，第九等爵也。復音方目反。

〔九〕師古曰：擅，專也。

於是文帝從錯之言，〔一〕令民入粟邊，六百石爵上造，〔二〕稍增至四千石爲五大夫，〔三〕萬二千石爲大庶長，〔四〕各以多少級數爲差。〔五〕錯復奏言：「陛下幸使天下入粟塞下以拜爵，甚大惠也。〔六〕竊恐塞卒之食不足用大渫天下粟。邊食足以支五歲，可令入粟郡縣矣；〔七〕足支一歲以上，可時赦，勿收農民租。如此，德澤加於萬民，民俞勤農。〔八〕時有軍役，若遭水旱，民不困乏，天下安寧；歲孰且美，則民大富樂矣。」上復從其言，乃下詔賜民十二年租稅之半。明年，遂除民田之租稅。

〔一〕【補注】先謙曰：唐寫本無「之」字。
〔二〕師古曰：上造，第二等爵也。
〔三〕師古曰：五大夫，第九等爵。
〔四〕師古曰：大庶長，第十八等爵也。【補注】先謙曰：平準書「於是募民能輸及轉粟於邊者拜爵，爵得至大庶長」。是輸者、轉者皆得拜爵也。
〔五〕【補注】先謙曰：「爲」官本作「有」。
〔六〕【補注】先謙曰：錯傳又載，錯復言「陛下幸募民相徙以實塞下，使屯戍之事益省，輸將之費益寡，甚大惠也」。案此志「使天下入粟塞下以拜爵」句，元文當在「募民相徙以實塞下」句下。屯戍之事益省，指募民徙塞下言；輸將之費益寡，指入粟塞下以拜爵言。此下奏文，皆與傳中所奏爲一篇，而班氏分載入志者。
〔七〕師古曰：入諸郡縣，以備凶災也。
〔八〕師古曰：俞，進也，音踰，又音愈。【補注】錢大昕曰：「俞」古「愈」字，下文「貧弱俞困」、「民俞貧困」之「俞」竝同。先謙曰：唐寫本「勤」作「勸」，是。

後十三歲，孝景二年，令民半出田租，三十而稅一也。其後，上郡以西旱，復修賣爵令，而裁其賈以招民；〔一〕及徒復作，得輸粟於縣官以除罪。〔二〕始造苑馬以廣用，〔三〕宮室列館車馬益增修矣。然婁敕有司以農爲務，〔四〕民遂樂業。至武帝之初七十年間，國家亡事，非遇水旱，則民人給家足，〔五〕都鄙廩庾盡滿，而府庫餘財。京師之錢累百鉅萬，貫朽而不可校。〔六〕太倉之粟陳陳相因，〔七〕充溢露積於外，腐敗不可食。衆庶街巷有馬，仟伯之間成羣，〔八〕乘牸牝者擯而不得會聚。〔九〕守閭閻者食粱肉；爲吏者長子孫；〔一〇〕居官者以爲姓號。〔一一〕人人自愛而重犯法，〔一二〕先行誼而黜媿辱焉。〔一三〕於是罔疏而民富，役財驕溢，或至并兼豪黨之徒以武斷於鄉曲。〔一四〕宗室有土，公卿大夫以下爭於奢侈，〔一五〕室廬車服僭上亡限。物盛而衰，固其變也。

〔一〕師古曰：賈讀曰價。裁謂減省之也。【補注】先謙曰：平準書「裁」作「賤」，官本無「賈讀曰價」四字。

〔二〕師古曰：復音房目反。解在宣紀。【補注】沈欽韓曰：宣帝時，張敞亦理此議，而蕭望之駮之，語詳望之傳。先謙曰：官本「房」作「方」，「在」作「見」。

〔三〕師古曰：苑馬，謂爲苑以牧馬。【補注】錢大昭曰：邊郡有六牧師苑，養馬三十萬匹。

〔四〕師古曰：婁，古屢字也。【補注】先謙曰：官本無「也」字。

〔五〕【補注】先謙曰：平準書「則民」作「民則」。

〔六〕師古曰：累百鉅萬，謂數百萬萬也。校謂計數也。【補注】先謙曰：平準書作「累巨萬」，無「百」字。集解引韋昭云「巨萬，今萬萬」。唐寫本「計數」下有「之」字。

〔七〕師古曰：陳謂久舊也。

〔八〕師古曰：謂田中之阡陌也。

〔九〕孟康曰：皆乘父馬，有牝馬間其間則踶齧，故斥出不得會同。師古曰：言時富饒，故恥乘牸牝，不必以其踶齧也。踶，蹋也，音大奚反。【補注】先謙曰：平準書「牸」作「字」。廣雅釋言「字，乳也」。又釋獸「牸，雌也」。據此，「字」、「牸」義同，即謂牝馬之乳子者耳。集解引孟說，「則」下有「相」字，「出」在「會」字上，此作「斥出」，文義較順。

〔一〇〕如淳曰：時無事，吏不數轉，至於長生子孫而不轉職也。【補注】先謙曰：官本「長生」作「生長」。

〔一一〕如淳曰：貨殖傳倉氏、庾氏是也。

〔一二〕師古曰：重，難也。

〔一三〕師古曰：以行誼爲先，以媿辱相黜也。行音下更反。【補注】先謙曰：平準書作「而後絀恥辱焉」，絀、黜字同也。又太史公贊云「先本絀末」，是「先」與「絀」對文。明史記「後」字，淺人妄加。

〔一四〕師古曰：恃其饒富，則擅行威罰也。斷音丁喚反。【補注】先謙曰：索隱「鄉曲豪富無官位，而以威勢主斷曲直，故曰武斷也」。

〔一五〕師古曰：有土，謂國之宗姓受封邑土地者也。

是後，外事四夷，内興功利，役費並興，而民去本。董仲舒說上曰：「春秋它穀不書，至於麥禾不成則書之，以此見聖人於五穀最重麥與禾也。今關中俗不好種麥，是歲失春秋之所重，而損生民之具也。願陛下幸詔大司農，使關中民益種宿麥，令毋後時。」〔一〕又言：「古者税民不過什一，其求易共；〔二〕使民不過三日，其力易足。民財内足以養老盡孝，外足以事上共税，下足以畜妻子極愛，故民說從上。〔三〕至秦則不然，用商鞅之法，改帝王之制，除井田，民得賣買，富者田連仟伯，貧者亡立錐之地。又顓川澤之利，管山林之饒，〔四〕荒淫越制，踰侈以相高；邑有人君之尊，里有公侯之富，小民安得不困？又加月爲更卒，已復爲正，一歲屯戍，一歲力役，三十倍於古；〔五〕田租口賦，鹽鐵之利，二十倍於古。〔六〕或耕豪民之田，見税什五。〔七〕故貧民常衣牛馬之衣，而食犬彘之食。重以貪暴之吏，刑戮妄加，〔八〕民愁亡聊，亡逃山林，轉爲盜賊，赭衣半道，斷獄歲以千萬數。漢興，循而未改。〔九〕古井田法雖難卒行，宜少近古，〔一〇〕限民名田，以澹不足，〔一一〕塞并兼之路。鹽鐵皆歸於民。去奴婢，除專殺之

威。〔一二〕薄賦斂，省繇役，以寬民力。然後可善治也。」仲舒死後，功費愈甚，〔一三〕天下虛耗，人復相食。〔一四〕

〔一〕師古曰：宿麥，謂其苗經冬。

〔二〕師古曰：共讀曰供。次下亦同。

〔三〕師古曰：説讀曰悦也。【補注】先謙曰：唐寫本「説」下有「而」字，當據補。官本無「也」字。

〔四〕師古曰：顓與專同。管，主也。

〔五〕師古曰：更卒，謂給郡縣一月而更者也。正卒，謂給中都官者也。率計今人一歲之中，屯戍及力役之事三十倍多於古也。更音工衡反。

〔六〕如淳曰：秦賣鹽鐵貴，故下民受其困也。師古曰：既收田租，又出口賦，而官更奪鹽鐵之利。率計今人一歲之中，失其資産，二十倍多於古也。

〔七〕如淳曰：十税其五。師古曰：言下户貧人，自無田而耕墾豪富家田，十分之中，以五輸本田主也。

〔八〕師古曰：重音直用反。

〔九〕【補注】先謙曰：馬端臨云「史既言高祖省賦，而復言鹽鐵之賦仍秦者，蓋當時封國至多，山澤之利在諸侯王國者，皆循秦賦法取以自豐，非縣官經費所領也」。

〔一〇〕師古曰：卒讀曰猝。近音其靳反。

〔一一〕師古曰：名田，占田也。各爲立限，不使富者過制，則貧弱之家可足也。

〔一二〕服虔曰：不得專殺奴婢也。【補注】宋祁曰：「專」當改作「顓」字。

〔一三〕【補注】先謙曰：唐寫本「愈」作「俞」。案它處作俞，此不應獨用「愈」，當據正。

〔一四〕師古曰：耗音呼到反。【補注】先謙曰：官本注在「天下虛耗」下。

武帝末年，悔征伐之事，乃封丞相爲富民侯。〔一〕下詔曰：「方今之務，在於力農。」以趙過爲搜粟都尉。〔二〕過能爲代田，一晦三甽。〔三〕歲代處，故曰代田，〔四〕古法也。后稷始甽田，以二耜爲耦，〔五〕廣尺深尺曰甽，長終晦。一晦三甽，一夫三百甽，而播種於甽中。〔六〕苗生葉以上，稍耨隴草，〔七〕因隤其土以附根苗。〔八〕故其詩曰：「或芸或芓，黍稷儗儗。」〔九〕芸，除草也。芓，附根也。〔一〇〕言苗稍壯，每耨輒附根，比盛暑，隴盡而根深，〔一一〕能風與旱，〔一二〕故儗儗而盛也。其耕耘下種田器，皆有便巧。率十二夫爲田一井一屋，故晦五頃，〔一三〕用耦犂，二牛三人，〔一四〕一歲之收常過縵田晦一斛以上，〔一五〕善者倍之。〔一六〕過使教田太常、三輔，〔一七〕大農置工巧奴與從事，爲作田器。二千石遣令長、三老、力田〔一八〕及里父老善田者受田器，學耕種養苗狀。〔一九〕民或苦少牛，亡以趨澤，〔二〇〕故平都令光教過以人輓犂。〔二一〕過奏光以爲丞，教民相與庸輓犂。〔二二〕率多人者田日三十晦，少者十三晦，以故田多墾闢。過試以離宮卒田其宮壖地，〔二三〕課得穀皆多其旁田晦一斛以上。〔二四〕令命家田三輔公田，〔二五〕又教邊郡及居延城。〔二六〕是後邊城、河東、弘農、三輔、太常民皆便代田，用力少而得穀多。

〔一〕韋昭曰：沛蘄縣也。師古曰：欲百姓之殷實，故取其嘉名也。【補注】先謙曰：田千秋也，見本傳。

〔二〕【補注】先謙曰：官本考證云「搜」，監本訛「挟」，今改正。案百官表作「騪」。

〔三〕師古曰：甽，壟也，音工犬反。字或作畎。【補注】吴仁傑曰：案鄭氏注考工記曰「古者甽遂之間通水」。又曰「甽上高土謂之代，其壟中曰甽」。繇是言之，壟者甽上高土，甽者壟中通水之道，而非壟也。顔於劉向傳「忠臣雖在甽畝」，釋云「甽者，田中之溝也」。此以爲壟，何哉？疑有脱文。當云「甽，壟中溝也」。沈欽韓曰：吕覽辨土篇「畮欲廣以平，甽欲小以深」。

〔四〕師古曰：代，易也。

〔五〕師古曰：併兩耜而耕。

〔六〕師古曰：播，布也。種謂穀子也。【補注】先謙曰：官本「甽中」上有「三」字，引宋祁云「三甽中」，姚刪去三字。

〔七〕師古曰：耨，鉏也。【補注】王念孫曰：「苗生葉以上，稍耨隴草」，本作「苗生三葉以上，稍壯，耨隴草」，言自生三葉以上，禾苗稍壯，乃耨去隴草而隤其土，以附苗根也。苗生三葉以上，故曰稍壯，今本脱「三」字，則「以上」二字義不可通。下文云「言苗稍壯，每耨輒附根」，則此文之作「稍壯耨隴草」甚明，今本脱「壯」字，則「稍」字可刪矣。左傳昭元年正義引此，正作「苗生三葉以上，稍壯」。張文虎曰：案「三」字宜有，「壯」字則疑因下文「稍壯」而衍。「稍耨」云者，即下文所云「每耨輒附根」，蓋以漸隤其土，說文「稍，出物有漸也」。故下云「比盛暑，隴盡平而根深」。先謙曰：唐寫本「鉏」下有「之」字，當據補。

〔八〕師古曰：隤謂下之也，音積。【補注】先謙曰：官本「根苗」作「苗根」，是。

〔九〕師古曰：小雅甫田之詩，儗儗盛貌。芸音云。芓音子。儗音擬。

〔一〇〕【補注】先謙曰：官本「秄」作「芓」，是。

〔一一〕師古曰：比音必寐反。【補注】王念孫曰：本作「隴盡平而根深」，言每耨輒隤隴土以附苗根，及盛暑之時，則隴與甽平，而苗根深固也。今本脱「平」字，則文義不明。小雅甫田正義所引與今本同，亦後人依誤本漢書刪之。左傳昭元年正義引此，正作「隴盡平而根深」。先謙曰：官本注，八字在「比盛暑」下。

〔一二〕師古曰：能讀曰耐也。【補注】先謙曰：官本注末無「也」字。

〔一三〕鄧展曰：九夫爲井，三夫爲屋。夫百畮，於古爲十二頃。古百步爲畮，漢時二百四十步爲畮，古千二百畮，則得今五頃。

〔一四〕【補注】齊召南曰：案周禮里宰賈疏曰「周時未有牛耕，至漢時趙過始教民牛耕。今鄭云合牛耦，可知者或周末兼有牛耕，至趙過乃絕人耦」。又案，葉少藴云「古耕而不犂，後世變爲犂法，耦用人，犂用牛。過特爲增損其數耳，非用牛自過始也」。周必大云「疑耕犂起於春秋之世，孔子有犂牛之言。冉耕字伯牛」。月令「出土牛，示農耕早晚」。案葉、周二説是。但謂古耕而不犂，耕犂起於春秋，亦恐未確。古藉田之禮曰「三推」，不用犂，安用推乎？葉德輝曰：齊民要術引蔡癸書云「武帝以趙過爲搜粟都尉，教民耕殖，其法三犂共一牛，一人將之。下種、挽耬，皆取備焉。日種一頃，至今三輔猶賴其利」。説與志不同。

〔一五〕師古曰：縵田，謂不爲畮者也。縵音莫幹反。【補注】先謙曰：官本「爲畮」作「爲甽」，是。

〔一六〕師古曰：善爲甽者，又過縵田二斛以上也。

〔一七〕蘇林曰：太常主諸陵，有民，故亦課田種也。

〔一八〕【補注】周壽昌曰：力田，農官之屬，漢時與孝弟并舉，有孝弟力田科。

〔一九〕蘇林曰：爲法意狀也。

〔二〇〕師古曰：趨讀曰趣。趣，及也。澤雨之潤澤也。

〔二一〕師古曰：輓，引也，音晚。【補注】何焯曰：以人輓犂，似始於此。齊召南曰：唐夏州都督王方翼爲耦耕法，張機楗，力省而見功多。宋武允成獻踏犂，不用牛，以人力運之，皆人輓犂之遺式也。

〔二二〕師古曰：庸，功也，言挽功共作也。義亦與庸賃同。【補注】王念孫曰：庸者，更也，迭也，代也。方言曰「庸、佽、比、侹、更、佚，與迭同。代也。廣雅同。齊曰佚，江淮陳楚之間曰侹。餘四方之通語也」。説文「庸，用也，从用〔从〕庚。庚，更事也」。又曰「代，更也」。然則「庸輓犂」者，猶言「更輓犂」、「代輓犂」也。昭十六年左傳云「昔我先君桓公，與商人庸次即方言「佽」字。比耦，以艾殺此地，斬其蓬蒿藜藿而共處之」是也。上文代田二字，已明著其訓矣。師古謂換功共作與庸賃同義，是矣。而仍訓庸爲功，則未考方言也。先謙曰：官本注「挽」作「换」，是。

〔二三〕師古曰：離宫，别處之宫，非天子所常居也。壖，餘也。宫壖地，謂外垣之内，内垣之外也。諸緣河壖地，廟垣壖地，其義皆同。守離宫卒閑而無事，因令於壖地爲田也。壖音而緣反。

〔二四〕【補注】顧炎武曰：蓋壖地乃久不耕之地，地力有餘，其收必多，所以作代田之法也。

〔二五〕李奇曰：令，使也。命者，教也。令離宫卒教其家田公田也。韋昭曰：命謂爵命者。命家，謂受爵命一爵爲公士以上，令得田公田，優之也。師古曰：令音力成反。

〔二六〕韋昭曰：居延，張掖縣也。時有甲卒也。

至昭帝時，流民稍還，田野益闢，頗有畜積。宣帝即位，用吏多選賢良，百姓安土，歲數豐穰，〔一〕穀至石五錢，農人少利。時大司農中丞耿壽昌以善爲算能商功利得幸於上，〔二〕五鳳中奏言：「故事，歲漕關東穀四百萬斛以給京師，〔三〕用卒六萬人。宜糴三輔、弘農、河東、上黨、太原郡穀足供京師，可以省關東漕卒過半。」〔四〕又白增海租三倍，〔五〕天子皆從其計。御史大夫蕭望之奏言：「故御史屬徐宫〔六〕家在東萊，言往年加海租，魚不出。長老皆言武帝時縣官嘗自漁，海魚不出，後復予民，魚乃出。夫陰陽之感，物類相應，萬事盡然。今壽昌欲近糴漕關内之穀，築倉治船，費直二萬萬餘，〔七〕有動衆之功，恐生旱氣，民被其災。壽昌習於商功分銖之事，其深計遠慮，誠未足任，宜且如故。」上不聽。漕事果便，壽昌遂白令邊郡皆築倉，以穀賤時增其賈而糴，以利農，穀貴時減賈而糶，名曰常平倉。〔八〕民便之。上乃下詔，賜壽昌爵關內侯。而蔡癸以好農使勸郡國，至大官。〔九〕

〔一〕師古曰：數音所角反。穰音人常反。【補注】宋祁曰：「人常」當作「人掌」。

〔二〕師古曰：商，度也。【補注】周壽昌曰：九數五曰商功。九章算術注「求積尺法，既得積尺，功乃可商」。先謙曰：官本注在「利」下。

〔三〕師古曰：漕，水運。【補注】宋祁曰：水運下當添「也」字。

〔四〕【補注】何焯曰：此即後代和糴所本。

〔五〕【補注】周壽昌曰：海租稅漁户，即今漁課。漢有海丞官，主海稅，屬少府，故有海租。此特增三倍耳。王莽初設六筦之令，諸采取名山澤衆物者稅之，由海租推廣也。

〔六〕李奇曰：御史大夫屬。

〔七〕服虔曰：萬萬，億也。【補注】先謙曰：官本「服虔」作「師古」，引宋祁曰，邵本「師古」作「服虔」。

〔八〕師古曰：賈並讀曰價。【補注】王念孫曰：穀貴時減其賈而糶，今本脱「其」字。宜依上文及御覽引補。而「糶」下有「以利民」三字。上文載李悝説云「糴甚貴傷民，甚賤傷農」，故壽昌請以穀賤時增賈而糴以利農，穀貴時減賈而糶以利民。此「民」字對農而言，下文「民便之」三字，則兼農而言。今脱去「以利民」三字，則語意不完。通典食貨十二無此三字，亦後人依誤本漢書删之。白帖十一、御覽居處部十八引此，竝作「減其賈而糶以利民」。漢紀作「減賈而糶以贍貧民」，義亦同也。

〔九〕師古曰：爲使而勸郡國也，使音山史反。【補注】先謙曰：癸，邯鄲人，官弘農太守，見藝文志。官本「史」作「吏」，唐寫本同。

元帝即位，天下大水，關東郡十一尤甚。二年，齊地飢，穀石三百餘，民多餓死，琅邪郡人相食。在位諸儒多言鹽鐵官及北假田官、常平倉可罷，〔一〕毋與民爭利。上從其議，皆罷之。又罷建章、甘泉宮衛，角抵，齊三服官，省禁苑以予貧民，減諸侯王廟衛卒半。又減關中卒五百人，轉穀振貸窮乏。其後用度不足，獨復鹽鐵官。

〔一〕孟康曰：北假，地名也。【補注】先謙曰：始皇紀「使蒙恬渡河取高闕、（據）陽山、北假中，築亭障以逐戎人」。集解「北假，地名，近五原」。水經河水注「河水南屈逕河目縣，在北假中，地名也。自高闕以來，夾山帶河，陽山以往，皆北假也」。董祐誠云：陽山當即今鄂爾多斯右翼後旗北河外，翁金碩隆迤東達爾德爾諸山。河目，漢屬五原。自阿爾坦山迤東至烏喇特，南至黄河，皆古北假地。

成帝時，天下亡兵革之事，號爲安樂，然俗奢侈，不以畜聚爲意。永始二年，梁國、平原郡比年傷水災，〔一〕人相食，刺史守相坐免。

〔一〕師古曰：比，頻也。【補注】先謙曰：官本注在「人相食」下。

哀帝即位，師丹輔政，建言：「古之聖王莫不設井田，然後治乃可平。〔一〕孝文皇帝承亡周亂秦兵革之後，天下空虛，故務勸農桑，帥以節儉。民始充實，未有并兼之害，故不爲民田及奴婢爲限〔二〕。今累世承平，豪富吏民訾數鉅萬，而貧弱俞困。蓋君子爲政，貴因循而重改作，〔三〕然所以有改者，將以救急也。〔四〕亦未可詳，宜略爲限。」〔五〕天子下其議。丞相孔光、大司空何武奏請：「諸侯王、列侯皆得名田國中。列侯在長安，公主名田縣道，及關内侯、吏民名田皆毋過三十頃。諸侯王奴婢二百人，列侯、公主百人，關内侯、吏民三十人。期盡三年，犯者没入官。」時田宅奴婢賈爲減賤，丁、傅用事，董賢隆貴，皆不便也。〔六〕詔書且須後，〔七〕遂寢不行。宮室苑囿府庫之臧已侈，百姓訾富雖不及文景，然天下户口最盛矣。〔八〕

〔一〕師古曰：建，立也，立其議也。
〔二〕師古曰：不爲作限制。上爲音于僞反。
〔三〕師古曰：重，難也。
〔四〕【補注】宋祁曰：王本「所以」上無「然」字。
〔五〕師古曰：詳謂悉盡也。
〔六〕師古曰：丁、傅及董賢之家皆不便此事也。【補注】先謙曰：唐寫本無「事」字。
〔七〕師古曰：須，待也。
〔八〕【補注】洪亮吉曰：元始二年户一千二百二十三萬三千，故地理志户口皆取元始二年以爲準。

平帝崩，王莽居攝，遂篡位。王莽因漢承平之業，匈奴稱藩，百蠻賓服，舟車所通，盡爲臣妾，府庫百官之富，天下晏然。莽一朝有之，其心意未滿，〔一〕陿小漢家制度，以爲疏闊。〔二〕宣帝始賜單于印璽，與天子同，而西南夷鉤町稱王。〔三〕莽乃遣使易單于印，貶鉤町王爲侯。二方始怨，侵犯邊境。莽遂興師，發三十萬衆，欲同時十道並出，一舉滅匈奴；募發天下囚徒丁男甲卒轉委輸兵器，自負海江淮而至北邊，〔四〕使者馳傳督趣，〔五〕海內擾矣。又動欲慕古，不度時宜，〔六〕分裂州郡，改職作官，下令曰：「漢氏減輕田租，三十而稅一，常有更賦，罷癃咸出，〔七〕而豪民侵陵，分田劫假，〔八〕厥名三十，實什稅五也。富者驕而爲邪，〔九〕貧者窮而爲姦，俱陷於辜，刑用不錯。〔一〇〕今更名天下田曰王田，奴婢曰私屬，皆不得賣買。其男口不滿八，而田過一井者，分餘田與九族鄉黨。」犯令，法至死，制度又不定，吏緣爲姦，天下謷謷然，陷刑者衆。〔一一〕

〔一〕師古曰：謂愛惜之意未厭飽也。

〔二〕師古曰：莽以漢家制度爲泰疏闊而更之，令陿小。【補注】宋祁曰：「而更」下當添「改」字，「陿小」下當添「也」字。張照曰：顏注非也，蓋陿小者即鄙陋之意，言鄙陋漢制，謂爲疏闊不詳備也。

〔三〕師古曰：鉤音鉅于反。町音大鼎反。

〔四〕如淳曰：負，背也。【補注】先謙曰：官本注在「自負海」下。

〔五〕師古曰：傳音張戀反。趣讀曰促。

〔六〕師古曰：度音大各反。

〔七〕晉灼曰：雖老病者，皆復出口算。師古曰：更音工衡反。罷讀曰疲。

〔八〕師古曰：分田，謂貧者無田而取富人田耕種，共分其所收也。假亦謂貧人賃富人之田也。劫者，富人劫奪其稅侵欺之也。

〔九〕【補注】先謙曰：「驕」，官本作「質」。

〔一〇〕師古曰：錯，置也。

〔一〕師古曰：謷謷，衆口愁聲也，音敖。

後三年，〔一〕莽知民愁，下詔諸食王田及私屬皆得賣買，勿拘以法。然刑罰深刻，它政誖亂。〔二〕邊兵二十餘萬人仰縣官衣食，〔三〕用度不足，數橫賦斂，〔四〕民俞貧困。常苦枯旱，亡有平歲，穀賈翔貴。〔五〕

〔一〕【補注】先謙曰：官本「年」作「歲」。
〔二〕師古曰：誖，乖也，音布内反。
〔三〕師古曰：仰音牛向反。
〔四〕師古曰：數音所角反。橫因胡孟反。【補注】先謙曰：官本「因」作「音」，是。
〔五〕晉灼曰：翔音常。師古曰：晉說非也，翔言如鳥之回翔，謂不離于貴也。若暴貴，稱騰踊也。

末年，盜賊羣起，發軍擊之，將吏放縱於外。北邊及青徐地人相食，雒陽以東米石二千。莽遣三公將軍開東方諸倉振貸窮乏，又分遣大夫謁者教民煮木爲酪；〔一〕酪不可食，重爲煩擾。〔二〕流民入關者數十萬人，置養澹官以稟之，〔三〕吏盜其稟，〔四〕飢死者什七八。莽恥爲政所致，乃下詔曰：「予遭陽九之阸，百六之會，〔五〕枯旱霜蝗，饑饉荐臻，蠻夷猾夏，寇賊姦軌，百姓流離。予甚悼之，害氣將究矣。」〔六〕歲爲此言，以至於亡。

〔一〕服虔曰：煮木實，或曰如今餌朮之屬也。如淳曰：作杏酪之屬也。師古曰：如說是也。【補注】周壽昌曰：木不皆有實，朮亦不多有，杏酪更非饑歲所常服也。王莽傳「分教民煮草木爲酪」，多一「草」字，是也。蓋猶近世饑歲，民屑榆樹爲粥，取穀樹汁爲羹之類。

〔二〕師古曰：重音直用反。

〔三〕【補注】先謙曰：莽傳「澹」作「贍」。

〔四〕師古曰：稟，給也。盜其稟者，盜所給之物。稟音彼甚反。【補注】先謙曰：官本無「盜其稟者」四字。

〔五〕師古曰：此曆法應有災歲之期也。事在律曆志。【補注】張文虎曰：案律曆志以平帝元始三年癸亥。入中統弟六章之十二年，自此至王莽建國三年，辛未。是爲陽九。故莽云然。而莽傳建國五年書則云「陽九之阸既度，百六之會已過」也。傳贊云「餘分閏位」亦指此。曆志孟注，初入元百六歲有阸者，則前元之餘氣也，若餘分爲閏也。

〔六〕師古曰：究，竟盡也。【補注】先謙曰：唐寫本作「究，竟也」。謂「盡也」是。

食貨志第四下

凡貨，金錢布帛之用，夏殷以前其詳靡記云。〔一〕太公爲周立九府圜法：〔二〕黄金方寸，而重一斤；〔三〕錢圜函方，〔四〕輕重以銖；〔五〕布帛廣二尺二寸爲幅，長四丈爲匹。故貨寶於金，利於刀，〔六〕流於泉，〔七〕布於布，〔八〕束於帛。〔九〕

〔一〕【補注】齊召南曰：案管子言「湯以莊山之金鑄幣，禹以歷山之金鑄幣」，則夏殷時即有錢幣矣。平準書曰「自高辛氏之前靡得而記。虞夏之幣，金爲三品，或黄，或白，或赤，或錢，或布，或刀，或龜貝」。其辭甚覈，蓋據尚書禹貢之文。此志不言，蓋因下文有司言古者皮幣一段，恐重複也。

〔二〕李奇曰：圜即錢也。圜一寸，而重九兩。師古曰：此說非也。周官太府、玉府、内府、外府、泉府、天府、職内、職金、職幣皆掌財幣之官，故云九府。圜謂均而通也。【補注】宋祁曰：「周官」下當添「有」字。葉德輝曰：蔡雲癖談云：「圜法二字，統金錢、布帛言之。自李奇混解上下兩圜字，世遂謂周家錢法皆如孟康所云『外圜而内孔方者』，其誤殊甚。觀下文云『利於刀』，則錢中有刀矣。不言布者，恐混於布帛之布。實則周家圜法，泉、布、刀俱有，故顔氏舉周官大府以下九職當九府，而以圜爲均而通也。上『圜』字主義，下『圜』字主形。泉爲圜法之一，函方之泉又爲泉法之一。班氏以是爲周家刱制，故特言之。其他作刀形者，柄端如肉好若一之環，作睥睨形者，足間如火，以圜之半環，皆不離乎圜，而爲函方者之别種。謂圜即錢，李奇妄説，豈特重九兩之無稽哉！」德輝案，「重九兩」，「兩」疑「銖」之誤。九兩銅不能約爲徑寸錢，夫人知之，謬不至此。原文當是徑一寸而重九銖，故下文云「輕重以銖」也。韋昭注國語言「周錢重十二銖」，意者十二銖重者爲母，九銖重者爲子乎？

〔三〕【補注】王鳴盛曰：孫子算經上「黄金方寸重一斤，白金方寸重一十四兩」。

〔四〕孟康曰：外圜而内孔方也。

〔五〕師古曰：言黄金以斤爲名，錢則以銖爲重也。

〔六〕如淳曰：名錢爲刀者，以其利於民也。【補注】葉德輝曰：蔡雲癖談云「圜法之有刀，非直利於刀之謂，古人銘器往往作執刀狀以昭武事。如父癸尊、子執刀、父丁鼎、孫執刀之類，不一而足。鼎、尊，勒之以告成功於祖廟，泉、幣，象之以示遺烈於國人，其義一也」。

〔七〕如淳曰：流行如泉也。

〔八〕如淳曰：布於民間。

〔九〕李奇曰：束，聚也。【補注】王鳴盛曰：據此，則周人所用貨幣凡有四種。或云布亦名錢者，天官「外府掌邦布之入出」，鄭康成注「布，泉也。其藏曰泉，其行曰布」。賈疏「一物兩名」是也。而與此處所言布帛之布不同。言豈一端而已，各有所當也。元帝時，貢禹言「鑄錢采銅，民心動摇，棄本逐末。宜罷鑄錢，毋復以幣租税，禄賜皆以布帛及穀，使百姓壹意農桑」。議者以交易待錢，布帛不可尺寸分裂。禹議亦寢。然即此可見古固有以布帛爲市者，而布固非錢也。

太公退，又行之於齊。至管仲相桓公，通輕重之權，曰：「歲有凶穰，故穀有貴賤；〔一〕令有緩急，故物有輕重。〔二〕人君不理，則畜賈游於市，〔三〕乘民之不給，百倍其本矣。〔四〕故萬乘之國必有萬金之賈，千乘之國必有千金之賈者，利有所并也。計本量委則足矣，〔五〕然而民有飢餓者，穀有所臧也。〔六〕民有餘則輕之，故人君斂之以輕；民不足則重之，故人君散之以重。〔七〕凡輕重斂散之以時，則準平。〔八〕使萬室之邑必有萬鍾之臧，臧繈千萬；〔九〕千室之邑必有千鍾之臧，臧繈百萬。春以奉耕，夏以奉耘，〔一〇〕耒耜器械，種饟糧食，必取澹焉。〔一一〕故大賈畜家不得豪奪吾民矣。」〔一二〕桓公遂用區區之齊合諸侯，顯伯名。〔一三〕

〔一〕師古曰：穰音人常反。【補注】宋祁曰：「人常」當作「人掌」。先謙曰：官本注在「歲有凶穰」下。

〔二〕李奇曰：上令急於求米則民重米，緩於求米則民輕米。

〔三〕師古曰：畜讀曰蓄。蓄賈，謂賈人之多蓄積者。

〔四〕師古曰：給，足也。

〔五〕李奇曰：委，積也。【補注】先謙曰：上得民所食若干步畝之數，則可計本而量其積。志引管子文多删易。

〔六〕師古曰：言富人多臧穀，故令貧者食不足也。

〔七〕李奇曰：民輕之時，爲斂糴之；重之時，官爲散也。

〔八〕【補注】王念孫曰：景祐本「則準平」下有「守準平」三字，是也。通典食貨十二亦有此三字。管子國蓄篇曰「故守之以準平，使萬室之都必有萬鍾之藏」云云，是其證。何焯曰：上「準平」句，其始事也，必行之經久，而後能有藏蓄，「守」字極有關係。近刻脱下「守準平」句者失之。

〔九〕李奇曰：繈，落也。孟康曰：六斛四斗爲鍾。繈，錢貫也。管子曰「凶戾糴，釜十繈」。師古曰：孟説是也。繈音居兩反。【補注】王鳴盛曰：下文「賈人緡錢」，顏亦云「緡謂錢貫」。通典注「緡者，絲也，以貫錢。一貫千錢，出二十爲算也」。詩云「維絲伊緡」。宋人亦以千錢爲一貫。竊謂同一錢貫而異其名，當有大小之別。緡既是千錢，則一繦當爲百錢也。計萬室之邑，每室粟一鍾。以李悝之言度之，可備四五人一月之食。每室錢千繦，爲錢一萬，可備糴穀種及買耒耜器械并鎡鏷之用。曰必有者，明其不可更少，實欲其浮於此數也。此萬鍾與臧繦，皆人君所臧以贍民者，萬鍾以備散，臧繦以備(斂)〔歛〕也。先謙曰：官本注「戾」作「歲」，是。

〔一〇〕師古曰：奉謂供事也。

〔一一〕師古曰：種，五穀之種也。鏷字與餉同，謂餉田之具也。【補注】宋祁曰：「取澹」當作「取贍」。先謙曰：「澹」、「贍」字同，宋説未是。後不復出。

〔一二〕師古曰：畜讀曰蓄。豪謂輕侮之也，字本作勢，蓋通用耳。【補注】周壽昌曰：豪，强也。豪奪猶言强奪。先謙曰：官本注「用」下有「字」字。

〔一三〕師古曰：伯讀曰霸。

其後百餘年，周景王時患錢輕，將更鑄大錢，〔一〕單穆公曰：「不可。〔二〕古者天降災戾，〔三〕於是乎量資幣，權輕重，以救民。〔四〕民患輕，則爲之作重幣以行之，於是有母權子而行，民皆得焉。〔五〕若不堪重，則多作輕而行之，亦不廢重，於是乎有子權母而行，小大利之。〔六〕今王廢輕而作重，民失其資，能無匱乎？民若匱，王用將有所乏；乏將厚取於民；〔七〕民不給，將有遠志，是離民也。〔八〕且絶民用以實王府，猶塞川原爲潢洿也，〔九〕竭亡日矣。王其圖之。」弗聽，卒鑄大錢，文曰「寶貨」，〔一〇〕肉好皆有周郭，〔一一〕以勸農澹不足，百姓蒙利焉。〔一二〕

〔一〕應劭曰：大於舊錢，其價重也。

〔二〕師古曰：單穆公，周大夫單旗。單音善。

〔三〕師古曰：戾，惡氣也。一曰，戾，至也。

〔四〕應劭曰：資，財也。量資幣多少有無，平其輕重也。師古曰：凡言幣者，皆所以通貨物，易有無也。故金之與錢，皆名爲幣也。

〔五〕應劭曰：母，重也。其大倍，故爲母也。子，輕也。其輕少半，故爲子也。民患幣之輕而物貴，爲重幣以平之，權時而行，以廢其輕。故曰母權子，猶言重權輕也。民皆得者，本末有無皆得其利也。孟康曰：重爲母，輕爲子，若市八十錢物，以母當五十，以子三十續之。

〔六〕應劭曰：民患幣重，則多作輕錢而行之，亦不廢去重者。言重者行其貴，輕者行其賤也。

〔七〕師古曰：厚猶多也，重也。

〔八〕師古曰：遠志，謂去其本居而散忘也。【補注】先謙曰：官本「忘」作「亡」，是。

〔九〕師古曰：原謂水泉之本也。潢洿，停水也。潢音黄。洿音一胡反。

〔一〇〕【補注】葉德輝曰：周語韋昭注「唐尚書云，大錢重十二銖，文曰『大（錢）〔泉〕五十』」。唐君所謂大泉者，乃莽時錢，非景王所鑄明矣。又景王至赧王十三世而周亡，後有戰國、秦、漢，幣物〔易〕改，轉不相因，先師所不能紀。或云大錢文曰『寶貨』，皆非事實」云云。韋注與漢志不合。

〔一一〕韋昭曰：肉，錢形也。好，孔也。【補注】王鳴盛曰：據此，則知景王以前錢皆無文，肉好亦無周郭矣。

〔一二〕孟康曰：單穆公曰「竭無日矣」，不得復云百姓蒙利焉。臣瓚曰：但是不聽不鑄大錢耳，猶自從其不廢輕。此言母子並用，故蒙其利也。師古曰：二説皆非也。單旗雖有此言，王終自鑄錢，果有便，故百姓蒙其利也。【補注】顧炎武曰：單穆公諫景王鑄大錢，本之周語，王勿聽，卒鑄大錢。此廢輕作重，不利於民之事，班氏乃續之曰「以勸農澹不足，百姓蒙利焉」，失其義矣。洪亮吉曰：劉秩云「錢以平輕重，權本末。齊威得其術而國以霸，周景失其道而人用敝」。此云「蒙利」，恐未必然。孟注是。先謙曰：官本注「但是」之「是」作「自」。

秦兼天下，幣爲二等：黄金以溢爲名，上幣；〔一〕銅錢質如周錢，〔二〕文曰「半兩」，重如其文。〔三〕而珠玉龜貝銀錫之屬爲器飾寶臧，不爲幣，然各隨時而輕重無常。

〔一〕孟康曰：二十兩爲溢。師古曰：改周一斤之制，更以溢爲金之名數也。高祖初賜張良金百溢，此尚秦制也。上幣者，二等之中黄金爲上而錢爲下也。【補注】先謙曰：平準書「溢」作「鎰」，「爲」、「名」二字倒。官本「兼」作「并」，注「爲溢」下有「也」字。

〔二〕臣瓚曰：言錢之形質如周錢，唯文異耳。

〔三〕【補注】葉德輝曰：宋洪邁泉志，秦半兩下引敦素曰「常得此錢，徑寸三分，重八銖」。案平準書亦云「半兩，重如其文」，而本志又云「各隨時而輕重無常」，是秦錢或有重八銖者。漢權八銖，今重一錢五分，十二銖則當秦之半兩。今世所存秦半兩，最薄者重一錢五分，最厚者重二錢，即其明證。然則敦素所見八銖重者，乃其錢之輕者耳。先謙曰：平準書有「爲下幣」三字。索隱：「顧氏案，古今注云『秦錢半兩，徑寸二分，重十二銖』。」

漢興，以爲秦錢重難用，更令民鑄莢錢。〔一〕黄金一斤。〔二〕而不軌逐利之民畜積餘贏以稽市物，痛騰躍，〔三〕米至石萬錢，馬至匹百金。天下已平，高祖乃令賈人不得衣絲乘車，重税租以困辱之。〔四〕孝惠高后時，爲天下初定，復弛商賈之律，〔五〕然市井子孫亦不得宦爲吏。〔六〕孝文五年，爲錢益多而輕，〔七〕乃更鑄四銖錢，其文爲「半兩」。除盜鑄錢令，使民放鑄。〔八〕賈誼諫曰：

〔一〕如淳曰：如榆莢也。師古曰：莢音頰。【補注】先謙曰：集解引志曰「鑄榆莢錢」，榆字蓋裴所加也。索隱：「顧氏案，古今注云莢錢重三銖，錢譜云文爲『漢興』。」

〔二〕師古曰：復周之制，更以斤名金。【補注】先謙曰：平準書「黄金」上有「一」字。索隱引臣瓚云「秦以一鎰爲一金，漢以一斤爲一金」，「一」字似不可少。

〔三〕李奇曰：稽，貯滯也。晉灼曰：痛，甚也，言計市物賤，豫益畜之，物貴而出賣，故使物甚騰躍也。師古曰：不軌，謂不循軌度者也。言以其贏餘之財蓄積羣貨，使物稽滯在己，故市價甚騰貴。今書本「痛」字或作「踊」者，誤耳。踊、騰一也，不當重累言之。畜讀曰蓄。【補注】先謙曰：平準書「物」下作「物踊騰，句。糶米至石萬錢」。注家並云，漢書「糶」字作「躍」，不云「踊」字作「痛」，是「痛」字乃「踊」，形近致誤。顔據所見爲定本，而不顧文之不詞，是其偏也。集解引晉注作「踊，甚也」。亦不作「痛」。索隱引如淳云「踊騰」猶「低昂」也。低昂者，乍貴乍賤也。又云「漢書糶作躍者，謂物踊貴而價起，有如物之騰躍而起也」。先謙案，説文「踊，跳也。躍，迅也」。廣雅釋詁「騰，上也」。諸書釋踊、騰、躍皆爲跳，今既以踊騰躍相貫爲文，則是言其物價跳上迅速，若今俗云「斗漲」矣。索隱引韋昭云「稽，留待也」。與李説意合。晉訓「稽」爲「計」，非。

〔四〕師古曰：欲令務農。

〔五〕師古曰：弛，解也。

〔六〕【補注】錢大昭曰：閩本「宦」作「官」。南雍本作「爲官吏」。先謙曰：官本作「爲官吏」。

〔七〕【補注】先謙曰：平準書作「莢錢益多輕」。

〔八〕師古曰：恣其私鑄。

法使天下公得顧租鑄銅錫爲錢，敢雜以鉛鐵爲它巧者，其罪黥。〔一〕然鑄錢之情，非殽雜爲巧，則不可得贏；〔二〕而殽之甚微，爲利甚厚。〔三〕夫事有召禍而法有起姦，今令細民人操造幣之勢，〔四〕各隱屏而鑄作，〔五〕因欲禁其厚利微姦，雖黥罪日報，其勢不止。〔六〕

乃者，民人抵罪，多者一縣百數，及吏之所疑，榜笞奔走者甚衆。夫縣法以誘民，〔七〕使入陷阱，孰積於此！〔八〕曩禁鑄錢，死罪積下；〔九〕今公鑄錢，黥罪積下。爲法若此，上何賴焉？〔一〇〕

〔一〕師古曰：顧租，謂顧庸之直，或租其本。【補注】錢大昭曰：「錫」字疑衍。

〔二〕師古曰：殽謂亂雜也。贏，餘利也。言不雜鉛鐵，則無利也。殽音爻。【補注】先謙曰：官本注「贏」作「亡」，引宋祁曰「亡，餘利也」。姚本改作「贏，餘利也」。

〔三〕師古曰：微謂精妙也。言殽雜鉛鐵，其術精妙，不可覺知，而得利甚厚，故令人輕犯之，姦不可止也。【補注】張照曰：顔説非是。錢之爲用甚廣，一錢之殽，其微已甚，然總而計之，爲利甚厚也。非謂其術精妙，若精妙即費本而無利矣。先謙曰：官本無「不可覺知」四字。

〔四〕師古曰：操，持也。人人皆得鑄錢也。操音千高反。

〔五〕【補注】周壽昌曰：隱，避藏也。屏，私處絶人蹤跡也。屏音丙。

〔六〕鄭氏曰：報，論。

〔七〕師古曰：縣謂開立之。

〔八〕師古曰：阱，穿地以陷獸也。積，多也。阱音才性反。

〔九〕蘇林曰：下，報也，積累下報論之也。張晏曰：死罪者多，委積於下也。師古曰：蘇説是也。下音胡亞反。次後亦同。【補注】先謙曰：「次後亦同」，官本作「後同」。

〔一〇〕師古曰：賴，利也。一曰恃也。

又民用錢，郡縣不同：或用輕錢，百加若干；〔一〕或用重錢，平稱不受。〔二〕法錢不

立，〔三〕吏急而壹之虖，則大爲煩苛，而力不能勝；縱而弗呵虖，則市肆異用，錢文大亂。〔四〕苟非其術，何鄉而可哉！〔五〕

〔一〕應劭曰：時錢重四銖，法錢百枚，當重一斤十六銖，輕則以錢足之若干枚，令滿平也。師古曰：若干，且設數之言也。干猶箇也，謂當如此箇數耳。而胡廣云「若，順也；干，求也」。當順所求而與之矣。【補注】宋祁曰：干，求也，下邵本添「合也」二字。王鳴盛曰：凡數之不可知而約略舉之，或其文太繁而撮舉之者曰若干，今人猶然。曲禮：「問天子之年，對曰『始服衣若干尺矣』。」疏云「古謂數爲若干」。鄉射、大射數射算云若干純，若干奇。若，如也。干，求也。事本不定，當如此求之。

〔二〕應劭曰：用重錢，則平稱有餘，不能受也。臣瓚曰：秦錢重半兩，漢初鑄莢錢，文帝更鑄四銖錢。秦錢與莢錢皆當廢，而故與四銖並行。民以其見廢，故用輕錢，則百加若干；用重錢，雖以一當一猶復不受之。是以郡縣不同也。師古曰：應説是也。稱音尺孕反。

〔三〕師古曰：法錢，依法之錢也。

〔四〕師古曰：呵，責怒也，音火何反。【補注】先謙曰：官本注在「縱而弗呵虖」下。

〔五〕師古曰：鄉讀曰嚮。

今農事棄捐而采銅者日蕃，〔一〕釋其耒耨，冶鎔炊炭，〔二〕姦錢日多，五穀不爲多。〔三〕善人怵而爲姦邪，〔四〕愿民陷而之刑戮，〔五〕刑戮將甚不詳，奈何而忽！〔六〕國知患此，吏議必曰禁之。禁之不得其術，其傷必大。令禁鑄錢，則錢必重；〔七〕重則其利深，盜鑄如雲而起，〔八〕棄市之罪又不足以禁矣。姦數不勝而法禁數潰，銅使之然也。〔九〕故銅布

於天下，其爲禍博矣。〔十〕

〔一〕師古曰：蕃，多也，音扶元反。其下亦同。

〔二〕應劭曰：鎔，形容也，作錢模也。師古曰：鎔音容。【補注】宋祁曰：「錢模」下，姚本添「樸」字。

〔三〕師古曰：言皆采銅鑄錢，廢其農業，故五穀不多也。爲音於僞反。不爲多，猶言爲之不多也。【補注】王念孫曰：顏説甚迂，五穀不爲多，多字因上文「姦錢日多」而衍。羣書治要引此已誤。爲音於嬀反，不音於僞反。爲，成也，言五穀不成也。晉語「黍不爲黍，稷不爲稷」，韋注「爲，成也」。廣雅同。呂氏春秋任地篇「種稑禾不爲稑，種重禾不爲重」，言不成稑、不成重也。墨子襍守篇「歲不爲」，賈子孼産子篇「歲適不爲」，皆言歲不成也。史記天官書「風從西北來，戎菽爲」。集解引孟康漢書注「爲，成也」。淮南天文篇「敦牂之歲禾不爲，協洽之歲菽麥不爲」，本經篇「君臣不和，五穀不爲」，高注「不爲五穀」。續漢書律曆志注引易緯「小寒，晷未當至而至，來年麻不爲；穀雨，晷當至不至，水物雜稻等不爲」。是不爲即不成也。此言民皆棄其農事而鑄錢，故五穀不成。賈子銅布篇「采銅者棄其田疇，家鑄者捐其農事，穀不爲則鄰於飢」。此尤其明證矣。

〔四〕李奇曰：怵，誘也，動心於姦邪也。師古曰：怵音先律反。又音黜。

〔五〕師古曰：愿，謹也。

〔六〕師古曰：詳，平也。忽，忽忘也。【補注】宋祁曰：忽，忘也。姚本改作「怠，忘也」。周壽昌曰：詳，即書呂刑祥刑之祥，書中「祥」多作「詳」。詳、祥古通。淮南説山訓「六畜生多耳目者不詳」，高注「詳，善也」。

〔七〕師古曰：令謂法令也。

〔八〕師古曰：言其多。

〔九〕師古曰：數，並音所角反。【補注】先謙曰：賈子銅布篇「銅布於下爲天下菑。何以言之？銅布於下，則民鑄錢者大抵必雜石鉛鐵焉。黥罪日繁，此一禍也。銅布於下，僞錢無止，錢用不信，民愈相疑，此二禍也。銅布於下，采銅者棄其田疇，家鑄者捐其農事，穀不爲則鄰於飢，此三禍也。故不禁鑄錢則錢常亂，黥罪日積，是陷阱也。且農事不爲，有疑爲菑，故民鑄錢不可不禁。上禁鑄錢，必以死罪。鑄錢者禁，則錢必還重，錢重則盜鑄錢者起，則死罪又復積矣。銅使之然也」。與志文皆不同。

〔十〕師古曰：博，大也。【補注】先謙曰：賈子無「天」字，其上文皆作「銅布於下」，下文皆作「銅不布下」。明此「天」字衍。

今博禍可除，而七福可致也。何謂七福？上收銅勿令布，則民不鑄錢，黥罪不積，一矣。僞錢不蕃，民不相疑，二矣。采銅鑄作者反於耕田，三矣。銅畢歸於上，上挾銅積以御輕重，〔一〕錢輕則以術斂之，重則以術散之，〔二〕貨物必平，四矣。以作兵器，以假貴臣，多少有制，用別貴賤，五矣。〔三〕以臨萬貨，以調盈虛，以收奇羨，〔四〕則官富實而末民困，六矣。〔五〕制吾棄財，以與匈奴逐爭其民，則敵必懷，七矣。〔六〕故善爲天下者，因禍而爲福，轉敗而爲功。今久退七福而行博禍，〔七〕臣誠傷之。

〔一〕師古曰：銅積，謂多積銅也。

〔二〕【補注】何焯曰：此中即兼寓斂散民粟之術。王鳴盛曰：與前減價糶、增價糴及臧粟、臧緡一意。先謙曰：此下賈子有「則錢必治」四字。

〔三〕如淳曰：古者以銅爲兵，秦銷鋒鍉鑄金人十二，是也。

〔四〕師古曰：調，平均也。奇，殘餘也。羨，饒溢也。奇音居宜反。羨音弋戰反。【補注】先謙曰：賈子「奇」一作「畸」，或作「倍」。

〔五〕師古曰：末謂工商之業也。【補注】先謙曰：官本「實」作「貴」。

〔六〕師古曰：末業既困，農人敦本，倉廩積實，布帛有餘，則招誘胡人，多來降附。故言制吾棄財逐爭其人也。棄財者，可棄之財。逐，競也。【補注】宋祁曰：則敵必懷，當作「壞」字。先謙曰：聽民放鑄則是棄財，今收銅以爲御物之具，故曰「制吾棄財」。

〔七〕【補注】劉奉世曰：今久退七福，「久」當作「乃」。先謙曰：賈子「久」作「顧」。自「何謂七福」以下，班氏多刪節其文。

上不聽。是時，吳以諸侯即山鑄錢，富埒天子，〔一〕後卒叛逆。鄧通，大夫也，以鑄錢財過王者。故吳、鄧錢布天下。〔二〕

〔一〕師古曰：即，就也。埒，等也。【補注】宋祁曰：「即就也」下當添「李奇曰」三字。

〔二〕【補注】葉德輝曰：西京雜記云「文帝賜鄧通蜀銅山，聽自鑄錢，文字肉好皆與天子錢同。時吳王亦有銅山鑄錢，微重，文字肉好，與漢錢不異」。據此，則吳、鄧所鑄錢悉遵漢制，故能流行天下也。

武帝因文、景之畜，忿胡、粵之害，〔一〕即位數年，嚴助、朱買臣等招徠東甌，事兩粵，江淮之間蕭然煩費矣。〔二〕唐蒙、司馬相如始開西南夷，鑿山通道千餘里，以廣巴蜀，巴蜀之民罷焉。〔三〕彭吳穿穢貊、朝鮮，置滄海郡，〔四〕則燕齊之間靡然發動。及王恢謀馬邑，〔五〕匈奴絶和親，侵擾北邊，兵連而不解，天下共其勞。〔六〕干戈日滋，行者齎，居者送，〔七〕中外騷擾相奉，百姓抏敝以巧法，〔八〕財賂衰耗而不澹。〔九〕入物者補官，出貨者除罪，選舉陵夷，廉恥相冒，〔一〇〕

武力進用，法嚴令具。興利之臣自此而始。〔一一〕

〔一〕師古曰：畜讀曰蓄。

〔二〕師古曰：蕭然猶騷然，勞動之貌。

〔三〕師古曰：罷讀曰疲。

〔四〕師古曰：彭吳，人姓名也。本皆荒梗，始開通之也，故言穿也。【補注】先謙曰：官本考證引通鑑考異曰：平準書亦言「彭吳賈滅朝鮮，置滄海之郡」。案滅朝鮮、置滄海，兩事也，不知何者出賈之謀。

〔五〕【補注】王念孫曰：治要引此「謀」上有「設」字，是也。漢伏兵馬邑旁，誘單于而擊之。王恢實設此謀，故曰「設謀馬邑」。今本脱去「設」字，則文義不明。史記亦有「設」字。

〔六〕師古曰：共猶同。【補注】錢大昭曰：「共」讀與「供」同，謂供給其勞役也。顔訓非。張文虎曰：平準書「共」作「苦」，疑「共」乃「苦」字爛文。

〔七〕師古曰：齎謂將衣食之具以自隨也，音子奚反。

〔八〕師古曰：抏，訛也，謂摧挫也。巧法，爲巧詐以避法也。抏音五官反。【補注】先謙曰：索隱鄒氏又音五亂反。案「抏」者耗也，消耗之名。

〔九〕師古曰：耗，減也。澹，足也。

〔一〇〕師古曰：冒，蒙也。

〔一一〕師古曰：謂桑弘羊、東郭咸陽、孔僅之屬也。

其後，衛青歲以數萬騎出擊匈奴，遂取河南地，築朔方。時又通西南夷道，作者數萬人，千里負擔餽饟，〔一〕率十餘鍾致一石，〔二〕散幣於邛僰以輯之。〔三〕數歲而道不通，蠻夷因以數攻吏，吏發兵誅之。〔四〕悉巴蜀租賦不足以更之，〔五〕乃募豪民田南夷，入粟縣官，而内受錢於都内。〔六〕東置滄海郡，〔七〕人徒之費疑於南夷。〔八〕又興十餘萬人築衛朔方，〔九〕轉漕甚遠，自山東咸被其勞，費數十百鉅萬，〔一〇〕府庫並虚。〔一一〕乃募民能入奴婢得以終身復，爲郎增秩，〔一二〕及入羊爲郎，始於此。〔一三〕

〔一〕師古曰：餽亦饋字。饟，古餉字。

〔二〕師古曰：言其勞費用功重。

〔三〕應劭曰：邛屬臨邛，僰屬犍爲。晉灼曰：僰音蒲賊反。師古曰：本西南夷兩種也。邛，今邛州也。僰，今僰道縣也。輯與集同，謂安定也。【補注】先謙曰：邛，今四（州）〔川〕邛州。僰，今宜賓縣境。

〔四〕【補注】宋祁曰：發兵誅之，當去「兵」字。錢大昭曰：南雍本、閩本俱不重「吏」字。先謙曰：官本不重「吏」字。

〔五〕李奇曰：不足用，終更其事也。韋昭曰：更，續也。師古曰：二説並非也。悉，盡也。更，償也。雖盡租賦不足償其功費也。更音庚。【補注】先謙曰：集解引韋昭後復云「或曰更，償也」。則顔注仍出韋説。

〔六〕服虔曰：入穀於外縣，而受粟錢於内府也。師古曰：此説非也。都内，京師主臧者也。百官公卿表大司農屬官有都内令丞也。【補注】先謙曰：官本注「縣」下有「官」字。

〔七〕【補注】先謙曰：平準書作「東至滄海之郡」。案上文已言置滄海郡矣，此不當復云置也。作「至」是。

〔八〕師古曰：疑讀曰儗，儗謂比也。

〔九〕師古曰：既築其城，又守衛之。

〔一〇〕師古曰：數十萬乃至百萬萬。【補注】宋祁曰：「數十」下當添「萬」字。張照曰：案宋不言注，則爲正文，可知正文有「數十」，無「萬」字。顔注乃言數十萬，蓋唐初本有萬字，故注如此。然平準書亦衹言「數十百巨萬」也。

〔一一〕【補注】先謙曰：平準書作「益虛」，是也。「並」字與「益」形近而誤。

〔一二〕師古曰：庶人入奴婢則復終身，先爲郎者就增其秩也。一曰入奴婢少者復終身，多者得爲郎，舊爲郎更增秩也。

〔一三〕【補注】葉德輝曰：此疑即卜式輸家財事。式傳云「初式不願爲郎，上曰『吾有羊在上林，令子牧之』。式既爲郎，布衣屮蹻而牧羊歲餘，羊肥息」。蓋式先入羊，而後上知其善牧。傳云「輸財」，殆微詞也。

此後四年，衞青比歲十餘萬衆擊胡，〔一〕斬捕首虜之士受賜黄金二十餘萬斤，而漢軍士馬死者十餘萬，兵甲轉漕之費不與焉。〔二〕於是大司農陳臧錢經用，賦税既竭，不足以奉戰士。〔三〕有司請令民得買爵及贖禁錮免臧罪；〔四〕請置賞官，名曰武功爵。〔五〕級十七萬，凡直三十餘萬金。諸買武功爵官首者試補吏，先除；千夫如五大夫；〔六〕其有罪又減二等；〔七〕爵得至樂卿，〔八〕以顯軍功。軍功多用超等，〔九〕大者封侯卿大夫，小者郎。〔一〇〕吏道雜而多端，則官職秏廢。〔一一〕

〔一〕師古曰：比歲，頻歲也。【補注】王念孫曰：羣書治要引此，「十餘萬衆」上有「將」字，是也。脱去「將」字則文義不明。史記亦有「將」字。先謙曰：比歲謂元朔五年、六年。

〔二〕師古曰：與讀曰豫。

〔三〕師古曰：陳謂列奏之。經，常也。既，盡也。言常用之錢及諸賦税並竭盡也。

〔四〕【補注】先謙曰：「臧」當爲「減」字之誤也，免罪不應獨言臧罪。平準書作「免減罪」，謂免罪及減罪也。臧與減形近而誤。武紀云「得免減罪」，尤其明證。通鑑誤與本志同。

〔五〕臣瓚曰：茂陵中書有武功爵，一級曰造士，二級曰閑輿衛，三級曰良士，四級曰元戎士，五級曰官首，六級曰秉鐸，七級曰千夫，八級曰樂卿，九級曰執戎，十級曰政戾庶長，十一級曰軍衛。此武帝所制，以寵軍功。師古曰：此下云級十七萬，凡直三十餘萬金，今瓚所引茂陵中書止於十一級，則計數不足，與本文乖矣。或者茂陵書說之不盡也。【補注】先謙曰：集解引瓚說，「政戾庶長」作「左庶長」，其下又引漢書音義云「十爵左庶長」。則此爵爲左庶長無疑。「政戾」二字非佳語，必不取以名爵也。

〔六〕師古曰：五大夫，舊二十等爵之第九級也。至此以上，始免徭役，故每先選以爲吏。千夫者，武功十一等爵之第七也，亦得免役，今則先除爲吏，比於五大夫也。【補注】劉攽曰：直三十餘萬金，其價之差，殊不可詳也。秦爵十八大庶長，十九則關内侯，武功爵比之減一級，入關内侯亦其宜也。或說七當作一，與茂陵中書合矣。予謂賣爵當級級稍增其價，豈可例云級十七萬？若每級十七萬，比至三十餘萬金，則一萬七千餘級，又非也。然則誤衍此「萬」字。蓋武功爵其級十七。又曰「官首亦武功爵名」，當讀云「買武功爵官首，試補吏，先除」。言官首補吏稱試，但先除之。「千夫如五大夫」，五大夫之制，於史無傳，以理推之，當是補吏不試也。周壽昌曰：劉謂上「萬」字衍，是也。何焯校本謂宋本亦有「萬」字。上顔注引此語，亦有「萬」字。先謙曰：平準書同，則「萬」字非衍也。索隱引大顔云「一金萬錢也，計十一級，級十七萬，合百八十七萬金」。而此云「三十餘萬金」，其數必有誤者。顧氏案，或解云「初一級十七萬，自此已上，每級加二萬，至十七級，合成三十七萬也」。又云「官首爵第五，位稍高，故得試爲吏，先除用。千夫爵第七，五大夫舊二十等爵第九。言千夫爵秩比於五大夫，故楊僕以千夫爲吏，殆謂此」。胡三省云「級十七萬者，賣爵一級，爲錢十七萬，至二級則三十四萬矣。自此以上，每級加增。王莽時黃金一斤直錢萬。以此推之，則三十萬金爲錢三十餘萬萬矣。此當時鬻武功爵所直之數也」。先謙案，胡說是。

〔七〕【補注】沈欽韓曰：有罪者得計其所買之爵減二等也。

〔八〕師古曰：樂卿者，武功爵第八等也，言買爵唯得至第八也。此文止論武功爵級，而作注者乃以舊二十等爵解之，失其本意，故删而不取。

〔九〕【補注】周壽昌曰：超等，超於常等之上，今尚沿此名。先謙曰：平準書作「越等」。

〔一〇〕【補注】先謙曰：平準書「郎」下有「吏」字，是。

〔一一〕師古曰：秏，亂也，音莫報反。

自孫弘以春秋之義繩臣下取漢相，〔一〕張湯以峻文決理爲廷尉，於是見知之法生，而廢格沮誹窮治之獄用矣。〔二〕其明年，〔三〕淮南、衡山、江都王謀反迹見，〔四〕而公卿尋端治之，竟其黨與，坐而死者數萬人，吏益慘急而法令察。〔五〕當是時，招尊方正賢良文學之士，或至公卿大夫。公孫弘以宰相，布被，食不重味，爲下先，然而無益於俗，稍務於功利矣。〔六〕

〔一〕【補注】錢大昭曰：南雍本、閩本「自」下俱有「公」字。先謙曰：官本有「公」字，平準書亦有。

〔二〕張晏曰：吏見知不舉劾爲故縱，官有所作，廢格沮敗誹謗，則窮治之也。如淳曰：廢格天子文法，使不行也。誹謂非上所行，若顔異反脣之比也。師古曰：沮，上壞之，音材汝反。【補注】宋祁曰：「廢格」當改「廢閣」。先謙曰：平準書同。索隱「格音閣」。官本注「上壞」作「止壞」，是。

〔三〕【補注】先謙曰：據武紀爲元狩元年。

〔四〕師古曰：蹤跡顯見也。

〔五〕師古曰：慘，毒也。察，微視也。

〔六〕【補注】先謙曰：平準書「下」上有「天」字。「務」作「鶩」，是。説文「鶩，亂馳也」。

其明年，〔一〕票騎仍再出擊胡，大克獲。〔二〕渾邪王率數萬衆來降，〔三〕於是漢發車三萬兩迎之。〔四〕既至，受賞，賜及有功之士。是歲費凡百餘鉅萬。

〔一〕【補注】先謙曰：元狩二年。
〔二〕師古曰：仍，頻也。
〔三〕師古曰：渾音胡昆反。
〔四〕師古曰：一兩一乘。【補注】先謙曰：平準書作二萬兩，汲黯傳、通鑑同。

先是十餘歲，河決，灌梁、楚地，固已數困，〔一〕而緣河之郡隄塞河，輒壞決，費不可勝計。其後番係欲省底柱之漕，〔二〕穿汾、河渠以爲溉田；鄭當時爲渭漕回遠，鑿漕直渠自長安至華陰；〔三〕而朔方亦穿溉渠。作者各數萬人，歷二三期而功未就，〔四〕費亦各以鉅萬十數。〔五〕

〔一〕【補注】齊召南曰：案平準書作「河決觀」。徐廣曰：觀，縣名，屬東郡。此文既改「觀」作「灌」，則當連下梁、楚地爲句。但以事核之，此即指元光中「河決瓠子，東南注鉅野，通於淮、泗」事也。瓠子地在濮陽，其對岸即觀縣，史記作「河決觀」是也。
〔二〕師古曰：番，姓；係，名也。番音普安反。係音工系反。【補注】先謙曰：詳溝洫志。係音工系反，官本作「係音系」。
〔三〕師古曰：回，曲繞也，音胡内反。
〔四〕【補注】先謙曰：平準書「各」字在「歷」上。
〔五〕師古曰：謂十萬萬也。【補注】宋祁曰：「謂」下當添「數」字。

天子爲伐胡故，盛養馬，馬之往來食長安者數萬匹，〔一〕卒掌者〔二〕關中不足，乃調旁近郡。〔三〕而胡降者數萬人皆得厚賞，衣食仰給縣官，〔四〕縣官不給，〔五〕天子乃損膳，解乘輿駟，出御府禁臧以澹之。〔六〕

〔一〕師古曰：食讀曰飤。
〔二〕【補注】先謙曰：平準書作「卒牽掌者」，言卒之牽馬掌馬者，即牧人也。
〔三〕師古曰：調謂選發之也。調音徒釣反。
〔四〕師古曰：仰音牛向反。次下亦同。
〔五〕師古曰：給，足也。
〔六〕【補注】宋祁曰：「澹」當作「贍」。

其明年，山東被水災，民多飢乏，於是天子遣使虛郡國倉廩以振貧。猶不足，又募豪富人相假貸。〔一〕尚不能相救，乃徙貧民於關以西，及充朔方以南新秦中，〔二〕七十餘萬口，〔三〕衣食皆仰給於縣官。數歲，貸與產業，使者分部護，〔四〕冠蓋相望，費以億計，縣官大空。而富商賈〔五〕或墆財役貧，〔六〕轉轂百數，〔七〕廢居居邑，〔八〕封君皆氐首仰給焉。〔九〕冶鑄鬻鹽，財或累萬金，而不佐公家之急，黎民重困。〔一〇〕

〔一〕師古曰：貸音土戴反。次下亦同。【補注】先謙曰：武紀元狩三年，舉吏民能假貸者以名聞，即此事也。
〔二〕應劭曰：秦始皇遣蒙恬攘卻匈奴，得其河南造陽之北千里地甚好，於是爲築城郭，徙民充之，名曰新秦。四方雜錯，奢儉不同。今俗名新富貴者爲「新秦」，由是名也。【補注】齊召南曰：應説以河南造陽並解新秦中，非也。河南即朔方郡及北地、上郡之北境，名新秦中，今河套地也。造陽則在上谷之北，今宣化府邊外地。漢武以其斗僻，棄七百里，安得徙貧民以充實其中耶？史記集解載臣瓚曰「秦逐匈奴以收河南地，徙民以實之，謂之新秦。今以地空，故復徙民以實之」。其説甚確。先謙曰：官本注在「七十餘萬口」下。

〔三〕【補注】先謙曰：武紀在元狩四年冬。作「七十二萬五千口」。

〔四〕師古曰：分音扶問反。

〔五〕【補注】王念孫曰：「賈」上有「大」字，而今本脱之。文選蜀都賦注引此，正作「富商大賈」。史記、通鑑竝同。下文云「富商大賈亡所牟大利」，張湯傳云「排富商大賈」，貨殖傳云「關中富商大賈」，皆有「大」字。

〔六〕孟康曰：墆，停也。晉灼曰：墆音滯。【補注】先謙曰：官本「墆」並作「滯」。「音」下作「直吏反」。引宋祁曰，滯財，滯字當從土。注同。王本，墆音滯。先謙案，平準書作「蹛」，集解引漢書音義曰，蹛，停也。一曰貯也。此言「居積停滯」作「墆」。滯、蹛字不同，其義一也。

〔七〕李奇曰：轂，車也。

〔八〕服虔曰：居穀於邑也。如淳曰：居賤物於邑中以待貴也。師古曰：二説皆未盡也，此言或有所廢置，有所居蓄，而居於邑中，以乘時射利也。【補注】沈欽韓曰：公羊宣七年傳「萬入去籥何？去其有聲者，廢其無聲者」。注「廢，置也。置者，不去也。齊人語」。與此廢同。居，讀如「奇貨可居」之居。周壽昌曰：志又云「賣買居邑」，即此義。先謙曰：如、沈説是，廢即居也，於義爲複。索隱引劉氏云「廢，出賣也」。仲尼弟子傳「子貢好廢舉」。索隱「廢謂物貴而賣之」，與顔、周説合。集解引服説，穀作轂，承上文「轉轂」言之。此誤。

〔九〕晉灼曰：氐音抵距之抵。服虔曰：仰給於商賈，言百姓好末作也。師古曰：二説皆非也。封君，受封邑者，謂公主及列侯之屬也。氐首，猶俯首也。時公主、列侯雖有國邑而無餘財，其朝夕所須，皆俯首而取給於富商大賈，後方以邑入償之。氐音丁奚反。【補注】先謙曰：官本注「丁」上無「音」字。

〔一〇〕師古曰：重音直用反。

於是天子與公卿議，更造錢幣以澹用，〔一〕而摧浮淫并兼之徒。是時禁苑有白鹿而少府多銀錫。自孝文更造四銖錢，至是歲四十餘年，從建元以來，用少，縣官往往即多銅山而鑄錢，〔二〕民亦盜鑄，不可勝數。錢益多而輕，〔三〕物益少而貴。〔四〕有司言曰：「古者皮幣，諸侯以聘享。金有三等，黄金爲上，白金爲中，赤金爲下。〔五〕今半兩錢法重四銖，〔六〕而姦或盜摩錢質而取鋊，〔七〕錢益輕薄而物貴，則遠方用幣煩費不省。」乃以白鹿皮方尺，緣以繢，〔八〕爲皮幣，直四十萬。王侯宗室朝覲聘享，必以皮幣薦璧，然後得行。

〔一〕師古曰：更，改也。【補注】宋祁曰：「澹」當作「贍」。

〔二〕師古曰：就多銅之山而鑄錢也。

〔三〕臣瓚曰：鑄錢者多，故錢輕。輕亦賤也。【補注】周壽昌曰：輕對重言，非賤之謂也。鑄錢益多，則工省而質薄也。觀下云「錢益輕薄而物貴」可知。

〔四〕如淳曰：民但鑄錢，不作餘物故也。

〔五〕孟康曰：白金，銀也。赤金，丹陽銅也。【補注】先謙曰：索隱「説文『銅，赤金也』」。云丹陽銅者，神異經云『西方金山有丹陽銅』也」。

〔六〕鄭氏曰：其文爲半兩，實爲四銖也。【補注】先謙曰：官本注「實」下「爲」作「重」，是。

〔七〕如淳曰：錢一面有文，一面幕，幕爲質。民盜摩漫面而取其鋊，以更鑄作錢也。臣瓚曰：許慎云「鋊，銅屑也」。摩錢漫面以取其屑，更以鑄錢。西京黄圖敘曰「民摩錢取屑」是也。師古曰：鋊音浴。瓚説是也。【補注】宋祁曰：鋊，俞玉反。先謙曰：如、瓚二説皆是也。平準書「質」作「裏」，義同。「鋊」作「鎔」。

〔八〕師古曰：繢，繡也。繪五綵而爲之。【補注】先謙曰：平準書「繢」上有「藻」字，徐廣注「藻一作紫」。通鑑亦有。官本注在「爲皮幣」下。

又造銀錫白金。〔一〕以爲天用莫如龍，地用莫如馬，人用莫如龜，〔二〕故白金三品：其一曰重八兩，圜之，其文龍，名「白撰」，直三千；二曰以重差小，方之，其文馬，直五百；〔三〕三曰復小，橢之，其文龜，直三百。〔四〕令縣官銷半兩錢，更鑄三銖錢，重如其文。盜鑄諸金錢罪皆死，而吏民之犯者不可勝數。

〔一〕如淳曰：雜鑄銀錫爲白金。【補注】先謙曰：平準書「白」上有「爲」字，通鑑同。此脱。

〔二〕【補注】先謙曰：索隱「易云『行天莫如龍，行地莫如馬』。禮云『諸侯以龜爲寶』」。

〔三〕晉灼曰：以半斤之重，差爲三品，此重六兩，則下品重四兩也。

〔四〕師古曰：橢，圜而長也，音佗果反。【補注】劉奉世曰：「白撰」當在「其一曰」之下，衍「名」字。「二曰」、「三曰」之下，皆當有金名，史文錯脱。姚鼐曰：劉説非也。重八兩，以重差小，復小，乃白金上有此字，故加「曰」字。而白撰乃其名，非白金上字。如王莽鑄錢，文曰小錢，曰幺錢，曰幼錢，曰中錢，曰壯錢。曰者，錢上有此字也。葉德輝曰：尚書大傳「夏后氏死臯罰二千饌」。周本紀「其罰百率」。索隱云「舊本率亦作選」，即此「白選」二字所本。選、鍰聲近，故古字通用。先謙曰：官本考證云，案平準書作「白選」，又「二曰以重差小」，平準書無「以」字。先謙案，平準書「橢」作「撱」。索隱「顧氏按，錢譜『文爲龍形隱起，肉好皆圜文，又作雲霞之象』。選，蘇林音選擇之選。包愷及劉氏音息戀反。漢書作『撰』，二字音同。晉灼案，黄圖云『直三千〔三〕〔二〕百也』。其文馬者，錢譜『肉好皆方，隱起馬形。肉好之下又有連珠文也。其文黽者，肉圓好方，皆隱起黽甲文』。」

於是以東郭咸陽、孔僅爲大農丞，〔一〕領鹽鐵事，而桑弘羊貴幸。咸陽，齊之大鬻鹽，孔僅，南陽大冶，皆致產累千金，故鄭當時進言之。弘羊，洛陽賈人之子，以心計，〔二〕年十三侍中。〔三〕故三人言利事析秋豪矣。

〔一〕師古曰：二人也，姓東郭名咸陽，姓孔名僅。僅音鉅刃反。【補注】宋祁曰：「爲大」下當添「司」字。先謙曰：百官表「大農令，太初元年更名大司農」，史文元不必過泥，若以例相繩，元狩中尚可不添「司」字也。平準書亦作「大農」，通鑑同。

〔二〕師古曰：不用籌算。

〔三〕【補注】沈欽韓曰：鹽鐵論「大夫曰『余結髮束脩，年十三幸得宿衞，給事輦轂』」。案其進，蓋亦入羊爲郎之類。

法既益嚴，吏多廢免。兵革數動，民多買復〔一〕及五大夫、千夫，徵發之士益鮮。〔二〕於是除千夫、五大夫爲吏，不欲者出馬；〔三〕故吏皆適令伐棘上林，作昆明池。〔四〕

〔一〕師古曰：入財於官，以取優復。復音方目反。【補注】宋祁曰：「買復」當作「買復」。先謙曰：平準書亦作「買復」。

〔二〕師古曰：鮮，少也，音先淺反。

〔三〕如淳曰：千夫、五大夫不欲爲吏者，令之出馬也。

〔四〕師古曰：適讀曰讁。讁，責罰也，以其久爲姦利。【補注】先謙曰：索隱「故吏先免者，皆適令伐棘上林」是也。上文正言「吏多廢免」。顏說未晰。

其明年，〔一〕大將軍、票騎大出擊胡，賞賜五十萬金，軍馬死者十餘萬匹，轉漕車甲之費不與焉。〔二〕是時財匱，〔三〕戰士頗不得禄矣。

〔一〕【補注】先謙曰：武紀擊胡事與造白金、皮幣，俱在元狩四年，似不應分敘。大氏造金幣之議，刱於三年，成於四年，故紀、志異也。

〔二〕師古曰：與讀曰豫。

〔三〕師古曰：匱，空也。

有司言三銖錢輕，輕錢易作姦詐，乃更請郡國鑄五銖錢，周郭其質，令不可得摩取鋊。〔一〕

〔一〕孟康曰：周帀爲郭，文漫皆有。【補注】錢大昭曰：「鋊」當作「鉛」。鉛，銅屑也。先謙曰：官本「鋊」作「鉛」，平準書仍作「鋊」。

大農上鹽鐵丞孔僅、咸陽言：〔一〕「山海，天地之臧，宜屬少府，陛下弗私，以屬大農佐賦。〔二〕願募民自給費，因官器作鬻鹽，官與牢盆。〔三〕浮食奇民欲擅斡山海之貨，〔四〕以致富羨，役利細民。〔五〕其沮事之議，不可勝聽。敢私鑄鐵器鬻鹽者，釱左趾，〔六〕没入其器物。郡不出鐵者，置小鐵官，〔七〕使屬在所縣。」使僅、咸陽乘傳舉行天下鹽鐵，〔八〕作官府，〔九〕除故鹽鐵家富者爲吏。吏益多賈人矣。

〔一〕師古曰：奏上其言也。

〔二〕【補注】先謙曰：馬廷鸞云「孔僅、咸陽所言『前之屬少府者其利微，今改屬大農則其利盡』，此聚斂之臣飾說以蓋其私也」。

〔三〕蘇林曰：牢，價直也。今世人言顧手牢。如淳曰：牢，廩食也。古者名廩爲牢。盆，鬻鹽盆也。師古曰：牢，蘇說是也。鬻，古煮字也。【補注】先謙曰：官本注「爲」作「曰」。索隱引蘇說，作「雇手牢盆」，此無「盆」字。「顧手牢」不知何語，詳其文義，當是雇庸價直耳。無「盆」字，是也。此是官與以煮鹽器作而定其價直，故曰牢盆。

〔四〕師古曰：斡謂主領也，讀與管同。【補注】先謙曰：官本注，與下「羨饒也」七字，併在「以致富羨」下，删下「師古曰」三字。

〔五〕師古曰：羨，饒也，音弋戰反。

〔六〕師古曰：釱，足鉗也。音徒計反。

〔七〕鄧展曰：鑄故鐵。

〔八〕師古曰：舉，皆也，普天之下皆行之也。音下更反。【補注】朱一新曰：史記「上使作便」，言以其便屬之也。注「音」上脱「行」字。

〔九〕師古曰：主鬻鑄及出納之處也。

商賈以幣之變，多積貨逐利。於是公卿言：「郡國頗被災害，貧民無産業者，募徙廣饒之地。陛下損膳省用，出禁錢以振元元，寬貸，〔一〕而民不齊出南畝，〔二〕商賈滋衆。貧者畜積無有，皆仰縣官。〔三〕異時算軺車賈人之緡錢皆有差，〔四〕請算如故。〔五〕諸賈人末作貰貸賣買，居邑貯積諸物，〔六〕及商以取利者，雖無市籍，各以其物自占，〔七〕率緡錢二千而算一。〔八〕諸作有租及鑄，〔九〕率緡錢四千算一。非吏比者、三老、北邊騎士，軺車一算；〔一〇〕商賈人軺車二算；〔一一〕船五丈以上一算。匿不自占，占不悉，戍邊一歲，没入緡錢。〔一二〕有能告者，以其半畀之。〔一三〕賈人有市籍，及家屬皆無得名田，〔一四〕以便農。敢犯令，没入田貨。」〔一五〕

〔一〕【補注】先謙曰：平準書有「賦」字，是也。無則文不成義。

〔二〕師古曰：言農人尚少，不皆務耕種也。

〔三〕師古曰：畜讀曰蓄。仰音牛向反。【補注】先謙曰：官本無「皆」字。引宋祁曰：「無有」下當添「皆」字。

〔四〕師古曰：異時，言往時也。軺，小車也。緡謂錢貫也。軺音弋昭反。緡音武巾反。【補注】沈欽韓曰：異時者，謂元光六年初算商車也。先謙曰：官本「差」下有「下」字。引宋祁曰「皆有差下」，姚本作「皆有差小」。平準書無「下」字。

〔五〕【補注】先謙曰：武紀元狩四年，初算緡錢。

〔六〕師古曰：貰，賒也。貸，假與也。貰音式制反。貸音土戴反。

〔七〕師古曰：占，隱度也，各隱度其財物多少，而爲名簿送之於官也。占音之贍反。

〔八〕師古曰：率計有二千錢者則出一算。【補注】先謙曰：集解引臣瓚曰「此緡錢爲是儲緡錢也。故隨其用所施，施於利重者，其算亦多」。算百二十錢，解詳高紀。

〔九〕如淳曰：以手力所作而賣之者。

〔一〇〕師古曰：比，例也，身非爲吏之例，非爲三老、非爲北邊騎士而有軺車，皆令出一算。比音必寐反。

〔一一〕如淳曰：商賈人有軺車，又使多出一算，重其賦。

〔一二〕師古曰：悉，盡也。

〔一三〕師古曰：畀，與也，音必寐反。【補注】先謙曰：武紀元鼎三年「令民告緡者以其半與之」已後，算緡錢六年矣。此行文省併之故。

〔一四〕師古曰：一人有市籍，則身及家内皆不得有田也。【補注】沈欽韓曰：載師有賈田。通典「唐制，諸以工商爲業者，永業口分田各減半給之」，是賈人亦受田也。漢禁其自有之田，蓋利其田没入之也。先謙曰：官本注在「以便農」下。

〔一五〕【補注】先謙曰：平準書作「田僮」。

是時，豪富皆爭匿財，唯卜式數求入財以助縣官。天子乃超拜式爲中郎，賜爵左庶長，田十頃，布告天下，以風百姓。〔一〕初，式不願爲官，上强拜之，稍遷至齊相。語自在其傳。孔僅使天下鑄作器，三年中至大司農，列於九卿。而桑弘羊爲大司農中丞，〔二〕管諸會計事，稍稍置均輸以通貨物。〔三〕始令吏得入穀補官，郎至六百石。〔四〕

〔一〕師古曰：風讀曰諷。

〔二〕【補注】先謙曰：大農屬無中丞，「中」字衍。平準書正作「大農丞」。通鑑據漢志録之。胡三省云「今置中丞，其位當在兩丞上」。然百官表所無，當以平準書爲正，胡氏臆説不可據也。

〔三〕【補注】王鳴盛曰：後書朱暉傳「肅宗時，尚書張林請復用武帝均輸法，暉以爲不可」。李注「武帝作均輸法，謂州郡所出租賦，并雇運之直，官總取之，市其土地所出之物，官自轉輸於京，謂之均輸」。沈欽韓曰：九章術「均輸以御遠近勞費」。鹽鐵論本議篇「大夫曰：往者，郡國諸侯各以其物貢輸，往來煩雜，物多苦惡，或不償其費，故郡置輸官以相給運，而便遠方之貢，故曰均輸。文學曰：古者，賦税於民因其所工，不求所拙。農人納其穫，女紅效其功。今釋其所有，責其所無，百姓賤賣貨物以便上求。閒者，郡國或令民作布絮，吏留難與之爲市。吏之所入，非獨齊陶之縑，蜀漢之布也，亦民間之所爲耳。而行姦賣平，農民重苦，女紅再稅，未見輸之均也」。

〔四〕師古曰：吏更遷補高官，郎又就增其秩，得至六百石也。【補注】沈欽韓曰：前此鬻爵高者復除而已，此乃直任職也。黄霸亦以是進。然言吏則庶民商賈不得也。靈帝懸牓賣官，亦由卑至尊，如崔烈以卿入錢五百萬爲公也。先謙曰：官本注末無「也」字。

自造白金五銖錢後五歲，而赦吏民之坐盜鑄金錢死者數十萬人。其不發覺相殺者，不可勝計。赦自出者百餘萬人。然不能半自出，天下大氐無慮皆鑄金錢矣。〔一〕犯法者衆，吏不能盡誅，於是遣博士褚大、徐偃等分行郡國，〔二〕舉并兼之徒守相爲利者。〔三〕而御史大夫張湯方貴用事，減宣、杜周等爲中丞，〔四〕義縱、尹齊、王温舒等用急刻爲九卿，〔五〕直指夏蘭之屬始出。〔六〕而大農顔異誅矣。〔七〕初，異爲濟南亭長，以廉直稍遷至九卿。上與湯既造白鹿皮幣，問異。異曰：「今王侯朝賀以倉璧，〔八〕直數千，而其皮薦反四十萬，本末不相稱。」天子不説。〔九〕湯又與異有隙，及人有告異以它議，事下湯治。異〔一〇〕與客語，客語初令下有不便者，〔一一〕異不應，微反脣。〔一二〕湯奏當異九卿見令不便，不入言而腹非，〔一三〕論死。自是後有腹非之法比，〔一四〕而公卿大夫多諂諛取容。

〔一〕師古曰：氐讀曰抵。抵，歸也。大歸猶言大凡也。無慮亦謂大率無小計慮耳。【補注】宋祁曰：姚本改「耳」作「也」字。王念孫曰：「無」或作「亡」。趙充國傳「亡慮萬二千人」。顔注「亡慮，大計也」。案顔以無慮爲大計，是也。而又云「無小計慮」，則是以「無」爲有無之無，「慮」爲計慮之慮，其失甚矣！今案無慮，疊韻字也，慮古讀若閭。溝洫志「浩浩洋洋，慮殫爲河」。河渠書「慮」作「閭」。宣十一年左傳釋文曰「無慮如字，一音力於反」，是其證也。

廣雅曰「無慮，都凡也」。高注淮南俶真篇曰「無慮，大數名也」。周髀算經「無慮，後天十三度十九分度之七」。趙爽曰「無慮者，粗計也」。後書光武紀「將作大匠竇融上言，園陵廣袤，無慮所用」。李賢曰「謂園陵都凡制度也」。是無慮爲都凡之名，非無小計慮之謂也。無慮或但謂之慮。荀子議兵篇「焉慮率用賞慶刑罰，執詐而已矣」。楊倞曰「慮，大凡也」。賈誼傳「慮亡不帝制而天子自爲者」。師古曰「慮，大計也，言諸侯皆欲同帝制而爲天子之事」。是慮亦都凡之意也。總計物數謂之無慮，故總度事宜亦謂之無慮。禮運曰「聖人耐以天下爲一家，以中國爲一人者，非意之也」。鄭注曰「意，心所無慮也；心所無慮，謂心揣其大略也」。正義乃云「謂於無形之處用心思慮」，失其指矣。宣十一年左傳「使封人慮事以授司徒」。杜注曰「慮事，無慮計功；無慮計功，猶言約略計功也」。正義乃云「城築之事，無則慮之，訖則計功」，愈失之矣。先謙曰：官本注「抵」下不重「抵」字，「大歸」作「大氐」。

〔二〕師古曰：行音下更反。【補注】先謙曰：大見武紀，偃、終事見終軍傳。

〔三〕師古曰：守，郡守也。相，諸侯相。【補注】先謙曰：武紀在元狩六年，詔云「將百姓所安殊路，而撟虔吏因乘勢以侵蒸庶邪？」所謂撟虔吏，即守相爲利者也。舉謂舉奏。官本注無「也」字。

〔四〕師古曰：減，姓也。音減省之減。

〔五〕【補注】先謙曰：減宣以下，皆在酷吏傳。

〔六〕蘇林曰：夏蘭，人姓名。【補注】先謙曰：官本注在「誅矣」下。

〔七〕【補注】先謙曰：百官表元狩四年，「大農令顏異，二年坐腹非誅」，六年再書「大農令正夫」。以此文序事推之，異誅當在六年。徐廣注云元狩四年，非也。

〔八〕【補注】先謙曰：官本「倉」作「蒼」。

〔九〕師古曰：說讀曰悅。

〔一〇〕【補注】先謙曰：官本重「異」字。

〔一一〕李奇曰：異與客語，道詔令初下有不便處。【補注】先謙曰：此客語，文甚明。注云異語，誤。
〔一二〕師古曰：蓋非之。【補注】張照曰：顔注意雖是而未盡，蓋異聞客語不敢應，而倉卒自禁，不覺微笑而脣褰耳。
〔一三〕師古曰：當謂處斷其罪。【補注】先謙曰：官本注在「論死」下。
〔一四〕師古曰：比，則例也。讀如字，又音必寐反。

天下既下緡錢令〔一〕而尊卜式，百姓終莫分財佐縣官，於是告緡錢縱矣。〔二〕

〔一〕【補注】錢大昭曰：天下之「下」字疑是「子」字。先謙曰：錢説是也。官本作「天子」，平準書同。
〔二〕師古曰：縱，放也。放令相告言也。

郡國鑄錢，民多姦鑄，〔一〕錢多輕，而公卿請令京師鑄官赤仄，〔二〕一當五，賦官用非赤仄不得行。〔三〕白金稍賤，民弗寶用，縣官以令禁之，無益，歲餘終廢不行。是歲，湯死而民不思。〔四〕其後二歲，赤仄錢賤，民巧法用之，不便，又廢。於是悉禁郡國毋鑄錢，專令上林三官鑄。〔五〕錢既多，而令天下非三官錢不得行，諸郡國前所鑄錢皆廢銷之，輸入其銅三官。而民之鑄錢益少，計其費不能相當，〔六〕唯真工大姦乃盜爲之。〔七〕

〔一〕師古曰：謂巧鑄之，雜鉛錫。【補注】宋祁曰：「鉛錫」下當添「也」字。
〔二〕應劭曰：所謂子紺錢也。如淳曰：以赤銅爲其郭也。今錢郭見有赤者，不知作法云何也。【補注】先謙曰：官本考證云，史記作「鑄鍾官赤仄」。注「令」字應作「今」，舊本亦訛。周壽昌云，史記「仄」作「側」。索隱「鍾官掌鑄赤仄之錢」。此云官，即鍾官省文也。當時赤仄甫行，嚴防私鑄，直以「官赤仄」呼之。先謙按，集解引如説，「今錢郭見有赤者」作「今錢見有赤側者」。又引漢書音義「子紺錢」作「紫紺錢」。索隱「韋昭云：側，邊也」。泉志亦作「紫紺錢」。

〔三〕師古曰：充賦及給官用，皆令以赤仄。

〔四〕【補注】先謙曰：武紀湯死在元鼎二年。徐廣注三年，非也。湯附上罔下，當時民之怨嫉，豈止不思！此史公微文，而班因之。湯子孫兩漢貴盛，雖良史不能無回曲也。

〔五〕【補注】齊召南曰：三官錢即水衡錢也。據百官表，水衡都尉掌上林，其屬有均輸、鍾官、辨銅三令丞。鹽鐵論曰「廢天下諸錢，而專命水衡三官作」。即言此事。裴駰解史記甚確，但混上林、均輸爲一官，則微訛耳。先謙曰：水衡都尉諸官置於元鼎六年，見百官表。上云「湯死後二歲」，此禁令當在元鼎四年。通鑑編在二年，似未審。

〔六〕師古曰：言無利。

〔七〕師古曰：其術巧妙，故得利。

楊可告緡徧天下，〔一〕中家以上〔二〕大氐皆遇告。杜周治之，獄少反者。〔三〕乃分遣御史廷尉正監分曹〔四〕往，往即治郡國緡錢，〔五〕得民財物以億計，奴婢以千萬數，田大縣數百頃，小縣百餘頃，宅亦如之。於是商賈中家以上大氐破，民媮甘食好衣，不事畜臧之業，〔六〕而縣官以鹽鐵緡錢之故，用少饒矣。益廣開，〔七〕置左右輔。〔八〕

〔一〕如淳曰：告緡令楊可所告言也。師古曰：此說非也，楊可據令而發動之，故天下皆被告。

〔二〕【補注】周壽昌曰：中家，猶文帝所云中人產也。今俗亦稱上户、中户、下户。

〔三〕如淳曰：治匿緡之罪，其獄少有反者。蘇林曰：反音幡。師古曰：幡謂從輕而出。【補注】宋祁曰：「而出」下當添「之」字。

〔四〕服虔曰：分曹職案行也。師古曰：服説非也。曹，輩也，分輩而出爲使也。【補注】先謙曰：顔説本如淳，見索隱引。

〔五〕師古曰：就其所在而治也。【補注】先謙曰：平準書不重「往」字，「往」當上屬爲句，其重文蓋衍。

〔六〕師古曰：媮，苟且也。

〔七〕【補注】何焯曰：當從平準書作「益廣關」。「開」字誤。先謙曰：徐廣注「元鼎三年，徙函谷關於新安東界。」

〔八〕【補注】先謙曰：百官表「元鼎四年，更置二輔都尉、都尉丞各一人」。

初，大農幹鹽鐵官布多，〔一〕置水衡，欲以主鹽鐵；及楊可告緡，上林財物衆，乃令水衡主上林。上林既充滿，益廣。是時粵欲與漢用船戰逐，〔二〕乃大修昆明池，列館環之。〔三〕治樓船，高十餘丈，旗織加其上，〔四〕甚壯。於是天子感之，乃作柏梁臺，〔五〕高數十丈。宮室之修，繇此日麗。

〔一〕【補注】先謙曰：初者，追溯置水衡前事。「幹」誤，當作「斡」。平準書作「筦」，同。官布謂官錢。

〔二〕孟康曰：水戰相逐也。

〔三〕師古曰：環，繞也。【補注】先謙曰：平準書「館」作「觀」，字同。

〔四〕師古曰：織讀曰幟，音昌志反。【補注】宋祁曰：「昌志」當改作「式志」。先謙曰：官本注在「甚壯」下。「熾」作「幟」，是。平準書作「幟」。

〔五〕【補注】先謙曰：武紀在元鼎二年。

乃分緡錢諸官，而水衡、少府、太僕、大農各置農官，往往即郡縣比没入田田之。〔一〕其没

入奴婢，分諸苑養狗馬禽獸，及與諸官。〔二〕官益雜置多，〔三〕徒奴婢衆，而下河漕度四百萬石，及官自糴乃足。〔四〕

〔一〕師古曰：即，就也。比謂比者所没入也。

〔二〕【補注】沈欽韓曰：漢舊儀「官奴婢及天下貧民，貲不滿五千，徒置苑中養鹿。因收取鹿矢，人日五錢，到元帝時七十億萬，以給軍擊西域」。

〔三〕如淳曰：水衡、少府、太僕、司農皆有農官，是爲多也。師古曰：此説非也。謂雜置官員分掌衆事耳，非農官也。

〔四〕師古曰：度，計也，音大各反。

所忠言：「世家子弟富人或鬬雞走狗馬，弋獵博戲，亂齊民。」〔一〕乃徵諸犯令，相引數千人，名曰「株送徒」。入財者得補郎，郎選衰矣。〔二〕

〔一〕如淳曰：世家謂世世有禄秩家也。齊，等也。無有貴賤，謂之齊民，若今言平民矣。晉灼曰：中國被教齊整之民也。師古曰：所，姓也，忠，名也，武帝之近臣。郊祀志云「公孫卿因所忠言寶鼎」，石慶傳云「欲請詔近臣所忠」，廣川王傳云「言漢公卿及幸臣所忠」，司馬相如傳云「所忠往取書」。考其蹤跡，此並一人也。而説者或以爲所忠信之人，此釋大謬。齊等之義，如説是也。【補注】周壽昌曰：春秋隱九年「俠卒」，穀梁傳「所俠也」。范注「俠，名也，所其氏」。後書劉茂傳云「小吏所輔」，注「所，姓也」。風俗通曰「大夫華，所事之後」。

〔二〕應劭曰：株，根本也。送，致也。如淳曰：株，蔕也。諸坐博戲事決爲徒者，能入錢得補郎。李奇曰：先至者爲魁株也。師古曰：言被牽引者爲其根株所送，當充徒役而能入財者，即當補郎。【補注】先謙曰：索隱「先至之人令之相引，似若得其株本，則枝葉自窮」。故曰「株送徒」。

是時山東被河災，及歲不登數年，人或相食，〔一〕方二三千里。〔二〕天子憐之，令飢民得流就食江淮間，欲留，留處。〔三〕使者冠蓋相屬於道護之，〔四〕下巴蜀粟以振焉。〔五〕

〔一〕【補注】先謙曰：武紀關東水災在元鼎二年，飢人相食在三年。此併敘之。

〔二〕【補注】先謙曰：平準書作「一二千里」。

〔三〕師古曰：流謂恣其行移，若水之流。至所在，有欲往者，亦留而處之。【補注】宋祁曰：「處之」當改「處也」。先謙曰：官本注無「亦」字，「往」疑作「住」。

〔四〕師古曰：屬，聯續也，音之欲反。

〔五〕【補注】先謙曰：武紀在元鼎二年。

明年，天子始出巡郡國。東度河，河東守不意行至，不辯，自殺。〔一〕行西踰隴，卒，〔二〕從官不得食，隴西守自殺。於是上北出蕭關，從數萬騎行獵新秦中，以勒邊兵而歸。新秦中或千里無亭徼，〔三〕於是誅北地太守以下，而令民得畜邊縣，〔四〕官假馬母，三歲而歸，及息什一，以除告緡，用充入新秦中。〔五〕

〔一〕【補注】宋祁曰：「不辯」當改「不辦」。周壽昌曰：辯，辨本字，亦即「辦」也。說文「辯，治也。辦，致力也」。魏志鍾會傳「當何所能一辦耶」，一辦即一辦。本書王尊傳「後上行幸雍，過虢，尊供張如法而辦」，正作「辦」。此言河東守不意天子行至，供張不具，遂自殺也。

〔二〕孟康曰：踰，度也。卒，倉卒也。【補注】先謙曰：幸河東在元鼎四年，西踰隴在五年。此併敘之。

〔三〕晉灼曰：徼，塞也。臣瓚曰：既無亭候，又不徼循，無禦邊之備，故誅北地太守。師古曰：晉說是也。【補注】先謙曰：集解引瓚注「循」作「巡」，是。
〔四〕孟康曰：令得畜牧於邊縣。
〔五〕李奇曰：邊有官馬，今令民能畜官母馬者，滿三歲歸之，十母馬還官一駒，此爲息什一也。師古曰：官得母馬之息，以給用度，得充實秦中人，故除告緡之令也。【補注】先謙曰：顏注「秦中」上脱「新」字。除告緡者，惟邊縣畜馬得除此令。

既得寶鼎，立后土、泰一祠，〔一〕公卿白議封禪事，而郡國皆豫治道，修繕故宮，及當馳道縣，縣治宮儲，設共具，〔二〕而望幸。

〔一〕【補注】先謙曰：此又追敍也。得鼎立祠在元鼎四年，南越反在五年，故下文云「明年」也。
〔二〕師古曰：共音居用反。

明年南粤反，西羌侵邊。天子爲山東不澹，〔一〕赦天下囚，因南方樓船士二十餘萬人擊粤，發三河以西騎擊羌，又數萬人度河〔二〕築令居。〔三〕初置張掖、酒泉郡，〔四〕而上郡、朔方、西河、河西開田官，斥塞卒六十萬人戍田之。〔五〕中國繕道餽糧，遠者三千，近者千餘里，皆仰給大農。〔六〕邊兵不足，乃發武庫工官兵器以澹之。〔七〕車騎馬乏，縣官錢少，買馬難得，乃著令，令封君以下至三百石吏以上差出牡馬天下亭，〔八〕亭有畜字馬，歲課息。

〔一〕【補注】宋祁曰：「澹」當作「贍」。
〔二〕【補注】先謙曰：官本「度」作「渡」。

〔三〕師古曰：令音零。

〔四〕【補注】先謙曰：據武紀，武威、酒泉置在元狩二年，張掖、敦煌分在元鼎二年。通鑑從之。此酒泉字誤，當作敦煌。地理志年歲參差，蓋誤。辨見彼志。

〔五〕師古曰：開田，始開屯田也。斥塞，廣塞令卻。初置二郡，故塞更廣也。以開田之官、廣塞之卒戍而田也。

〔六〕師古曰：仰音牛向反。此下並同。

〔七〕【補注】宋祁曰：「滄」當作「贍」。

〔八〕【補注】錢大昭曰：「牡」當作「牝」。昭帝始元五年，「罷天下亭母馬」，是也。

齊相卜式上書願父子死南粵。天子下詔褒揚，賜爵關內侯，黃金四十斤，〔一〕田十頃。布告天下，天下莫應。列侯以百數，皆莫求從軍。至飲酎，少府省金，〔二〕而列侯坐酎金失侯者百餘人。〔三〕乃拜卜式爲御史大夫。〔四〕式既在位，見郡國多不便縣官作鹽鐵，器苦惡，〔五〕賈貴，〔六〕或彊令民買之。而船有算，商者少，物貴，乃因孔僅言船算事。上不說。〔七〕

〔一〕【補注】先謙曰：平準書作「六十斤」。

〔二〕李奇曰：省，視也。至嘗酎飲宗廟時，少府視其金多少。

〔三〕【補注】先謙曰：據表，坐酎金失侯者一百六人。

〔四〕【補注】先謙曰：百官表在元鼎六年。

〔五〕如淳曰：苦或作盬。盬，不攻嚴也。臣瓚曰：謂作鐵器，民患苦其不好也。師古曰：二說非也。鹽既味苦，器又脆惡，故總云苦惡也。【補注】王念孫曰：如說是也。「苦」讀與「盬」同。唐風鴇羽傳云「盬，不攻致也」。「見郡國多不便縣官作鹽鐵」爲一句，下言鐵器既盬惡，而鹽鐵之價又貴也。史記平準書作「見郡國多不便縣官作鹽鐵，鐵器苦惡，賈貴」。鹽鐵論水旱篇云「今縣官作鐵器多苦惡」，皆其證。師古讀「苦」爲甘苦之苦，而以鹽鐵器苦惡連讀，斯文不成義矣。高惠高后文功臣表云「道橋苦惡」，息夫躬傳云「器用鹽惡」，匈奴傳云「不備善而苦惡」，管子度地篇云「取完堅補弊，久去苦惡」，書傳言苦惡者多矣。若讀甘苦之苦，則其義皆不可通。沈欽韓曰：鹽鐵論水旱篇：「賢良曰：縣官鼓鑄鐵器，大抵多爲大器，務應員程，不給民用。民用鈍弊，割草不痛，是以農夫作劇，得獲者少。」又曰：「鹽鐵賈貴，百姓不便，貧民或木耕，手耨，土耰，淡食」。

〔六〕師古曰：鹽鐵並貴也。賈讀曰價。

〔七〕師古曰：説音悦。【補注】先謙曰：官本無注六字。

漢連出兵三歲，誅羌，滅兩粵，番禺以西至蜀南者置初郡十七，〔一〕且以其故俗治，無賦税。〔二〕南陽、漢中以往，各以地比給初郡吏卒奉食幣物，傳車馬被具。〔三〕而初郡又時時小反，殺吏，漢發南方吏卒往誅之，間歲萬餘人，〔四〕費皆仰大農。〔五〕大農以均輸調鹽鐵助賦，故能澹之。〔六〕然兵所過縣，縣以爲訾給毋乏而已，不敢言輕賦法矣。〔七〕

〔一〕晉灼曰：元鼎六年定越地以爲南海、蒼梧、鬱林、合浦、交趾、九真、日南、珠厓、儋耳郡，定西南夷以爲武都、牂柯、越巂、沈黎、汶山郡，及地理志、西南夷傳所置犍爲、零陵、益州郡，凡十七。

〔二〕【補注】宋祁曰：邵本「治無賦税」，無「無」字。

〔三〕師古曰：地比謂依其次第，自近及遠也。比音頻寐反。傳音張戀反。被音皮義反。【補注】先謙曰：因初郡無賦税，故令南陽、漢中諸地與之比近者各給其費。被具，文不成義，當作「傳車駕被具」，言傳車、駕車、被馬之物皆具也。郊祀志兩言「駕被具」，是其證。駕字脱去上半，故訛爲馬耳。平準書亦誤。

〔四〕師古曰：間歲，隔一歲。

〔五〕【補注】宋祁曰：邵本「費」下無「皆」字。

〔六〕【補注】宋祁曰：「澹」當作「贍」。

〔七〕【補注】何焯曰：輕，史記作「擅」，謂常法正供外，擅取諸民，以訾給所過軍也。徐廣注「擅」一作「經」，謂不顧經常法。則此刻「輕」者，傳寫誤也。當改作「經」。

其明年，元封元年，卜式貶爲太子太傅。而桑弘羊爲治粟都尉，領大農，盡代僅斡天下鹽鐵。〔一〕弘羊以諸官各自市相爭，物以故騰躍，而天下賦輸或不償其僦費，〔二〕乃請置大農部丞數十人，分部主郡國，各往往置均輸鹽鐵官，〔三〕令遠方各以其物如異時商賈所轉貶者〔四〕爲賦，而相灌輸。置平準於京師，都受天下委輸。〔五〕召工官治車諸器，皆仰給大農。大農諸官盡籠天下之貨物，貴則賣之，賤則買之。如此，富商大賈亡所牟大利，〔六〕則反本，而萬物不得騰躍。故抑天下之物，名曰「平準」。〔七〕天子以爲然而許之。於是天子北至朔方，東封太山，巡海上，旁北邊以歸。〔八〕所過賞賜，用帛百餘萬匹，錢金以鉅萬計，皆取足大農。

〔一〕師古曰：代孔僅。【補注】劉敞曰：大司農，舊治粟内史耳。弘羊爲搜粟都尉也。宋祁曰：領大農，當作司農。

〔二〕師古曰：僦，顧也。言所輸賦物不足償其餘顧庸之費也。僦音子就反。【補注】宋祁曰：償其餘，當删「餘」字。

〔三〕【補注】錢大昭曰：河東有均輸長，見黄霸傳。郡國有鹽官者三十六，有鐵官者五十，皆桑弘羊請置。先謙曰：平準書「置」上有「縣」字，不可省。

〔四〕【補注】錢大昭曰：「貶」，閩本作「販」。先謙曰：官本「貶」作「販」，平準書亦作「販」。「如異時」作「貴時」，文義較明。

〔五〕【補注】葉德輝曰：續漢志補注引漢官解詁云「委，積也。郡國所積聚金帛貨賄，隨時輸送諸司農曰委輸，以供國用」。

〔六〕如淳曰：牟，取也。

〔七〕【補注】沈欽韓曰：鹽鐵論本議篇：「文學曰：縣官猥發，闔門擅市，則萬物並收。萬物並收，則物騰躍。騰躍則商賈侔利自市，則吏容姦豪，而富商積貨儲物以待其急，輕賈姦吏收賤以取貴，未見準之平也」。

〔八〕師古曰：旁音步浪反。

弘羊又請令民得入粟補吏，及罪以贖。〔一〕令民入粟甘泉各有差，以復終身，〔二〕不復告緡。〔三〕它郡各輸急處，〔四〕而諸農各致粟，山東漕益歲六百萬石。一歲之中，太倉、甘泉倉滿。邊餘穀，諸均輸帛五百萬匹。民不益賦而天下用饒。於是弘羊賜爵左庶長，〔五〕黃金者再百焉。〔六〕

〔一〕【補注】宋祁曰：補吏及罪下當加「人」字。先謙曰：平準書作「令吏得入粟補官及罪人贖罪」。

〔二〕師古曰：復音方目反。

〔三〕【補注】沈欽韓曰：入粟賜復者不再告緡也。史記無「復」字。

〔四〕【補注】先謙曰：索隱「謂他郡能入粟，輸所在急要之處」。

〔五〕師古曰：第十等爵。

〔六〕師古曰：凡再賜百金。【補注】先謙曰：平準書作「再百斤」，通鑑同。

是歲小旱，上令百官求雨。卜式言曰：「縣官當食租衣稅而已，〔一〕今弘羊令吏坐市列，販物求利。〔一〕亨弘羊，天乃雨。」〔二〕久之，武帝疾病，拜弘羊爲御史大夫。

〔一〕師古曰：衣音於既反。

〔二〕師古曰：市列謂列肆。【補注】宋祁曰：「列肆」下當添「也」字。

〔三〕師古曰：亨，鬻也，音普庚反。

昭帝即位六年，詔郡國舉賢良文學之士，〔一〕問以民所疾苦，教化之要。皆對願罷鹽鐵酒權均輸官，〔二〕毋與天下爭利，視以儉節，〔三〕然後教化可興。弘羊難，〔四〕以爲此國家大業，所以制四夷，安邊足用之本，不可廢也。乃與丞相千秋共奏罷酒酤。〔五〕弘羊自以爲國興大利，伐其功，欲爲子弟得官，怨望大將軍霍光，遂與上官桀等謀反，誅滅。

〔一〕【補注】宋祁曰：「之士」當删「之」字。

〔二〕【補注】先謙曰：官本「權」作「榷」，是。

〔三〕師古曰：視讀曰示。

〔四〕師古曰：詰難議者之言也。

〔五〕【補注】沈欽韓曰：天漢三年，初榷酒酤。鹽鐵論輕重篇「大夫君以心計策國用，構諸侯，參以酒榷」。則酒榷亦弘羊所建也。王莽以後，因其靡穀，但禁釀而已，不榷酤也。

宣、元、成、哀、平五世，亡所變改。〔一〕元帝時嘗罷鹽鐵官，三年而復之。〔二〕貢禹言：「鑄錢采銅，一歲十萬人不耕，民坐盜鑄陷刑者多。富人臧錢滿室，猶無厭足。民心動摇，棄本逐末，耕者不能半，姦邪不可禁，原起於錢。疾其末者絶其本，宜罷采珠玉金銀鑄錢之官，毋復以爲幣，除其販賣租銖之律，〔三〕租税禄賜皆以布帛及穀，使百姓壹意農桑。」〔四〕議者以爲交易待錢，布帛不可尺寸分裂，禹議亦寢。

〔一〕【補注】先謙曰：宣紀地節四年，減天下鹽賈。

〔二〕【補注】先謙曰：據本紀罷在初元五年，復在永光三年。

〔三〕師古曰：租銖，謂計其所賣物價，平其錙銖而收租也。

〔四〕【補注】先謙曰：以上見禹傳而微删併其文。

自孝武元狩五年三官初鑄五銖錢，至平帝元始中，成錢二百八十億萬餘云。

王莽居攝，變漢制，以周錢有子母相權，〔一〕於是更造大錢，徑寸二分，重十二銖，文曰「大錢五十」。〔二〕又造契刀、錯刀。契刀，其環如大錢，身形如刀，長二寸，文曰「契刀五百」。錯刀，以黄金錯其文，曰「一刀直五千」。〔三〕與五銖錢凡四品，並行。〔四〕

〔一〕【補注】沈欽韓曰：周書大匡解「幣租輕，乃作母以行其子，易資貴賤，以均行旅，使無滯」。

〔二〕【補注】沈欽韓曰：泉志「張台曰：此錢亦有數種，有對文者，有穿上一星者，有泉字諸畫並方者」。葉德輝曰：蔡雲癖談云「外府注莽大泉文曰『大泉直十五貨泉』。國語注引之，改從漢志，賈疏亦據漢志正之，固鄭氏誤也。不然，豈康成但見大錢十五一品，而漫以爲莽鑄耶」？德輝案，朱彝尊曝書亭集有跋新莽錢笵云，笵形正方，中央輪廓四，其二有文曰「大泉五十」，即此錢笵也。

〔三〕張晏曰：案今所見契刀、錯刀，形質如大錢，而肉好輪厚異於此。大錢形如大刀環矣，契刀身形員，不長二寸也。

其文左曰「契」，右曰「刀」，無「五百」字也。錯刀則刻之作字也，以黄金填其文，上曰「一」，下曰「刀」。二刀泉甚不與志相應也。似扎單差錯，文字磨滅故耳。師古曰：張説非也。王莽錢刀今並尚在，形質及文與志相合，無差錯也。【補注】劉奉世曰：當時常得錯刀，文曰「一刀，平五千」。當時乃奉世弟，字叔鄭，敞子也。宋祁曰：梅聖俞云「飲劉原父家，原父懷二古錢勸酒。其一齊之大刀，長五寸半；其一王莽時金錯刀，長二寸半。詩云『探懷發二寶，太公、新室錢。獨行齊大刀，鎌形末環連。文存半辨齊，皆有模法圓。次觀金錯刀，一刀平五千。（注云：其文如此。）精銅不蠹蝕，肉好鉤婉全。』」齊召南曰：案「當時乃奉世弟」以下十二字，不應爲奉世語。此南宋本訛也。沈欽韓曰：張台云「契刀，台有此錢，但薄於錯刀，柄上文曰『五百』。」李孝美云「其文鑄成，非陷金也」。錢坫款識考「『契刀』二字在周郭，『五百』二字在柄，長二寸，字並陽識。錯刀，長二寸，文曰『一刀平五千』，『一刀』陰識，以黄金錯之，『平五千』陽識。」

〔四〕【補注】先謙曰：莽傳云「民多盜鑄者」。

莽即真，以爲書「劉」字有金刀，乃罷錯刀、契刀及五銖錢，而更作金、銀、龜、貝、錢、布之品，名曰「寶貨」。

小錢徑六分，重一銖，文曰「小錢直一」。〔一〕次七分，三銖，曰「幺錢一十」。〔二〕次八分，五銖，曰「幼錢二十」。次九分，七銖，曰「中錢三十」。次一寸，九銖，曰「壯錢四十」。因前「大錢五十」，是爲錢貨六品，直各如其文。

〔一〕【補注】沈欽韓曰：嘗見小如榆莢，而銅質精好，文分明，非如宋二銖之流也。泉志李孝美曰「莽大小錢文無錢字，而皆曰泉，與食貨志所載不同」。案周官注並作「泉」字。又云「泉」或作「錢」。泉府注，鄭司農云。段玉裁周禮漢讀考曰「檀弓注『古者謂錢曰泉』，知漢時謂錢曰泉也」。此志文作「錢」，錢文作「泉」，不可拘耳。先謙曰：莽傳先但言「此與前『大錢五十』者爲二品，並行」，而無以下錢云云。其後又云「造寶貨五品，語在食貨志」，則此下錢貨、銀貨、龜寶、貝貨、布貨共五物也。又云「百姓不從，但行小大錢二品而已」。明此係兩時事，志則籠統言之。

〔二〕師古曰：幺，小也，音一堯反。

黃金重一斤，直錢萬。朱提銀重八兩爲一流，直一千五百八十。〔一〕它銀一流直千。是爲銀貨二品。

〔一〕師古曰：朱提，縣名，屬犍爲，出善銀。朱音殊，提音上支反。

元龜岠冉長尺二寸，〔一〕直二千一百六十，爲大貝十朋。〔二〕公龜九寸，〔三〕直五百，爲壯貝十朋。侯龜七寸以上，直三百，爲幺貝十朋。子龜五寸以上，直百，爲小貝十朋。是爲龜寶四品。

〔一〕孟康曰：冉，龜甲緣也。岠，至也。度背兩邊緣尺二寸也。臣瓚曰：元，大也。【補注】沈欽韓曰：樂記「青黑緣者天子之寶龜」。公羊定八年傳「龜青純」。注「純，緣也，謂緣甲頓也。千歲之龜青髯」。鼈人注「互物謂有甲㒼胡，㒼胡即頓」。說文「顮，頰須也」。龜之㒼胡，即著頰邊處耳。

〔二〕蘇林曰：兩貝爲朋。朋直二百一十六。元龜十朋，故二千一百六十也。

〔三〕【補注】王念孫曰：九寸下有「以上」二字，與下「侯龜、子龜」文同一例，而今本脱之。通典食貨八已與今本同。禮器正義、初學記鱗介部引此，皆作「九寸以上」。

大貝四寸八分以上，二枚爲一朋，直二百一十六。壯貝三寸六分以上，二枚爲一朋，直五十。幺貝二寸四分以上，二枚爲一朋，直三十。小貝寸二分以上，二枚爲一朋，直十。不盈寸二分，漏度不得爲朋，〔一〕率枚直錢三。是爲貝貨五品。

〔一〕【補注】葉德輝曰：詩「菁菁者莪，錫我百朋」，箋云「古者貨貝，五貝爲朋」，與志異義。蓋鄭所謂古者，非漢時貝值也。

大布、次布、弟布、壯布、中布、差布、厚布、〔一〕幼布、幺布、小布。小布長寸五分，重十五銖，文曰「小布一百」。自小布以上，各相長一分，相重一銖，文各爲其布名，直各加一百。上至大布，長二寸四分，重一兩，而直千錢矣。是爲布貨十品。〔二〕

〔一〕【補注】葉德輝曰：蔡雲癖談云：「『厚』乃『序』之誤。莽泉貨六品，曰小、曰幺、曰幼、曰中、曰壯、曰大。布貨十品，則於大、壯閒增其二，曰次、曰弟；於中、幼閒增其二，曰差、曰序。所增四名，文異義同。若作『厚』，則過乎中而幾乎壯矣。豈宜在中之下、幼之上乎？序與厚古文相類，傳寫誤也。古文『厚』作『厚』。」

〔二〕師古曰：布亦錢耳。謂之布者，言其分布流行也。【補注】宋祁曰：「『各加一百』，當删『一』字。」顧炎武曰：「案本文錢布自是二品，而下文復載改作貨布之制，安得謂布即錢乎？莽傳曰『貨布長二寸五分，廣一寸，直貨錢二十五』。今貨布見存，上狹下廣而歧其下，中有一孔，師古當日或未之見也。」葉德輝曰：「蔡雲癖談云，十布文：曰小布一百，曰幺布二百，曰幼布三百，曰序布三百，曰差布五百，曰中布丅百，曰壯布丌百，曰弟布卌百，曰次布卌百，曰大布黄千。中布以〔下〕〔上〕皆用筆算紀。大布之『黄』，『横』省文，『横』即『衡』也。刀曰平，泉曰直，布曰黄，其義一也。此莽先後制作之通例。」先謙曰：「一寸」官本作「二寸」，是。

凡寶貨五物，六名，二十八品。

鑄作錢布皆用銅，殽以連錫，〔一〕文質周郭放漢五銖錢云。〔二〕其金銀與它物雜，色不純好，龜不盈五寸，貝不盈六分，皆不得爲寶貨。元龜爲蔡，非四民所得居，〔三〕有者，入大卜受直。

〔一〕孟康曰：連，錫之別名也。李奇曰：鉛錫璞名曰連。應劭曰：連似銅。師古曰：孟、李二説皆非也。許愼云「鏈，銅屬也」。然則以連及錫雜銅而爲錢也。此下又云「能采金、銀、銅、連、錫」，益知連非錫矣。【補注】沈欽韓曰：「連」與「鉛」聲同。李奇云「鉛錫璞」者是也。說文云「鏈，銅屬」，取大概耳。廣雅、玉篇並云「鏈，鉛礦也」。

〔二〕師古曰：放，依也，音甫往反。

〔三〕如淳曰：臧文仲居蔡，謂此也，説謂蔡國出大龜也。臣瓚曰：蔡是大龜之名也。書曰「九江納錫大龜」，大龜又不出蔡國也。若龜出楚，不可名龜爲楚也。師古曰：瓚説非也。本以蔡出善龜，故因名大龜爲蔡耳。

百姓憒亂，其貨不行。民私以五銖錢市買，莽患之，下詔：「敢非井田挾五銖錢者爲惑衆，投諸四裔以御魑魅。」於是農商失業，食貨俱廢，民涕泣於市道。坐賣買田宅奴婢鑄錢抵罪者，自公卿大夫至庶人，不可稱數。莽知民愁，乃但行小錢直一，與大錢五十，二品並行，龜貝布屬且寢。

莽性躁擾，不能無爲，每有所興造，必欲依古得經文。國師公劉歆言周有泉府之官，收不讎，與欲得，〔一〕即易所謂「理財正辭，禁民爲非」者也。〔二〕莽乃下詔曰：「夫周禮有賒貸，〔三〕樂語有五均，〔四〕傳記各有斡焉。今開賒貸，張五均，設諸斡者，所以齊衆庶，抑并兼也。」遂於長安及五都立五均官，更名長安東西市令及洛陽、邯鄲、臨甾、宛、成都市長皆爲五均司市稱師。〔五〕東市稱京，西市稱畿，洛陽稱中，餘四都各用東西南北爲稱，皆置交易丞五人，錢府丞一人。工商能采金銀銅連錫登龜取貝者，〔六〕皆自占司市錢府，順時氣而取之。〔七〕

〔一〕師古曰：讎讀曰售，言賣不售者官收取之，無而欲得者，官出與之。

〔二〕師古曰：易下繫辭曰：「理財正辭，禁人爲非曰義」。言財貨辭訟正，乃得人不爲非，合事宜。【補注】先謙曰：官本注「禁人」作「禁民」。

〔三〕師古曰：周禮泉府之職曰「凡賒者，祭祀無過旬日，喪紀無過三月。凡人之貸者，與其有司辨而授之，以國服爲之息」。謂人以祭祀、喪紀故從官賒買物，不過旬日及三月而償之。其從官貸物者，以共其所屬吏定價而後與之。各以其國服事之稅而輸息，謂若受園廛之田而貸萬錢者，一朞之月，出息五百。貸音土戴反。

〔四〕鄧展曰：樂語，樂元語，河間獻王所傳，道五均事。臣瓚曰：其文云「天子取諸侯之士以立五均，則市無二賈，四民常均，彊者不得困弱，富者不得要貧，則公家有餘，恩及小民矣」。【補注】沈欽韓曰：樂語，白虎通引之。案周書大聚解「市有五均，早暮如一，送行逆來，振乏救窮」。樂語又本於周書也。先謙曰：官本注「士」作「土」，是。

〔五〕【補注】王念孫曰：案「稱」字涉下四「稱」字而衍。五均司市師者，司市師即上文所云市令、市長。貨殖傳云「王莽以王孫卿爲京司市師」是也。「師」上不當有「稱」字。文選西都賦注、鮑照詠史詩注、永明十一年策秀才文注、運命論注引此，竝作「五均司市師」，無「稱」字。通典食貨十一、通鑑漢紀二十九竝作「五均司市」，無「稱師」二字。

〔六〕如淳曰：登，進也。龜有靈，故言登。

〔七〕師古曰：各以其所采取之物自隱實於司市錢府也。占音之漸反。其下並同。

又以周官稅民：凡田不耕爲不殖，出三夫之稅；城郭中宅不樹藝者爲不毛，〔一〕出三夫之布；民浮游無事，出夫布一匹。其不能出布者，宂作，縣官衣食之。〔二〕諸取衆物鳥獸魚鼈百蟲於山林水澤及畜牧者，嬪婦桑蠶織紝紡績補縫，〔三〕工匠醫巫卜祝及它方技商販賈人坐肆列里區謁舍，〔四〕皆各自占所爲於其在所之縣官，除其本，計其利，十一分之，而以其一爲貢。敢不自占，自占不以實者，盡沒入所采取，而作縣官一歲。

〔一〕師古曰：樹藝，謂種樹果木及菜蔬。

〔二〕師古曰：宂，散也，音人勇反。衣音於既反。食讀曰飤。

〔三〕師古曰：機縷曰紝，音人禁反。

〔四〕如淳曰：居處所在爲區。謁舍，今之客舍也。

諸司市常以四時中月實定所掌，〔一〕爲物上中下之賈，〔二〕各自用爲其市平，毋拘它所。

衆民賣買五穀布帛絲緜之物，周於民用而不讐者，〔三〕均官有以考檢厥實，用其本賈取之，毋令折錢。〔四〕萬物卬貴，過平一錢，則以平賈賣與民。〔五〕其賈氐賤減平者，聽民自相與市，〔六〕以防貴庾者。〔七〕民欲祭祀喪紀而無用者，錢府以所入工商之貢但賒之，〔八〕祭祀無過旬日，〔九〕喪紀毋過三月。民或乏絶，欲貸以治產業者，均授之，除其費，計所得受息，毋過歲什一。〔一〇〕

〔一〕師古曰：中讀曰仲。
〔二〕師古曰：賈讀曰價。其下並同。
〔三〕師古曰：讐讀曰售，下亦類此也。【補注】先謙曰：官本注無「也」字。
〔四〕師古曰：折音上列反。
〔五〕師古曰：卬，物價起，音五剛反，亦讀曰仰。
〔六〕師古曰：貴既爲卬。賤則爲氐，音丁奚反。【補注】先謙曰：官本「既」作「即」，是。
〔七〕師古曰：庾，積也。以防民積物待貴也。
〔八〕師古曰：但，空也，徒也。言空賒與之，不取息利也。
〔九〕【補注】先謙曰：官本「無」作「毋」。
〔一〇〕師古曰：均謂各依先後之次。除其費，謂衣食之費已用者也。

羲和魯匡言：「名山大澤，鹽鐵錢布帛，五均賒貸，斡在縣官，〔一〕唯酒酤獨未斡。酒者，天之美祿，帝王所以頤養天下，享祀祈福，扶衰養疾。百禮之會，非酒不行。故詩曰『無酒酤我』，〔一〕而論語曰『酤酒不食』，〔二〕二者非相反也。夫詩據承平之世，酒酤在官，和旨便人，可以相御也。〔四〕論語孔子當周衰亂，酒酤在民，〔五〕薄惡不誠，是以疑而弗食。今絶天下之酒，則無以行禮相養；放而亡限，則費財傷民。請法古，令官作酒，以二千五百石爲一均，率開一盧以賣，〔六〕讐五十釀爲準。一釀用麤米二斛，麴一斛，得成酒六斛六斗。各以其市月朔米麴三斛，并計其賈而參分之，〔七〕以其一爲酒一斛之平。除米麴本賈，計其利而什分之，以其七入官，其三及醩截灰炭〔八〕給工器薪樵之費。」〔九〕

〔一〕師古曰：斡謂主領也。【補注】宋祁曰：斡，南本作「幹」。「主領」下當添「之」字。

〔二〕師古曰：小雅伐木之詩也。酤，買也。言王於族人恩厚，要在燕飫，無酒則買而飲之。【補注】周壽昌曰：毛詩「酤一宿酒也」。鄭箋云「酤，買也」。班志以酤爲買，即鄭所本。顔注則本之鄭説。晏子春秋「人有酤酒者，爲器甚潔清，置表甚長，而酒酸不售」。韓非子作「宋人有酤酒者」，皆以酤爲買也。先謙曰：官本注「詩」下無「也」字。「飫」作「飲」。

〔三〕師古曰：鄉黨所説孔子齊之時也。【補注】宋祁曰：「孔子」下當添「在」字。周壽昌曰：案論語「沽酒市脯不食」，即此志所云「薄惡不誠，疑而弗食」也。志引以證榷酤。顔云「孔子齊之時」，不獨有違經旨，亦與此志引書之意不合。古者齋時不飲酒，將酒非由酤出，齋時即可食乎？先謙曰：官本「齊」作「齋」。

〔四〕師古曰：旨，美也。御，進也。【補注】先謙曰：官本注末有「也」字。

〔五〕【補注】宋祁曰：「在」字下一有「齊」字。

〔六〕如淳曰：酒家開肆待客，設酒鑪，故以鑪名肆。臣瓚曰：盧，酒瓮也。言開一瓮酒也。趙廣漢入丞相府破盧瓮。師古曰：二説皆非也。盧者，賣酒之區也，以其一邊高，形如鍛家盧，故取名耳，非即謂火盧及酒瓮也。此言餅五十釀爲準，豈一瓮乎？廣漢所破盧及罌盧，亦謂所居罌瓮之處耳。【補注】劉奉世曰：名賣酒爲盧者，直此物自有此名耳。何必取鍛家盧爲義乎？天下物同名者何算，而欲一一相附類，可乎？

〔七〕師古曰：參，三也。

〔八〕師古曰：截，酢漿也，音才代反。

〔九〕【補注】先謙曰：官本「工」作「丁」。

羲和置命士督五均六斡，郡有數人，皆用富賈。洛陽薛子仲、張長叔、臨菑姓偉等，〔一〕乘傳求利，交錯天下。〔二〕因與郡縣通姦，多張空簿，〔三〕府臧不實，百姓俞病。莽知民苦之，復下詔曰：「夫鹽，食肴之將；〔四〕酒，百藥之長，嘉會之好；鐵，田農之本；〔五〕名山大澤，饒衍之臧；五均賒貸，百姓所取平，卬以給澹；〔六〕鐵布銅冶，〔七〕通行有無，備民用也。此六者，非編户齊民所能家作，〔八〕必卬於市，雖貴數倍，不得不買。豪民富賈，即要貧弱，先聖知其然也，故斡之。每一斡爲設科條防禁，〔九〕犯者辠至死。」姦吏猾民並侵，衆庶各不安生。

〔一〕如淳曰：姓姓名偉也。【補注】宋祁曰：「叔」疑作「督」。洪亮吉曰：三人皆見貨殖傳。

〔二〕師古曰：傳音張戀反。

〔三〕師古曰：簿，計簿也，音步户反。

〔四〕師古曰：將，大也。一説爲食肴之將帥。

〔五〕【補注】錢大昭曰：「曰」疑當作「田」。先謙曰：官本「曰」作「田」。
〔六〕師古曰：卬音牛向反。其下並同。【補注】宋祁曰：「澹」當作「贍」。
〔七〕【補注】錢大昭曰：閩本「鐵」作「錢」。
〔八〕師古曰：家謂家家自作也。【補注】先謙曰：官本「曰」下無「家」字，是。
〔九〕【補注】先謙曰：莽傳「斡」並作「筦」。

後五歲，天鳳元年，復申下金銀龜貝之貨，頗增減其賈直。而罷大小錢，改作貨布，長二寸五分，廣一寸，首長八分有奇，〔一〕廣八分，其圜好徑二分半，〔二〕足枝長八分，間廣二分，其文右曰「貨」，左曰「布」，重二十五銖，直貨泉二十五。貨泉徑一寸，重五銖，文右曰「貨」，左曰「泉」，〔三〕枚直一，與貨布二品並行。又以大錢行久，罷之，恐民挾不止，乃令民且獨行大錢，與新貨泉俱枚直一，並行盡六年，毋得復挾大錢矣。每壹易錢，民用破業，而大陷刑。莽以私鑄錢死，及非沮寶貨投四裔，犯法者多，不可勝行，乃更輕其法：私鑄作泉布者，與妻子沒入爲官奴婢；吏及比伍，知而不舉告，與同罪；〔四〕非沮寶貨，民罰作一歲，吏免官。犯者俞衆，及五人相坐皆沒入，郡國檻車鐵鎖，傳送長安鍾官，〔五〕愁苦死者什六七。

〔一〕師古曰：奇音居宜反，謂有餘也。
〔二〕師古曰：好，孔也。
〔三〕【補注】葉德輝曰：御覽資產部引應劭漢官儀云「王莽篡位，以劉字金刀，罷五銖，更作小錢，文曰貨泉，其文反『白水真人』，此則世祖中興之瑞也」。

〔四〕師古曰：比音頻寐反。

〔五〕師古曰：鍾官，主鑄錢者。

作貨布後六年，匈奴侵寇甚，莽大募天下囚徒人奴，名曰豬突豨勇，〔一〕壹切稅吏民，訾三十而取一，又令公卿以下至郡縣黃綬吏，皆保養軍馬，〔二〕吏盡復以與民。〔三〕民摇手觸禁，不得耕桑，繇役煩劇，〔四〕而枯旱蝗蟲相因。〔五〕又用制作未定，上自公侯，下至小吏，皆不得奉禄，而私賦斂，貨賂上流，獄訟不決。吏用苛暴立威，旁緣莽禁，侵刻小民。〔六〕富者不得自保，貧者無以自存，起爲盜賊，依阻山澤，吏不能禽而覆蔽之，浸淫日廣，〔七〕於是青、徐、荆楚之地往往萬數。戰鬬死亡，緣邊四夷所係虜，陷罪，飢疫，人相食，及莽未誅，而天下户口減半矣。

〔一〕服虔曰：豬性觸突人，故取以喻。師古曰：東方名豕曰豨。一曰「豨，豕走也，音許豈反」。

〔二〕師古曰：保者，不許其死傷。

〔三〕師古曰：轉令百姓養之。

〔四〕師古曰：繇讀曰傜也。【補注】先謙曰：官本注無「也」字。

〔五〕【補注】王念孫曰：「蝗蟲」本作「蟲蝗」，枯旱、蟲蝗，相對爲文。後人不解蟲蝗二字之義，故改爲蝗蟲。案「蟲蝗」猶言「蟲螟」，見月令。亦猶禮言「草茅」，傳言「鳥烏」，荀子言「禽犢」，今人言「蟲蟻」耳。五行志引京房易傳曰「厥風微而温，生蟲蝗，害五穀」，月令曰「孟夏行春令，則蟲蝗爲災」，今本改爲蝗蟲，辯見經義述聞。說文曰「禽獸蟲蝗之怪謂之螢」，皆其證也。又荆燕吴傳「蝗蟲起」，史記亦誤作蝗蟲。夏侯勝傳「蝗蟲大起」，皆本作「蟲蝗」，而後人改之。凡言蟲蝗者，非獨蝗爲災也，他蟲亦有焉。考五行志，自武帝元光五年至征和四年，兼有螟蝗之災，故夏侯勝總而言之曰「蟲蝗大起」，不得改蟲蝗爲蝗蟲也。又酷吏傳「河南界中又有蝗蟲」，蟲字亦後人所加。凡漢書之紀蝗，猶春秋之書螽也。加一蟲字，則大爲不詞。後漢書酷吏傳引漢書，無蟲字。

〔六〕師古曰：旁，依也，音步浪反。

〔七〕師古曰：浸淫，猶漸染也。它皆類此。

自發豬突豨勇後四年，而漢兵誅莽。後二年，世祖受命，盪滌煩苛，復五銖錢，與天下更始。〔一〕

〔一〕【補注】周壽昌曰：後書五行志云「建武六年，蜀童謡曰『黄牛白腹，五銖當復』」，是時公孫述僭號於蜀，時人竊言王莽稱黄，述欲繼之，故稱白。五銖漢家貨，明遂復也。述遂誅滅」。

贊曰：易稱「裒多益寡，稱物平施」，〔一〕書云「楙遷有無」，〔二〕周有泉府之官，〔三〕而孟子亦非「狗彘食人之食不知斂，〔四〕野有餓莩而弗知發」。〔五〕故管氏之輕重，〔六〕李悝之平糴，弘羊均輸，壽昌常平，亦有從徠。〔七〕顧古爲之有數，吏良而令行，〔八〕故民賴其利，萬國作乂。〔九〕及孝武時，國用饒給，而民不益賦，其次也。至于王莽，制度失中，姦軌弄權，官民俱竭，亡次矣。

〔一〕師古曰：謙卦象辭。裒，取也。言取於多者以益少者，故萬物皆稱而施與平也。裒音薄侯反。

〔二〕應劭曰：楙，勉也。遷，徙也。言天下食貨有無相通足也。師古曰：虞書益稷之辭。言勸勉天下遷徙有無，使相通也。

〔三〕師古曰：司徒之屬官也，掌市之征布，斂市貨之不讎，貨之滯於人用者，以其價買之。

〔四〕應劭曰：養狗彘者使食人之食，而不知以法度斂之也。師古曰：孟子，孟軻之書。言歲豐孰，菽粟饒多，狗彘食人之食，此時可斂之也。【補注】宋祁曰：「此時」下當添「則」字。王應麟曰：常平乃古法，周官司稼以年之上下出斂法，出則減價糶，斂則增價糴也。是非常平乎？自鄭氏以出其斂法爲解，後人遂攻周禮耳。孟子書今文作「檢」。惟漢志作「斂」，是也。今世言常平出耿中丞，不知乃古法。先謙曰：官本「孰」作「熟」，無末「也」字。

〔五〕鄭氏曰：莩音「蔈有梅」之蔈。莩，零落也。人有餓死零落者，不知發倉廩貸之也。師古曰：莩音頻小反。諸書或作「殍」字，音義亦同。【補注】宋祁曰：「而弗知發」當刪「而」字。錢大昭曰：今孟子「莩」作「殍」，張有復古編云「受，物落上下相付也。一曰，餓死曰受。从爪，又別作殍。莩、莩竝非」。先謙曰：張説本説文，莩即受轉寫之誤。人飢腹空而死，亦如華秀不實者之受落也。官本注「貸」之下無「也」字，「亦同」作「不同」。

〔六〕服虔曰：作輕重貨，在管子書。

〔七〕師古曰：言所從徠久矣。【補注】先謙曰：官本注「徠」作「來」。

〔八〕師古曰：顧，思念。

〔九〕師古曰：乂，治也。